本教材受上海市第四期教育高地——国际航运法律人才培养创新项目（b-6001-10-023）资助

International Logistics and Risk Management

海商法系列教材 | Series Textbooks on Maritime Law

国际物流与风险管理

冯湛青 编著

北京大学出版社
PEKING UNIVERSITY PRESS

图书在版编目(CIP)数据

国际物流与风险管理/冯湛青编著.—北京:北京大学出版社,2014.4
(海商法系列教材)
ISBN 978-7-301-20599-0

Ⅰ.①国… Ⅱ.①冯… Ⅲ.①国际贸易-物流-高等学校-教材
Ⅳ.①F252

中国版本图书馆 CIP 数据核字(2014)第059081号

书　　名:国际物流与风险管理
著作责任者:冯湛青　编著
责 任 编 辑:尹　璐　杨丽明　王业龙
标 准 书 号:ISBN 978-7-301-20599-0/D·3546
出 版 发 行:北京大学出版社
地　　址:北京市海淀区成府路205号　100871
网　　址:http://www.pup.cn　新浪官方微博:@北京大学出版社
电 子 信 箱:sdyy-2005@126.com
电　　话:邮购部62752015　发行部62750672　编辑部021-62071998
出版部62754962
印 刷 者:三河市博文印刷有限公司
经 销 者:新华书店
730毫米×980毫米　16开本　20印张　381千字
2014年4月第1版　2015年6月第2次印刷
定　　价:38.00元

编写说明

国际物流的特点之一在于业务范围广、环节多和风险大。对于立志从事国际物流业的在校大学生来说,最急需的是一本能够全面了解国际物流的各个环节以及风险管理的教材,本书的编写工作就是在这种背景下完成的。

本书较为详尽地论述了国际物流的基本理论、法律法规,并就国际物流的风险类型和风险管理进行了较为全面的梳理和分析。本书可作为航运法律、物流管理和对外贸易等专业的本科生教材,也可供上述专业领域的从业人员参考之用。

在编写本书的过程中,得到了华东政法大学国际航运法专业部分研究生的帮助。他们或帮助查找新资料和信息,或参与讨论文字的编写,或参与对部分章节的编辑校对。这些同学是:宋虹、刘宇、范忆平、谭雯、耿妆群、蔡亲宏、刘燕芳、高文。在此,对于他们的辛勤劳动表示感谢!当然,对于本书中可能存在的错误应当由主编负责。真诚地希望读者能对本书提出宝贵意见。

冯湛青

2014 年 3 月 7 日

目　　录

上　　编

下 编

上　　编

第一章　国际物流概述

第一节　国际物流的概念与分类

一、国际物流的概念

国际物流（International Logistics，IL）是指货物（包括原材料、半成品、制成品）及物品（包括邮品、展品、捐赠物资等）在不同国家和地区间的流动和转移，即供应点与需求点处于不同国家地区之间的物流。它相对于国内物流而言，是国内物流的延伸与进一步拓展，涉及的环节更多，参与的企业与部门更为广泛。国际物流是国际贸易的一个必然组成部分，各国之间的贸易都需要依靠国际物流实现。

对于国际物流的理解可以分为广义与狭义两种：广义的理解包括了各种形态的物资的国际流动。具体表现为进出口商品、暂时进口物资、转运物资、过境物资、捐赠物资、援助物资、加工装配所需物料与部件等在不同国家和地区间所做的物理性移动。狭义理解是指当生产和消费在两个或两个以上的国家或地区独立进行时，为了克服生产与消费之间的空间障碍和时间距离，对物资进行物理性移动的一项国际商品贸易或交流活动，从而完成国际商品交易的最终目的，即实现卖方交付单证、货物和收取货款，而买方接受单证、支付货款和收取货物的贸易对流条件。[①] 简单地说，就是与一国进出口贸易有关的物流活动，包括货物集运、分拨配送、货物包装、货物运输、仓储、装卸搬运、流通加工、报关、商检、国际货运保险、单据处理等。

国际物流的实质是按国际分工协作的原则，依照国际惯例，利用国际化的物流网络、物流设施和物流技术，实现货物的国际流动和交换，以促进区域经济的发展和世界资源优化配置。[②] 而国际物流的总体目标是为国际贸易和跨国经营服务，使各国物流系统相互“接轨”，即选择最佳的方式和路径，以最低的费用和最小的风险，保质、保量、适时地将货物从某国的供方运到另一国的需方，使国际物流系统整体效益最大化。[③]

---

① 参见刘小卉编著：《国际物流学》，上海财经大学出版社 2008 年版，第 2 页。

② 参见蒋长兵、王姗姗编著：《国际物流学教程》，中国物资出版社 2008 年版，第 2 页。

③ 参见许晓东、龙桂先主编：《国际物流与货代通关》，经济管理出版社 2006 年版，第 2 页。

二、国际物流的分类

根据划分标准的不同，国际物流主要可以分为以下三种类型：

(一) 流向类

根据货物在国与国间的流向可分为进口物流和出口物流。当国际物流服务于一国的货物进口时，即可称为进口物流；而当国际物流服务于一国的货物出口时，则可称为出口物流。由于各国在物流进出口政策，特别是海关管理制度上的差异，进口物流与出口物流相比，既有交叉的环节，也存在不同的业务环节，需要区别对待。

(二) 关税区域类

根据货物流动的关税区域，可以分为不同国家间的物流和不同经济区域间的物流。区域经济的发展是当今世界经济发展的一大特征。例如，欧洲经济共同体国家属于同一关税区，其成员国之间物流运作与欧洲经济共同体成员国和其他国家或经济区域间的物流运作在方式和环节上都有很大的差异。①

(三) 特征类

根据跨国运送货物的特征，可以分为贸易型国际物流和非贸易型国际物流。贸易型国际物流是指由国际贸易活动引起的商品的国际移动，除此之外的国际物流活动都属于非贸易型国际物流，如国际展品物流、国际军火物流、国际邮品物流、捐助或救助物资物流、废弃物物流等。围绕国际物流活动而设计国际物流业务的企业有国际货运代理、国际物流公司、国际配送中心、国际运输及仓储、报关行等。

第二节　国际物流的特点

国际物流，顾名思义，其跨国的物流方式使各国物流系统互相接轨，与国内物流系统相比有独特的特点。具体如下：

一、国际物流系统范围的广阔性

国际物流在发展的物流系统上增加了不同国家的要素，不仅地域空间更加广阔，而且所涉及的国内外因素更多，所需的时间更长，带来的直接后果是难度和复杂性增加、风险增大。②

---

① 参见许晓东、龙桂先主编：《国际物流与货代通关》，经济管理出版社 2006 年版，第 6 页。

② 参见丁立言、张铎主编：《国际物流学》，清华大学出版社 2000 年版，第 3 页。

二、国际物流环境的差异性

各国物流环境存在差异，尤其是物流软环境的差异是国际物流较之国内物流具有更大复杂性的关键，主要表现在：各国政府监管国际物流的法律不同；国与国之间的经济、科技发展水平不同；国家间采用不同的物流标准；各国具有迥然不同的地理、气候等自然环境和人文风俗习惯。上述物流环境的差异性均会导致国际物流接轨的困难，使国际物流系统难以建立，从而迫使国际物流系统在几个不同的法律、人文、习俗、语言、科技、设施环境下运行，这无疑大大增加了国际物流的复杂性。

三、国际物流规则的国际性

在国际物流活动中，不止需要国内法进行约束，也涉及有关相当多的国际条约和惯例。例如，在货物运输方面，有《联合国国际货物多式联运公约》《统一国际航空运输某些规则的公约》《联运单证统一规则》等。

四、国际物流的高风险性

由于国际物流流程完成周期较长、作业复杂和跨国界运作，国际物流过程中除了存在一般性物流风险（如意外事故、不可抗力、作业损害、理货验货疏忽、货物自燃属性、合同风险）外，还因跨国家、长距离运作，面临着政治、自然和经济等方面的更高风险。例如，由于运输距离的扩大而延长运输时间并增加货物中途运转装卸的次数，使国际物流中货物灭失及短缺的风险增大；企业资信、汇率的变化使国际物流经营者面临更多的信用及金融风险；不同国家之间政治经济环境的差异可能使企业跨国开展国际物流遭遇国家风险。①

五、国际物流的高技术性

在国际物流中，生产企业或货主会在很大程度上依靠第三方物流经营者提供的物流服务和情报、信息以及相关单证，而这些信息交流的工作必须以国际化的信息系统为支持。国际海上运输、国际航空运输以及国际集装箱多式联运等运输方式是国际物流运输采用的主要运输方式。国际物流运输路线长，运输途中物品保管、存放条件要求高，运输环境较为复杂。

六、国际物流具有高标准化要求

统一标准对国际物流畅通有着重要意义。目前，美国、欧洲基本实现了物流

① 参见骆念蓓编著：《国际物流管理》，北京大学出版社 2008 年版，第 6 页。

工具与设施的标准化，如托盘采用1000mm×1200mm、集装箱采用统一规格及条码技术等，这样大大降低物流费用与转运难度。而不向这一标准靠拢的国家，不得不在转运换车等很多方面耗费时间和费用，从而降低了国际竞争力。①

国际物流管理的最终目标是在国际范围内，以适当的方式，在适当的时间，将指定的物品以较低的成本，快速、安全地送到指定的地点。它要求整个流程的一体化协作，从而最大限度地节约时间，缩短物流流程完成的周期。因此，要实现物流流程中各环节之间的有序衔接、节约时间、缩短流程周期，就必须实现国际物流的标准化运作。国际物流是国际贸易的衍生物，它是伴随着国际贸易的发展而发展起来的，是国际贸易得以顺利实现的必要条件。如果贸易关系密切的国家在物流基础设施、信息处理系统乃至物流技术方面不能形成相对统一的标准，就会造成国际物流资源的浪费和成本的增加，最终影响产品在国际市场上的竞争力，而且国际物流水平也难以提高。

七、国际物流必须具有国际化信息系统的支持

国际化信息系统是国际物流，尤其是国际联运非常重要的支持手段。国际化信息系统建立的难度大，一是管理困难，二是投资巨大，三是由于世界上物流信息水平参差不齐，使信息系统的建立更为困难。

建立国际物流信息系统一个较好的办法就是和各国海关的公共信息系统联网，以及时掌握有关各个港口、机场和联运路线、站场的实际状况，为供应或销售物流决策提供支持。国际物流是最早发展电子数据交换（EDI）的领域，以 EDI 为基础的国际物流将会对物流的国际化产生重大影响。

在网络环境下，以网络为主题的商务活动已经极大地解决了同种物流中信息系统的信息传递问题。在网络经济中开展以网络信息为特征的商务活动，使用以网络信息为特征的结算方式，需要同时与物流活动相适应的综合信息和物流经济体系。创造一个与网络经济活动相适应的国际物流中心会更好地解决商务与物流配送的问题。②

第三节　国际物流的现状与发展趋势

一、国际物流的现状

国际物流的概念在近十几年才逐渐受到重视，尽管国际贸易早在 20 世纪初期就已经形成规模，但与之相匹配的国与国之间的贸易运输并未受到相当的关

① 参见徐勇谋、杨海民、郭湖斌编著：《国际物流管理》，化学工业出版社 2004 年版，第 3 页。

② 参见苏振东、苏杭主编：《国际物流管理》，大连理工大学出版社 2010 年版，第 4 页。

注。从20世纪50年代开始，国际物流的发展历经了以下三个阶段：

第一阶段：20世纪50年代至80年代。这一阶段国际上开始逐步形成大规模国际物流。物流工具、物流设施和物流技术的极大发展促进了国际物流的前进。例如，负荷数十万吨的邮轮与矿石船、国际配送中心、立体无人仓库，物流标准化体系等。物流系统的改善促进了国际贸易的发展，物流货运已经超出了一国范围，但物流国际化的趋势还没有得到人们的重视。①

第二阶段：20世纪80年代初至90年代初。世界经济不断发展，国与国之间的贸易往来日趋频繁，物流国际化这一问题受到了广泛关注。在这一期间的国际物流特点为伴随国际多式联运物流出现的物流信息系统和电子数据交换系统；同时在物流量不断扩大的情况下出现了"精细物流"的概念。

当时的美国密歇根州立大学教授波索克斯认为，进入20世纪80年代，美国经济已经失去了旺盛的发展势头，陷入长期倒退的危机之中。因此，必须重视国际物流管理，降低产品成本，不断改善服务，扩大销售，在激烈的国际竞争中获得胜利。与此同时，日本正处于成熟的经济发展期，它以贸易立国的目标，实现与对外贸易相适应的物流国际化，并采取了建立物流信息网络，加强物流全面质量管理等一系列措施，提高物流国际化的水平。这一阶段，物流国际化的趋势局限在美、日和欧洲诸国等西方国家。②

第三阶段：20世纪90年代至今。这一阶段，国际物流的重要性已经为各国所熟知。世界各地纷纷对国际物流进行开拓创新的学术研究与实务工作；物流国际化的概念渗透到经济与国际贸易的每一处；而国际物流本身也成为了一种新兴服务行业。21世纪的国际物流是流通加工国际化、包装国际化、物流运输国际化、物流设施国际化、物流技术国际化、物流服务国际化等。

二、国际物流的发展趋势

（一）自由贸易区的兴起

依托自由贸易区发展国际物流是目前各国普遍采用的一种措施。20世纪60年代末70年代初，美国在全球经济中的地位开始下降。与此同时，美元贬值，失业人数增加。在此情况下，为了刺激对外贸易发展，各州纷纷设立对外贸易区。据不完全统计，目前全球已有1200多个自由贸易区，其中15个发达国家设立425个，占35.4%；67个发展中国家共设立775个，占65.6%，最典型的是美国对外贸易区的迅速增长。随着自由贸易区数量的持续增长，自由贸易区的功能也在不断扩展，以转口和进出口贸易为主的自由贸易区和以出口加工为主

① 参见蒋长兵、王姗姗编著：《国际物流学教程》，中国物资出版社2008年版，第3页。

② 参见骆念蓓编著：《国际物流管理》，北京大学出版社2008年版，第7页。

的自由贸易区已经开始相互融合。

在我国，特殊监管区域就是自由贸易区的初期状态。海关总署统计显示，截至2010年初，全国共设有海关特殊监管区域96个。其中，保税港区13个，综合保税区8个，出口加工区55个，保税物流园区6个，保税区12个，珠澳跨境工业区1个，中哈霍尔果斯边境经济合作中心中方配套区1个，这些区域中许多企业引进了先进的装卸、运输、包装设备，物流管理技术引进和开发稳步增长，物流人才不断涌现。①

（二）物流设施的发展与完善

进入21世纪，世界各国沿海港口建设数量持续大幅上升，同时发展模式开始从数量型向质量型转变，大型泊位建设成效显著，港口服务水平提升，并拓展了现代物流功能。根据德国极具影响力的宏观经济研究机构“汉堡世界经济研究所”发布的研究报告显示，世界贸易的蓬勃发展将极大地促进世界范围内海港及配套物流设施的建设。预计到2030年，世界范围内对与码头配套的交通公路、铁路建设投资将超过10万亿美元，世界船运贸易量将以年均3.3%的速度增长，船舶作为世界范围内主要商品运输工具的地位不会减弱，全球物流发展设施将进一步得到完善。中国港口的经营模式也由以装卸仓储为主向物流中心模式转型。随着上海国际航运中心的建成与发展，中国的国际物流设备将日趋完善。

（三）国际物流安全化

对于国际物流安全的提出主要包括两方面的问题，一是运输过程的安全，二是被运输载体的安全。“9·11事件”后，许多国家强化了对货物与人在物流过程中的安全措施，把国际物流与供应链安全上升到国家安全的战略高度。美国投入上百亿美元提高航空安全性，提供数亿美元改善铁路运输安全状况，启动海洋运输安全行动计划，加强货车公路运输特别是危险品运输等的安全。与此同时，欧盟、日本和澳大利亚同样鉴于物流过程中发生事故会造成突发性严重损害的考量，在促进贸易便利的同时进一步加强了物流安全体系方面的建设。2011年3月的日本福岛第一核电站的放射性物质外泄，导致附近的蔬菜、水果、水稻、肉类、鱼类等各种食物受到污染，世界各国开始严格限制日本食品的进口，美国政府宣布禁止进口日本福岛、茨城、枥木和群马地区的食品。放射性物质的污染对物流安全提出了更高的要求。②

（四）国际物流绿色化

国际物流虽然促进了经济的发展，但是物流的发展同时也会给城市环境带

① 参见马永飞：《国际物流发展与我国海关应对》，载《对外经贸实务》2011年第7期。

② 同上。

来不利的影响，如运输工具的噪声、污染排放、对交通的阻塞等，以及生产及生活中的废弃物的不当处理所造成的对环境的影响。21世纪以来，绿色物流的概念备受关注。绿色物流是指以降低对环境的污染，减少资源消耗为目标，利用先进物流技术，规划和实施运输储存、包装、装卸、流通加工等物流活动。绿色物流从环境的角度对物流体系进行改进，形成了一个与环境共生的物流管理系统。现代绿色物流强调了全局和长远的利益，强调了全方位对环境的关注，体现了企业的绿色形象，是一种全新的物流形态。[①]

目前，绿色物流的发展包括两方面：一方面是对物流系统污染进行控制，即在物流系统和物流活动的规划与决策中尽量采用对环境污染小的方案，如国际物流巨头逐步开始着眼于构筑循环物流体系，使得废弃物得以被循环利用。另一方面是建立工业和生活废料处理的物流系统，发达国家政府纷纷在污染发生源、交通量、交通流三个方面拟定相关政策，形成倡导绿色物流的对策系统。

（五）国际物流全球化

随着经济技术的发展和国际经济往来的日益扩大，物流全球化已成为世界的趋势。各国政府和跨国企业已普遍接受国际物流的概念，认识到它的重要性，并致力于开展国际物流方面的理论与实践的探索。物流全球化就是以满足全球消费者的需求为目标，组织货物的国际合理流动，也就是发生在全球范围内的物流。具体而言就是在全球范围内，把商品的采购、运输、仓储、加工、整理、配送、销售和信息等方面有机结合起来，选择最佳的方式与路径，以最低的费用和最小的风险，保质、保量、适时地将货物从某国的供方运到另一国的需方，为消费者提供多功能、一体化的综合性服务。物流全球化的实质是按国际分工协作的原则，依照国际惯例，利用国际化的物流网络、物流设施和物流技术，实现商品和服务全球流动与交换，以促进区域经济的发展和世界资源优化配置。物流全球化观念是一种无国界观念，从事物流全球化的跨国企业需以全球的视点考虑消费者及其需求，在物流决策上不考虑国别的政治含义，仅从全球角度按照利益和效率标准进行物流决策。[②]

第四节　国际物流与国际贸易的关系

国际贸易是指各国间的商品、劳务和技术交换活动，与国际物流存在相辅相成、互相促进的关系。国际物流的产生与发展需要国际贸易的不断刺激，而国际

---

① 参见刘小卉编著：《国际物流学》，上海财经大学出版社2008年版，第8页。

② 参见杨柏林、徐念沙、严奉天：《物流全球化趋势与我国对外物流系统的发展策略》，载《中国软科学》2003年第10期。

贸易也需要国际物流的支持。如果国际物流的发展无法跟上国际贸易发展的脚步，将会大大阻碍国际贸易的纵深发展。

一、国际贸易促进了国际物流的产生与发展

从一定意义上来说，国际物流实质就是国际贸易活动的一部分。因此，国际物流得以产生的前提就是国际贸易的存在。如果没有国际贸易，也就没有商品的国际流动，因此也就不需要国际物流。

第二次世界大战后，各国积极开展经济复苏工作，世界经济呈快速发展状态。在这一阶段，一些国家和地区资本积累达到了一定程度，本国或本地的市场已不能满足其进一步发展的经济需要，加之交通运输、信息处理及经营管理水平的提高，出现了为数众多的跨国公司。跨国经营与国际贸易的发展，促进事物和信息在世界范围的大量流动和广泛交流，物流国际化成为国际贸易和世界经济发展的必然趋势。

随着国际贸易的深化，贸易双方对国际物流服务的专业化、一体化要求加强，使得国际物流由早期的仅指将货物由一国供应者向另一国需求者的物理性移动，发展成为今天的集采购、包装、运输、储存、搬运、流通加工、配送和信息处理等基本功能于一身的综合性的系统。可以说，国际贸易产生了国际物流，并且促进了其向现代化国际物流的发展。①

二、国际贸易的发展离不开国际物流的支持

国际贸易是国际物流产生的前提；同时，国际物流也是国际贸易得以实现的必要条件。如果没有国际物流的支持，商品无法在国家间进行移动，国际贸易也就无法完成。随着国际贸易的发展，经济竞争愈发激烈，商品的质量与价格成为关键的取胜因素。而价格方面则由原材料价格、订单成本、运输价格、库存成本等构成。如何最大限度地降低成本价格依赖于国际物流的创新与发展。

同时，物流对经济发展的促进作用在跨国公司的扩展上得以验证。中国对外贸易经济合作企业协会副会长蔡家祥先生曾表示：“目前全球跨国公司约4.5万家，其生产和贸易总值约占全球贸易量的50%。它们伸向全球的触角就是现代物流业，‘即时供应’(just-in-time)和‘零库存’(zero inventory)成了企业永远追求的目标。美国的物流业已建立高效的供应链，有些从订单确认到货物发运只要2—3天。”②因而，现代物流业由于服务深度、流程长度、覆盖广度的不断增

---

① 参见杨长春：《论国际贸易与国际物流的关系》，载《国际贸易》2007年第10期。

② 蔡家祥：《我国对外贸易与国际物流发展的现状与前景》，http://www.jjlogistics.com/news_view.asp? id=128。

加，对提高产、供、销、运的整体经济效益，进而推动世界经济和贸易的发展的作用是无法估量的。

第五节　国际物流系统的组成

国际物流系统是由商品的运输、储存、装卸和搬运、流通、加工、检验、包装及其前后的整理再包装、国际配送以及信息等子系统组成。其中，运输和储存子系统是物流系统的主要组成部分。国际物流通过商品的运输和储存，实现其自身的时间和空间效益，以满足国际贸易活动和跨国公司经营的要求。

一、国际物流运输子系统

国际物流运输子系统是国际物流系统的最基本环节，是指由运输活动有关的各种因素组成的一个整体。运输的作用是使商品的使用价值实现空间移动，物流系统依靠运输作业克服商品生产地和需要地的距离，创造商品的空间效益。国际货物运输是国际物流系统的核心，有时甚至就用运输代表物流的业务。商品通过国际货物运输作业由卖方转移给买方。在非贸易物流过程中，运输作业将物品由发货人转移到收货人。运输费用在国际贸易商品价格中占有很大的比重。国际运输主要包括运输方式的选择、运输单据的处理以及投保等有关方面。国际货物运输具有路线长、环节多、涉及面广、手续繁杂、风险性大、时间性、内外运两段性和联合运输等特点。国际物流运输一般可以分为国内运输段（包括进口国、出口国）和国际运输段。

（一）国内货物运输段

出口货物的国内运输，是指出口商品由生产地或供货地运送到出运港（车站、机场），或是进口商品从进口港运送到所需地这一段的运输。它是国际物流中不可缺少的重要环节。离开了国内运输，出口货源就无法从产地或供货地集运到港口、车站或机场，进口货源也无法从进口地送入需求方，也就不会有国际运输段的产生和国际贸易的发展。出口货物的国内运输工作涉及面广、环节多，要求各方面协同努力，组织好运输工作。

（二）国际货物运输段

国际货物运输段是国内货物运输段的延伸和扩展，同时又是衔接出口国运输和进口国运输的桥梁和纽带，是国际物流畅通的重要环节。出口货物被集运到港口（车站、机场），办完出关手续后直接装船发运，便开始国际段运输。有的则需暂时进入港口仓库储存一段时间，等待有效泊位，或在有航次之后再出仓装船外运。国际段运输可以采用由出口国装运港直接到进口国目的港卸货的方式，也可以采用中转的方式，经过国际转运点，再运给用户。

国际货物运输业伴随着科技革命的浪潮迅速发展。大宗货物散装化、杂件货物集装箱化已经成为运输业技术革命的重要标志。现代国际物流业的迅速发展无不与运输业的技术革命相关联。在现代运输中,联合运输和大陆桥运输重要的新媒介——集装箱的大量运用,使得国际物流的发展与进步令人震惊。这种大规模国际货运业的发展又促进了国际物流业和国际贸易的发展,二者是相辅相成的。

同时,就国际物流而言,只有大力完善货物的运输设备,才能适应国际物流日新月异的发展。就港口建设方面,在发达国家,人们普遍认为船等泊位是一种极大的浪费,而泊位等船则是运输业先导性的客观要求。一般认为,港口泊位开工率达到30%,码头经营者即可保本;开工率达到50%,则可获厚利;开工率达到70%,则会驱使他们建设新码头。

二、国际物流仓储子系统

商品储存、保管使商品在其流通过程中处于一种或长或短的相对停滞状态,这种停滞是完全必要的。因为商品流通是一个由分散到集中、再由集中到分散的源源不断的流通过程,而库存作为一种"储备",是维持正常生产,保持连续,应付不测需要所必需的。国际贸易和跨国经营中的商品从生产厂商或供应部门被集中运送到装运港口,有时需要临时存放一段时间,再装运出口,这是一个集和散的过程。为了保持不断的商品往来,满足出口商品贸易前的整理、组装、再加工、再包装或换装等,必须形成一定的贸易前准备储存;某些出口商品和常年生产但季节性消费的商品,则必须留有一定数量的季节储备。当然,有时也会出现一些临时到货、货主一时运不走的现象,更严重的是进口商品到了港口或边境车站,但通知不到货主或无人认领,这种特殊的临时存放保管,即所谓的压港、压站的现象。这种情况下,国际物流就被堵塞了,出现了物流不畅的情况,给贸易双方或港方、船方等带来损失。因此,国际货物的库存量往往高于内贸企业的货物库存量也是可以理解的。

国际货物运输克服了商品使用价值在空间上的距离,创造了物流的空间效益,使商品的实体位置由卖方转移到买方;而储存保管克服了商品使用价值在时间上的差异,物流部门依靠储存保管创造了商品的时间价值。

国际贸易和跨国经营中的商品一般是在生产厂商的仓库存放,或者在收购供应单位的仓库存放,必要时再运送到港口仓库存放(在港口仓库存放的时间取决于港口装运与国际运输作业的有机衔接),也有在国际转运站点存放的。

从物流角度看,库存是企业之间或部门之间没有实现"无缝连接"的结果,库存作为储备的同时,又是作为一种生产闲置存在的。所以,商品不应长时间地停留在仓库内,而应尽量减少存储时间、存储数量,加速货物和资金周转,实现国际物流的高效运转。

三、国际物流装卸与搬运子系统

装卸活动是随着运输保管加工等活动而发生的物流活动。进出口商品的装卸与搬运作业，相对于商品运输来讲，是短距离的商品搬移，是仓库作业和运输作业的纽带和桥梁，实现的也是物流的空间效益。它是保证商品运输和保管连续性的一种物流活动。搞好商品的装船、查库、转运转装等，对加速国际物流十分重要，而且控制装搬费用也是降低物流成本的重要环节。有效地搞好装卸搬运作业，可以减少运输和保管之间的摩擦，充分发挥商品的储运效率。

近些年来，国际物流的装卸搬运活动由于集装箱的广泛应用而变得有效率和更加便利。以标准化的集装箱装卸为前提，港口码头装卸设备的标准化和大型化，装卸作业的效率化成为可能。

四、国际物流流通加工子系统

流通加工是随着科技进步，特别是物流业的发展而不断发展的。它是具有一定特殊意义的物流形式，在制造企业中不一定以加工最终产品为导向。为了更好地接近国际市场，可以在流通过程中根据市场情况的变化或促销在配送中心进行加工、重新包装等。流通加工业的兴起，是为了促进销售、提高物流效率和物资利用率以及维护产品的质量，使物资或商品发生一定的物理和化学以及形状变化，并保证进出口商品质量达到一定的要求。出口商品的加工业，其重要作用是使商品更好地满足消费者的需要，不断地扩大出口；同时也是充分利用本国劳动力和部分加工能力，扩大就业机会的重要途径。

流通加工的具体内容有两种：一种是出口贸易商品服务，如袋装、定量小包装（多用于超级市场）、贴标签、配装、拣选、混装、刷标记等；另一种是生产性外延加工，如剪断、平整、套裁、打孔、折弯、拉拔、组装、改装以及服装的检验、烫熨等。这种出口加工或流通加工，不仅能最大限度地满足客户的多元化需求，同时由于是比较集中的加工，它还能比没有加工的原材料出口赚取更多的利润和外汇，增加附加价值。

五、国际物流商品检验子系统

国际物流商品检验是国际物流系统中一个重要的子系统。由于国际物流的地理跨度大与国际贸易的高投资和纠纷处理的复杂性，对商品进行检验关乎确定交货品质、数量和包装条件是否符合合同规定，如发现问题，能否分清责任，向有关方面索赔等事宜。通常在国际货物买卖合同中，一般都订立商品检验条款，其主要内容又分为检验时间和地点、检验机构和检验证明、检验标准和检验方法等。

根据国际贸易惯例,商品检验时间与地点的规定可概括为三种情况:

一是在出口国检验。这又可分为两种情况:在工厂检验,卖方只承担货物离厂前的责任,对运输中的品质、数量变化的风险概不负责;装船前或装船时检验,其品质、数量以当时的检验结果为准,买方对到货的品质与数量原则上一般不得提出异议。

二是在进口国检验。这包括卸货后在约定时间内在买方营业处所检验或最后用户所在地查验两种情况。其检验结果可作为货物品质和数量的最后依据。在此条件下,卖方应承担运输过程中的品质、重量变化的风险。

三是在出口国检验、进口国复验。货物在装船前进行检验,以装船港双方约定的商检机构出具的证明作为议付货款的凭证,但货物到达目的港后,买方有复验权。如复验结果与合同规定不符,买方有权向卖方提出索赔,但必须出具双方认可的公证机构出具的检验证明。

在国际贸易中,从事商品检验的机构很多,包括卖方或制造厂商和买方或使用方的检验单位、国家设立的商品检验机构以及民间设立的公证机构和行业协会附设的检验机构。在我国,统一管理和监督商品检验工作的是国家进出口商品检验局及其分支机构。究竟由哪个机构实施和提供检验证明可以在国际货物买卖合同条款中加以明确,也可以根据国际惯例进行。

商品检验证明即进出口商品经过检验、鉴定后,应由检验机构出具具有法律效力的证明文件。如经买卖双方同意,也可采用由出口商品的生产单位和进口商品的使用部门出具证明的办法。检验证书是证明卖方所交货物在品质、数量、包装、卫生条件等方面是否与合同规定相一致的证据。如与合同规定不符,买卖双方可以据此作为拒收、索赔和理赔的依据。此外,商品检验证书也是议付货款的单据之一。

商品检验可按生产国的标准进行,也可按买卖双方协商同意的标准进行,还可按国际标准或国际惯例进行。商品检验方法概括起来可分为感官鉴定法和理化鉴定法两种。理化鉴定法对进出口商品检验更具有重要作用。理化鉴定法一般是采用各种化学试剂、仪器设备鉴定商品品质的办法,如化学鉴定法、光学仪器鉴定法、热学分析鉴定法、机械性能鉴定法。

六、国际物流商品包装子系统

杜邦定律(美国杜邦化学公司提出)认为:63%的消费者是根据商品的包装进行购买的,国际市场和消费者是通过商品来认识企业的,商品的包装与商标从一定程度上能够反映企业的文化和价值,就消费者而言也是企业的形象和广告,是消费者认识企业的“第一面”。由于国际物流运输距离长、运量大、运输过程中货物堆积存放又多次装卸,极易造成运输过程中货物损坏。因而,国际物流活动中的包装非常重要。而集装箱运输在很大程度上改变了这一现象,较之过去的件杂货运输方式在货物外包装与货损上有很大改善,也为国际物流活动提供了安全便利的包装方式。

在考虑出口商品包装设计和具体作业过程时,应把包装、储存、装搬和运输有机联合起来统筹考虑,全面规划,实现现代国际物流系统要求的"包、储、运一体化",即从商品一开始的包装起,就要考虑对货物的保护、储存的方便、运输的快捷,以保证国际物流正常有序的进行,方便运输储藏并减少物流费用。

七、国际物流信息子系统

国际物流信息子系统的主要功能是采集、处理和传递国际物流和商流的信息情报。没有功能完善的信息系统,国际贸易和跨国经营将寸步难行。国际物流信息的主要内容包括进出口单证的作业过程、支付方式信息、客户资料信息、市场行情信息和供求信息。

国际物流信息系统的特点是信息量大、交换频繁,传递量大、时间性强,环节多、点多、线长。所以要建立技术先进的国际物流信息系统。国际贸易中 EDI 等运用是一个重要趋势。我国应该在国际物流中加强推广电子数据交换、条码、射频识别(RFID)的应用。

上述主要系统应该和配送系统、装卸系统以及流通加工系统等有机联系起来,统筹考虑,全面规划,建立适应国际竞争要求的企业国际物流系统。

第二章 国际货物运输

第一节 国际货物运输概述

一、国际货物运输的概念及特点

在物流系统中,货物运输贯穿整个物流系统的各个环节,是物流系统的核心,承载着将商品或者货物由卖方转移给买方的功能。在国际贸易物资运输与非国际贸易物资运输中,国际货物运输都担当着将货物由发货人运往收货人的重要职责,因此可以说,国际货物运输是国际物流系统中最为重要的组成部分。国际货物运输,是指包括国际贸易物资和非国际贸易物资(如展览品、个人行李、办公用品、援外物资等)两种运输形式在内的,国家与国家或者国家与地区之间的货物运输。由于非国际贸易物资的运输在国际货物运输中占据的比例较小,所以,国际货物运输也通常被称为国际贸易运输或外贸运输。它具有如下特点:

1. 国际货物运输种类多、路线长、环节复杂。国际货物运输方式包括海洋运输,航空运输,铁路及公路运输等。国际货物运输往往需要经过不同的国家及地区,并且需要变换不同的运输方式,经过多次装卸转运才能够完成运输任务。

2. 国际货物运输涉及范围较广,较易受各国政策影响。国际货物运输不仅仅涉及发货人、承运人及收货人等运输合同相关方,而且也与各国进出口管理部门、银行及保险机构等都有较为密切的联系。所以,一国相关政策法律的出台往往影响到国际货物运输的各个方面。

3. 国际货物运输对时间及承运人的信誉要求较高。由于国际市场行情复杂多变,不能及时运达货物往往会造成货物相关方较大的经济损失,所以货主在选择承运人的过程中通常会选择信誉较高的承运人。

4. 国际货物运输风险较大。国际货物运输环节复杂且需要多种运输方式的转换,在转运及卸载过程中往往会遇到不同程度的货物损失;同时,国际货物运输线路较长,遭受自然灾害、意外事件等不可抗力的几率也较大。所以,相比其他的货物运输形式,国际货物运输有较大的运输风险。

二、国际货物运输主体

国际货物运输的主体主要包括以下几方面:

（一）承运人（Carrier）

承运人是指专门经营水上、航空、公路、铁路或者管道运输的运输服务方，如轮船公司、航空公司、铁路或公路运输公司等。它们一般都拥有一定的运输服务设施保证其有能力为社会提供运输服务。拥不拥有运输工具并不是判定承运人的唯一标准，有一些承运人并不拥有自己的运输工具，但是其通过承租运输工具，依然能够提供运输服务。

（二）货主（Cargo Owner）

在国际货物运输过程中，货方通常是指国际货物运输的出口方或者进口方。他们为履行贸易合同，组织货物进出口运输，是运输服务的需求方。通常情况下，和承运人签订运输合同，在出口地或者装运地向承运人交付货物的称为托运人，在进口地或运输合同所规定的目的地收取货物的称为收货人。①

（三）货运代理人（Freight Forwarder）

由于国际货物运输过程复杂，往往需要不同的运输方式才能实现货物流动的目的，所以货主为了货物的安全、运输的便捷以及费用成本的降低等各方面的需求，往往需要充分考虑各种交通运输信息；另一方面，承运人为了使自己的运输工具能够充分利用，也需要广泛地收集各类货物运输信息。但是，由于绝大多数货主和承运人并不具备足够的人力、物力去了解相关信息，并且时常会因为不了解相关信息或者因为不熟悉某些手续的办理程序而造成疏漏，导致事倍功半，甚至造成经济损失。此类需求的增加促使了货物代理人的出现，他们根据当事人的委托，为了当事人的利益代办各种运输业务，从中收取劳务费用。这些人一般都在运输业经营多年，有充分的实践经验，精通各类运输业务，对于运输业的相关规定及程序了如指掌。同时，由于他们从事实务工作多年，与海关、银行、保险等机构都有较为密切的联系。托运人或承运人将事务委托与他们对于自身的业务更加有利。

国际货物代理协会（FIATA）对于货运代理人的定义为"根据客户的指示，并为客户的利益而揽取货物运输的人，其本身并不是承运人"。而我国《国际货物运输代理业管理规定》第2条对运输代理业的定义则为："本规定所称国际货物运输代理业，是指接受进出口货物收货人、发货人的委托，以委托人的名义或者以自己的名义，为委托人办理国际货物运输及相关业务并收取服务报酬的行业。"

总之，货运代理人可以定义为，根据委托人的委托，为了委托人的利益，代为办理国际货物运输业务，并从中收取报酬的人。

---

① 参见王晓东编著：《国际运输与物流》，高等教育出版社2006年版，第11页。

三、国际货运的货物分类

在国际物流领域，货物的种类繁多、形态与性质各异，对货物进行科学的分类不仅有利于货物的安全，同时也有利于发挥运输工具的利用程度，提高物流效率。

货物的种类可以根据不同的标准及角度加以区分，在物流领域，对货物的分类主要是依据货物的性质及形态，而不同的运输工具对性质及形态的区分标准也略有不同。

（一）水路运输的货物分类

按照性质及形态的不同标准，水路运输的货物可以有以下分法：

1. 按照货物的性质分类

依货物性质的不同可将其分为普通货物及特殊货物两种类型。

普通货物一般包括清洁货物、液体货物、粗劣货物。（1）清洁货物是指清洁、干燥的货物。这类货物一般不含水分或者水分极少，对周围的货物影响较小且无特殊的运输要求，如纺织品及日用消费品等。（2）液体货物，是指液态的流质或半流质货物。这类货物多盛装于罐或瓶一类的容器，在运输途中较易破损、滴漏，所以与清洁货物相比有较高的要求，如水、饮料、酒等。（3）粗劣货物是指具有油污、水湿、扬尘或散发异味特性的货物。这类货物较易污染周围的其他货物，所以对包装的要求较高，如鱼粉、氨水、烟叶等。

特殊货物一般包括危险货物、易变质货物、贵重货物、活动物及超限货物等。（1）危险货物是指具有毒性、易燃、易爆、易腐蚀或者放射性等特质的货物。由于此类货物危险性较高，在运输前一般需要提前申报与审批以防止运输途中的不当对人身、财产及环境造成危险，所以承运人在承运此类货物时会收取较高的运费并且对保险的要求也较为严格。（2）易变质货物是指对温度要求较高，在常温下易发生变质腐烂，或者化学性质会随温度的变化而改变的货物，如新鲜蔬菜、水果等。（3）贵重货物，是指具有较高价值的货物，如名贵字画、古玩等。由于此类货物较高的经济价值，承运人一般会要求托运人申报货物的属性、办理货运保险。（4）活的动植物，是指具有正常生命形态和特征，在运输过程中需要专门照顾的动物或者植物。此类货物对货舱的温度、通风等要求较高，部分货物需要专门照顾，所以风险较大，运费也相对较高。（5）超限货物，是指单件货物体积超长、超高或超重的货物。由于此类货物的性质导致其对装载、运输、装卸作业要求较高，涉及陆路运输时还会对道路的沿途情况提出要求，所以需要特殊处理。

2. 按照货物的外部形态分类

依货物的外部形态可将货物分为包装货物、裸装货物、散装货物等。

包装货物是指具有一定规格运输包装的货物。几种常见的包装方式包括桶装、箱装、袋装及捆装。裸装货物是指由于货物性质不需要包装而不予包装的成件货物，这些货物在运输途中往往需要采取防锈、防潮的保护措施，如汽车、钢材等。散装货物是指不需要包装，散装在船甲板上或船舱中的大宗货物，如煤、粮食、矿砂和石油等。这类商品的装卸需要有相应的码头装卸设备，有的还需要特殊的运输工具，如油轮。

另外，除依据货物的性质及形态外，还可依据货物的装载场所、货物的重量体积比及载运状况对货物进行分类。按照装载场所可将货物分为夹板货、舱内货、舱底货、衬垫货及填补货。按重量体积比可将货物分为重货和轻泡货。按照载运状况可将货物分为大宗货物、菱形货物、满载货物、直达货物、挂港货物等。

（二）航空运输的货物分类

1．按照货物的性质分类

航空运输货物按照性质可分为普通货物与特种货物两大类。

航空运输的普通货物主要是指货物不具有特殊性质，在航空运输中没有特殊要求的货物，如电子器械、通信产品、纺织品、皮革、陶瓷、医疗器械等。特种货物指由于货物的特殊性质，在运输过程中需要采取特殊措施的货物，如活动物、武器、弹药、贵重物品、外交邮包等。

2．按照货物形态分类

航空运输货物按照货物形态可分为散货与集装货两类。

航空运输中的散货是指包括包装货物、裸装货物等在内的没有使用集装器的货物。航空运输中的集装货是指使用集装器进行运输的货物。

3．按照货物的重量体积分类

按照货物的重量体积，航空运输中的货物可分为重货和轻泡货。

在航空运输中，凡每千克的体积低于6000立方厘米的货物即为重货，一般情况下，金属、机器设备等都为重货；而每千克体积超过6000立方厘米的货物即为轻泡货，如鞋帽、纺织品等。

（三）陆路运输的货物分类

陆路运输包括铁路运输与公路运输，其分类与前述分类较为相似。按照货物的性质，陆路运输的货物也可分为普通货物与特殊货物。普通货物是指不具有特殊性质且并未规定特殊运输条件的货物。特殊货物是指具有特殊性质且对运输具有特殊条件限制的货物，如易变质物、危险物、活动物等。按照货物的形态，陆路运输的货物也分为散装货与包装货。散装货指运输中不加以包装的货物。包装货是指加以包装后进行运输的货物。

第二节 国际海上货物运输

一、国际海上货物运输概述

（一）海上货物运输的概念及特点

国际海上货物运输是指承运人按照海上货物运输合同的约定，以海运船舶作为运载工具，以收取费用作为报酬，将托运人托运的货物经海路由一国港口运至另一国港口的行为。①

我国《海商法》第 2 条规定："本法所称海上运输，是指海上货物运输和海上旅客运输，包括海江之间、江海之间的直达运输。"海上货物运输作为海上运输的主要组成部分，占据了我国进出口贸易总量的 80% 以上。相比较其他的运输方式，海上货物运输具有如下特点：

1. 通过能力强、运量大。由于在地球的地理地貌中，海洋面积占据 70% 左右，海面辽阔、港口众多，天然航道四通八达，具有陆路运输所不具备的天然优势，不必受公路及铁路线路的制约，通过能力很大。同时，随着船舶制造工艺的发展，船舶容量越来越大，所装货物不断增加。

2. 运费低廉。首先，由于海上货物运输利用天然航道，资金投入主要集中在港口建设及购买船舶上，所以，相比较陆路运输方式而言，海上货物运输不需要大量资金投资于铁路或者公路，投资成本相对较低；其次，海运船舶日趋大型化、专业化，在运输中分担于每货运吨的成本很少，运价十分低廉。据统计，海运成本约为铁路运输的 1/5、公路运输的 1/10、航空运输的 1/30。②

3. 适货能力强。由于船舶的大型化，货物在运输时基本不需要考虑其他运输方式，类似于道路或承载工具的限制。基本上所有的货物都可以由海运船舶所承载，尤其是大件货物，海上运输是其首选的运输方式。另外，由于造船工艺的发展，各种专业化船舶应运而生，如冷藏船、滚装船等，也提高了船舶的适货性。

4. 速度较慢。由于海运船舶日趋大型化，受水流和风力影响也越来越大，导致大型海运船舶速度较低。虽然随着技术的发展，船舶运行速度不断提高，但是仍然与其他运输工具的速度相差较远，不适合运输对时间要求较高的货物。

5. 风险大。海上货物运输长时间处于远离海岸的大洋之中，海洋环境复杂，气象多变，时常会遭受暴雨、海啸、雷电、冰冻等自然灾害，所以风险较大。同时，一旦发生海难事故不仅对货物及船舶造成严重的经济损失，还有可能会引起

① 参见王学锋主编：《国际物流》，高等教育出版社 2009 年版，第 57 页。

② 参见徐勇谋主编：《国际物流》，上海财经大学出版社 2005 年版，第 99 页。

油污泄漏，对海洋环境造成严重污染。在这种情况下，为了分散风险，防止和减少海难事故的发生对一方造成致命性打击，并为促进海运事业的发展，逐步形成和发展出了一些海上货运业的特殊制度，如共同海损制度、责任限制制度、海上保险制度等。

二、国际海运主要船舶类型和经营方式

（一）国际海运主要船舶类型

根据所装货物的物理形态可将国际海运主要船舶分为干货船与液货船两大类。

1. 干货船

干货船即所装货物为固态。干货船按照装载货物种类、船舶结构及设备特征又可以分为以下几类：

（1）杂货船

杂货船（General Cargo Ship）是指运载成包、成箱、成捆的包装货或裸装货的船只。它是最为普通、适用性最广的一类货船。为了方便货物的装卸，此类船舶的货舱口一般设有吊杆或起重机，同时，为了适应不同货物的装载要求，还设有多个货舱并且货舱大多会分为多层以减轻对底层货物的压力。

（2）散装货船

散装货船（Bulk Cargo Ship）是指装载散装货物的船舶，大多专门用来运输粉末状、颗粒状、块状无包装的大宗散货，如煤、砂、矿石、谷物等。此类船舶一般船体较大，船舱通常为直舱，舱内放置隔板以防止货物在运输途中移位。

（3）集装箱船

集装箱船（Container Ship）可分为部分集装箱船、全集装箱船和可变换集装箱船三种。部分集装箱船是以船的中央部位作为集装箱的专用舱位，其他舱位仍装普通杂货。全集装箱船，是指专门用以装运集装箱的船舶。它与一般杂货船不同，其货舱内有格栅式货架，装有垂直导轨，便于集装箱沿导轨放下，四角有格栅制约，可防倾倒。集装箱船的舱内可堆放三至九层集装箱，甲板上还可堆放三至四层。可变换集装箱船的货舱内装载集装箱的结构为可拆装式。因此，它既可装运集装箱，必要时也可装运普通杂货。集装箱船航速较快，大多数船舶本身没有起吊设备，需要依靠码头上的起吊设备进行装卸。

（4）冷藏船

冷藏船（Refrigerated Ship）是指专门运送要求保鲜的鱼、肉、水果、蔬菜等时鲜易腐货物的货船。冷藏船上有制冷装置，包括制冷机组和各种管系。冷藏船的货舱为冷藏舱，舱之间相互独立并用隔热材料隔开以维持舱内的独立温度。由于受货运批量限制，冷藏船一般吨位不大，通常为数百吨到几千吨。

除上述主要船舶外，还有木材船、滚装船、载驳船等船舶。木材船，顾名思义，是指专门用来运输木材或原木的货船。滚装船又称“开上开下”船，或称“滚上滚下”船，是专门用来运输汽车或集装箱的船舶。载驳船又称子母船，多用于河海联运，一般先将货物装载于驳船上，然后将驳船置于载驳船指定的位置，由载驳船牵引驳船至目的地。

2. 液货船

液货船又可以分为以下两类：

(1) 油轮

油轮(Tanker)是指载运散装原油或成品油的液体货物运输船舶。现代油轮一般都设计有专门的油泵与油管，并且甲板相对整洁平坦，也没有装卸在甲板上的货物，当油轮需要装运液体货物时，一般会由甲板中部的小吊车将码头上的管道与船舶上的管道连接起来便可以进行输送。油轮按照载重吨位额可分为小型油船(0.6 万吨载重吨以下)，以运载轻质油为主；中型油船(0.6—3.5 万吨载重吨)，以运载成品油为主；大型油船(3.5—16 万吨载重吨)，以运载原油为主，偶尔载运重油；巨型、超级油船(16 万吨载重吨以上 VLCC、30 万吨载重吨以上 ULCC)，专用运载原油。

(2) 液化气船

液化气船(Liquefied Gas Carrier)是指专门装载散装液化气体的船舶，按照所载货物的不同，又可分为液化天然气船(LNG 船)和液化石油气船(LPG 船)。液化气船设备复杂，技术要求高，因此造价也比普通油轮高得多。

(二) 主要经营方式

按照船舶经营方式的不同，可将国际海运船舶的经营方式分为班轮运输与租船运输两种类型。

1. 定期船运输(Liner Shipping)

定期船运输又称班轮运输，是指班轮公司按照事先公布的船期表，依照固定的航线，在特定的港口之间从事规则的、反复的客货运输业务，并按照事先公布的价格收取运费的船舶营运方式。由于班轮运输手续方便，在国际海运业务中，除大宗货物会使用租船运输业务外，零散货、小批量货等多使用班轮运输。在我国使用海上运输方式的进出口交易中，将近 70% 的货物运输是依靠班轮运输完成的。

班轮运输有以下几个特点：

(1) “四固定”的特点，即班轮按照固定的航线、固定的港口、固定的船期以及相对固定的费率收取费用。

(2) 货物的装卸、配载由班轮公司或承运人负责，装卸费用包括在运价内，双方不计滞期费、速遣费。

(3) 货主与承运人之间的权利、义务、责任、豁免以承运人签发的提单条款为依据。

(4) 班轮承运货物的品种、数量比较灵活,货运质量较有保障并且一般采取码头仓库交接货物的方式,为货主提供了便利。

根据班轮运输的以上特点可以看出,班轮运输的经营方式对于货主有极佳的便利性,对于国际贸易的发展起到巨大的推动作用。

2. 不定期船运输(Tramp Shipping)

不定期船运输又称租船运输,是指租船人向船东租赁船舶用于货物运输的一种方式。这种运输方式没有预定的船期表、航线和挂靠的港口,而是完全按照租船人和船东的协议安排船舶的航行计划,一般适用于大宗货物的运输。租船运输的租金与运费完全按照租船人和船东相互协商确定,与市场供求有较大关系。

租船运输有如下特点:

(1) 租船运输为不定期船运输,没有固定的航线、装卸港口,双方的权利义务依实际情况洽谈而定,并以租船合同的形式加以确定。

(2) 没有固定的运价。租船运输的运价和租金根据市场行情确定,装卸费、滞期费及速遣费由合同确定。

(3) 租船运输主要针对的是国际贸易中的大宗货物。

目前,国际上较为常见的租船营运方式主要有航次租船、定期租船、光船租船、包运租船和航次期租五种。

(1) 航次租船(Voyage Charter)是指出租人按照约定向承租人提供整船或部分舱位,装运约定的货物,在承租人指定的港口间,进行约定航次次数的运输,由承租人支付约定运费的营运方式。按照约定航次的不同,航次租船又可分为单航次租船(Single Trip)、往返航次租船(Return Trip)、连续单航次租船(Consecutive Single Trip)以及连续往返航次租船(Consecutive Return Trip)。

在航次租船中,出租人对船舶享有所有权、调动权、管理权。出租人负责船舶营运并负担费用,这些费用包括:船舶营运费,如燃料、物料、淡水和港口费;船舶的维持费用,如船员工资、伙食、船舶维修保养、保险以及检验等费用。而承租人仅负担运费、装卸费和滞期费等。

出租人不仅要尽适当的谨慎义务使船舶适航、维持船舶的有效状态,还对货物负有妥善而谨慎的装载、搬移、积载、运输、保管、照料、卸载和交付义务。

(2) 定期租船(Time Charter)是指出租人向承租人提供特定的船舶,承租人在约定的期限内按照约定的用途使用船舶,并支付租金的租船形式。

在定期租船中,出租人负责配备船员,并且负责船员的工资和给养、船舶的维修保养、物料以及船舶的保险费用,并享有船舶所有权和管理权。承租人按照约定的租期支付租金并按照约定的用途使用船舶，同时，在租期内负责船舶的燃料、物料、淡水、港口以及装卸等费用。在租船期间，承租人享有船舶的使用权、调动权和经营权。

(3) 光船租船(Bare Boat Charter)又称船壳租船，是指船舶出租人向承租人出租不配备船员的船舶，在约定的期间内由承租人占有、使用和营运，并由承租人支付租金的租船形式。

在光船租船中，船舶出租人把船舶的使用权和经营权一并转让给承租人，在租船期间，承租人享有对船舶的占有权和使用权，船舶使用中发生的风险和责任完全由承租人承担。出租人只保留船舶的处分权和收取租金的权利。光船租约签订以后，出租人须向承租人提供适航船舶和船舶的有关文件证书，但不再承担其他义务。承租人有权任命船长和船员。在租船期间，船舶营运的一切开支由承租人承担。在租期内，如发生海事请求权，申请人申请扣押船舶的，有权扣押出租人的船舶，但以该承租人租用的船舶为限。

(4) 包运租船(Contract of Affreightment, COA)是指船舶出租人在约定的期间内向承租人提供若干条船，按照相同的租船条件将一定吨位的货物由承租人指定的一个港口运至另一个港口，对于航程次数不作具体规定。

包运租船中，船舶出租人必须按照承租人的要求提供能够完成合同规定每个航次货运量的运力。船舶所有人负责船舶的营运调度，并负责有关的营运费用。运费按船舶实际装运货物的数量及商定的费率计算，按航次结算。租期的长短取决于运输货物的总运量及船舶的航次周期所需要的时间。

(5) 航次期租(Time Charter on Trip Basis, TCT)是指以完成一个航次运输为目的，按完成航次所花的时间和约定的租金率计算租金的一种租船方式。航次期租是近几年来国际上发展出来的介于航次租船和定期租船之间的租船方式。

三、国际海上货物运输流程及单证

(一) 班轮运输的主要流程

由于班轮运输的各项特点，决定了班轮运输船舶需承载众多货主所托运的货物，因此，必须具备一套规范的货运程序和规则来保障货物顺利流转。简单的可以概述为：揽货—订舱—装货—卸货—交付货物。

1. 揽货和订舱

班轮市场竞争激烈，班轮公司为了获得更多的利润，使自己所经营船舶的载重量和舱容得到最大限度的利用，往往会通过各种途径来争取货源，这种行为就是通常说的揽货(Canvassion)。一般情况下，经营班轮运输业务的船公司会在挂靠港口和货源腹地通过自己的经营部门或者货运代理人与货主建立业务关系，并通过各类媒体，如期刊、杂志等刊登自己的班轮信息及时间表以吸引货主前来托运货物，并尽可能地建立长期性的往来业务。货主或其代理人一般会充分考虑班轮运输公司的综合业务水平，如硬件设施、服务质量、船期、承运人信誉等，然后选择合适的班轮运输公司。同样，承运人在承揽货物时也需要考虑货物的性质、包装及货物的重量大小等。但对于集装箱货物，则无须考虑这些因素，承运人只需搞清楚集装箱的数量就行。

订舱（Booking）则是指托运人或其代理人向承运人发出申请托运货物的邀约，承运人对这种邀约表示接受的行为。班轮运输不像租船运输那样需要托运人与承运人双方根据具体情况的不同签订租船合同，在班轮运输中，由于承运人所要求的条件一般会公布，托运人往往以口头或者订舱函电的方式向承运人发出要约，承运人承诺即合同成立，双方依约履行合同义务。

2. 装货

在班轮运输中，根据货物的不同，交接货物的地点及方式也相对不同。

在集装箱班轮运输中，班轮公司基本上采用 CY/CY，即从起运地或装箱港的堆场至目的地或卸箱港的集装箱堆场的交接方式，集装箱的装船工作一般由班轮公司负责。

在杂货班轮运输中，除另有规定外，一般规定托运人需要将货物运至船边，如果船舶是在锚地或浮筒作业，托运人还需用驳船将货物运至船边，然后进行货物的交接和装船作业。但是由于在杂货班轮运输中存在船舶所装载的货物种类多、件数多、包装方式不同等原因，如果要求每个托运人都将货物运至船边进行装货，就会导致货物不能按照合理的顺序装船，同时也容易造成码头及货舱混乱，影响货物的装载效率，不利于货物的安全。因此，为了提高货物的装载效率，承运人往往会安排装船代理人，由装船代理人在港口指定地点接受托运人的货物，在装船代理人将货物进行集中整理后，再依次装船。这样的方式更有利于班轮公司提高货物装载效率，同时也能够使货舱得到充分合理的利用，提高运输的安全性。

我国《海商法》第 46 条规定："承运人对集装箱装运的货物的责任期间，是指从装货港接收货物时起至卸货港交付货物时止，货物处于承运人掌管之下的全部期间。承运人对非集装箱装运的货物的责任期间，是指从货物装上船时起至卸下船时止，货物处于承运人掌管之下的全部期间。在承运人的责任期间，货物发生灭失或者损坏，除本节另有规定外，承运人应当负赔偿责任。"可见，在杂货班轮运输中，不管是采用直接装船的方式还是采用集中装船的方式，承运人的责任义务都是从货物装上船时开始的，风险的转移也从货物装上船时开始。装船代理人只是向托运人指定接收货物的地点，然后整理安排货物集中装船，在此期间货物风险并没有转移给承运人。当然，若在此期间遇到由于装船代理人的过错导致货物的毁损灭失的情况,则另当别论。

3. 卸货

在班轮运输中,卸货则是指将船舶承运的货物在卸货港从船上卸下,交给收货人或者其代理人,办理相关交接手续的行为。与货物装船时一样,为了避免直接卸货造成的混乱,除了一些危险物品或贵重物品外,卸货也一般采取集中卸货的方式。承运人一般会指定某个专门的装卸公司作为卸货代理人负责卸货并运至仓库保管,进行分类整理后再向收货人交货,这种方式一般被称为"集中卸船,仓库交付"。

正常情况下,承运人必须按照提单的记载,在提单指定的港口卸货。但是由于战争、冰冻、港口罢工等特殊原因,导致船舶不能开往指定的卸货港或者开往指定的卸货港会导致船舶和货物处于不安全状态时,承运人有权决定将船舶开往指定港附近的港口进行卸货,指定港附近的港口必须在合理的范围之内。

卸货时,船方和装卸公司应该严格按照相关单证和载货清单认真组织和实施卸货作业以防止发生差错。但实际情况中,往往会因为不同的原因导致货物的误卸。在误卸中,将本应在其他港口卸下的货物误在本港卸下的,称为"溢卸";将本应在本港卸下而未卸的,称为"短卸"。班轮公司或其代理人在发现有溢卸或短卸的情况后,应立即向各挂靠港口发出货物查询单,确定的误卸货物应及时运回原定的卸货港口。

4. 交付货物

在班轮运输中,当货物装船后,班轮公司或其代理人会向托运人签发提单,因此,班轮公司在交货时必须严格按照提单的要求将货物交予收货人。具体的程序是,收货人在达到托运人所达到的条件后会收到承运人向托运人签发的提单,收货人将提单及其他进口单据交予承运人审核,审查合格之后收货人持相关单据便可在存放货物的地点提取货物。若在收货人需要支出相关费用的情况下,如规定由收货人支付运费的合同中,收货人必须先缴付运费和其他相关费用之后才可以提取货物。若收货人拒付运费,则承运人可依据提单上的相关条款对货物进行留置。

根据交货地点的不同,交货方式可分为仓库交货和船边交货等。

仓库交货是指承运人先将货物卸下并运至仓库,这些仓库可能是承运人自己的,也可能是承运人代理人的或装卸公司的,然后对货物进行整理分类,由装卸代理人依票向收货人交付货物的交货方式。

船边交货,是指收货人在将提货手续办理齐全之后直接到码头船边凭相关单据提取货物并办理交接手续的交货方式。采用船边交货的货物一般包括危险货物、贵重货物以及某些冷冻货物。

除以上交货方式外,还有货主选择卸货港交付货物、变更卸货港交付货物以及凭保函交付货物的交货方式。(1) 货主选择卸货港交付货物,是指货主在货物装船时并未确定某个具体的港口作为卸货港,在货物运输途中,货主通知承运人在其选定的卸货港卸货的交货方式。(2) 变更卸货港交付货物,是指在提单指定的卸货港以外的港口卸货的交货方式。在这种情况下,承运人往往不愿意接受卸货港的改变,即使承运人接受货主变更卸货港的申请,货主也需要支付给承运人因进行货物翻舱、倒载、装卸产生的费用,以及运费差额、手续费等。(3) 凭保函交付货物是指由于货物到港时间早于正本提单到达的时间,或者因为其他情况导致提货人不拥有正本提单,由提货人向承运人出具保函代替提单提货的交货方式。凭保函交货只是为了能够使货物快速交付而采用的一种商业习惯,若在提单收回前发生风险,虽然班轮公司可以根据保函将发生的损失转嫁给提货人或保证银行,但仍需对善意提单持有人的损失负赔偿责任。

(二) 提单

提单是海上货物运输中具有悠久历史并且应用最为广泛的一种单证,它反映了海上货物运输合同的重要内容,规定了承运人及托运人的权利义务,同时也是银行结汇的关键票据。在以信用证为代表的国际贸易体系中处于核心地位,具有不可替代的作用。

1. 提单的概念及性质

我国《海商法》第 71 条规定:“提单,是指用以证明海上货物运输合同和货物已经由承运人接收或者装船,以及承运人保证据以交付货物的单证。提单中载明的向记名人交付货物,或者按照指示人的指示交付货物,或者向提单持有人交付货物的条款,构成承运人据以交付货物的保证。”

根据上述概念,提单具有以下性质:

(1) 提单是承运人与托运人之间国际海上货物运输合同的证明

提单是海上货物的合同证明,即可以依据提单的内容来确定承运人和托运人在海上货物运输合同中的权利以及义务。一般来说,提单的签发主要针对班轮运输,有时在租船运输合同中也签发提单。在班轮运输情况下,由于班轮运输一般不签订书面的合同,或者只有少量可以确定合同内容的文件,而提单正面通常较为详细地记载了货物运输的一些细节内容,提单背面也有关于当事人权利义务的条款,所以依据提单的内容可以确定当事人双方的权利义务关系。另外,虽然提单一般由承运人提供,但托运人在与承运人达成运输协议时知道或者应当知道提单条款的内容。若托运人对提单的内容有异议完全可以放弃签订运输合同,所以,提单可以视为托运人已经同意接受提单条款的约束。因此,可以依据提单的记载及条款确定双方的权利内容。

但需要指出的是,提单只是运输合同的证明,并非运输合同本身。这是因为,在签发提单之前,当承运人与托运人就货物运输事宜达成一致时,运输合同就已经成立,承运人签发提单的行为只是履行运输合同的一个环节。所以,承运人或托运人均可提出其他证据来推翻提单的内容。但是,提单是一种可以转让的凭证,当提单转让给善意第三人时,就成了约束承运人和提单持有人的唯一凭证。我国《海商法》第78条第1款规定:"承运人同收货人、提单持有人之间的权利、义务关系,依据提单的规定确定。"可见,提单对于不同的当事人,其法律效力是不同的。

(2) 提单是承运人接管货物或货物已装船的收据

承运人签发提单表明承运人已收到货物或货物已经装上船舶,承运人有义务将货物运至提单上所规定的目的港,将货物交付收货人。在这种情况下,提单具有收据的作用。对于不同的当事人,提单的证据效力不同。若承运人主张其收受的货物与提单记载的内容不符时,只要承运人能够提出有效的证据否定提单所记载的内容就可以否定提单证据效力,所以对托运人而言,提单仅是一个初步证据(Prima Facie Evidence)。若将提单转让给善意第三人时,即使承运人对提单所记载的货物有疑问,或者能够提出相反的证据否定提单记载的内容,也不能够推翻提单的记载,这就是提单的绝对证据(Conclusive Evidence)。我国《海商法》第77条规定:"除依照本法第七十五条的规定作出保留外,承运人或者代其签发提单的人签发的提单,是承运人已经按照提单所载状况收到货物或者货物已经装船的初步证据;承运人向善意受让提单的包括收货人在内的第三人提出的与提单所载状况不同的证据,不予承认。"

(3) 提单是承运人保证据以交付货物的物权凭证

提单不仅是提取货物的凭证,同时也是承运人据以交付货物的物权凭证。我国《海商法》第71条规定:"提单中载明的向记名人交付货物,或者按照指示人的指示交付货物,或者向提单持有人交付货物的条款,构成承运人据以交付货物的保证。"该条规定表明记名提单持有人享有提取货物的权利,并且承运人有义务将货物在目的港交付给正本提单的持有人。提单持有人对提单上所记载的货物享有所有权。若承运人未交付货物将会承担相应的法律责任。

2. 提单的种类

按照不同的分类方法,提单可以分为不同的种类:

(1) 按照货物是否已经装船分类

① 已装船提单

已装船提单(on Board or Shipped B/L)是指货物装船后由承运人或其授权代理人根据大副收据签发给托运人的提单。如果承运人签发了已装船提单,就是确认他已将货物装在船上。这种提单除载明一般事项外,通常还必须注明装载货物的船舶名称和装船日期,即提单上一般注有"货物已装船"字样。

② 收货待运提单

收货待运提单(Received for Shipment B/L)又称备运提单、待装提单、待运提单。它是承运人在收到托运人交来的货物但还没有装船时,应托运人的要求而签发的提单。签发这种提单时,说明承运人确认货物已交由承运人保管并存在其所控制的仓库或场地,但还未装船。这种提单未载明所装船名和装船时间,所以在国际贸易中,买方一般不愿意接受这类提单。但当货物装船,承运人在这种提单上加注装运船名和装船日期并签字盖章后,待运提单即成为已装船提单。这时,待运提单就具备了已装船提单的性质,托运人也就可以用待运提单向承运人换取已装船提单。

(2) 按照提单抬头的不同分类

① 记名提单

记名提单(Straight B/L)是指提单上的收货人栏中已载明特定收货人名称的提单。提单所记载的货物只能由提单上特定的收货人提取,或者说承运人在卸货港只能把货物交给提单上所指定的收货人。如果承运人将货物交给其他人,即使该人占有提单,承运人也应承担错交货物的责任。由于这种提单的性质,导致其是一种不可流通的提单,在国际海上货物运输中一般较少使用,往往用于运输个人或者特殊货物。

② 不记名提单

不记名提单(Bearer B/L or Open B/L or Blank B/L)又称空白提单,是指提单上收货人一栏内注明“提单持有人”(Bearer)或“交与持有人”(to Bearer)字样或直接空白,不填写任何人的名称的提单。这种提单不需要任何背书手续即可转让或提取货物,极为简便。由于其极强的流通性,会给买卖双方带来一定的风险,因此这种提单在国际海上货物运输中也较为少见。另外,根据有些班轮公会的规定,凡使用不记名提单,在给大副的提单副本中必须注明卸货港通知人的名称和地址。

③ 指示提单

指示提单(Order B/L),是指在提单正面收货人一栏内载明“凭指示”(to Order)或“凭某人指示”(to Order of...)字样的提单。这种提单按照表示指示人的方法不同,又分为托运人指示提单、记名指示人提单和选择指示人提单。如果在收货人一栏内只填记“指示”字样,则称为托运人指示提单。

指示提单是一种可转让提单,提单持有人可以通过背书的方式把它转让给他人,而无须经过承运人认可。而相比较记名指示提单,不记名指示提单没有经提单指定的人背书才能转让的限制,所以其流通性更大。指示提单在国际海运业务中使用较广泛。

（3）按照提单有无批注分类

① 清洁提单

清洁提单（Clean B/L）是指在装船时，货物外表状况良好，承运人在签发提单时，未在提单上加注任何有关货物残损、包装不良、件数、重量和体积，或其他妨碍结汇等不良批注的提单。在国际贸易中，使用清洁提单十分重要，银行结汇、提单转让一般都要求是清洁提单。

② 不清洁提单

不清洁提单（Unclean B/L or Foul B/L）是指在货物装船时，承运人明确地对有关货物包装状况不良或潜在缺点等情况加以批注的提单。在货物装船时，若发现货物包装不牢、破残、渗漏、玷污、标志不清等现象时，大副会把货物的不良情况记载在其签发的大副收据上，承运人、船长或他们的代理人根据大副收据签发提单时，会把批注转移到提单上，这张提单即构成不清洁提单。在实际业务中，不清洁提单对托运人结汇十分不利，托运人往往会向承运人出具保函以换取清洁提单以便顺利结汇。

（4）按照运输方式的不同分类

① 直达提单

直达提单（Direct B/L），又称直运提单，是指货物从装货港装船后，中途不经转船，直接运至目的港卸货的提单。直达提单上不得有“转船”或“在某港转船”的批注。对于买方来说，直达运输既可以节省费用、减少风险，又可以节省时间，及早到货。因此，通常买方只有在无直达船时才同意转船。在贸易实务中，如信用证规定不准转船，则买方必须取得直达提单才能结汇。

② 转船提单

转船提单（Transshipment B/L）是指从起运港装载货物的船舶不直接驶往目的港，需要在中途港口换装其他船舶转运至目的港时承运人签发的提单。转运提单一般在提单上注明“转运”或在“某某港转船”字样。由于货物中途转船，增加了转船费用和货物风险，并增加了到货时间的不确定性，托运人和买方除了在直达船舶没有或较少时才会同意转船运输。

③ 联运提单

联运提单（Through B/L）是指货物运输需经两段或两段以上的运输方式来完成，如海陆、海空或海海等联合运输所使用的提单。

④ 多式联运提单

多式联运提单（Multi-modal Transport B/L or Inter-modal Transport B/L）是指一批货物需要经过两种以上不同运输方式，其中一种是海上运输方式，由一个承运人负责全程运输，负责将货物从接收地运至目的地交付收货人，并收取全程运费所签发的提单。

（5）其他各类特殊提单

① 倒签提单

倒签提单（Anti-dated B/L）是指在货物装船完毕后，承运人或其代理人应托运人的要求，签发的一种早于货物实际装船日期的提单。

② 预借提单

预借提单（Advanced B/L）是指货物尚未装船或尚未装船完毕的情况下，托运人为了能及时结汇，而要求承运人或其代理人提前签发的已装船提单。

③ 全式提单

全式提单（Long Form B/L）是指提单除正面印就的提单格式所记载的事项，背面列有关于承运人与托运人及收货人之间权利、义务等详细条款的提单，在海运的实际业务中多使用全式提单。

④ 简式提单

简式提单（Short Form B/L or Simple B/L），又称短式提单、略式提单，是指提单背面没有关于承运人与托运人及收货人之间具体权利义务条款的提单。这种提单一般在正面印有“简式”（Short Form）字样，以示区别。

3. 提单的主要内容

提单的正面记载事项一般有以下内容：

（1）承运人（Carrier）

承运人是指与货物托运人签订货物运输合同的船舶所有人、经营人或承租人。提单应该记载承运人的名称，以使收货人或提单持有人知道货物的承运人。在提单正面，提单的抬头以及提单上的签字可以用来识别承运人。

（2）托运人（Shipper）

我国《海商法》第 42 条第 3 项规定：“‘托运人’，是指：1. 本人或者委托他人以本人名义或者委托他人为本人与承运人订立海上货物运输合同的人；2. 本人或者委托他人以本人名义或者委托他人为本人将货物交给与海上货物运输合同有关的承运人的人。”所有提单上都有“托运人”一栏用于记载托运人的名称、地点等信息。托运人享有要求承运人按时、完好地将货物运抵目的地等权利，同时也负有支付相关费用的义务。

（3）收货人（Consignee）

收货人是指根据海上货物运输合同或根据提单的记载享有提取货物权利的人。如前所述，根据提单上收货人一栏记载的不同，收货人也会不同。例如，不记名提单无须记载收货人的名称，只要是持有提单的人便可提取货物。

（4）通知人（Notify Party）

通知人是指在船舶到达目的港之前或到达之后，承运人或其代理人向其发出到货通知或提货通知的对象。实践中，通知人一般为提单中记载的“需通知”

(to Be Notified)的人,有时被通知的人并不是收货人,而是其代理人或者银行等相关联系人。

(5) 船名(Name of Vessel)

船名即运输货物船舶的名称。承运人运输货物的船舶必须在提单正面记载清楚,这是船舶特定化的重要依据,当发生法律纠纷时,船舶特定化使法院对特定船舶采取抵押、留置时更加准确便捷。

(6) 装货港(Port of Loading)及卸货港(Port of Discharge)

装货港是指货物装船起运的港口;卸货港是指货物最终运到并卸船交予收货人的港口。装货港与卸货港往往影响甚至决定与海上货物运输合同有关争议的管辖法院以及争议所适用的法律。

(7) 货物名称、标志、包装、件数、体积或重量(Cargo's Name, Mark, Package, Unit, Measurement or Weight)

提单具有货物收据的性质,所以提单对上述信息的记载必须准确,这些信息一般由托运人提供。《海商法》第67条规定:"托运人应当及时向港口、海关、检疫、检验和其他主管机关办理货物运输所需要的各项手续,并将已办理各项手续的单证送交承运人;因办理各项手续的有关单证送交不及时、不完备或者不正确,使承运人的利益受到损害的,托运人应当负赔偿责任。"所以,如果因托运人提供的信息不准确而给承运人造成损失的,托运人应当进行赔偿。

(8) 运费及其他费用(Freight and Charges)

提单通常应注明运费的支付形式,在少数情况下,提单还会记载运费的数额。另外,提单上通常有"其他费用"的记载,如滞期费等。

4. 提单的背面条款

提单的背面条款一般由航运公司自己制定,另外,班轮提单和租船运输提单的背面条款差别也很大。虽然有很大的差别,但是这些条款一般都规定了承运人、托运人与收货人的权利义务关系。

这些条款一般包括定义条款(Definition),管辖权条款(Jurisdiction),首要条款(Paramount Clause),法律适用条款(Applicable Law),承运人责任条款(Carrier's Responsibility),装货、卸货和交货条款(Loading, Discharge and Delivery Clause),责任限额条款(Limitation of Liability),舱面货和活动物、植物条款(Deck Cargo, Animal and Plants),集装箱货物条款(Containers),危险货物条款(Dangerous Goods),冷藏货物条款(Refrigerated Goods),共同海损和救助条款(General Average and Salvage),新杰森条款(New Jason Clause),双方有责碰撞条款(Both-to-blame Collision Clause)等。

(三) 海运单

海运单是指用以证明海上货物运输合同和承运人接收货物或者已将货物装

船，并且承运人保证将货物交给海运单上载明的收货人的不可转让的单证。海运单的正面内容与提单的基本一致，但是印有“不可转让”的字样。有的海运单在背面订有承运人责任、义务与免责条款，装货、卸货与交货条款，运费及其他费用条款，留置权条款，共同海损条款，双方有责碰撞条款，首要条款，法律适用条款等内容。

海运单的使用历史并不长，主要是在集装箱海上货物运输的迅速发展导致的短程航线时常出现货到而提单未到的情况下产生的。在这种情况下，收货人不能及时收取货物，承运人也需要付出额外的仓储费和船舶滞期费等费用。为了解决这类问题，海运承运人参照铁路运输和航空运输的运单，在海上货物运输中开始使用海运单。

为了统一海运单在实践中的运用，解决使用中出现的一些问题，国际海事委员会在1990年6月通过了《国际海事委员会海运单统一规则》（CMI Uniform Rules for Sea Waybills，1990），该规则并非国际公约，只是为了方便实务界对于海运单的运用，因此不具有强制约束力，只有双方当事人在合同中适用此规则时，该规则才对双方当事人有效。

海运单与提单有如下区别：

1. 提单是货物收据和运输合同的证明，也是物权凭证；海运单只具有货物收据和运输合同这两种性质，它不是物权凭证。

2. 提单可以是指示抬头形式，也可以背书流通转让；海运单是一种非流动性单据，海运单上标明了确定的收货人，不能转让流通。

3. 提单的合法持有人和承运人凭提单提货和交货。海运单不具有提货凭证的功能，收货人只需凭合法的身份证明，即可以向承运人要求提取货物；承运人在卸货港交付货物时，也无须收回海运单，只需查明收货人是否是海运单上记载的收货人或托运人指示将货物交付的人即可。

4. 提单有全式和简式提单之分；而海运单是简式单证，背面不列详细货运条款但载有一条可援用海运提单背面内容的条款。

四、国际主要海运线路

（一）世界主要海运航线

世界主要航线包括太平洋航线、大西洋航线、印度洋航线和北冰洋航线。

1. 太平洋航线

太平洋位于亚洲、美洲、大洋洲和南极洲之间，占世界海洋总面积的49.8%，是世界上最大的海洋。太平洋东南部通过南美洲南段的麦哲伦海峡、德雷克海峡，中部通过巴拿马运河与大西洋相通。大西洋西部通过大洋洲与亚洲之间的海峡、内海以及澳洲与南极洲之间的海域与印度洋相通，东南亚的马六甲海峡、龙目海峡是沟通两洋的重要水道。

太平洋航线主要是指横跨北太平洋的航线和东亚、东南亚与大洋洲之间的运输航线。这些航线除了承担太平洋沿岸附近地区的货物运输外,还连接北美大西洋沿岸、墨西哥湾沿岸各港口及通往美国中西部的内陆联合运输,是目前世界上最繁忙的航线。

目前,最繁忙的海运航线主要包括:

(1) 远东—北美西海岸航线

该航线包括从中国、朝鲜、日本、俄罗斯远东海港到加拿大、美国、墨西哥等北美西海岸各港的贸易运输线,是我国联系北美的重要通路。

(2) 远东—巴拿马—加勒比,北美东海岸航线

该航线经夏威夷群岛的火奴鲁鲁(檀香山)港,穿越巴拿马运河后到达各港。

(3) 远东—南美西海岸航线

从我国北方沿海各港出发的船只多经琉球岛、硫黄列岛、威克岛、夏威夷群岛之南的莱恩群岛穿越赤道进入南太平洋,至南美西海岸各港。

(4) 远东—东南亚、印度洋航线

该航线是中国、朝鲜、日本货船去东南亚各港,以及经马六甲海峡去印度洋、大西洋沿岸各港的主要航线。东海、台湾海峡、巴士海峡、南海是该航线船只的必经之路,航线繁忙。

(5) 远东—澳大利亚、新西兰航线

(6) 澳大利亚、新西兰—北美东、西海岸航线

2. 大西洋航线

大西洋位于欧洲、非洲、美洲和南极洲之间,为世界第二大洋。大西洋西部通过巴拿马运河与太平洋沟通,东部经直布罗陀海峡、地中海、苏伊士运河、红海(印度洋属海)可进入印度洋,由东南绕好望角亦可进入印度洋。

大西洋航线以美国、加拿大和欧洲为中心开辟,由北美东岸、五大湖—西北欧、地中海之间的航线组成,所经过的海域除了大西洋外,还包括地中海、黑海、波罗的海等海域,主要航线有:

(1) 西北欧—北美东海岸航线

(2) 西北欧、北美东海岸—加勒比(北美西海岸)航线

西北欧—加勒比航线多半出英吉利海峡后横渡北大西洋。它同北美东海岸各港出发的船舶一起,一般都经莫纳、向风海峡进入加勒比海。除去加勒比海沿岸各港外,还可经巴拿马运河到达美洲太平洋岸港口。

(3) 西北欧、北美东海岸—地中海,苏伊士运河—亚太航线

西北欧、北美东海—地中海—苏伊士航线属于世界最繁忙的航段之一,它是

北美、西北欧与亚太海湾地区间贸易往来的捷径。该航线一般途经亚速尔、马德拉群岛上的航站。

(4) 西北欧、地中海—南美东海岸航线

(5) 西北欧、北美东海岸—好望角、远东航线

该航线一般是巨型油轮的航线。佛得角群岛、加那利群岛是过往船只停靠的主要航站。

(6) 南美东海—好望角—远东航线

这是一条以石油、矿石为主的运输线。该航线处在西风漂流海域,风浪较大。一般西航偏北行,东航偏南行。

3. 印度洋航线

印度洋是世界第三大洋,它介于亚洲、非洲、大洋洲之间,隔地中海与欧洲相连,因此印度洋自古就在贯通世界东西交通方面占有重要地位。主要航线有:

(1) 远东—东南亚—东非航线

(2) 远东—东南亚、地中海—西北欧航线

(3) 远东—东南亚—好望角—西非、南美航线

(4) 澳大利亚、新西兰—地中海—西北欧航线

(5) 印度洋北部地区—欧洲航线

此外,波斯湾—好望角—西欧、南美航线,波斯湾—东南亚—日本航线和波斯湾—苏伊士运河—地中海—西欧、南美航线连接了世界上最大的产油区中东和世界上最大的石油消费区北美、西欧和东亚,是世界上重要的石油运输航线。

4. 北冰洋航线

北冰洋大致以北极为中心,介于亚洲、欧洲和美洲之间,为三洲所环抱,是世界四大洋中最小的海洋。北冰洋系亚洲、欧洲、北美三大洲的顶点,有联系三大洲的最短大弧航线,但该航线气候严酷,大部分常年冰冻,故航运意义不大。目前,北冰洋主要的航线有从摩尔曼斯克到符拉迪沃斯托克(海参崴)的北冰洋航线以及从摩尔曼斯克直达斯瓦尔巴群岛、雷克雅未克和伦敦的航线。

(二) 世界主要集装箱运输航线

目前,世界上主要有三条较大的海运集装箱航线:

1. 远东—北美航线

这条航线又可分为远东—北美西海岸航线和远东—北美东海岸、海湾航线。

远东—北美西海岸航线主要由远东—加利福尼亚航线和远东—西雅图、温哥华航线组成。它涉及的港口主要包括远东的高雄、釜山、上海、香港、东京、神户、横滨等和北美西海岸的长滩、洛杉矶、西雅图、塔科马、奥克兰和温哥华等。涉及的国家和地区包括亚洲的中国、韩国、日本和中国的香港、台湾地区以及北美的美国和加拿大西部地区。这两个区域经济总量巨大,人口特别稠密,相互贸

易量很大。近年来,随着中国经济总量的稳定增长,在这条航线上的集装箱运量越来越大。目前,仅上海港在这条航线上往来于美国西海岸的班轮航线就多达四十几条。

远东—北美东海岸航线涉及北美东海岸地区的纽约新泽西港、查尔斯顿港和新奥尔良港等。在这条航线上,有的船公司开展"钟摆式"航运,即不断往返于远东与北美东海岸之间;有的则是经营环球航线,即从东亚开始出发,东行线为:太平洋→巴拿马运河→大西洋→地中海→苏伊士运河→印度洋→太平洋;西行线则反向而行,航次时间大约为80天。

2. 远东—欧洲、地中海航线

该航线可分为远东—欧洲航线和远东—地中海航线。

远东—欧洲航线是世界上最古老的海运定期航线。该航线在欧洲地区涉及的主要港口有荷兰的鹿特丹港,德国的汉堡港、不来梅港,比利时的安特卫普港,英国的费利克斯托港等。该航线大量采用了大型高速集装箱船,组成大型国际航运集团开展运输。同时,该航线也将中国、日本、韩国和东南亚的许多国家与欧洲联系起来,贸易量与货运量十分庞大。与这条航线配合的,还有西伯利亚大陆桥、新欧亚大陆桥等欧亚之间的大陆桥集装箱多式联运。

远东—地中海航线由远东经过地中海到达欧洲。与该航线相关的欧洲港口主要有西班牙南部的阿尔赫西拉斯港、意大利的焦亚陶罗港和地中海中央马耳他南端的马尔萨什洛克港。

3. 北美—欧洲、地中海航线

该航线由三条航线组成,分别为北美东海岸、海湾—欧洲航线,北美东海岸、海湾—地中海航线和北美西海岸—欧洲、地中海航线。这一航线将世界上最发达与富庶的两个区域联系起来,船公司之间的竞争最为激烈。

第三节 国际航空货物运输

一、航空运输概述

(一)国际航空运输的概念及特点

1. 国际航空运输的概念及基础条件

一般来说,国际航空运输是指一国的航空运输经营者向消费者提供航空飞行器运送人员、货物、邮件的一种运输方式。与其他运输方式相比,航空运输起步较晚,是一种新兴的运输方式。它受地面条件的限制较小,航行较为便利,有安全性能高,速度快,包装、保险、利息等费用较低,受损率小等诸多优点,较为适合贵重或急需物品的运输,同时也是远程旅客运输的重要方式。

国际航空货物运输需要软件与硬件各方面的支持。以下为国际航空货物运输所应具备的基础条件：

（1）航空港

航空港是指位于航线上的、为保证航空运输和专业飞行作业用的机场及其有关建筑物和设施的总称，即日常所说的机场，是空中交通网的基地。航空港由飞行区、客货运服务区和机务维修区三部分组成。其中，飞行区是航空港面积最大的区域，设有指挥台、跑道、滑行道、停机坪、无线电导航系统等设施。航空港的主要任务是完成客货运输服务，保养与维修飞机，保证旅客、货物和邮件正常运送以及飞机安全起降。近年来随着航空港功能的多样化，港内除了配有装卸客货的设施外，一般还配有商务、娱乐中心和货物集散中心，满足往来旅客的需求，同时带动周边地区的生产和消费。

（2）航线

航线是指飞机从事运输飞行，按照规定的路线进行飞行的线路，也称为空中交通线。它不仅确定了飞机飞行的具体方向、起讫点和经停点，而且还根据空中交通管制的需要，规定了航线的宽度和飞行高度，以维护空中交通秩序，保证飞行安全。按照飞机飞行的起讫点，航线可分为国际航线、国内航线和地区航线三大类。国际航线是指飞行路线连接两个或两个以上国家的航线；国内航线是指在一个国家内部的航线，它又可分为干线、支线和地方航线三大类；地区航线是指在一国之内，连接普通地区和特殊地区的航线，如中国内地与港、澳、台地区之间的航线。另外，航线还可分为固定航线和临时航线，临时航线通常不得与航路、固定航线交叉或是通过飞行频繁的机场上空。

（3）航班

航班是指飞机由始发站按规定的航线起飞，经过经停站至终点站或不经经停站直达终点站的运输飞行，航班分为出港航班和进港航班。另外，在国际航线上飞行的航班称国际航班，在国内航线上飞行的航班称为国内航班。

（4）航空器

航空器通常指飞机，主要包括螺旋式飞机和喷气式飞机两种。按照商业用途的不同，飞机又可分为全客机、全货机以及客货混合机三种。

（5）装货设备

航空运输中的装货设备主要包括航空载货托盘、航空集装箱和用于多式联运的国际标准集装箱等。

2．国际航空运输的特点

（1）运输速度快

现代喷气式客机时速大约在每小时 800—900 公里，比汽车、火车快 5—10 倍，比轮船快 20—30 倍，其快捷性是其他运输方式无法比拟的，能够大大缩短物流周转时间，尤其适合运输易腐烂、变质的鲜活商品，小件急需品，贵重物品，精密仪器，电子产品和高科技产品，时效性和季节性强的商品，抢险和救急品等。

（2）不受地面条件限制

不像陆路运输对地面条件要求较高，也不像水上运输对航道有较高的要求，航空运输可以深入铁路、公路、海洋、河流所不及的地区进行物资运输。它可以将地面上任何距离的两个地方连接起来，尤其在国际紧急援助方面有着至关重要的作用。

（3）安全、准确、手续简便

相对于其他运输方式而言，航空运输管理制度比较完善且航空器安全性较高，所以，国际航空运输事故发生率、风险率和货物的破损率都较低，运送货物更加安全。另外，航空运输托运手续较为简便，在托运货物时可以由货运代理人上门取货，并为其办理一切运输手续；也可以通过货运代理人送货上门，实现"门到门"的运输服务，极大地方便了托运人和收货人。

（4）节省包装、保险、利息等费用

国际航空运输在空运过程中震荡性小，所以包装简单、包装成本较低，而且货物缺损率较低，因而保险费用也相对较低。又因为航空运输速度快，商品在途时间短、周期快，存货可相对减少，资金可迅速收回，从而大大节省贷款利息费用。

（5）跨行业、跨国家的联盟

现在的专业国际航空物流企业一般是由航空公司转型而来的，这些航空公司具有广泛的航线网络基础。因此，只要建立起跨行业、跨国家的联盟，甚至合资公司，做到优势互补，共同提供物流服务，就能有效地运营国际航空运输。

（6）运输成本高、载容量较小、受天气影响大

与其他运输方式相比，航空运输对技术要求较高、运输成本大，所以运价相对较高。同时，航空运输遇到大雨、大风、大雾等恶劣天气，航班就不能得到有效保证，可能导致货物的延误及损失。

（二）运输飞机的分类

1. 按照机体的大小可将运输飞机分为窄体飞机和宽体飞机两类。

（1）窄体飞机

窄体飞机是指机身宽约 3 米，旅客座位之间只有一个通道的飞机。该类飞机只在其机身下的货舱装运散货，如波音 B737-300 型。

（2）宽体飞机

宽体飞机是指机身较宽，一般在 4.72 米以上，并有两排通道的飞机。该类飞机既可装散装货物又可以装集装箱货物，如波音 B747-200 型。

2. 按照飞机的商业用途可将飞机分为全客机、全货机以及客货混用机

三种。

(1) 全客机

全客机是指主舱用于载客,只在飞机的下舱装载货物的飞机。

(2) 全货机

全货机是指主舱及下舱全部用来装载货物的飞机。

(3) 客货混用机

客货混用机是指主舱前部运载乘客,主舱后部以及下舱用来装载货物的飞机。客货混用机可以根据情况调整运输安排,运输选择较为灵活。

(三) 主要航空集装设备

航空集装设备是指在航空运输中,为了提高运输效率而采用的集装箱、集装板以及集装网套等装运设备。装有集装设备的飞机内应有固定集装设备的装置以将其固定在飞机上。由于飞机构造的特殊性,航空集装设备在外形上一般需要适应航空器的外形特征,同时相比较其他集装设备而言,航空集装设备往往要轻许多。

按照形状与结构的不同,可将航空集装设备分为集装板和网套、结构式和非结构式集装棚以及集装箱等。

1. 集装板和网套

集装板是具有标准尺寸的,四边带有卡锁轨或网带卡锁眼,带有中间夹层的硬铝合金制成的平板,以便货物的码放。集装板的识别代号以字母“P”打头。网套是用来把货物固定在集装板上的,固定网套依靠专门的卡锁装置。

2. 结构式和非结构式集装棚

结构式集装棚是指带有固定在底板上的外壳的集装设备,它本身是一个完整的箱体,不需要网套固定,有拱形和长方形两种。非结构式集装棚是一个非结构的棚罩(可用轻金属制成),罩在货物和网套之间。

3. 集装箱

集装箱与结构式集装棚,又可分为联运集装箱、主货舱集装箱以及下货舱集装箱三种。

联运集装箱主要用于陆空、海空联运,这种集装箱只能装于全货机或全客机的主舱。主舱集装箱与联运集装箱类似,只能装于全货机或全客机的主货舱,但其高度在 163 厘米以上。下货舱集装箱只能装于宽体飞机的下货舱。

二、国际航空运输的主要运输方式

(一) 班机运输

班机运输是指有固定的始发站、目的站和经停站,按照固定的开航时间在固定航线上飞行运输的运输方式。一般经营班机运输的飞机都为客货混合型飞机，由于该类飞机一半用于运输乘客，一半用来运输货物，所以货舱容量较小，运价较贵，但由于航期固定，有利于客户安排鲜活商品或急需商品的运送。

（二）包机运输

包机运输是指航空公司按照约定的条件和费率，将整架飞机租给一个或若干个包机人（发货人或航空货运代理公司），从一个或几个航空站装运货物至指定目的地。包机运输适合于大宗货物运输，费率低于班机，但运送时间则比班机要长些。

由于班机运输形式下货舱较小，在遇到大批量货物时班机运输的局限性就越发突显，在这种情况下，托运人一般会选择包机运输的形式。

包机运输又分为整机包机和部分包机运输两种。整机包机是指航空公司与包机人约定，按照事先约定的条件及费用，将整架飞机租给包机人，从一个或几个航空港装运货物并运至目的地的运输形式。整机包机主要有解决班机舱位不足、减少航班中转次数、减少货损以及在班机运输旺季可缓解航班紧张状况等优点。部分包机运输是指由几家航空货运公司或发货人联合包租一架飞机或者由航空公司把一架飞机的舱位分别租给几家航空货运公司装载货物并将货物运至目的地的运输形式。

与班机运输相比，包机人与承运人可以约定装运港、目的港和经停港，在运送地点上较为灵活。包机运输能够满足大批量货物运输的需要，运输成本相对班机运输也较低，而且运输的货物量以及时间都可以由包机人按照各国经济形势决定，一般能够给包机人带来更大的利益。但是由于包机运输航班的不确定性，在一些对航空管制较为严格的国家，飞机的飞行往往需要复杂繁琐的审批手续，这往往会加大包机运输的运营成本。

（三）集中托运

集中托运是指航空货运代理公司将若干批单独发运的货物集中成一批向航空公司办理托运，填写一份总运单送至同一目的地，然后由其委托代理人根据集中托运人签发的航空分运单分拨给各实际收货人。

集中托运可采用班机运输也可采用包机运输，是航空货物运输中开展最为普遍的一种运输方式，也是航空货运代理的主要业务之一。集中托运的主要特征有：(1) 节省运费：航空货运公司的集中托运运价一般都低于航空协会的运价，从而节省费用。(2) 提供方便：将货物集中托运，可使货物到达航空公司到达地点以外的地方，不仅延伸了航空公司的服务，而且也方便了货主。(3) 提早结汇：发货人将货物交与航空货运代理后，即可取得货物分运单，并凭分运单到银行办理结汇。

（四）包舱包板运输

包舱、包集装箱（板）作为航空货物运输的形式之一，是指托运人根据所运输的货物在一定时间内需要单独占用飞机部分或全部货舱、集装箱、集装板，而承运人需要采取专门措施予以保证。目前，航空公司通常采取固定包舱和非固定包舱两种方式。固定包舱是指托运人在承运人的航线上通过包板（舱）的方式运输时，托运人无论是否向承运人交付货物，都必须支付协议上规定的运费。非固定包舱是指托运人在承运人的航线上通过包板（舱）的方式运输时，托运人在航班起飞前72小时如果没有确定舱位，承运人则可以自由销售舱位，但承运人对代理人的包板（舱）的总量有一个控制。

三、航空快递

（一）航空快递的概念及流程

航空快递是指具有独立法人资格的企业通过其自身或代理的网络将进出境货物或物品从发件人所在地运达收件人（Consignee）的一种快速运输方式。采用上述运输方式的进出境货物和物品叫做快件。①

航空快递是目前国际航空运输中最为快捷的运输方式，一般由经营国际航空快递业务的公司与航空公司合作，以最快的速度在货主、机场、用户之间运输和交接货物。其主要流程为：

1. 快递企业由各分点收取航空快件，在规定时间运转到快递企业总运转中心。

2. 总运转中心对应分拣货物，确定对应机场发货总量同外包装件数。

3. 快递企业向航空代理预订舱位，并将航空货物交给航空代理。

4. 航空代理接到快递企业订舱资料，根据快递企业的要求向航空公司预订舱位。

5. 航空公司批舱后，航空代理在对应的航班起飞前3小时交机场主单，对应起飞前2小时过完安检。

6. 航空代理将对应机场资料给快递企业。

7. 快递企业在飞机落地后2到3小时提取货物，分拣后运到各派送点安排派送。

（二）航空快递的主要业务形式

1. 门/桌到门/桌（Door/Desk to Door/Desk）

门/桌到门/桌的服务形式是国际航空快递公司最为常见的一种业务形式。首先，由发件人在需要时通知快递公司，快递公司在接到通知后派人上门取件。然后，根据目的地分拣、整理、制单、报关并发往世界各地。在到达目的地后，再由当地的分公司办理清关、提货手续，最终送至收件人手中。在此期间，客户可

---

① 参见白世贞、沈欣主编：《国际物流学》，科学出版社2010年版，第83页。

以依靠快递公司的计算机网络，按照快件的单号随时对快件的实时状况进行查询，在快件被签收后，该签收信息也会在快递公司的计算机网络中得到显示，也方便了发件人的查询。

2. 门/桌到机场(Door/Desk to Airport)

与门/桌到门/桌的服务形式不同，门/桌到机场的服务形式下，当快件到达目的地机场后不是由快递公司去办理清关、提货手续并送达收件人，而是由快递公司通知收件人自己去办理相关手续、提取货物。采用这种方式快递的多是海关当局有特殊规定的货物或物品。此种服务收费相对较低，但需要收货人亲自办理手续与提取货物，与其他两种服务形式相比会对收货人造成不必要的麻烦。

3. 专人派送(Courier on Board)

专人派送，是指快递公司指派专人携带客户的快件，在最短时间内将快件送达收件人手中的服务形式。专人派送服务质量高、运送极快，但是费用也较高，采用此种运送形式的顾客一般都有相对紧急的情况，通常情况下较少使用。

与普通航空货物运输形式不同，航空快递在每一个环节都有专人负责，在交接过程中也有专人负责快递的监控，所以较普通航空货物运输更为安全。该种运输形式提供登门取货、送货上门、代办各种运输和报关手续等各个环节的服务，能够使收、发货人获得极大的方便，同时又能及时提供货物的运输交接信息，对货物的查询能做到及时的反馈。

(三) 航空快递的特点

1. 航空快递以运送文件以及小包裹为主

航空快递的收件范围主要有文件和小包裹两大类。文件主要是指商业文件和各种印刷品，如银行票据、商务信函、装船单据、贸易合同等。小包裹的运送一般要求包裹毛重不超过32公斤(含)或外包装单边不超过102厘米，三边相加不超过175厘米。一般使用航空运输的小包裹包括机器上的小件样品、小零件、急用备件等。

2. 经营航空快递的公司都有较为完善的快递网络

经营国际航空快递的大多为跨国公司，这些公司以独资或合资的形式将业务深入世界各地，建立起全球网络，无论始发地、中转地还是到达地都以服务网络为目的，同时网络也具有相当强的整合能力。所以，较之其他的运输方式的运输网络，航空快递公司的运输网络范围更广，服务更加便捷。

3. 航空快递的流程及环节都有严格的监控

国际航空快递的各个流程都有专人负责，既减少了内部交接环节，又缩短了衔接时间，因而不仅运送速度快于普通航空货运业务以及邮递业务，而且安全性更高。

4. 航空快递业务有一种较为特殊的单据

航空快递业务中有一种其他运输形式所没有的单据——交付凭证 POD（Proof of Delivery），它是航空快递中最为重要的单据。它一般有四联，第一联作为出口报关的单据留存始发地；第二联贴在货物包装上随货同行，作为收件人核对货物的依据，并且在随货单据丢失时可以作为进口报关单据；第三联留存发货地快递公司作为结算运费和统计的依据；第四联交发件人作为发货凭证。

5. 航空快递具有高度信息化的特点

航空快递的整个运输过程都受计算机信息系统的控制与监管，快递经过的每个环节，不管是装载、卸货还是转运，都会被记录在计算机信息系统当中，在货物送达收货人时，派送员会让收货人在 POD 单据上签字确认，该确认情况也会被同时输入计算机信息系统，这样，信息很快就能反馈到发货方。一旦查询，就能立刻得到准确的回复。这种运输方式能够让收、发货人都感到安全、可靠。

（四）国际航空运输的主要程序及单证

1. 国际航空货物进出港主要程序

国际航空货物运输程序包括出港程序和进港程序。

（1）出港程序

国际航空货物运输出港程序是指从托运人将货物交至航空运输承运人，直到物品装上飞机待运的过程，主要包括订舱、整理单据、过磅和入库以及出港四个步骤。

① 订舱

订舱是指货物托运人或其代理人根据具体需要，选定适当的航空公司，向航空公司申请并预定舱位，航空公司向其签发舱位确定书，并在托运人需要的情况下给予其装货集装器凭证，以表示订舱成功的步骤。在订舱时，托运人需要向承运人提供托运货物的具体信息，以便承运人了解货物情况安排合适的舱位。

② 整理单据

整理单据是指航空公司在收到相关单据后，及时对单据进行整理，将有关出运物品的单据进行核对检查并进行处理，以保证正确交接和出港。需要整理的单据主要包括已入库的大货单据、现场收运的物品的单据和中转的散货单据。

③ 过磅和入库

过磅和入库是指在货物入库之前，需要检查货物板、箱组装情况，以及高度、收口等是否符合规定，然后将货物送至电子磅称量重量，并悬挂吊牌，随后将货物连同相关单据一同交付航空公司。

④ 出港

出港，是指按计划将所配载的物品装上飞机并制作相应单据，飞机起飞、单据传输出去的作业。在此过程中，需要对航班所配货物的运单进行整理核对，将运单和货物组装情况输入电脑,制作舱单。舱单是指货物装机完毕后,记载本机所装所有货物详细情况的一份汇总清单,它是承运人之间结算运费的依据之一。

(2) 进港程序

国际航空货物运输进港程序主要包括进港航班预报、办理货物海关监管、发到货通知和交接等步骤。

① 进港航班预报

航空公司以当日航班进港预报为依据,在航班预报册中逐项填写航班号、机号、预计到达时间;同时还应了解到达航班的货物装机情况及特殊货物的处理情况。

② 办理货物海关监管

在收到业务袋后,需要将货运单送到海关办公室,然后由海关人员在货运单上加盖海关监管公章。

③ 分单业务

分单业务是指在每份货运单的正本上加盖或书写到达航班的航班号和日期;认真审核货运单,注意运单上所列目的港、代理公司、品名和运输保管注意事项;联程货运单交中转部门。

④ 核对运单和舱单

若舱单上有分批货,则应把分批货的总件数标在运单号之后,并注明分批标志;把舱单上列出的特种货物、联程货物圈出;根据分单情况,在整理出的舱单上标明每票运单的去向;核对运单份数与舱单份数是否一致,做好多单、少单记录,将多单运单号码加在舱单上,多单运单交查询部门;打印航班交接单。

⑤ 发到货通知

货物到达目的港后,应尽早地通知货主到货情况,并提请货主备齐有关单证,尽快报关。

⑥ 交接

航空公司或其代理人将有关单据转交收货人,并将卸机后存入仓库的物品交付收货人。

2. 航空货运单

(1) 航空货运单的概念

航空货运单(Air Waybill,AWB)是由托运人或者以托运人的名义填制,承运人或其代理人签发的,是托运人和承运人之间在承运人的航线上运输货物所订立的运输契约证明。[①] 我国《民航法》第118条第1款规定:“航空货运单是航空货物运输合同订立和运输条件以及承运人接受货物的初步证据。”具体来说,航

① 参见王晓东编著:《国际运输与物流》,高等教育出版社2006年版,第154页。

空货运单上关于货物的重量、尺寸、包装和包装件数的说明具有初步证据的效力。除经过承运人和托运人当面查对并在航空货运单上注明经过查对或者书写关于货物的外表情况的说明外，航空货运单上关于货物的数量、体积和情况的说明不能构成不利于承运人的证据。

航空货运单一般由承运人制订，托运人在托运货物时需要按照承运人的要求进行填制。航空货运单适用范围广泛，既可用于单一种类的货物运输，也可用于不同种类货物的集合运输；既可用于单程货物运输，也可用于联程货物运输。

（2）航空货运单的种类及内容

① 航空货运单的种类

根据签发人的不同，航空运单可分为航空主运单和航空分运单两类。

航空主运单（Master Air Waybill，MAWB）是指由航空运输公司签发的，以托运人名义填写的航空运单。它是航空运输公司据以办理货物运输和交付的依据，是航空公司和托运人订立的运输合同，每一批航空运输的货物都有自己相对应的航空主运单。

航空运单一般一式十二份，包括三份正本、六份副本和三份额外副本。其中，三份正本分别交给航空公司、托运人和收货人。六份副本分别用于提取货物，交目的地机场，交给代理和交第一、二、三承运人。

航空分运单（House Air Waybill，HAWB）是指由集中托运人在办理集中托运业务时签发的航空运单。在集中托运的情况下，除了航空运输公司签发主运单外，集中托运人还要签发航空分运单。

② 航空货运单的内容

《民用航空法》第 115 条规定：“航空货运单应当包括的内容由国务院民用航空主管部门规定，至少应当包括以下内容：（一）出发地点和目的地点；（二）出发地点和目的地点均在中华人民共和国境内，而在境外有一个或者数个约定的经停地点的，至少注明一个经停地点；（三）货物运输的最终目的地点、出发地点或者约定的经停地点之一不在中华人民共和国境内，依照所适用的国际航空运输公约的规定，应当在货运单上声明此项运输适用该公约的，货运单上应当载有该项声明。”另外，《中国民用航空货物国际运输规则》第 9 条规定：“货运单上应当包括下列内容：（一）填写的地点和日期；（二）出发地点和目的地点；（三）出发地点和目的地点均在中华人民共和国境内，而在境外有一个或者数个约定的经停地点的，至少注明一个经停地点；（四）托运人的名称和地址；（五）第一承运人的名称和地址；（六）收货人的名称和地址；（七）货物的性质；（八）包装件数、包装方式、特殊标志或者号数；（九）货物的重量、数量、体积或者尺寸；（十）货物和包装的外表情况；（十一）运费，如经议定，付费日期和地点及付费人；（十二）提取货物时支付货款的，应当注明货物的价格和必要时应付的费用金额;(十三)需要声明货物在目的地点交付时的利益的,应当注明声明价值金额;(十四)货运单的份数;(十五)随货运单交给承运人的文件;(十六)如经议定,应当注明完成货物运输的时间和概要说明经过的路线;(十七)货物运输的最终目的地点、出发地点或者约定的经停地点之一不在中华人民共和国境内,依照所适用的国际航空运输公约的规定,应当在货运单上声明此项运输适用该公约的,货运单上应当载有该项声明。”

在航空货运实践中,航空货运单与海运提单相类似,也包括正面条款和背面条款,但与海运提单不同的是,航空货运单的内容并不像海运提单的内容一样千差万别,大部分航空货运单的内容都是采纳国际航空运输协会(IATA)所推荐的标准格式。在这种格式的航空运单中需要填写的内容有:

1)始发站机场:需填写IATA统一制定的始发站机场或城市的三字代码,这一栏应和第11栏一致。

1)A. IATA统一编制的航空公司代码,如我国的国际航空公司的代码是999;

1)B. 运单号。

2)发货人姓名、住址(Shipper's Name and Address):填写发货人姓名、地址、所在国家及联络方法。

3)发货人账号:只在必要时填写。

4)收货人姓名、住址(Consignee's Name and Address):应填写收货人姓名、地址、所在国家及联络方法。与海运提单不同,空运单不可转让,所以“凭指示”之类的字样不得出现。

5)收货人账号:与第3栏一样只在必要时填写。

6)承运人代理的名称和所在城市(Issuing Carrier's Agent Name and City)。

7)代理人的IATA代号。

8)代理人账号。

9)始发站机场及所要求的航线(Airport of Departure and Requested Routing):这里的始发站应与第1栏填写的相一致。

10)支付信息(Accounting Information):此栏只有在采用特殊付款方式时才填写。

11)A(C、E). 去往(To):分别填入第一(二、三)中转站机场的IATA代码;

11)B(D、F). 承运人(By):分别填入第一(二、三)段运输的承运人。

12)货币(Currency):填入ISO货币代码。

13)收费代号:表明支付方式。

14)运费及声明价值费(WT/VAL, Weight Charge/Valuation Charge):此时可以有两种情况:预付(PPD)或到付(COLL)。如预付在14A中填入“*”。需要

注意的是,航空货物运输中运费与声明价值费支付的方式必须一致,不能分别支付。

15）其他费用（Other）:也有预付和到付两种支付方式。

16）运输声明价值（Declared Value for Carriage）:在此栏填入发货人要求的用于运输的声明价值。如果发货人不要求声明价值,则填入"NVD"（No Value Declared）。

17）海关声明价值（Declared Value for Customs）:发货人在此填入对海关的声明价值,或者填入"NCV"（No Customs Valuation）,表明没有声明价值。

18）目的地机场（Airport of Destination）:填写最终目的地机场的全称。

19）航班及日期（Flight/Date）:填入货物所搭乘航班及日期。

20）保险金额（Amount of Insurance）:只有在航空公司提供代保险业务而客户也有此需要时才填写。

21）操作信息（Handling Information）:一般填入承运人对货物处理的有关注意事项,如"Shipper's certification for live animals（托运人提供活动物证明）"等。

22）A—22）L 货物运价、运费细节。

22）A. 货物件数和运价组成点（No. of Pieces RCP,Rate Combination Point）:填入货物包装件数,如 10 包即填"10"。当需要组成比例运价或分段相加运价时,在此栏填入运价组成点机场的 IATA 代码。

22）B. 毛重（Gross Weight）:填入货物总毛重。

22）C. 重量单位:可选择公斤（kg）或磅（lb）。

22）D. 运价等级（Rate Class）:针对不同的航空运价共有 6 种代码,它们是 M（Minimum,起码运费）、C（Specific Commodity Rates,特种运价）、S（Surcharge,高于普通货物运价的等级货物运价）、R（Reduced,低于普通货物运价的等级货物运价）、N（Normal,45 公斤以下货物适用的普通货物运价）、Q（Quantity,45 公斤以上货物适用的普通货物运价）。

22）E. 商品代码（Commodity Item No.）:在使用特种运价时需要在此栏填写商品代码。

22）F. 计费重量（Chargeable Weight）:此栏填入航空公司据以计算运费的计费重量,该重量可以与货物毛重相同,也可以不同。

22）G. 运价（Rate/Charge）:填入该货物适用的费率。

22）H. 运费总额（Total）:此栏数值应为起码运费值或者是运价与计费重量两栏数值的乘积。

22）I. 货物的品名、数量,含尺码或体积（Nature and Quantity of Goods Inch Dimensions or Volume）:货物的尺码应以厘米或英寸为单位,尺寸分别以货物最长、最宽、最高边为基础。体积则是上述三边的乘积,单位为立方厘米或立方英寸。

22)J. 该运单项下货物总件数。

22)K. 该运单项下货物总毛重。

22)L. 该运单项下货物总运费。

23) 其他费用(Other Charges):是指除运费和声明价值附加费以外的其他费用。根据IATA规则各项费用分别用三个英文字母表示。其中,前两个字母是某项费用的代码,如运单费就表示为AW(Air Waybill Fee)。第三个字母是C或A,分别表示费用应支付给承运人(Carrier)或货运代理人(Agent)。

24)—26) 分别记录运费、声明价值费和税款金额,有预付与到付两种方式。

27)—28) 分别记录需要付给货运代理人(Due Agent)和承运人(Due Carrier)的其他费用合计金额。

29) 需预付或到付的各种费用。

30) 预付、到付的总金额。

31) 发货人的签字。

32) 签单时间(日期)、地点、承运人或其代理人的签字。

33) 货币换算及目的地机场收费纪录。

以上所有内容不一定要全部填入空运单,IATA也并未反对在运单中写入其他所需的内容。但这种标准化的单证对航空货运经营人提高工作效率,促进航空货运业向电子商务的方向迈进有着积极的意义。

(3) 航空货运单的性质及作用

① 运输合同的证明

航空货运单是承运人与托运人之间运输合同的证明。航空货运单一经签发,便成为签署承托双方运输合同的书面证据,货运单上的记载事项及背面条款构成了双方航空货物运输合同的重要组成部分。

② 货物收据

当发货人将其货物发运后,承运人或其代理人将一份航空货运单正本交给发货人,作为已接受货物的证明。

③ 航空货运单是运费结算凭证及运费收据

航空货运单上分别记载着属于收货人应负担的费用和属于代理人、承运人的费用,因此可以作为运费账单和发票。承运人可将一份运单正本作为记账凭证。

④ 航空货运单是国际进出口货物办理清关的证明文件

当航空货物运达目的地后应向当地海关报关,在报关所需各种单证中,航空货运单通常是海关放行查验时的基本单据。

⑤ 航空货运单可作为保险证书

若承运人承办保险或者发货人要求承运人代办保险，则航空货运单即可作为保险证书。载有保险条款的航空货运单又称为红色航空货运单。

⑥ 航空货运单是承运人在货物运输组织的全过程中运输货物的依据

航空货运单是承运人在办理该货运单项下货物的发货、转运、交付的依据，承运人根据货运单上所记载的有关内容办理有关事项。

四、主要国际航空线路

与海运航线不同，由于航空运输的主要对象是旅客，所以影响航空运输线路的因素主要是人口往来密切度和经济发展水平。目前，较为主要的航空线路包括：

（一）西欧—北美的北大西洋航空线

西欧—北美的北大西洋航空线主要连接西欧的巴黎、伦敦、法兰克福和美国的纽约、芝加哥、蒙特利尔等航空枢纽。

（二）西欧—中东—远东航空线

西欧—中东—远东航空线连接西欧各主要机场至远东的香港、北京、东京等机场。途经的重要航空站有雅典、开罗、德黑兰、卡拉奇、新德里、曼谷和新加坡等。

（三）远东—北美的北太平洋航线

远东—北美的北太平洋航线主要由远东的北京、上海、香港、东京等重要的国际机场经北太平洋上空至北美西海岸的温哥华、西雅图、旧金山、洛杉矶等地，再连接北美大西洋沿岸的航空中心。太平洋中部的火奴鲁鲁等国际机场是该航线的主要中继加油站。

此外，还有北美—南美、西欧—南美、西欧—非洲、西欧—东南亚—澳新、远东—澳新、北美—澳新等重要国际航空线。

从我国的情况看，主要的国际航线可以分为东部、南部和西部三大通道。东部国际航空通道占国际航线客运总量的一半以上，主要有通往邻近的朝鲜、俄罗斯、日本航线，以及跨越太平洋通往美国和加拿大的洲际航线；南部通道分别通往泰国、缅甸、新加坡、菲律宾、马来西亚和澳大利亚等国的主要城市；西部国际通道通达亚、欧、非三洲主要国家，包括俄罗斯、欧盟、南亚、中亚、中东和北非。其中，北京—伦敦和北京—法兰克福航线比较繁忙。

第四节 国际陆运与多式联运

一、国际铁路货物运输

（一）国际铁路货物运输的概念及特点

国际铁路货物运输是指起运地点、目的地点或约定的经停地点位于不同的国家或地区的铁路货物运输。在我国，只要铁路货物运输的起运地点、目的地点或约定的经停地点有一个不在我国境内便构成国际铁路货物运输。[①]

在国际货物运输的多种方式中，国际铁路货物运输是仅次于国际海上货物运输的主要运输方式，国际海运的很多货物在运输前后也是以铁路运输的方式进行集中或分散的。这主要是由铁路运输的特点所决定的。铁路运输有如下特点：

1. 运载量大

铁路运输单车运载量大，运输成本低廉。当前，我国铁路平均每辆车的标记载重量约61.3吨，重载列车每列的载货量达到2万吨，非常适合运输需求量较大的煤炭、石油等战略物资。

2. 运输速度快

随着铁路和机车的电气化，以及高速铁路的兴起，铁路机车的运行速度也在不断上升。在我国，经过五次大提速的铁路运输速度已经得到了极大的提高。目前，我国最快的货运列车时速已经能够达到每小时160公里。

3. 能耗少，污染低

目前，世界各国铁路普遍实现了内燃机化和电气化，大大提高了铁路的能源利用率。另外，与公路运输的高大气污染、高噪声污染相比，铁路运输的能耗更低，污染更小。

4. 受天气条件限制少，安全可靠

铁路运输是一种全天候、四季皆宜的运输方式。同时，由于列车在固定的专有线路上按照预先安排的时间行驶，事故发生率极低，运输时间的可控性也相对较高。

5. 灵活性差

铁路只能沿固定的路线行驶，因此多数情况下需要在托运人仓库和起运地车站、收货人仓库和目的地车站之间借助卡车运输完成提货、送货服务，两端车站还要经过一定的卡车到火车、火车到卡车的换装过程，因此如果按门到门的运

---

① 参见王任祥主编：《国际物流》，浙江大学出版社2009年版，第101页。

送时间和运送费用计算，铁路运输在短途的运送成本和运送时间都要高于公路运输。

另外，铁路运输的基础设施建设成本较高，周期长，并对地形地貌有一定的要求，这都限制了其在世界一些地区的发展。

（二）国际铁路联运业务

国际铁路联运（International Through Railway Transport）是指在两个或两个以上国家的铁路运输中，使用一份统一的国际铁路联运票据，由跨国铁路承运人办理两国或两国以上铁路的全程运输，并承担运输责任的一种连贯运输方式。在这种运输方式中，跨国铁路承运人以连带责任办理货物的全程运送，并且在由一国铁路向另一国铁路移交货物时，无须收、发货人参加。

国际铁路联运业务包括零担货、整车货和大吨位集装箱货三类。

零担货是指按一份托运单托运货物，货物的总量不超过5000kg，并且按照体积或者种类不需要单独车辆运送的货物。

整车货是指按一份托运单托运货物并按照体积、重量或者种类需要单独车辆运送的货物。

大吨位集装箱货是指按照一份运单托运的，用大吨位集装箱运送的货物或空集装箱。一般货物容量超过3立方米、总重量达到2.5—5公吨和货容为1—3立方米、总重量没有超过2.5公吨的货物应该采用集装箱托运。

国际铁路联运具有如下优点：

1. 手续简便

在国际铁路联运过程中，货物虽然需要经过多个国家，涉及多次交接甚至换装等作业，但发货人只需在始发站办理一次性托运手续，即可将货物运抵另一个国家的铁路到站，发货人或收货人无须在国境站重复办理托运的繁杂手续。

2. 能够尽早结汇

发货人办理完国际铁路联运出口货物的托运手续后，无须等到货物到达目的地即可凭车站承运后开具的相关凭证和单据办理结汇。这样既保证了发货人收取货款，又加速了资金的周转，对国际贸易的发展有积极的推进作用。

3. 促进铁路沿线外向型经济的发展和铁路运输企业业务的扩张

开展国际铁路联运业务，铁路沿线各个地区都可以发挥当地优势，发展外向型经济，推动当地产品的出口外销，对铁路沿线的外向型经济的开发提供了极其有利的条件。另外，对于铁路运输企业业务的扩张也有极强的推动作用。

（三）国际铁路联运运单

国际铁路联运运单（International Through Rail Waybill）是国际铁路联运的主要运输单据，它是参加联运的发送铁路与发货人之间订立的运输契约，其中规定了参加联运的各国铁路和收、发货人的权利和义务，对收、发货人和铁路都具有法律约束力。该运单从始发站随同货物附送至终点站并交给收货人,它不仅是铁路承运货物出具的凭证,也是铁路同货主交接货物、核收运杂费用和处理索赔与理赔的依据。

国际铁路联运运单一式五联,第一联为运单正本,随货到达终点站时连同第五联和货物一并交给收货人;第二联为运行单,也随货走,是铁路部门办理货物交接、清算运费、统计运量和收入的原始物证,由铁路部门留存;第三联为运单副本,由始发站盖章后交发货人凭此办理货款结算和索赔费用;第四联为货物交付单,随货走,由终点站铁路部门留存;第五联为到达通知单,由终点站随货物交收货人。

国际铁路联运运单的内容主要包括:发货人信息和发货人声明;收货人信息;发站、国境站和到达路、到站;货物信息;发货人承担的过境铁路费用;联运业务种别;发货人签字等其他信息。

二、国际公路货物运输

国际公路货物运输是指起运地点、目的地点或约定的经停地点位于不同的国家或地区的公路货物运输。在我国,只要公路货物运输的起运地点、目的地点或约定的经停地点之一不在我国境内即构成国际公路货物运输。目前,世界各国的国际公路货物运输一般以汽车作为运输工具。[①]

公路运输具有机动灵活、速度快、简捷方便和可延伸至内陆各个角落的优点,是我国和周边国家贸易的主要运输方式。借助与周边国家相通的公路进行运输,不仅缩短了运输距离,节省了费用,还促进了边境贸易的发展。目前,我国国际公路货物运输主要是利用公路运输在中短程货物运输方面的优势,承担三个方面的进出口货物运输业务:一是公路过境运输,也称出入境汽车运输、口岸公路运输;二是我国内地与港澳之间的公路运输;三是内陆与口岸间的公路集疏运。

我国国土面积辽阔,接壤国家众多,在周边接壤的 17 个国家中,只有俄罗斯、蒙古、朝鲜、越南、哈萨克斯坦与我国有铁路相通,其他国家都要靠公路运输的方式与我国进行边境贸易。即使与我国有铁路相连接的国家,公路运输的方式也是进行边境贸易的重要手段。目前,我国通往周边国家的主要公路线路有:

(一) 中国—俄罗斯

该线有满洲里—后贝加尔、黑河—布拉戈维申斯克、绥芬河—波格拉尼奇内、同江—下列宁斯阔耶、珲春—库拉斯基诺等口岸,其中,满洲里、绥芬河为国家一级口岸。

---

① 参见王任祥主编:《国际物流》,浙江大学出版社 2009 年版,第 103 页。

（二）中国—朝鲜

该线有丹东—新义州、图们—南阳、沙坨子—塞别尔、开山屯—三峰里、三合—会宁、南坪—七星、临江—中江、古城里—三长里、长白—惠山、老虎哨—渭源，其中，丹东是中朝之间重要的边境口岸。

（三）中国—蒙古

该线有二连浩特—扎门乌德、阿日哈沙特—哈比日嘎、珠恩嘎达布其—毕其格图、甘其毛道—嘎顺苏海图、策克—西伯库伦、二卡—阿巴该图、阿尔山—松贝尔、满都拉—哈登保力格、马鬃山—阿尔泰、塔克什肯—布尔干、老爷庙—布尔嘎斯台，以及乌拉斯台、红山嘴等，其中二连浩特是中蒙间重要的边贸口岸。

（四）中国—越南

该线有山腰—老街、友谊关—同登，以及水口、东兴、麻栗坡等口岸。

（五）中国—缅甸

该线有畹町、瑞丽、景洪、打洛、孟连、章风等，目前有的已经成为重要的边境旅游风景区。

（六）中国—老挝

西双版纳自治州勐腊县的磨憨口岸是中国—老挝边境贸易的主要通道。

（七）中国—巴基斯坦

红其拉甫—苏斯特是中巴之间唯一的口岸，每年仅在 5 月 1 日至 10 月 30 日开放，是季节性口岸。

（八）中国—哈萨克斯坦

该线有霍尔果斯—阿拉山口—德鲁日巴、巴克图—巴克特以及吉木乃、木扎尔特等，其中，霍尔果斯是新疆最大的口岸，阿拉山口是西部唯一铁路、公路并用的口岸。

（九）中国—吉尔吉斯斯坦

该线有吐尔尕特和伊尔克什坦口岸。

（十）中国—尼泊尔

该线有西藏的樟木、普兰、吉隆和日屋口岸，其中，普兰位于中国、印度、尼泊尔三国交界处。

（十一）中国—印度

西藏日喀则地区的亚东县与印度锡金段的乃堆拉山口相接，是我国同印度边境贸易的传统口岸。2006 年 7 月 6 日，中印两国重新开辟了两国之间边贸通道，相信此举将有利于推动中国—南亚陆路大通道的形成。

三、国际多式联运

（一）国际多式联运的概念和特征

国际多式联运(International Multimodal Transport),是指按照多式联运合同,以至少两种不同的运输方式,由多式联运经营人将货物从一国境内接管货物的地点运至另一国境内指定交付货物的地点的一种运输方式。它是在集装箱运输方式的基础上产生并发展起来的,是多种运输方式有机结合的一种新型货物运输方法。

国际多式联运有如下特征:

1. 国际多式联运全程运输中至少使用两种或两种以上不同的运输方式

使用两种或两种以上运输方式运输是国际多式联运的重要特征。但为了履行单一运输合同而需要使用其他运输方式的情形则不属于多式联运,如在履行航空运输合同时使用车辆将托运人的货物运至航空港装货运输,即使这种情况涉及公路运输也不能称之为多式联运,因为该公路运输行为只是在为单一的航空运输合同服务。

2. 国际多式联运根据多式联运合同进行

国际多式联运合同是多式联运经营人与发货人订立的,符合多式联运条件的运输合同。该合同是以多式联运经营人签发的多式联运单据证明的,有偿、承揽和不要式的合同。

3. 国际多式联运过程中应使用全程的多式联运单据,并实行全程单一费率的运输

国际多式联运单据具有和海运提单类似的特征,是合同成立的证明、货物接管收据以及付款证明,因此,和海运提单一样具有通过转让而转移对货物控制权的作用。另外,在国际多式联运中,多式联运经营人根据各个分段运输成本,考虑了多式联运经营人承担的全程运输责任的基础上,制订由发货地到目的地的全程运价,以包干形式向货主收取全程运费。

4. 国际多式联运的经营人必须对全程运输承担责任

尽管在不同的多式联运合同中对国际多式联运人的责任范围的规定差异很大,但多式联运的基础是联运经营人要对全程承担责任,以此来区分传统的分段运输方式。另外,这并不排除多式联运经营人分段寻找实际承运人完成各运输方式段的货物运输工作。

5. 国际多式联运的货物主要是集装箱货物或集装化的货物

在运输过程中一般以集装箱作为运输的基本单元。货物集装箱化促进了国际多式联运的发展,而现代集装箱运输自产生时起就与多式联运紧密地联系在一起,使得国际多式联运具有集装箱运输的高效率、高质量、高技术、高投入和系

统性的特点。

6. 国际多式联运必须是跨国境的运输，但中国内陆和港澳之间的运输是一种特殊的运输方式，也视作国际多式联运

（二）国际多式联运的组织形式

由于国际多式联运具有其他运输组织形式无可比拟的优越性，因而这种国际运输新技术已在世界各主要国家和地区得到广泛的推广和应用。目前，在多数国家的对外贸易中，国际多式联运主要有以下几种组织形式：

1. 海陆联运

海陆联运是国际多式联运的主要组织形式，它是指内陆地区的托运人或收货人与海上运输承运人签订由内陆出口地到内陆进口地的国际多式联运协议。托运人在内陆集装箱场站将货物转交承运人控制，得到多式联运提单；或者多式联运经营人派遣车辆将空的海运集装箱调拨到托运人内陆仓库，装上货物，签发多式联运提单。随后，货物通过铁路运输或公路运输运抵海运段的装货港，在装货港（也可以在内陆出口地）完成出口报关，装上远洋船舶运到预定的卸货港，再转由铁路或公路送达收货人仓库（或由收货人到港口自提货物）的联运组织形式。

2. 陆桥运输

在国际多式联运中，陆桥运输（Land Bridge Service）起着非常重要的作用。它是远东—欧洲国际多式联运的主要形式。所谓陆桥运输是指采用集装箱专用列车或卡车，把横贯大陆的铁路或公路作为中间“桥梁”，使大陆两端的集装箱海运航线与专用列车或卡车连接起来的一种连贯运输方式。严格来讲，陆桥运输也是一种海陆联运形式，只是因为其在国际多式联运中的独特地位，故在此将其单独作为一种运输组织形式。目前，远东—欧洲的陆桥运输线路有西伯利亚大陆桥和北美大陆桥。

（1）西伯利亚大陆桥（Siberian Landbridge）

西伯利亚大陆桥始于20世纪70年代，利用俄罗斯的西伯利亚铁路作为桥梁，沟通太平洋西岸的远东地区和欧洲的波罗的海、黑海沿岸，以及大西洋东岸港口。最早的亚欧大陆桥东起海参崴的纳霍特卡港，向西至莫斯科后分为三路，一路到达波罗的海的圣彼得堡，转船到西北欧港口；一路由铁路系统进入东欧、西欧各国；最后一路去往黑海沿岸，转船到中东、地中海沿岸。西伯利亚大陆桥对联系欧亚大陆东西两端起到了积极作用，但俄罗斯港口漫长的冰冻期，东西货运量的严重不平衡和西伯利亚铁路陈旧的设备、紧张的运力，甚至苏联、东欧地区政治环境的巨变都对大陆桥运输的进一步扩展形成限制。近年来，随着俄罗斯经济战略的进一步调整，俄罗斯政府对西伯利亚铁路日渐重视，吸引了不少远东、东南亚以及大洋洲地区到欧洲的运输，使西伯利亚大陆桥在短短的几年时间

内就有了迅速发展。但是,西伯利亚大陆桥运输在经营上、管理上存在的诸如港口装卸能力不足、铁路集装箱车辆不足、箱量的严重不平衡以及严寒气候的影响等问题在一定程度上阻碍了它的发展。尤其是随着我国兰新铁路与中哈边境的土西铁路的接轨,一条新的“欧亚大陆桥”形成,为远东至欧洲的国际集装箱多式联运提供了又一条便捷路线,使西伯利亚大陆桥面临着严峻的竞争形势。

(2) 北美大陆桥(North American Landbridge)

北美大陆桥是指利用北美的大铁路从远东到欧洲的“海陆海”联运。该陆桥运输包括美国大陆桥运输和加拿大大陆桥运输。美国大陆桥有两条运输线路:一条是从西部太平洋沿岸至东部大西洋沿岸的铁路和公路运输线;另一条是从西部太平洋沿岸至东南部墨西哥湾沿岸的铁路和公路运输线。美国大陆桥于1971年底由经营远东—欧洲航线的船公司和铁路承运人联合开办“海陆海”多式联运线,后来美国几家班轮公司也投入营运。目前,主要有四个集团经营远东经美国大陆桥至欧洲的国际多式联运业务。这些集团均以经营人的身份签发多式联运单证,对全程运输负责。加拿大大陆桥与美国大陆桥相似,由船公司把货物海运至温哥华,经铁路运到蒙特利尔或哈利法克斯,再与大西洋海运相接。

3. 海空联运

海空联运又称为空桥运输(Airbridge Service)。在运输组织方式上,空桥运输与陆桥运输有所不同:陆桥运输在整个货运过程中使用的是同一个集装箱,不用换装,而空桥运输的货物通常要在航空港换入航空集装箱。不过,两者的目标是一致的,即以低费率提供快捷、可靠的运输服务。目前,国际海空联运线主要有:

远东—欧洲:远东与欧洲间的航线有以温哥华、西雅图、洛杉矶为中转地,也有以香港、曼谷、海参崴为中转地,还有以旧金山、新加坡为中转地。

远东—中南美洲:近年来,远东至中南美的海空联运发展较快,因为此处港口和内陆运输不稳定,所以对海空运输的需求很大。该联运线以迈阿密、洛杉矶、温哥华为中转地。

远东—中近东、非洲、澳洲:这是以香港、曼谷为中转地至中近东、非洲的运输服务。在特殊情况下,还有经马赛至非洲、经曼谷至印度、经香港至澳洲等联运线,但这些线路货运量较小。

4. 陆空联运

陆空联运是火车、飞机和卡车组合的联合运输方式,能够很好地适应现代物流对及时性和准确性的要求。陆空联运方式既弥补了全程空运费用高的弊端,又巧妙利用了航空运输枢纽的有利地位,提高了运送速度。

(三) 国际多式联运的优势

与其他国际货物运输方式相比,国际多式联运有着无法比拟的优势。

1. 责任统一，手续简便

国际多式联运从根本上简化了分段运输中分别与各区段承运人签订运输合同安排中转地货物交接的繁琐手续，托运人只需办理一次托运手续，支付包干运费就可以实现全程运输。一旦出现货物的灭失或损坏，托运人或收货人可以直接向多式联运经营人索赔，避免了繁杂的索赔程序。

2. 节省费用，降低运输成本

国际多式联运采用集装箱运输的方式，节省了包装成本。同时，对运输工具的使用更加充分，由经验丰富的多式联运经营人在运输的过程中寻找最佳运输路线，节省了费用，降低了总的运输成本。

3. 减少中间环节，时间缩短，运输质量提高

集装箱装卸作业机械化、自动化，可以直接将集装箱转换到其他运载工具上，大大缩短了货物的运送时间，多式联运经营人对各航程时间的合理安排也大大减少了中转地等待时间，运输质量也得到提高。

4. 托运人及早结汇

采用分段运输方式时，内陆货主必须等到货物运达出口港，装上远洋船舶后取得远洋提单，并凭此向银行办理结汇。采用国际多式联运方式后，托运人可以在内陆出口地将货物交付给多式联运经营人，取得多式联运提单，并办理结汇手续，加快了托运人的资金周转，降低了出口成本。

（四）国际多式联运单据

国际多式联运单据（Combined Transport Document，CTD）是指证明国际多式联运合同成立及证明多式联运经营人接管货物，并负责按照多式联运合同条款支付货物的单据。其内容主要包括：

1. 货物品类、识别货物所必需的主要标志，如属危险货物，其危险特性的明确声明、包数或件数、货物的毛重或其他方式表示的数量等，所有这些事项均由发货人提供。

2. 货物外表状况。

3. 多式联运经营人的名称和主要营业所。

4. 发货人名称。

5. 如经发货人指定收货人，收货人的名称。

6. 多式联运经营人接管货物的地点和日期。

7. 交货地点。

8. 如经双方明确协议，在交付地点交货的日期或期间。

9. 表示该多式联运单据为可转让或不可转让的声明。

10. 多式联运单据的签发地点和日期。

11. 多式联运经营人或经其授权的人的签字。

12. 如经双方明确协议,每种运输方式的运费;或者应由收货人支付的运费,包括用以支付的货币;或者关于运费由收货人支付的其他说明。

13. 如在签发多式联运单据时已经确知,预期经过的路线、运输方式和转运地点。

14. 如不违背签发多式联运单据所在国的法律,双方同意列入多式联运单据的任何其他事项。

以上一项或者多项内容的缺乏,不影响单据作为多式联运单据的性质。如果多式联运经营人知道或者有合理的根据怀疑多式联运单据所列的货物品类、标志、包数或者数量、重量等没有准确地表明实际接管货物的状况,或者无适当方法进行核对的,多式联运经营人应在多式联运单据上作出保留,注明不符合之处及怀疑根据或无适当核对方法。如果不加批注,则应视为已在多式联运单据上注明货物外表状况的良好。

第三章　国际物流仓储

第一节　国际物流仓储概述

一、国际物流仓储的概念

仓储就是在特定场所储存商品的行为,是保证商品流通和社会再生产顺利进行的物质条件。仓储业是指从事仓储活动的经营企业的总称。

进出口商品的储存、保管使商品在其流通过程中处于一种或长或短的相对停滞状态。从物流角度讲,不希望外贸商品太长时间停留在仓库内,要尽量减少储存时间、储存数量,加速物资和资金周转,实现国际贸易系统的良性循环。但是,进出口商品流通处于由分散到集中,再由集中到分散的源源不断的过程中,停滞是完全必要的。首先,商品从生产厂或供应部门被集中运送到装运出口港(站、机场),以备出口,有时需临时存放一段时间,再从装运港装运出口,是一个集和散的过程。其次,为了保持不间断的商品往来,满足销售出口需要,必然有一定量的周转储存。最后,有些出口商品需要在流通领域内进行出口贸易前的整理、组装、再加工、再包装或换装等,形成一定的贸易前的准备储存。同时,由于某些出口商品在产销时间上的背离,如季节性生产但常年消费、常年生产但季节性消费的商品,则必须留有一定数量的季节储备。有时也会出现一些临时到货,货主一时又运不走,更严重的是进口商品到了港口或边境车站,但通知不到货主或无人认领,这种特殊的临时存放保管也是有的,即所谓的压港、压站现象的出现。

在国际仓储物流设计时,应把包装、储存、装搬和运输有机联系起来统筹考虑,全面规划,实现现代国际物流系统所要求的"包、储、运一体化"。即从商品一开始包装,就要考虑储存方便、运输快速,以加速物流,方便储运,减少物流费用等现代物流系统设计的各种要求。①

二、对外贸易仓库分类

对外贸易仓库是国际物流仓储的重要部分,承担着进出口商品保管存储的任务,也担负着出口的加工、挑选、整理、包装、备货、组装和发运等一系列任务。

---

① 参见许晓东、龙桂先主编:《国际物流与货代通关》,经济管理出版社 2006 年版,第 243—244 页。

仓库无疑是对外贸易运输的基地，根据不同的分类标准，对外贸易仓库有如下几种类型：

（一）按仓库所处地理位置和商品在流通中的职能分类

1. 口岸仓库，又称为周转仓库。口岸仓库的主要职能是储存口岸和内地外贸业务部门或其他外贸经营单位收购的待运出口商品和进口待分拨的商品。它的主要特点是外贸商品储存时间短、周转快。这种仓库一般都设置在商品集中发运出口的沿海港口城市。仓库规模大，来往进出口商品面向全国、全世界，流量大，要求及时集散。

2. 中转仓库，又称为内地转运仓库。中转仓库的主要职能是严格地按照进出口商品的合理流向，收储、转运本地区和外地区经过口岸出口的商品。它的主要特点是这类仓库大都设置在商品生产集中的地区（或城市）和出运港口之间铁路、公路、水路交通运输方便的大、中城市。一般，大中型中转仓库，工作量繁重，都设有铁路专用线，将外贸商品的运输和储存紧密结合起来。

3. 加工仓库。加工仓库的主要职能是对某些出口商品，按照成交合同规定的质量、规格、数量和包装等要求进行加工、挑选、整理、再包装、分装、拼装和改装，以适应国际市场的需要，如农产品、畜产品、茶叶、中药材及部分干鲜果品等的加工仓库。它的主要特点是将商品的储存与加工业务紧密结合起来。

4. 一般储存仓库，又称为存储仓库。一般储存仓库的主要职能是用于储存那些待销的出口商品、援外的储备物资、进口扶持生产用物资、包装材料和需要转为内销的商品等。它的主要特点是商品储存期较长，货物来自四面八方。这种储存仓库的规模大小不等，所储存的商品、物资需定期检查，以加强商品的维护保养。

（二）按储存商品的性能和技术设备分类

1. 通用仓库，又称为普通仓库，用以储存一般没有特殊要求的工业品或农副产品的仓库，属于一般的保管场所。所要求的储存、装搬、堆码和养护设备都比较简单，仓库建造也比较容易，适用的范围较广。在各类外贸仓库中，通用仓库所占比重最大。

2. 专用仓库，是专门用以存储某一类商品的仓库。有些商品如食糖、卷烟、茶叶等，较容易受外界环境影响而发生变质和失量；又如有些商品，由于本身的特殊性质，不适宜与其他商品混合存放，否则容易对共同存储的商品产生有害影响，如棉麻、粮食、食油、中药材等。对此类商品一般要求有专仓或专库加以存放，具有专用特性。在其对商品的保养维护技术方面，则相应地增加了密封、防火、防霉、防湿以及检测等设备设施，以确保特殊商品的质量安全。

3. 特种仓库，是专门用来存储具有特殊性能、要求、使用特别保管设备维护的商品，一般指化学危险品、易腐蚀品、石油及部分医药商品。这类仓库配有专门设备，以确保所储藏商品的安全，如设置有制冷设备的冷藏库、保温仓库以及危险品仓库等。

（三）按照仓库管理体制分类

1. 自由仓库。这种仓库是实行分散管理，分别由各进出口公司经营管理，数量较多。

2. 公用仓库。这是一种集中统一管理的专业经营仓库。由中国外贸运输总公司经营管理，为各进出口公司商品流通服务。

3. 联营仓库。这是由几个对外贸易企业联合投资建设的仓库。这类仓库在国外比较普遍，如日本的物流配送（加工）中心等，就属于这种联合投资兴办的现代化的集购、销和内部配货为一体的新型物流服务中心。

4. 税仓库。这是根据有关法律和进出口贸易的规定，专门保管国外进口而暂未纳进口税的商品的仓库，由海关统一进行监督和管理。保税仓库是国际贸易不断发展，对外扩大贸易，开展多种贸易方式的必然产物。根据世界各国的保税仓库以及我国目前已开发的保税区、保税仓库情况来看，保税仓库分为专业性保税仓库、公共性保税仓库以及保税工厂。①

三、国际物流仓储的意义

国际物流仓储工作同国际物流货物运输一样，都是对外贸易及国际物流不可缺少的环节，国际物流货物仓储的意义主要有：

（一）外贸商品储存是外贸商品流通的重要环节

没有商品的储存和运输，就谈不上商品的收购和发运。商品的购与销是通过商品的储存和运输来实现的。购、销（发）、运、储四个重要环节密不可分。购与销是商品流通的起点和终点，起主导作用，而运输和储存是为了实现购销的目的而采取的物流手段，是实现商品时空效益的有效途径。其中，商品的储存是实现商品时间效益的重要手段，借以克服商品流通中供给与需求的时间背离。

（二）保证进入国际市场的商品质量

商品的储存能有效地保护进出口商品价值和使用价值，确保进出口贸易的正常进行。通过外贸仓储作业活动和相关业务环节，最大限度地确保外贸商品的原有使用价值，不变质、不受损，完好无损地提供进出口所需商品。

通过仓储来保证商品的质量主要有两个关键环节：一是商品入库保管期间的质量检查；二是商品出库前的检验检查。对于前者，待入库商品应满足仓储要求，处于相对静止状态且不发生物理、化学变化，以保证其质量。对于后者，保证出口商品符合国家出口标准和国际贸易合同对出口商品质量的约定，维护外贸

① 参见寇亚明主编：《国际物流学》，西南财经大学出版社2003年版，第373—376页。

企业的国际商业信誉。

（三）延伸生产特性的加工业务

随着仓储业的发展，仓储本身已不仅具有储存货物的功能，而且越来越多地承担着具有生产特性的加工业务，如分拣、挑选、整理、加工、简单的装配、包装、加标签、备货等活动，使仓储过程与生产过程更有机地结合在一起，从而增加了商品的价值。随着物流业的发展，仓储业在货物储存过程中，为物流活动提供更多的服务项目，为商品进入市场缩短后续环节的作业过程和时间，加快商品的销售，将发挥更多的功能和作用。

（四）有机地衔接外贸商品的储存和运输

各种运输工具由于其运载能力差别很大，容易出现极其不平衡的状态，而外贸货物的出口或进口仓储皆可以减少压船、压港，弥补内陆运输工具运载量的不足，在船舶运输与内陆运输之间起着缓冲调节作用，保证国际货物运输顺利畅通。合理调节运力，搞好运量与运力、运力与储量之间的衔接，做好外贸仓库的收货、中转和发货，力求快速收货、中转和外发，加速外贸商品的流转。①

第二节 保税仓库与保税区

一、保税仓库的概念

保税仓库（Bonded Warehouse）是经海关批准设立的专门存放保税货物及其他未办结海关手续货物的仓库。

随着国际贸易的不断发展，贸易方式日益多样化，如进口原材料、来料加工、补偿贸易、转口贸易、期货贸易等灵活贸易方式。一笔贸易涉及多次进口和出口，如果每一次都办理税收业务，即进口时征收关税，复出时再申请退税，手续过于繁琐，必然会加大货物的成本，增加国际贸易的风险，不利于发展对外贸易。建立保税仓库后，可大大降低进口货风险，有利于鼓励进口，鼓励外国企业在中国投资。

保税仓库的设立需要专门批准，外国货物的保税期一般最长为两年。在此期间，经营者可以找到最适当的销售时机，一旦实现销售，再办理关税等通关手续。如果两年之内未能销售完毕，则可再运往其他国家，保税库所在国不收取关税。建立保税仓库可以大大降低进口货物的风险，同时也是鼓励外国企业在本国或本地区投资的重要措施。

一般贸易进口货物不允许存入保税仓库。自 1996 年 4 月 1 日起，凡经我国

① 参见蒋长兵、王姗姗编著：《国际物流学教程》，中国物资出版社 2008 年版，第 166—167 页。

港口转口至任何国家或地区的烟酒，一律不准作为转口货物存入海关保税仓库。海关允许存放保税仓库的货物有三类：一是供加工贸易（进、来料加工）加工成品复出口的进口料件；二是外经贸主管部门批准开展外国商品寄售业务、外国产品维修业务、外贸免税商品业务及保税生产材料市场的进口货物；三是转口贸易货物、外商寄存货物以及国际航行船舶所需的燃料、物衬和零配件等。

保税仓库是保税制度中最为广泛的一种形式。保税制度是一个国家或地区为促进对外加工贸易和转口贸易，对入境后的特定进口商品，在尚未确定内销或外销之前，暂缓缴纳进口税，并由海关监管的一种制度。

二、保税仓库允许存放的货物范围

根据 2003 年 11 月 19 日海关总署审议通过、自 2004 年 2 月 1 日起施行的《海关对保税仓库及所存货物的管理规定》第一章第 5 条规定："下列货物，经海关批准可以存入保税仓库：

（一）加工贸易进口货物；

（二）转口货物；

（三）供应国际航行船舶和航空器的油料、物料和维修用零部件；

（四）供维修外国产品所进口寄售的零配件；

（五）外商暂存货物；

（六）未办结海关手续的一般贸易货物；

（七）经海关批准的其他未办结海关手续的货物。

保税仓库应当按照海关批准的存放货物范围和商品种类开展保税仓储业务。"

学界通说将上述规定概括为：

（一）缓办纳税手续的进口货物

这主要包括进口国工程、生产等需要，由于种种原因而造成的预进口货物，储存在保税仓库内，随需随提，并办理通关手续，剩余的货物免税退运。也包括进口国情况变化、市场变化，而暂时无法决定去向的货物，或是无法作出最后处理的进口货物，这些都需要将货物存放一段时间。如果条件变化，需要实际进口，再缴纳关税和其他税费，这就使进口商将纳税时间推迟到货物实际内销的时间。

（二）需作进口技术处置的货物

有些货物到库后，由于不适合在进口国销售，需换包装装潢，改包装尺寸或作其他加工处理，则可入保税仓库进行这一技术处置，待到符合进口国的要求再内销完税，不符合的则免税退返。

(三) 来料加工后复出的货物

为鼓励“两头在外”的国际贸易战略的实施,对有些来料加工,又是在保税区或保税仓库完成的,加工后,该货物复出口,则可存放于保税仓库。

(四) 不内销而过境转口的货物

有些货物或内销无望而转口,或在该区域存放有利于转口,或无法向第三国直接进口而需转口,货物则可存放于保税仓库中。保税仓库在国际物流中,不仅适用于进口货物,也可用于出口货物。①

三、保税仓库的类型

根据《海关对保税仓库及所存货物的管理规定》第 3 条和第 4 条的规定,保税仓库按照使用对象的不同可以分为公用型保税仓库、自用型保税仓库以及专用型保税仓库。

公用型保税仓库由主营仓储业务的中国境内独立企业法人经营,专门向社会提供保税仓储服务。自用型保税仓库由特定的中国境内独立企业法人经营,仅存储供本企业自用的保税货物。

保税仓库中专门用来存储具有特定用途或特殊种类商品的称为专用型保税仓库。专用型保税仓库包括液体危险品保税仓库、备料保税仓库、寄售维修保税仓库和其他专用型保税仓库。

液体危险品保税仓库,是指符合国家关于危险化学品仓储规定的,专门提供石油、成品油或者其他散装液体危险化学品保税仓储服务的保税仓库。备料保税仓库,是指加工贸易企业存储为加工复出口产品所进口的原材料、设备及其零部件的保税仓库,所存保税货物仅限于供应本企业。寄售维修保税仓库,是指专门存储为维修外国产品所进口寄售零配件的保税仓库。

四、保税仓库的设立

根据《海关对保税仓库及所存货物的管理规定》第二章及海关总署的相关规定,保税仓库应当设立在设有海关机构、便于海关监管的区域。

(一) 经营保税仓库的企业,应当具备下列条件:

1. 经工商行政管理部门注册登记,具有企业法人资格;
2. 注册资本最低限额为 300 万元人民币;
3. 具备向海关缴纳税款的能力;
4. 具有专门存储保税货物的营业场所;

① 参见苏振东、苏杭主编:《国际物流管理》,大连理工大学出版社 2010 年版,第 173 页;徐勇谋、杨海民、郭湖斌编著:《国际物流管理》,化学工业出版社 2004 年版,第 81 页。

5. 经营特殊许可商品存储的，应当持有规定的特殊许可证件；

6. 经营备料保税仓库的加工贸易企业，年出口额最低为1000万美元；

7. 法律、行政法规、海关规章规定的其他条件。

（二）保税仓库应当具备下列条件：

1. 符合海关对保税仓库布局的要求；

2. 具备符合海关监管要求的安全隔离设施、监管设施和办理业务必需的其他设施；

3. 具备符合海关监管要求的保税仓库计算机管理系统并与海关联网；

4. 具备符合海关监管要求的保税仓库管理制度、符合会计法要求的会计制度；

5. 符合国家土地管理、规划、交通、消防、安全、质检、环保等方面法律、行政法规及有关规定；

6. 公用保税仓库面积最低为2000平方米；

7. 液体危险品保税仓库容积最低为5000立方米；

8. 寄售维修保税仓库面积最低为2000平方米；

9. 法律、行政法规、海关规章规定的其他条件。

（三）保税仓库由直属海关审批，报海关总署备案

企业申请设立保税仓库的，应当向仓库所在地主管海关提交书面申请，并备齐下列相关证明材料：

1.《保税仓库申请书》；

2.《保税仓库申请事项表》；

3. 可行性研究报告；

4. 工商行政管理部门颁发的《营业执照》原件及复印件；

5. 税务登记证复印件（国税和地税）；

6. 股权结构证明书复印件（合资企业）；

7. 企业的开户银行证明复印件；

8. 拟开展保税仓库的营业场所的土地所有权或使用权证明复印件，以及拟开展保税仓库的营业场所的产权证明，属租借房屋的还应收取房屋租赁合同；

9. 申请设立的保税仓库位置图及平面图；

10. 仓库管理制度；

11. 对申请设立寄售维修型保税仓库的，还应收取经营企业与外商的维修协议；

12. 经营企业财务制度与会计制度；

13. 消防验收合格证书；

14. 海关按规定需收取的其他单证和材料。

企业申请设立保税仓库时,如仓库已建成或租赁仓库经营的,以上所有单证、文件应一次性提交;如保税仓库尚在建设中的,以上第8、13项单证可缓收,在仓库验收时收取。

申请材料齐全有效的,主管海关予以受理;申请材料不齐全或者不符合法定形式的,主管海关应当在5个工作日内一次告知申请人需要补正的全部内容。主管海关应当自受理申请之日起20个工作日内提出初审意见并将有关材料报送直属海关审批。直属海关应当自接到材料之日起20个工作日内审查完毕,对符合条件的,出具批准文件,批准文件的有效期为1年;对不符合条件的,应当书面告知申请人理由。

申请设立保税仓库的企业应当自海关出具保税仓库批准文件1年内向海关申请保税仓库验收,由直属海关按照本规定第8条、第9条规定的条件进行审核验收。申请企业无正当理由逾期未申请验收或者保税仓库验收不合格的,该保税仓库的批准文件自动失效。保税仓库验收合格后,经海关注册登记并核发《海关保税仓库注册登记证书》,方可投入运营。

五、保税区

保税区(Bonded Area)是指一国为开展国际贸易而设立的由海关监管的特定区域。在保税区,海关对进口的有关货物暂不征税,但保留征税的权利。在我国境内设立保税区必须经国务院批准。我国兴建保税区始于1990年国务院批准的上海外高桥保税区。目前,我国设立的保税区主要有上海外高桥保税区、深圳保税区、广州保税区、珠海保税区、汕头保税区、福州保税区、厦门象屿保税区、海口保税区、天津港保税区、大连保税区、青岛保税区、张家港保税区、宁波保税区等。

按照我国《保税区海关监管办法》的规定,保税区与境内的其他地区(非保税区)之间,须设置符合海关监管要求的隔离设施。在保税区内实行有关的免税、保税措施。

对于从境外进入保税区的货物,其进口关税和进口环节的税收,除法律法规另有规定外,须按照下列规定办理:

(1)保税区内生产性的基础设施建设项目所需的机器、设备和其他基建物资,予以免税;

(2)保税区内企业自用的生产、管理设备和自用数量合理的办公用品及其所需的维修零配件,生产用燃料,建设生产厂房、仓储设施所需的物资、设备,予以免税;

(3)保税区行政管理机构自用合理数量的管理设备和办公用品及其所需的维修零配件,予以免税;

（4）保税区内企业为加工出口产品所需的原材料、零部件、元器件、包装物件，予以保税。

以上规定范围以外的货物，或者物品从境外进入保税区，须依法纳税。

对于从境内非保税区进入保税区的货物，按照出口货物办理手续，出口退税事项按照国家有关规定办理。保税区内加工企业加工的制成品及其在加工过程中产生的边角余料运往境外时，须按照国家有关规定向海关办理手续；除法律法规另有规定外，免征出口关税。对于保税区内加工企业将区内加工的制成品、副次品，或者在加工过程中产生的边角余料运往境内非保税区时，须按国家有关规定向海关办理进口报关手续，并依法纳税。对于保税区内加工企业全部用境外运入料、件加工的制成品销往境内非保税区时，海关按照进口制成品征税；保税区内加工企业用含有境外运入料、件加工的制成品销往境内非保税区时，海关对其按照所含境外运入料、件的情况征税。

"保税"一词属海关用语，意指出口货物暂时不缴纳进口税，而先将其存入特定区域。如果货物从特定区域转运出口或经加工再出口，则免缴出口关税。享受保税待遇的货物称为保税货物。国外的保税区域（Bonded Area）是指保税仓库（Bonded Warehouse）和保税工厂（Bonded Factory）的融合体。

国外没有作为特定功能区域的保税区（bonded zone），保税区这一概念是我国独创的。然而，从我国各保税区的设区意图、功能定位来看，我国的保税区不是简单地作为保税仓库和保税工厂的功能融合，而是以国际自由贸易区作为功能取向的。中央级的对外文件中我国保税区的对外宣传，都将保税区通译为Free Trade Zone（自由贸易区），而不是 Bonded Zone（保税区）。对于这个问题，原副总理李岚清 1994 年 6 月在天津全国保税区工作会议上说得很清楚："我国的保税区实际上类似其他国家在港口划出一块并用铁丝网围起来的自由区。"①

第三节　国际物流仓储业务

一、国际物流仓储业务的基本要求

国际物流货物仓储的作用主要表现在三个方面：一是完整地保证货物的使用价值与价值；二是在物流中心进行必要的加工活动而进行的保存；三是及时配送货物。因而基于上述主要作用，国际物流货物仓储应达到如下基本要求：

（一）保质

保证被储存物的质量，是完成储存功能的根本要求，只有这样，商品的使用

① 转引自刘辉群：《中国保税区向自由贸易区转型的研究》，载《中国软科学》2005 年第 5 期。

价值才能通过物流之后得以最终实现。在储存中增加了多少时间价值或是得到了多少利润，都是以保证质量为前提的。

（二）及时

到库商品必须在规定的期限内完成验收工作。因为商品虽然到库，但是未经过验收的商品不能入库入账。只有及时验收，尽快提出检验报告，才能保证商品尽快入库，加快商品和资金周转。同时，商品的承付和索赔都有一定的期限，如果验收时发现商品不合规定要求，要提出退货、换货或赔偿等要求，均应在规定的期限内提出；否则，责任方不再承担责任，银行也将办理拒付手续。

（三）准确

验收的各项数据或检验报告必须准确无误。验收的目的是要弄清商品数量和质量方面的实际情况，验收不准确，就失去了验收的意义。另外，不准确的验收还会给人假象，造成错误的判断，引起保管工作的混乱，严重者还可能危及营运安全。

（四）严格

仓库有关各方都要严肃认真地对待商品验收工作。验收工作的好坏直接关系到国家和企业利益，也关系到以后各项仓储业务的顺利开展，因此仓库领导应高度重视验收工作，直接参与人员更要以高度负责的精神来对待这项工作。

（五）经济

商品在验收时，多数情况下，不但需要检验设备和验收人员，而且需要装卸搬运器具和设备以及相应工种工人的配合。这就要求各工种密切协作，合理组织调配人员与设备，以节省作业费用。此外，验收工作中，尽可能保护原包装，减少或避免破坏性试验，这也是提高作业经济性的有效手段。①

二、保税仓库货物进口为什么没有出口？

保税仓库货物进口主要有两种情况：本地进货与异地进货。

（一）本地进货

当进口货物在保税仓库所在地入境时，应由货物所有人或其代理人向入境所在地海关申报，填写“进口货物报关单”，在报关单上加盖“保税仓库货物”戳记并注明“存入××保税仓库”，经入境地海关审查验放后，货物所有人或其代理人应将有关货物存入保税仓库，并将两份“进口货物报关单”随货交保税仓库，保税仓库经营人应在核对报关单上申报进口货物与实际入库货物无误后，在有关报关单上签收，其中一份报关单交回海关存查（连同保税仓库货物入库单据），另一份由保税仓库留存。

① 参见蒋长兵、王姗姗编著：《国际物流学教程》，中国物资出版社2008年版，第249页。

（二）异地进货

进口货物在保税仓库所在地以外其他口岸入境时，货主或其代理人应按海关进口货物转关运输管理规定办理转关运输手续。货主或其代理人应先向保税仓库所在地主管海关提出将进口货物转运至保税仓库的申请，主管海关核实后，签发“进口货物转关运输联系单”，并注明货物转运存入××保税仓库。货主或其代理人凭此联系单到入境地海关办理转关运输手续，入境地海关核准后，将进口货物监管运至保税仓库所在地，货物抵达目的地后，货主或其代理人应按上述“本地进货”手续向主管海关办理进口申报及入库手续。

三、国际货物仓储基本流程

（一）入库

入库分为卸货、入库验收、办理入库手续、贴储位标签和上架五个步骤。

1. 卸货

卸货有散货卸货和拆箱卸货两类。散货卸货是指一般货物与空运货物（未曾事先堆栈在托盘上并固定者）从仓库的收货码头卸下到堆栈在托盘上。拆箱卸货是指海运集装箱装载的货物，在仓库收货区拆封，卸至托盘上。拆箱卸货又有两种：机械拆箱，货物已打托盘或木箱，可以用堆高机直接开进集装箱内卸装；人工拆箱，货物呈松散堆栈，须以人力逐件搬出后堆放于托盘。

2. 入库验收

为了防止商品在储存期间发生各种不应有的变化，在商品入库时首先要严格验收，弄清商品及其包装的质量状况。入库验收的内容主要包括：

（1）数量检验

在进行数量检验时，必须把好点数（过磅）、记码单和码垛三个环节，以保证数量准确。

（2）质量检验

质量检验即对入库商品进行内在质量，亦即对商品的物理性能、化学性能的检验和通过耳、鼻、手等感觉器官，并利用简单工具检验，检验商品是否受潮、玷污、腐蚀、霉烂、缺件、变形、破损、损坏等。

（3）包装验收

包装对商品安全运输和存储关系甚大，是仓库验收中必须重点检查的一项工作，尤其是对商品包装有具体规定的，如木箱板的厚度、打包铁皮的箍数等有要求的，仓库都要按规定进行验收。

3. 办理入库手续

货物入库时，应由仓库保管员填写入库通知单，完整的入库通知单据必须具备以下四联：送货回单、储存凭证、仓储账页和货卡，并附上检验记录单、产品合格证、装箱单等有关资料凭证，以证实该批货物已经检验合格，可以正式上架保管。

4. 贴储位标签或条形码

为便于仓库保管员查找货物及理货，对办理完入库手续的货物通常贴上储位标签或条形码后，再入库上架。

5. 上架

入库的最后一步工作就是把堆栈好的托盘放上货架。货品检验完毕后，依性质的不同由仓储管理系统分配储位，上架人员将终端打印机印出的卷标（有些用条形码）粘附在货物外侧（至少两张分贴在对侧）后，缠上透明收缩膜，以堆高机放置入货架或是大货区（Bulk Storage Area）。大货区主要适合大量出货而且进出频繁的品类，另外，它是零库存作业中不可或缺的场地，但必须有良好的进出码头，以及妥善的整仓变动规划，否则会适得其反。

（二）储存保管

货物入库以后，便进入了储存保管阶段，它是仓储业务的重要环节。它的主要内容包括货物的存放、保管、检查与盘点等。

1. 存放

在储存区内，全托盘装载的物品被分配到预定的托盘位置上。对此，有两种常用的货位分配方法，即可变货位安排系统和固定货位安排系统。

可变货位安排系统，也称作动态定位系统，是在每次有新的装运到达时允许产品改变位置，以便有效地利用仓库空间。而固定货位安排系统，则是在选择区内为每种产品分配一个永久性的位置。只要产品的移动流量保持相同水平，储存物品就始终保持这种位置。如果物品的流量一旦发生增减，就有可能对储存物品的位置进行重新分配。一般说来，固定货位安排优越于可变货位安排，因为它可以对某种物品提供及时定位。

2. 保管

仓库一般首先考虑出入库的时间和效率，因而较多地着眼于拣选和搬运的方便，但保管方式必须与之协调。通常，仓库中货物保管的方式主要有：① 地面平放式，将保管物品直接堆放在地面上；② 直接堆放式，将货物在地面上直接码放堆积；③ 托盘平放式，将保管物品直接放在托盘上，再将托盘平放在地面上；④ 托盘堆码式，将货物直接堆码在托盘上，再将托盘堆放在地面上；⑤ 货架存放式，将货物直接码放在货架上。

仓库保管的基本要求是：

（1）面向通道进行保管。为使物品出入库方便，容易在仓库内移动，一般将物品面向通道保管。

（2）根据出库频率选定位置。出货和进货频率高的物品应放在靠近出入口、易于作业的地方;流动性差的物品可放在距离出入口稍远的地方;季节性物品则依其季节特性来选定放置的场所。

(3) 尽可能地向高处码放,提高保管效率。要有效利用库内容积就应尽量向高处码放,为防止破损,保证安全,应当尽可能使用棚架等保管设备。

(4) 同一品种放在同一地方。为提高作业效率和保管效率,同一物品或类似物品应放在同一地方保管,员工对库内物品放置位置的熟悉程度直接影响着出入库的时间,将类似的物品放在邻近的地方,将有利于提高仓储作业效率。

(5) 根据物品重量安排保管的位置。安排放置场所时,当然要把重的东西放在下边,把轻的东西放在货架的上边。需要人工搬运的大型物品则以腰部的高度为基准。这对于提高效率、保证安全是一项重要的原则。

(6) 要注意保证商品的存放安全。如确定货垛高度要考虑到物品及其包装的承压能力、库内设备的操作条件和竖向布局的方式等。除上述一些问题以外,保管还应有温度和湿度管理,注意防尘、防臭、防虫、防鼠、防盗等问题。

3. 检查与盘点

(1) 保管期间货物的检查

在对货物保管的过程中,保管人员应对货物进行经常和定期的检查,以确保在库货物的质量完好、数量准确。检查的内容主要有:

① 数量检查。货物在存储期间,仓库保管人员要检查货物的数量是否准确,查账上的记载是否正确,核对账、卡、物是否一致。保持仓库的账账相符、账卡相符、账物相符、钱物相符。

② 质量检查。检查存储货物质量有无变化,包括有无受潮、玷污、锈蚀、发霉、干裂、虫蛀、鼠咬,甚至货物变质等现象;检查技术证件是否齐全,证物是否相符;必要时,还要对货物进行技术检查。

③ 保管条件检查。检查各类货物堆码是否合理稳固,货垛是否苫垫严密,库房是否漏雨,货场是否积水,门窗通风洞是否良好,库内温度、湿度是否符合要求,保管条件是否符合各种货物的保管要求等。

④ 安全检查。检查仓库各种安全措施和消防设备、器材是否齐备,是否符合安全要求,检查库房建筑物是否影响货物正常储存等。

检查的方式主要有:

① 日常检查,是指每日上下班前后,保管员对所保管的货物的安全情况、保管情况、库房和货场的整洁情况进行的检查。

② 定期检查,是指根据季节变化和业务需要,由仓库组织有关专业人员对在库货物所进行的检查。

③ 临时性检查,是指有灾害性气候预报时所组织的临时性检查,如在暴风雨、台风到来之前,要检查建筑物是否承受得住风雨袭击,水道是否畅通,露天货

场苫盖是否严密牢固;灾害性风雨过后检查有无损失等。

在检查的过程中,如果保管人员发现货物发生变质或有变质迹象、数量有出入、货物出现破损等情况,应及时查明原因,通知存货人或仓单持有者及时采取措施进行处理,并对检查结果和问题作出详细的检查记录。

(2) 货物的盘点

货物的盘点,是指定期或临时核对库存商品实际数量与保管账上的数量是否相符;查明超过保管期限、长期积压货物的实际品种、规格和数量,以便提请处理;检查商品有无质量变化、残损等情况;检查库存货物数量的溢余或缺少的原因,以利改进货物的仓储管理。

第一,盘点的方法。

一般情况下,对仓储货物的盘点方法主要有:动态盘点法、循环盘点法、重点盘点法。

① 动态盘点法。动态盘点法是指在发生出库动态时,就随之清点货物的余额,并同保管卡片的记录数额对照。

② 循环盘点法。循环盘点法是指按照相关货物入库的先后次序,有计划对库存保管货物循环不断地进行盘点的一种方法,即保管员按计划每天都盘点一定量的在库货物,直至库存货物全部盘点完毕,再继续下一循环。

③ 重点盘点法。重点盘点法是指对货物进出动态频率高的,或者易损耗的,或者昂贵的货物进行盘点的一种方法。

第二,盘点内容。

① 盘点数量。即对计件商品进行全部清点,对货垛层次不清的商品,进行必要的翻垛整理,同时,检查商品质量变化、残损等情况。

② 盘点重量。对数量较少或贵重的商品应全部过磅;对数量大且价值低廉的商品,由于全部过磅工作量太大,可会同货主逐批抽查过秤核对。

③ 货账核对。根据盘点商品的实际数量,逐笔核对商品保管账上所列结存数字。

④ 账与账核对。即定期或随时将仓库保管账与货主的商品账以及仓库间保管账核对。

⑤ 做好记录及时联系。即在盘点对账中发现问题时,要做好记录,及时与存货人联系,协商对策。

⑥ 分析问题,找出原因,及时处理。即对盘点中发现的问题,逐一进行分析,必要时与货主协商,找出原因,纠正账目中的错误,并采取积极的挽救措施,尽量减少因霉烂、变质、残损等原因所造成的损失。

通过这些日常盘点,可保证定期的全面盘点。对库存货物盘点中出现的盈亏,必须及时作出处理。如果盘盈盘亏的数额不超出国家主管部门规定或合同约定的保管损耗标准，可由仓储保管企业核销；如果超出了损耗标准，则必须查明原因，作出分析，写出报告，承担责任；凡同类货物在规格上发生的数量此多彼少总量相符的，可与存货人根据仓储合同约定直接协商处理。依据处理结果，调整账、卡数额，使账、卡、物数额保持一致。

（三）出库

对于存入保税仓库的货物，其出库的流向较为复杂，一般可分为储存后原物复出口、加工贸易提取使用、转入国内销售三种情况。

1. 原物复出口

存入保税仓库的货物在规定期限内复运出境时，货物所有人或其代理人应向保税仓库所在地主管海关申报，填写出口货物报关单，并提交货物进口时的经海关签章确认的进口报关单，经主管海关核实后予以验放有关货物或按转关运输管理办法，将有关货物监管运至出境地海关验放出境。复出境手续办理后，海关在一份出口报关单上加盖印章退还货物所有人或其代理人，作为保税仓库货物核销依据。

2. 加工贸易提取使用

从保税仓库提取货物用于进料加工、来料加工项目加工生产成品复出口时，经营加工贸易单位首先按进料加工或来料加工的程序办理合同备案等手续后，由主管海关核发《加工装配和中小型补偿贸易进出口货物登记手册》。

3. 转入国内销售

存入保税仓库的货物需转为国内市场销售时，货物所有人或其代理人应事先报主管海关核准并办理正式进口手续，填写“进口货物报关单”，其贸易性质由“保税仓库货物”转变为“一般贸易进口”。货物属于国家进口配额、进口许可证、机电产品进口管理，以及特定登记进口商品和其他进口管理商品的，须向海关提交有关进口许可证或其他有关证件，并缴纳进口关税、消费税和进口环节增值税。上述进口手续办理后，海关在进口货物报关单上加盖放行章，其中一份用以向保税仓库提取货物，另一份由保税仓库留存，作为保税仓库货物的核销依据。

（四）出库的一般步骤

1. 审核仓单

仓库接到存货人或仓单持有人出库通知后，必须对仓单进行核对。因为存货人取得仓单后，可以通过背书的方式将仓单转让给第三人，也可以分割原仓单的货物，填发两份以上新的仓单，将其中一部分转让给第三人。存货人与仓储人原来所签订的合同关系被转让部分规定适用于第三人。第三人在取得仓单后，还可以在仓单有效期内，再次转让或分割仓单。但是《合同法》规定，存货人转让仓储物提取权的，应当经保管人签字或盖章。

2. 核对登账

仓单审核以后，仓库财务人员要检查货物的品名、型号、规格、单价、数量等有无错误，收货单位、到站、银行账号等是否齐全和准确，单证上书写的字迹是否清楚，有无涂改痕迹，是否超过了规定的提货有效期等。如果核对无误后，可根据凭证所列各项内容，登入商品保管账，核销储存量，并在出库凭证上批注发货商品存放的货区、库房、货位编号以及发货后应有的储存数量。同时，收回仓单，签发仓库货物出库单，写清各项内容，连同提货单或调拨单，一起交仓库保管员查对配货。

3. 配货备货

财务人员转来的货物出库凭证经复核无误后，仓库保管员按出库凭证上所列项目内容和上面的批注，到编号的货位对货，核实后进行配货。配货中要执行"先进先出""易坏先出""不利保管先出"的发货原则。货物从货垛上搬下后，应整齐堆放在备货区位上，以便刷唛、复核、交付等备货作业的进行。备货工作主要有：

(1) 包装整理、标志重刷

仓库应清理原货包装，清除积尘、污物。对包装已残损的，要更换包装。提货人要求重新包装或者灌包的，要及时安排包装作业。对原包装标志脱落、标志不清的进行补刷补贴；提货人要求标注新标志，应在提货日之前进行。

(2) 零星货物组合

为了作业方便，对零星货物进行配装，使用大型容器收集或者堆装在托盘上，以免提货时遗漏。

(3) 根据要求装托盘或成组

若提货人要求装托盘或者成组，应及时进行相应作业，保证作业质量。

(4) 转到备货区备运

将要出库的货物预先搬运到备货区，以便能及时装运。备货时，发现有下列情况的商品，要立即与存货人或仓单持有人联系，存货人或仓单持有人认为可以出库，并在正式出库凭证上签注意见后，方可备货、出库；否则，不备货、不出库。对下列商品不备货、不出库：① 没有全部到齐的一票入库商品。② 入库验收时发现的问题尚未处理的。③ 商品质量有异状的。备货中发现出库货物的包装如有破损、断绳、脱钉等情况，仓库要负责加固修理，严格禁止包装破损的货物出库。

出库货物应附有质量证明书抄件、磅码单、装箱单等。机电设备等配件产品，其说明书及合格证应随货同行。

4. 复核查对

备货后仓管人员应立即进行复核，以确保出库货物不出差错。复核的形式有保管员自行复查、保管员互核、专职人员复核、负责人复查等。复核的内容主要包括以下几方面：

(1) 认真审查正式出库凭证填写的项目是否齐全，出库凭证的抬头、印鉴、日期是否符合要求，复核商品名称、规格、等级、产地、重量、数量、标志、合同号等是否正确。

(2) 根据正式出库凭证所列项目，与备好的货物相对照，逐项复核、检查其是否与出库凭证所列完全相符，如经反复核对确实不符时，应立即调换，并将原错备商品标志除掉，退回原库房。

(3) 检查包装是否破损、污染，标志、箱(包)号是否清楚，标签是否完好，配套是否齐全，技术证件是否齐备。

(4) 需要计重、计尺的货物，要与提货人一起过磅，或根据货物的具体情况抽磅，或理论换算重量，一起检尺。要填写磅码单或尺码单，并会同提货人签字。

(5) 复核结余商品数量或重量是否与保管账目、货物保管卡片结余数相符，发现不符应立即查明原因。复核的目的就是要求出库货物手续完备、交接清楚，不错发，不错运。出库货物经过复核无误后，方可发运。

5. 出库交接

备齐货物经复核无误后，仓库保管员必须当面与提货人或运输承运人按单逐件点交清楚，分清责任，办好交接手续。自提货物的待货物交清后，提货人应在出库凭证上签章；待发运货物保管员应向发运人员点交，发运人员在出库凭证上签字。发货结束，应在出库凭证发货联上加盖"发讫"或"商品付讫"戳记，并留据存查。同时，应由仓库填写出库商品清单或出门证，写明承运单位名称、商品名称、数量、运输工具和编号，并会同承运人或司机签字。出库商品清单或出门证一式三联，一联由仓库发货人员留查；二联由承运人交仓库，以便门卫查验放行；三联给承运人作为交货凭据。

6. 填单销账

货物交点以后，保管员应在出库单上填写"实发数""发货日期"等项内容，并签名，然后将出库单及相关联证件资料及时交送货主以便货主办理货款结算。保管员根据留存联出库凭证清点货垛余数，并与账、卡核对，登记、核销实物保管明细账，账面余额应与实际库存量和货卡登记相符；出库凭证应在当日清理，定期装订成册，妥善保管；在规定时间内，转交账务人员登账复核。①

① 参见蒋长兵、王姗姗编著：《国际物流学教程》，中国物资出版社2008年版，第176—183页。

第四章　国际物流配送

第一节　国际物流配送概述

一、国际物流配送的概念

国际物流配送是现代物流的重要组成部分，是物流的一个缩影或在某一范围内物流全部活动的体现。早期的配送概念仅表示交货、输送、配运，即将货物从仓储点送往收货人。随着国际物流的不断发展，大吨位、高效率的运输力量的出现实现了干线运输低成本的目标，但对支线运输和小搬运来说，却出现了运力利用不合理、成本过高等问题。物流配送则可以将支线运输和小搬运统一起来，使支线运输过程得以优化和完善。

根据《国家标准物流术语》的定义，配送是指在经济合理区域范围内，根据用户要求，对物品进行拣选、加工、包装、分割、组配等作业，并按时送达指定地点的物流活动。其中，拣选是指按订单或出库的要求，从储存场所选出物品，并放置在指定地点的作业。组配是指配送前，根据物品的流量、流向及运输工具的载重量和容积，组织安排物品装载的作业。

国际物流配送较之国内物流配送，其主体涉外，所涉区域也更为广阔。国际物流配送体现为商物合一，是“配”和“送”的有机统一，有效地配货和分拣，使送货总量达到一定规模，以利用规模优势取得较低的送货成本。从一定意义上说，国际物流配送的主要任务是送货，配送是一种送货方式，但又与一般意义所指的送货有区别。一般的送货多属于偶然性的行为；而配送则是一种有固定组织、固定渠道、固定装备设施、固定管理和技术力量、固定制度规范的流通组织形式。同时，国际物流配送也是一种中转形式，并不是配送中心有什么就送什么，而是根据客户的需要、以客户为出发点进行配送。

二、国际物流配送的分类

（一）按配送经营形式划分①

根据经营方式的不同，可作如下分类：

---

① 参见王刚、梁军主编：《物流学》，人民邮电出版社 2012 年版，第 95 页。

1．销售配送

在这种配送方式中，配送人即为销售企业，它为扩大销售量，占有市场份额，获得更多销售利益，将配送作为一种销售战略。这种配送的对象一般是不固定的，用户也不固定，配送对象和用户取决于市场的占有情况，其配送经营情况也取决于市场状况。因此，这类配送具有极高的随机性，大部分商店就属此类。

2．供应配送

供应配送是指用户为了自己的供应需要而采取的配送形式，通常由用户或用户集团组建配送据点，集中组织大批量进货，以便取得批量折扣，再向本企业或企业集团内部组织配送。在这种配送中，用户有自己的配送中心，该配送中心是为企业内部提供配送服务，不存在外部配送的法律关系。通过这种方式，可以提高供应水平和供应能力，通过大批量进货取得价格折扣优惠，达到降低供应成本的目的。例如，大型连锁商店。

3．销售—供应一体化配送

对于基本固定的用户和基本确定的配送产品，销售企业在进行销售的同时还承担着用户有计划的供应职能。这种配送方式对用户来说，能获得稳定的供应，可以大大节约组织供应所耗用的人力、物力、财力，甚至可以削减自己的供应机构。销售企业则能获得稳定的用户和销售渠道。这种配送，有利于形成稳定的供需关系。

4．第三方配送

这种配送方式是配送人从工厂、转运站接受用户的货物后，为用户储存、保管货物，按用户要求分拣、配送，并运至用户指定地点的一种配送方式。这种配送的配送人不是第一方（销售方）或第二方（买方），而是一个独立的物流企业。由于这种配送方式的配送人员是独立于买方与卖方之外的第三人，因此称为第三方配送。第三方配送通过由第一方（卖方）或第二方（买方）与第三方（物流企业）签订配送合同来实现。

（二）按配送组织者划分

配送按组织者划分为以下几种方式：

1．配送中心配送

这类配送活动的组织据点是配送中心，一般规模较大，拥有配套的设施、设备等条件。配送中心配送的专业性较强，一般都与用户建立相对固定的协作关系，配送设施与工艺都是按照用户的要求专门设计的，所以配送中心具有配送能力强、配送品种多、配送数量大等特点，是配送活动的最主要形式。但由于这类配送业务的服务对象固定，所以灵活性和机动性较差；而且由于规模大、投资高，中小型配送经营者往往难以承担，从而抑制了这类配送活动的进一步发展。

2．仓库配送

它一般是以仓库为据点进行的配送，也可以是原仓库在保持储存保管功能的前提下，增加部分配送职能，或经过对原仓库进行改造，使其成为专业的配送中心。

3．商店配送

商店配送的组织者一般是商业或物资系统的门市网点。它是指商店除了自身日常的零售业务外，还将本店经营的产品按用户的要求配齐，或代用户外订外购一部分本店平时不经营的商品后，再与本店的商品搭配，一齐送达用户的业务形式。

因此，从某种意义上讲，商店配送也是一种销售配送。连锁商店配送是商店配送的一种主要形式，它又分为两种情况：一种是专门成立为连锁商店服务的配送企业，这种配送企业除主要承担连锁商店的配送任务外，还有为其他用户提供服务的职能；另一种是存在于连锁商店内的配送组织，其主要任务是服务于自身的连锁经营，不为其他的用户提供配送服务。

4．生产企业配送

对于新鲜的牛奶、面包或蛋糕等保质期较短的商品，为了减少流通环节，压缩流通时间，生产企业经常以自身的车间或成品仓库为据点，直接面向客户进行配送，这就是生产企业配送。这种类型的配送业务大多由生产企业自己完成，也有的是由第三方物流企业完成。

（三）按配送商品的种类和数量划分

配送按商品的种类和数量划分为以下几种方式：

1．少品种大批量配送

这类配送的特点是，客户所需的商品品种较少甚至是单一的品种，但所需商品的批量较大。由于这类配送活动的品种单一、批量大，可以实现整车运输，有利于车辆满载或采用大吨位车辆进行运送。

2．多品种少批量配送

这类配送的特点是，用户所需商品的数量不大，但品种较多，因此在进行配送时，组织者要先根据用户的要求，将所需的各种物品配备齐全后，再凑成整车装运送达客户。

3．成套配套配送

这种配送的特点是，用户所需的商品必须是成套的。例如，装配性的生产企业，为生产某种整机产品，需要多种不同的零部件。所以，配送组织者就要将所需的零部件配齐，并按客户的生产节奏定时送达，以便生产企业将成套零部件送入生产线装配整机产品。

（四）按配送时间和数量划分

配送按时间和数量划分为以下几种方式：

1. 定时配送

定时配送是指按规定的时间间隔进行的配送，每次配送的品种和数量可按计划执行，也可以事前以商定的联络方式进行通知。它还可以细分为日配送和“准时看板”方式配送等形式。

2. 定量配送

定量配送是指按规定的批量在一个指定的时间范围内进行的配送。这种配送方式由于配送的数量比较固定，所以备货工作较为简单，实践中还可以与客户进行协商，以托盘、集装箱或车辆为单位进行计量。

3. 定时定量配送

定时定量配送是指按照规定的时间和数量进行的配送，它同时兼有定时配送和定量配送的特点，要求有较高的配送管理水平。

4. 定时定线配送

定时定线配送是指在规定的运行路线上，按照事先制订的到达时间表进行运作的配送。采用这种配送方式，客户就可按照预定的时间到预定的地点去接货。这种配送方式可以为众多的中小型客户提供极大的方便。

5. 即时配送

即时配送是指根据客户临时确定的配送时间和数量，随即进行的配送，是一种灵活性要求很高的应急配送方式。采用这种方式，客户可以将安全储备降低为零，以即时配送代替安全储备，实现零库存经营。

（五）按配送主体所处的行业划分

配送按主体所处行业划分为以下几种方式：

1. 制造业配送

制造业配送包括围绕制造企业所进行的原材料、零部件的供应配送，各生产工序上的生产配送以及企业为销售产品而进行的销售配送。制造业配送的各个部分在客户需求信息的驱动下连成一体，通过各自的职能分工与合作，为企业的生产和销售服务。

2. 农业配送

农业配送是一种特殊的、综合的农业物流活动，是在农业生产资料、农产品的送货基础上发展起来的。它是指在与农业相关的经济合理区域范围内，根据客户要求，对农业生产资料、农产品进行分拣、加工、包装、分割、组配等作业，并按时送达指定地点的农业物流活动。

3. 商业配送

商业企业的主体包括批发企业和零售企业，二者对于配送的理解、要求、管理等都不相同。批发企业配送的客户一般都不是最终消费者，而是零售企业。因此，批发企业必然要求其配送能够满足零售客户的多批次、少批量订货要求，而且还要具有一定的流通加工能力。零售企业配送的客户大多是各类消费者，一方面，由于经营场所的面积有限，零售企业希望上游供应商（包括批发企业）能向其提供小批量的商品配送；另一方面，为了满足各种不同客户的要求，又希望尽可能地多配备商品。

4. 物流企业配送

物流企业是专门从事物流活动的企业，因此物流企业配送并不像前面三类企业一样拥有货物的所有权，而是根据所服务客户的需求，为客户提供配送支持性服务。现在，比较常见的物流企业配送就是快递企业所提供的“门到门”配送。

三、国际物流配送的特点

（1）国际物流配送以终端用户为出发点，属于“最终资源配置”。物流配送是通过一系列的活动完成最终交付的一种活动，实现物品从最后一个物流结点到用户之间的空间移动。在社会再生产过程中，配送处于接近用户的那一段流通领域。因此，可以说，配送是接近顾客的配置，是从物流节点至用户的终端运输。但这种终端运输是相对的概念，在整个国际物流过程中，流通渠道构成不同，物流配送企业所直接面对的最终用户也不一样。

（2）物流配送是各种业务的有机结合。在物流配送业务中，除了送货、仓储外，配送充分利用拣选、分货、包装、分割、组配、配货等理货工作，使送货达到一定规模并取得竞争中的成本优势。

（3）物流配送以用户需求为出发点。物流配送是从用户利益出发，按用户的要求所进行的一种活动；必须明确“用户第一”“质量第一”。配送公司的地位是服务地位而不是主导地位，所以不能从本企业利益出发而应从用户利益出发，在满足用户利益的基础上赢得企业的利益。

（4）物流配送是末端运输。从运输角度来看，货物运输分为干线部分的运输和支线的配送。这里所说的物流配送是指支线的、末端的运输，是面对用户的一种短距离的物流服务。①

（5）国际物流配送时效性很强。配送强调特定的时间、特定的地点完成交付活动，按客户要求或双方约定的时间送达，充分体现时效性。

（6）国际物流配送需要综合有效的协调。在时间、速度、服务水平、成本、数量等多方面寻求最优，不能过分强调“按用户要求”。受用户本身的局限，客户

---

① 参见姚会平主编：《物流法理论与实务》（第二版），西南财经大学出版社 2010 年版，第 181 页。

要求有时候存在不合理性，在这种情况下，要对客户进行指导，以实现双赢。[①]

四、国际物流配送的意义和作用

（一）完善和优化物流系统

第二次世界大战之后，由于大吨位、高效率运输工具的出现，使干线运输在铁路、海运或公路方面都达到了较高水平，长距离、大批量的运输实现了低成本化。但是，在干线运输之后，往往还需要辅以支线转运或小搬运，这通常成为国际物流过程中的薄弱环节。这个环节与干线运输相比有着不同的要求和特点，如要求灵活性、适应性、服务性，致使运力往往不能充分利用、成本过高等。采用配送方式，从范围来讲，将支线运输与小搬运统一起来，使输送过程得以优化和完善。

（二）提高末端物流的经济效益

配送中所包含的那一部分运输活动，在整个运输过程中是处于末端输送的位置，其起止点是物流结点至用户。采用配送方式，通过增大经济批量以降低进货成本，又通过将用户所需的各种商品集中起来一次发货，可以代替过去的分散发货，并使用户以一处订货代替过去的多处订货，以一次接货代替过去的频繁接货等等。配送以灵活性、适应性、服务性的特点，解决了过去末端物流的运力安排不合理、成本过高等问题，从而提高了末端物流的经济效益。

（三）实现企业的低库存或零库存

实现了高水平的配送之后，尤其是采取准时配送，生产企业可以完全依靠配送中心的准时配送而不需保持自己的库存，或者只需保持少量保险储备而不必留有经常储备，这就可以实现生产企业多年追求的“零库存”，将企业从库存的包袱中解脱出来，同时释放出大量储备资金，从而改善企业的财务状况。同时，我们还应看到配送的功能是将企业外和企业内的两次供应合二为一，承担了企业外部和内部的双重供应，直接将货物供应到车间或流水线，从而取代了原来由商业部门承担的工作，也减少了企业内部的供应库存。实行集中库存，其总量远低于不实行集中库存时各企业分散库存的总量，同时加强了调节能力，提高了社会经济效益。此外，采用集中库存可以利用规模经济的优势，使单位存货成本下降。

（四）降低成本，提高效益

专业化是高效率、低成本的基础，在企业进行营销活动实现实体分配时，由于每个企业的核心能力不同，如果不引入专业的渠道成员参与实体分配，进行运作时必然使成本上升、效率下降。而专业化的配送企业在完成配送时能够比其

---

① 参见张敏主编：《物流学》，北京交通大学出版社2011年版，第78页。

他企业更好地承担实体分配功能，从而把经济性引入企业的物流系统，实现高效率、低成本。

（五）简化手续，方便用户

每个用户由于自身的实际情况不同，对供应的要求也有所不同。物流节点按照服务范围内用户的需要，批量购进各种物资，与用户建立比较稳定的供需关系。它一般实行计划配送，而对少数用户的临时需要，也提供即时配送服务，用户只需一次购买活动就可以买到多种商品，简化了交易次数及相应的手续。由于配送的"送"的功能，用户不必考虑运输方式、路线及装卸货物等问题，就可在自己的工厂或流水线处接到所需物品，大大减轻了客户的工作量，节省了开支，方便了客户，从而提高了物流服务质量。

（六）提高物资供应保证程度

配送企业依靠联系面广、多方组织货源的优势，按企业用户的要求，及时供应。若组织到的货源不能满足用户的需要，配送企业还可利用自己的加工能力进行加工改制，以适应用户的需要，并及时地将货物送到用户手中。如果用户自己去采购，由于精力或其他方面所限没有采购到或采购到的物品不适用，必将影响到物资的供应，使生产受到影响。所以，配送的发展在某种程度上可以提高供应的保证程度，使整个社会的生产较为协调地发展。①

第二节　国际物流配送中心

一、国际物流配送中心的概念

国际物流配送中心就是从事货物配置（集货、加工、分货、拣选、配货）和组织对用户的送货，以高水平实现销售和供应服务的现代流通设施。一般而言，从事配送业务的物流场所和组织，应符合下列条件：主要为特定的用户服务；配送功能健全；完善的信息网络；辐射范围小；多品种，小批量；以配送为主，储存为辅。

二、国际物流配送中心的分类

根据配送中心不同的性质，可作如下分类：

（一）专业配送中心

专业配送中心大体上有两个含义：一是配送对象、配送技术是属于某一专业范围，在某一专业范畴有一定的综合性，综合这一专业的多种物资进行配送；二

① 参见王刚、梁军主编：《物流学》，人民邮电出版社2012年版，第94页。

是以配送为专业化职能，基本不从事经营的服务型配送中心。

（二）柔性配送中心

这是在某种程度上和第二种专业配送中心对立的配送中心，这种配送中心不向固定化、专业化方向发展，方向能随时变化，对用户要求有很强适应性，不固定供需关系，不断向发展配送用户和改变配送用户的方向发展。

（三）供应配送中心

这是专门为某个或某些用户（如联营商店、联合公司）组织供应的配送中心。例如，为大型连锁超级市场组织供应的配送中心。

（四）销售配送中心

这是以销售经营为目的的配送中心。销售配送中心大体上有三种类型：第一种是生产企业为销售自身产品而建立的配送中心，在国外，这种类型的配送中心有很多；第二种是流通企业作为本身经营的一种方式，建立配送中心以扩大销售，我国目前拟建的配送中心大多属于这种类型，国外的例证也有很多；第三种是流通企业和生产企业联合的协作型配送中心。比较起来看，国外和我国都向以销售配送中心为主的方向发展。

（五）城市配送中心

这是向城市范围用户进行配送的配送中心。由于城市范围一般处于汽车运输的经济里程，这种配送中心可直接配送到最终用户，且采用汽车进行配送。所以，这种配送中心往往和零售经营相结合，由于运程短，反应能力强，因而其从事多品种、少批量、多用户的配送较有优势。

（六）区域配送中心

这是以较强的辐射能力和库存准备，向省际、全国乃至国际范围的用户配送的配送中心。这种配送中心配送规模较大，一般而言，用户也较多，配送批量也较大，而且，往往是配送给下一级的城市配送中心，也配送给营业所、商店、批发商和企业用户，虽然也从事零星的配送，但不是其主体形式。

（七）储存型配送中心

这是拥有很强储存功能的配送中心。一般来讲，在买方市场下，企业成品销售需要有较大库存支持，其配送中心可能有较强储存功能；在卖方市场下，企业原材料，零部件供应需要有较大库存支持，这种供应配送也有较强的储存功能。大范围配送的配送中心，需要有较大的库存，也可能是储存型配送中心。我国目前拟建的配送中心，都采用集中库存形式，库存量较大，多为储存型。

（八）流通型配送中心

这是一种基本上没有长期储存功能，仅以暂存或随进随出方式进行配货、送货的配送中心。这种配送中心的典型方式是，大量货物整进并按一定批量零出，采用大型分货机，进货时直接进入分货机传送带，分送到各用户货位或直接分送到配送汽车上，货物在配送中心仅作少许停滞。

（九）加工配送中心

许多材料都指出配送中心的加工职能，但是加工配送中心的实例，目前见到的不多。①

第三节 国际物流配送企业

一、物流配送企业的概念

物流配送企业是指依法从事配送业务的经济组织。物流配送企业是物流配送活动的承担者和实施者。在实践活动中，物流配送企业的表现形式主要是配送中心。根据《国家标准物流术语》的解释，配送中心就是指从事配送业务的物流场所或组织。

配送中心和仓库都是物流节点的重要形式，两者具有很多共同点。但总体上，配送中心是以配送为主，储存为辅；而仓库则以储存为主，配送等其他物流服务为辅。配送中心在现代装备和工艺方面远强于传统的仓库，是集商流、物流、信息流于一身的全功能流通设施。随着综合性的第三方物流的广泛发展，许多传统的仓库都在逐渐向配送中心转变。

二、物流配送企业的基本业务

物流配送企业的业务由一套完整的作业流程所组成，基本作业包括：

（一）集货作业

集货就是集中用户的需求进行一定规模的集货。它将分散的或者小批量的物品集中起来，以便进行运输、配送作业。集货是配送的准备工作或者基础工作，也是配送的优势之一。

集货作业中主要包括订货、接货和验货三个环节。订货是物流配送企业收到并汇总需求者的订单以后，确定配送货物的种类及数量，然后根据库存货物情况，再确定向供应商进货的品种和数量。对于流动速度快的货物，为了及时供货，物流配送企业也可以根据需求情况提前组织订货。对供应商的供货，物流配送收货人要及时到指定地点接货。在接到货物后物流配送企业应按合同约定进行检查验收，以保证合同的全面履行。

① 参见张长青、孙林：《物流法教程》，法律出版社 2009 年版，第 187—188 页。

(二) 保管作业

对于验收合格的货物,根据保管要求应进行开捆、堆码和上架。除此之外,物流配送企业为了保证货源供应,通常会有一定数量的安全库存。因此,在货物堆码和上架时,应注意按品种、出入库先后顺序分门别类地堆放。在货物保管期间,物流配送企业还要加强货物的保管保养,以保证货物质量完好、重量和数量准确。

(三) 理货配货作业

理货配货作业是物流配送企业的核心作业,根据不同用户的订单要求,主要进行货物的拣选、流通加工和包装等作业。拣选就是按订货单或者出库单的要求,从储存场所选出货物,并放置在指定地点的作业。流通加工是指按照用户的要求所进行的加工。配送加工应取决于用户的要求,所以其在物流配送中不具有普遍性,但却非常重要,因为根据用户要求所进行的配送加工可以提高用户的满意程度。包装是指配送企业将需要配送的货物进行重新包装或者捆扎,并在包装物上贴上标签,以便运输和识别不同用户的货物。当然,在理货配货时,物流配送企业应进行配货检验,以保证送货的准确性。

(四) 出货作业

出货作业包括配装和送货两个环节。配装作业是指将不同用户配送的货物进行有效搭配装载,以充分运用运能和动力,降低送货成本,提高送货效率;送货作业是指将货物运送到用户指定的地点,并将货物移交于用户。①

三、国际物流配送企业的类型

现实生活中,各类物流配送企业很多,主要类型有:

(1) 按经营主体性质不同,物流配送企业可分为:厂商主导型配送企业,批发商主导型配送企业,零售商主导型配送企业,专业(第三方)主导配送企业。

(2) 按物流配送企业服务对象不同,物流配送中心可分为:面向消费者的配送企业,面向制造企业的配送企业,面向零售商的配送企业。

(3) 按物流配送功能不同,物流配送企业可分为:储存型配送企业,流通型配送企业,加工配送企业。

根据《企业法》的规定,物流配送企业类型不同,则其设立条件、设立程序、企业内部管理和对外法律责任等也有差异。

---

① 参见孟琪主编:《物流法概论》(第二版),上海财经大学出版社 2010 年版,第 212 页。

第四节 国际物流配送流程

配送作业的具体内容包括接单、进货、储存、拣选与分拣、配送加工、配装、送货等,相互之间衔接紧密,环环相扣。

一、接单

国际物流配送的前提以客户所发出的订单为基础,在配送活动开始前,配送中心根据订单信息,对客户的分布、所订商品的名称、商品特性和订货数量、送货频率和要求等资料进行汇总和分析,以此确定所要配送的货物种类、规格、数量和配送的时间,最后由配送中心调度部门发出配送信息(如拣货单、出货单等)。

接单是配送工作的第一个环节,其主要职能之一是填制文件,通知指定仓库将所订货物备齐,一般用订单分拣清单表明所需集合的商品项目,并送到仓库管理人员手中。仓库接到产品的出货通知后,按清单拣货、贴标,最后将商品组配装车。

一般来说,常用的接单方式有传统方式和电子方式。目前多用电子化方式。例如,电子订货系统(EOS),通过操作订货簿或货架标签并配合手持终端机及扫描器、电子付款机(POS)和订货应用系统等来完成订货任务,还有更为先进的电子数据交换系统。①

二、进货

进货是国际物流配送的重要环节。在对客户订单进行处理后,首先要确定配送货物的种类和数量,然后通过查询管理信息系统了解现有库存商品是否能满足订货。如果现货数量充足,那么,就进入下一步作业;如果缺货或现货不足,那么,就要及时向供应商发出订单,提出订货,以便进行运输、配送等作业。为了满足特定客户的配送要求,有时需要把从几家,甚至数十家供应商处预订的物品集中,并将要求的物品分配到指定容器和场所。对于部分流转速度较快的热门商品保证供货,配送中心或企业可以根据市场需求情况提前组织货源。

当所订货物送达配送中心或企业后,应对货物进行检查验收,主要是根据订货的合同条款与行内质量标准,检验货物的质量、数量、重量和包装的完好性。对于验收合格的货物办理入库等一系列手续;对于验收不合格的货物,进行差错

① 参见王刚、梁军主编:《物流学》,人民邮电出版社 2012 年版,第 100 页。

登记、拒收货物，按有关规定或合同中的事先约定来处理。

三、储存

根据客户的要求，有些货物到达配送中心后会立即配送装车，送达客户；有些货物需要储存保管一定的时间，等待客户需要时，再去配送装车。因此，储存也是配送工作不可缺少的环节。

四、拣选与分拣

拣选是按订单或出库单的要求，从储存场所拣出物品的作业。分拣是将物品按品种、出入库先后顺序进行分门别类堆放的作业。货物到达配送中心后，须要先按品种和品质进行分类，然后再分类存放。分拣是配送不同于其他物流形式的功能要素，也是配送成败的一项重要支持性工作。它是完善送货、支持送货的准备性工作，是不同配送企业在送货时进行竞争和提高自身经济效益的必然延伸。所以，也可以说分拣是送货向高级形式发展的必然要求。有了分拣，就会大大提高送货服务水平。

五、配送加工

配送加工是按照配送客户的要求所进行的流通加工。在配送中，配送加工这一功能要素不具有普遍性，但往往是有重要作用的功能要素。这是因为通过配送加工，可以大大提高客户的满意程度。配送加工是流通加工的一种，但配送加工有它不同于流通加工的特点，即配送加工一般只取决于客户要求，其加工的目的较为单一。

六、配装

在单个客户配送数量不能达到车辆的有效运载负荷时，就存在如何集中不同客户的配送货物，进行搭配装载以充分利用运能、运力的问题，这就需要配装。配装跟一般送货不同之处在于，通过配装送货可以大大提高送货水平及降低送货成本，所以配装也是配送系统中有现代特点的功能要素，也是现代配送不同于以往送货的重要区别之一。

七、送货

配送运输（支线运输）和干线运输的区别主要表现为：配送运输是较短距离、较小规模、额度较高的运输形式，一般使用汽车做运输工具，并且配送路线根据具体客户和城市交通的情况有多样选择；而干线运输的运输路线通常较为单一,其干线是主要运输线,运输工具多为海运、空运等。

对于配送而言,送货作业的重点是正确选择运输工具和合理选择运输路线。对于固定用户的送货,可事先编排出合理的运送线路,选择合适的送货时间,进行定时定线送货;对于临时送货,可根据用户要求和当时的交通状况,选择合适的送货路线进行送货。

将货物运输到客户所在地并不意味着配送工作的完成。考虑到送达货物和客户接货有可能出现的不协调,还应讲究卸货地点、卸货方式以及与客户的交流沟通等。[①]

① 参见沈小平、卢少平、聂伟编著:《物流学导论》,华中科技大学出版社 2010 年版,第 69 页。

第五章 第三方和第四方物流

第一节 第三方物流概述

一、第三方物流的概念与特征

(一) 第三方物流的概念

第三方物流(Third Party Logistics,3PL),也称作委外物流(Logistics Outsourcing)或是合约物流(Contract Logistics),主要是指生产经营企业为集中精力搞好主业,把原来属于自己处理的物流活动,以合约方式委托给专业物流服务企业,同时通过信息系统与物流企业保持密切联系,以达到对物流全程管理控制的一种物流运作与管理方式。

第三方物流既不属于第一方①,也不属于第二方②,而是通过与第一方或第二方的合作来提供其专业化的物流服务,它不拥有商品,不参与商品的买卖,而是为客户提供以合同为约束、以结盟为基础的,系列化、个性化、信息化的物流代理服务。最常见的第三方物流服务包括设计物流系统、EDI 能力、报表管理、货物集运、选择承运人、货代人、海关代理、信息管理、仓储、咨询、运费支付、运费谈判等。

(二) 第三方物流的特征

第三方物流的出现和发展对物流资源的合理配置、物流成本的降低、物流效率的提高具有极为重要的意义,以下是第三方物流所具有的特征:

1. 物流关系合同化

首先,第三方物流是通过契约形式来规范物流经营者与物流消费者之间关系的。不像传统的外协只限于一项或者几项分散的物流功能,如运输公司只提供运输服务、仓储公司只提供仓储服务;第三方物流经营者根据契约规定的要

---

① 第一方物流(First Party Logistics)是指卖方即生产者或供应方组织的物流活动。这些组织的主要业务是生产和供应商品,但为了其自身生产和销售的需要而进行物流网络及设施设备的投资、经营与管理。供应方或厂商一般都需要投资建设仓库、运输车辆、月台甚至公路专用路线等物流基础设施。卖方为了正常进行生产而建设的物流设施称为生产物流设施,而为了产品的销售而在销售网络中配置的这些物流设施称为销售物流设施。总的来说,第一方物流就是指由制造商或供应销售企业自己完成的物流活动形式。

② 第二方物流(Second Party Logistics)是指买方即销售者或流通企业组织的物流活动。这些组织的核心业务是采购并销售商品,为了销售业务需要而投资建设物流网络、物流设施和设备,并进行具体的物流业务运作组织和管理。

求，提供多功能、全方位、一体化的物流服务，并以契约来管理所有提供的物流服务活动及其过程。其次，第三方物流发展物流联盟也是通过契约的形式来明确各物流联盟参加者之间权责利相互关系的。

2. 物流客户关系新型化

企业在选择第三方物流服务时的动机各有不同，如为了降低成本、提高竞争力、寻找增值服务等；而各类企业与第三方物流企业合作的方式也不尽相同，如有整体外包物流业务、聘请外来公司来管理运作企业自有物流资产设备等多种形式。但归根结底是合作双方为了共同的战略目标，在信息共享的条件下，共同制定物流解决方案，其业务深深地触及客户企业销售计划、库存管理、订货计划、生产计划等整个生产过程，远远超越了与客户一般意义上的买卖关系，而是形成了一个紧密结合的整体，形成了一种战略合作伙伴关系。

3. 物流功能专业化

由于第三方物流企业必须对物流的整体运转过程有详细的了解和精准的把握，所以，从物流设计、物流操作过程、物流技术工具、物流设施到物流管理的每个方面都必须体现专门化和专业水平，这既是物流消费者的需要，也是第三方物流自身发展的基本要求。

4. 物流服务个性化

首先，不同的物流消费者存在不同的物流服务要求，第三方物流需要根据不同消费者对于企业形象、业务流程、产品特征、顾客需求特征、竞争需要等方面的不同要求，提供针对性强的个性化物流服务和增值服务。其次，从事第三方物流的物流经营者也因为市场竞争、物流资源、物流能力的影响需要形成核心业务，不断强化所提供物流服务的个性化和特色化，以增强物流市场竞争能力。

5. 物流信息网络化

信息技术的发展是第三方物流出现的必要条件，信息技术实现了数据的快速、准确传递，提高了仓储管理、装卸运输、采购、订货、配送发运、订单处理的自动化水平，使订货、包装、保管、运输、流通加工实现一体化；借助信息平台，企业也可以更方便地与物流企业进行交流沟通。这不仅促进了物流管理的科学化，同时也极大地提高了物流效率和物流效益。

二、第三方物流企业的分类

根据服务内容和服务对象多少的不同可将第三方物流企业分为以下几类：

（一）针对少数客户提供低集成度物流服务的第三方物流

针对少数客户提供低集成度物流服务的第三方物流，存在两种情况，一种是作为成长阶段性存在的第三方物流企业，即物流企业在发展初期，其客户资源有限，并且服务能力还处于不完善阶段，能够提供的物流服务集成度也相对有限。

目前在国内有些大型的投资商涉足物流，尽管他们有为更多客户提供一体化物流的潜力，但由于发展的历史较短，并且中国物流需求市场还没有完全启动，所以只能针对少数客户提供低集成度的物流服务。另一种情况是物流服务商的市场定位就是第一类的第三方物流企业。这些物流服务提供商的自身规模和能力有限，不具备提供高集成度物流的能力，同时，由于投入能力的限制，只能为有限的客户提供服务。

（二）同时为较多的客户提供低集成度物流服务的第三方物流企业

这也是目前存在的比较多的一种第三方物流企业，比较典型的如宝供物流[①]等。从国内物流业的发展和国外的实践看，该类物流企业将是未来物流市场的主流模式。

（三）针对较少的客户提供高集成度物流服务的第三方物流企业

这也是西方物流服务的一种典型形式。很多大型物流集团在操作具体客户时，采用同客户共同投资新的物流公司的方式，全面管理客户的物流业务，就这个新公司而言，就是专门为特定客户提供高集成度的物流服务的典型。例如，Fedex 在欧洲就同某家具公司成立了一家物流公司，专门负责该家具公司全球物流业务的管理和运作。

高集成度的物流服务由于个性化强，物流企业参与客户的营运程度深，一般不适合大规模运作，即一家公司同时为很多家企业同时提供高集成度的物流服务困难性极大。

（四）同时为较多的客户提供高集成度物流服务的第三方物流企业

这种模式的第三方物流企业是很多大型物流企业的理想化模式，但是由于同时为较多的客户提供高集成度的物流服务很困难，即便在西方发达国家，能同时为很多家企业提供高集成度的物流服务的企业，目前也没有出现。

三、国际上典型的物流组织与第三方物流企业

（一）物流组织

万国邮政联盟（Universal Postal Union，UPU），简称万国邮联，是协调成员国之间的邮务政策，商定国际邮政事务的政府间国际组织。万国邮联的每个成员国均同意并接受在相同的条件下处理国际邮务的职责。万国邮联自 1978 年 7 月 1 日起成为联合国一个关于国际邮政事务的专门机构，总部设在瑞士首都伯尔尼，宗旨是促进、组织和改善国际邮政业务，并向成员提供可能的邮政技术

---

① 宝供物流企业集团有限公司（P. G. Logistics Group Co.，Ltd.）创建于 1994 年，总部设在广州，是国内第一家经国家工商总局批准以物流名称注册的企业集团，是中国最早运用现代物流理念为客户提供物流一体化服务的专业公司，也是目前我国最具规模、最具影响力、最领先的第三方物流企业。

援助。

在万国邮政联盟成立以前,国家需要逐一与其他愿意互相通邮的国家制订个别的邮务协议。1863 年美国要求举行国际邮政大会,此次大会促成了万国邮政联盟的成立。万国邮联是第二大国际组织,仅次于国际电信联盟。

经过万国邮联的努力,确立了寄信至世界任何地方应有近似一致的一律邮资费率、邮政当局应给予外国与国内邮件相同的待遇和各国应保留国际邮资收款等标准。

邮政特快专递(Express Mail Service,EMS)是由万国邮政联盟创办的一种邮政特种业务,它受各国法律保护,享有航运和海关验关优先权,是最迅速、最安全的邮政业务。

邮政特快专递的特点有:

1."特":邮政通信企业内部特殊的生产组织办法,特殊的经营政策,特殊的服务方式。

2."快":运用最快速的运输工具进行传递。国内特快专递邮件在大城市之间一般只需 2—3 天即可到达;国际特快专递邮件只需要 3—5 天。

3."专":由专人收寄,专门机构处理,专车投送,直接送到收件人手中。目前,我国大陆邮政特快专递的网络已遍及 1000 多个市县和全球 250 多个国家及地区。邮政特快专递坚持"迅速、准确、安全、方便"的服务方针,以优质的服务为广大用户提供最快捷安全的实物信息传递,以帮助用户在各项经济活动、文化事业交流和通信联系方面得到方便。

目前,在我国大陆地区提供该业务的为中国速递服务公司,它是中国邮政集团公司直属全资公司,主要经营国际、国内 EMS 特快专递业务,是中国速递服务的最早供应商,也是目前中国速递行业的最大运营商和领导者。公司拥有员工 20000 多人,EMS 业务通达全球 200 多个国家和地区以及国内近 2000 个城市。EMS 特快专递业务自 1980 年在我国大陆开办以来,业务量逐年增长,业务种类不断丰富,服务质量不断提高。除提供国内、国际特快专递服务外,EMS 相继推出国内次晨达和次日递、国际承诺服务和限时递等高端服务,同时提供代收货款、收件人付费、鲜花礼仪速递等增值服务。

在我国香港地区,该业务由邮政署负责,顾客可使用"特快专递"服务把包裹寄往全球约 210 个城市;除寄件外,从外地以特快专递寄件至香港,收件人会收到邮政署的通知,并前往最近一间及有提供特快专递服务的邮政局领取邮件,或由邮差送到收件人家中。

（二）第三方国际物流企业

1. 以空运为主的第三方国际物流企业

（1）美国联邦快递集团（FedEx Corporation）

美国联邦快递集团是一家国际性的快递集团，它提供隔夜快递、地面快递、重型货物运送、文件复印及物流服务，总部设于美国田纳西州。其品牌商标 FedEx 是由公司原来的英文名称 Federal Express 合并而成。其标志中的“E”和旁边的“x”刚好组成一个反白的箭头图案。

联邦快递由前美国海军陆战队员 Frederick W. Smith 于 1971 在美国阿肯色州小石城创立。1973 年，因为小石城机场官员拒绝为公司提供设施，联邦快递公司迁往田纳西州孟菲斯。现如今，联邦快递每天为 210 个城市的 300 万名顾客服务，主要竞争对手包括敦豪航空货运公司、UPS 及美国邮政（USPS），还有荷兰的 TNT。FedEx 与敦豪航空货运公司、UPS 和 TNT 并称世界四大快递公司。

公司网址：www. fedex. com。

（2）联合包裹服务公司（United Parcel Service, Inc. ,UPS）

联合包裹服务公司于 1907 年成立，总部位于美国佐治亚州亚特兰大，它是世界上最大的快递承运商与包裹递送公司，每天在全世界 200 多个国家递送的包裹超过 1480 万个。近期，UPS 将其业务范围扩大到了物流和其他与运输相关的领域，例如为 Nike 提供仓储服务和对 TOSHIBA 提供维修支援服务等。

UPS 已经有 100 多年的历史，在发展的过程中也经历了很多的挫折。经济危机是经济运行周期中难以避免的现象，尤其在全球化的背景下，经济危机的周期也越来越短，而且一次经济危机发生后，其风暴往往会袭击全球，很难幸免。对于 UPS 而言更加明显，目前，UPS 的业务涉及全球 200 多个国家，任何地方的经济危机都会影响到其全球的业务发展。尽管如此，UPS 的业务范围仍然在不断扩展，从最初的包裹递送，逐渐拓展产品服务范围，现在已成为全球领先的整体供应链提供商。

UPS 在中国的业务发展也有过高潮和低谷。1988 年，UPS 与中国的大型公司进行合作，组建了自己的办事处。2005 年后，根据中国加入 WTO 的相关协定，中国的快递市场开始正式对外开放，外资企业纷纷进入中国全面开展国际快递业务，UPS 在中国区也随之全面运营。2008 年，UPS 成为北京奥运会的物流与快递赞助商。随后，UPS 在中国市场投资建设上海国际转运中心和深圳亚太转运中心并投入运营。目前，UPS 业务已覆盖了中国的主要地区并不断扩张。

公司网址：www. ups. com。

（3）中外运敦豪（DHL）

中外运敦豪是一家创立自美国，目前为德国邮政集团 100% 持股的快递货运公司，是目前世界上最大的航空快递货运公司之一。

如其他的国际大型快递公司一样，其业务也从传统的快递领域向整个物流业扩张，DHL 在国际服装运输上尤为突出。2009 年，敦豪集团在香港宣布将全球货运物流的北亚太区办事处迁往葵涌九龙贸易中心，并开设时装货运管理中心，发展一站式时装专门物流业务，计划总揽时装业物流价值链包括原料采购、样板制作、生产质量控制在内的每个环节，以至将货品直接送达国际时装公司的店铺。

公司网址：www. dhl. com。

(4) 泛亚班拿集团(Panalpina Group)

Panalpina 成立于 1935 年，总部设在瑞士巴塞尔。Panalpina 是世界上最大的货运和物流集团之一，在 65 个国家和地区拥有 312 个分支机构。Panalpina 的核心业务是综合运输业务，所提供的服务是一体化、适合客户的解决方案。通过一体化货运服务，将自身定位于标准化运输解决方案和传统托运公司之间。除了处理传统货运以外，该集团还专长于提供物流服务予跨国公司，尤其是汽车、电子、电信、石油及能源、化学制品等领域的公司。

公司网址：www. panalpina. com。

2. 以海运为主的第三方国际物流企业

(1) A. P. 穆勒-马士基集团(APM-Maersk Group)

马士基航运是全球领先的海运公司之一，创建于 1904 年，总部设在丹麦首都哥本哈根。马士基集团主要是以运输(集装箱运输船队)及能源(离岸石油开采和运输)作为主要的业务核心，也是世界上最大的集装箱船运经营者及集装箱船供应商。其旗下拥有 500 多艘集装箱船(其中有 56 艘为超巴拿马级)及 100 万个集装箱，在全球有 40 处专用集装箱场，除了集装箱船之外，该集团旗下尚拥有规模不小的散装货轮与液化天然气船船队。A. P. 穆勒—马士基集团在全球 130 多个国家设有子公司和办事处，并在全球雇用了 11 万员工。

现如今，其业务不仅包括物流与运输的各个方面，更涉及石油开采、石油运输及石油勘探、造船等领域。在物流方面，马士基物流为客户提供包括出口物流、仓储、分拨、空运、海运代理、报关代理和拖车等一系列一站式服务。同时，马士基物流也能够根据客户的具体要求，为客户度身定制各种服务，如标签、条形码、取货包装、货物特殊处理、挂衣仓储、客户管理及其他高附加值服务等。

马士基物流于 20 世纪 80 年代末进入中国大陆，并一贯秉承“优质、服务和可靠”的服务宗旨，赢得了广大客户的高度赞誉。

公司网址：www. maersk. com。

(2) 地中海航运有限公司(Mediterranean Shipping Company S. A. ,MSC)

地中海航运有限公司成立于 1970 年，总部位于瑞士日内瓦。按照集装箱运力和集装箱船数量，它在世界十大集装箱航运公司中排名第二，业务网络遍布世界各地。20 世纪 70 年代,地中海航运专注发展非洲及地中海之间的航运服务。至 1985 年,地中海航运拓展业务到欧洲,及后更开办大西洋航线。从投资规模已可看到地中海航运的热诚及其发展的速度。MSC 目前在全世界有 350 个机构,28,000 名员工,255 艘集装箱船,880,000 TEU 的运力,在全球五大洲 215 个码头停靠,提供 175 条直航和组合航线服务。虽然地中海航运在 90 年代才踏足远东区,但在这个朝气蓬勃的市场内,已经占有一个重要的地位。

公司网址:www. mscgva. ch。

(3) 达飞海运集团(CMA CGM Group)

达飞海运集团始建于 1978 年,总部设在法国马赛。经营初期达飞集团主要承接黑海地区业务,进入 90 年代后期,不仅开通了地中海至北欧、红海、东南亚、东亚的直达航线,还分别于 1996 年、1999 年成功收购了法国最大的国营船公司——法国国家航运公司(CGM)和澳大利亚国家航运公司(ANL),并正式更名为"CMA CGM"。2005 年,达飞海运集团又成功并购了达贸轮船、安达西非航运、森特马成为法国第一,世界排名第三的集装箱全球承运人。目前,经营航线超过 170 条,在全球 150 个国家和地区设立了 650 家分公司和办事机构,在全球范围内拥有雇员约 17000 人,其航迹遍及全球,服务网络横跨五洲四海,成为全球航运界的后起之秀。

1992 年 10 月,法国达飞集团正式登陆中国市场,并以外商独资的形式成立了达飞轮船中国(船务)有限公司。达飞中国自成立以来,依托法国达飞集团雄厚的航运实力和覆盖全球的服务网络,为广大中国客户提供了迅捷、优质、高效的航运服务。

公司网址:www. cma-cgm. com。

(4) 中国远洋运输(集团)公司(China Ocean Shipping(Group) Company, COSCO)

中国远洋运输(集团)公司(以下简称"中远集团")是中国大陆最大的航运企业,它是以航运和物流为主业的跨国企业集团。在致力于为全球客户提供航运、物流服务的同时,其业务还涉及船舶及海洋工程的建造和修理、码头、贸易、金融和信息技术等多个领域。

中远集团成立于 1961 年 4 月 27 日,成立之初是一个仅有 4 艘船舶、2.26 万载重吨的小型船公司。经过 51 年的发展,中远集团已经成为以航运、物流码头、修造船为主业的跨国企业集团。

目前,中远集团拥有和经营近 800 艘现代化商船,5500 多万载重吨,年货运量超 4 亿吨,远洋航线覆盖全球 160 多个国家和地区的 1500 多个港口,船队规模位居中国第一、世界第二。其中,集装箱船队规模在国内排名第一、世界排名第四;干散货船队世界排名第一;专业杂货、多用途和特种运输船队综合实力居世界前列；油轮船队是当今世界超级油轮船队之一。中远集团在全球范围内投资经营着32个码头，总泊位达157个，根据Drewry最新统计，中远集团所属中远太平洋的集装箱码头吞吐量继续保持全球第五。

中远集团拥有丰富的物流设施资源，控制各种物流车辆超过4000台，包括具有400个轴线、最大承载能力达11000吨的大件运输车，堆场77万平方米，拥有和控制仓库105万平方米，在家电、化工、电力、融资等领域为客户提供高附加值服务，为青藏铁路、天津空客、印度电站等国内外多个重大项目提供物流服务，创造多项业界记录，连续七次蝉联"中国物流百强企业"评比榜首。

公司网址：www. cosco. com。

(5) 长荣集团(Evergreen Group)

长荣集团始自长荣海运股份有限公司，创立于1968年9月1日，成立之初，仅以一艘20年船龄的杂货船刻苦经营，虽创业维艰，但始终以经营定期航线之货运服务为志。因此成立未几，即陆续开辟了远东—中东、远东—中南美洲、远东—红海及地中海等定期航线，展开远洋定期航线之营运。长荣集团凭借着30多年的国际运输经验以及国际性事业扩展的前瞻，涉足众多领域，关联企业包括集装箱运输、货柜码头、国际仓储物流、航空、航天科技、酒店、再保公司等，年收益逾百亿美元。

在物流运输方面，长荣集团(长荣海运、意大利邮船、荣升海运)服务网络遍及亚洲、中东、欧洲、美洲、澳洲、非洲及地中海等地区，集装箱承载量早已跃居全球最大的集装箱船运送业者之一。长荣集团的服务网络遍及五大洲80多个国家、240余处的服务据点，以串联南北、横贯东西的棋盘式服务网络及航运知识与经验兼具的海、陆勤专业人员，提供客户安全、高质量的全球运筹服务。为提供客户更便捷、更高效率的运送服务，除美国洛杉矶、塔可马(Tocoma)以及欧洲鹿特丹之专用码头外，长荣集团目前在全世界共投资经营八座集装箱码头，作为主要的区域转运中心，分别是我国台湾地区的台中港32、33号集装箱码头，高雄港第四、第五集装箱中心，巴拿马的个朗集装箱码头，意大利的塔连多集装箱码头，台北码头，宁波码头及在全世界尚有10余个未定案之码头投资项目等等。

公司网址：www. evergreen-group. com。

四、我国第三方物流的现状及所存在的问题

(一) 我国第三方物流的现状

20世纪90年代中期，第三方物流的概念开始传到我国，它是运输、仓储等基础服务行业的一个重要发展。近几年，随着市场经济体制的完善和企业改革的深入，企业自我约束机制增强，外购物流服务的需求日益增大。特别是随着外资企业的进入和市场竞争的加剧，企业对物流重要性的认识逐渐深化，视其为

"第三利润源泉"，使得对专业化、多功能的第三方物流需求日渐增加。

从企业的形式结构来看，我国的第三方物流企业大体可分为以下几种形式：

1. 由传统仓储、运输企业改造转型而来的物流企业

这种企业在我国物流行业占主导地位，占据着较大的市场份额。如中远集团、中国对外贸易运输(集团)总公司(简称"中外运")、中国储运总公司等，凭借原有的物流业务基础和在市场、经营网络、设施、企业规模等方面的优势，不断拓展和延伸其他物流服务，向现代物流企业逐步转化。

2. 新创办的国有或国有控股的新型物流企业

这种物流企业是现代企业改革的产物，管理机制比较完善，发展比较快。例如，中海物流公司成立于 1993 年 11 月，从仓储开始发展物流业务，现发展成能为国际大型知名跨国公司提供包括仓储、运输、配送、报关等多功能物流服务的第三方物流企业。

3. 外资和港资物流企业

外资和港资物流企业一方面为原有客户(跨国公司)进入中国市场提供延伸服务，另一方面用它们的经营理念、经营模式和优质服务吸引中国企业，逐渐向中国物流市场渗透，如丹麦有利物流公司主要为马士基船运公司及其货主企业提供物流服务，深圳的日本近铁物流公司主要为日本在华的企业服务。

4. 民营物流企业

民营物流企业由于机制灵活、管理成本低等特点，发展迅速，是我国物流行业中最具朝气的第三方物流企业。例如，广州的宝供物流集团从 1992 年承包铁路货物转运站开始，1994 年成立广东宝供储运公司，当年承接世界上最大的日用消费品生产企业——美国宝洁公司在中国市场的物流业务，经过几年的开拓创新，已成为在澳洲、泰国、我国香港地区及国内主要城市设有 40 多个分公司或办事处，为 40 多个跨国公司和一批国内企业提供国际性物流服务的物流集团公司。

从物流企业提供的服务范围和功能来看，我国第三方物流企业仍处于发展的初步阶段，功能不够完善。

我国第三方物流企业现在仍以运输、仓储等基本物流业务为主，加工、配送、定制服务等增值服务功能处在发展完善阶段。像宝供、中海这样功能完善的第三方物流企业目前为数不多，规模也不是很大。中远集团、中外运集团、中国储运总公司这样大型的运输、仓储企业虽已向第三方物流企业转化，但它们的传统运输、仓储业务仍占主要部分，第三方物流的功能还不完善。

中国仓储协会的调查也说明生产企业和商业企业的外包物流主要集中在市内配送、单纯仓储和干线运输。其中，生产企业的外包物流中，单纯仓储占 21%、干线运输占 36%、市内配送占 28%、包装占 4%；商业企业的外包物流中，

单纯仓储占37%，干线运输占21%、市内配送占43%、包装占14%。另外，生产企业使用第三方物流企业的数量通常有2—10家，商业企业使用第三方物流企业的数量一般在10家以上，可见生产企业和商业企业外包物流主要以“分包”为主，即将不同功能的业务分别委托给不同的企业，这从物流供给的角度看，第三方物流企业为用户提供一揽子服务的比重不大。

目前，我国第三方物流的服务对象主要集中在外资企业，其次是民营企业和少数改制后的国有企业。例如，中海物流的客户主要有IBH、美能达、诺基亚、三洋、东芝、三星、华为、联想等企业；宝供物流公司服务的对象是宝洁、飞利浦、雀巢、沃尔玛、联想等。

总之，我国第三方物流企业仍处于发展初期，发展道路仍然任重道远。

（二）我国第三方物流企业所存在的问题①

1. 物流业务附加值低

第三方物流供应商功能单一，增值服务薄弱。物流服务商的收益85%来自基础性服务，如运输管理和仓储管理，增值服务及物流信息服务与支持物流的财务服务的收益只占15%。第三方物流市场还相当分散，第三方物流企业规模小，没有一家拥有超过2%的市场份额。

2. 物流社会化程度较低

条块分割、地区封锁、行业垄断这些计划经济后遗症仍大行其道。在这种情况下，物流领域中有关行业、部门、系统自成体系、独立运作，相互间缺乏必要的协调，影响了物流整体效率水平的提高。

3. 物流组织管理水平有待提升

物流组织管理水平较低，导致物流总费用中的仓储保管费及管理费用明显偏高。目前，我国物流管理费用与GDP的比例仍高达2.5%，美国只有0.4%左右。这其中最主要的原因是体制性和机制性约束，内部分割、垄断、封锁的现象依然突出，尚未建立公正、公平、公开的物流竞争市场，没有形成可控与自由运作的现代物流机制。

4. 保管费用过高

高保管费用主要归咎于我国库存水平高。美国社会商品库存额与GDP的比例在3%左右，而我国却高达20%以上。统计数据显示，目前我国规模以上工业企业流动资金年周转速度只有2.1次，重点生产资料流通企业只有2.8次，远低于发达国家10至20次的周转速度，这也就同时意味着资金占用、收入减少以及企业核心竞争力的降低。

---

① 参见曹献忠：《我国第三方物流行业存在的问题与发展对策》，载《物流工程与管理》2012年第2期。

5. 物流专业人才短缺

我国在物流研究和教育方面还非常落后,物流知识远未得到普及。社会上缺乏规范的物流人才培育途径,企业的短期培训仍然是目前物流培训的主要方式。同时,物流企业对人才也未予以足够重视,导致从事物流的人员缺乏业务知识、业务技能,不善于管理。

(三) 我国第三方物流的发展对策

1. 制定物流法规,协调有序发展

国家有关部门应制定相应法规,使物流业有计划、有序地发展,避免一些不应有的损失和浪费。由于物流企业占地多、投资大,要修路、建库、买车等,不能说上就上,说下就下。要充分利用原物流企业的场地、设施,把老企业的改造和新企业的建设结合起来,协调发展。

2. 重视物流学的研究和专业人才的培养

目前,我国与物流发达国家的差距不仅仅是装备、技术、资金上的差距,更重要的是观念和知识的差距。只有物流从业人员的专业素质与技能的不断提高,才能满足我国物流业高层次的发展。

3. 以联运企业的网络经营改善物流系统的低组织化状态

针对物流企业生产空间跨度大、连续性强的特点,在政企分开之后,物流企业的组织结构应作相应的改革。首先,应改变旧的区域阵点式企业组织,通过建立跨地域的物流组织体系,形成全国性的运输企业集团;其次,改革现有的物流企业构成,大力发展综合性物流企业,形成以网络体系为中心的、物流代理与运输公司相结合的物流企业组织系统。

4. 以信息技术为中心,建立完善的物流信息系统

随着信息量爆炸性的增长,靠原来的手工处理信息的方式已不可能满足人们对现代物流管理的需要,建立和完善物流信息管理系统,是第三方物流企业必经之路,也是衡量现代物流企业的重要标志之一。目前,许多跨国物流企业都拥有"一流三网",即订单信息流,全球供应链资源网络,全球用户资源网络,计算机信息网络。我国第三方物流企业在建设物流信息系统的过程中,应当充分利用信息技术,使企业的业务流程充分整合,将业务融入客户的生产经营过程,建立一种"效率式交易"的管理与生产模式。

5. 创新观念,发展战略同盟关系

借鉴国际先进物流管理思想,与中小企业实践有机结合起来,探索具有中小企业物流特色的新思想和新方法。物流企业发展第三方物流需要本着"优势互补、利益共享"的原则,借助产权方式、契约方式实行相互合作,共同拓展物流市场,降低物流成本,提高物流效益。首先是物流资源的联盟:将中小工业企业分散的物流资源、物流功能要素通过一定的方式联合在一起,形成物流一体化的资

源优势。其次是物流地理区域和行业范围的联盟:根据各行各业中小企业的特性,在一定地理区域或一定行业范围实行物流联盟,形成高效直辖市运作体系。最后是与中小企业建立发展第三方物流的联盟:通过组建服务协会,协调和指导物流企业与中小工业企业在发展第三方物流中的各种关系。[①]

第二节 第四方物流简介

一、第四方物流的概念及特点

(一) 第四方物流的概念

第四方物流是1998年美国埃森哲咨询公司率先提出的,专门为第一方、第二方和第三方提供物流规划、咨询、物流信息系统、供应链管理等活动。第四方并不实际承担具体的物流运作活动。

第四方物流(Fourth Party Logistics,4PL)是一个供应链的集成商,是供需双方及第三方物流的领导力量。它不是物流的利益方,而是通过拥有的信息技术、整合能力以及其他资源提供一套完整的供应链解决方案,以此获取一定的利润。它帮助企业降低成本和有效整合资源,并且依靠优秀的第三方物流供应商、技术供应商、管理咨询以及其他增值服务商,为客户提供独特的和广泛的供应链解决方案。

(二) 第四方物流的特点

第四方物流具有如下特点:

1. 第四方物流是集成管理咨询和第三方物流服务的集成商

第四方物流有能力提供一整套完善的供应链解决方案,是集成管理咨询和第三方物流服务的集成商。

由于第三方物流公司缺乏对整个供应链进行运作的战略性专长和真正整合供应链流程的相关技术,使得第四方物流得以帮助企业实现持续的成本降低和有别于传统外包业务的真正的增值。第四方物流的运作是依靠业内优秀的第三方物流供应商、技术供应商、管理咨询顾问和其他增值服务商,为客户提供独特的和广泛的解决方案,这是任何一家公司所不能单独提供的供应链设计能力。

2. 第四方物流的服务定位为客户的增值服务

第四方物流是通过对供应链产生影响的能力来增加价值,在向客户提供持续更新和优化的技术方案的同时,满足客户特殊需求。

全球市场的成长和全球供销渠道的大量增加都使全球物流活动更加复杂,

① 参见曹献忠:《我国第三方物流行业存在的问题与发展对策》,载《物流工程与管理》2012年第2期。

从而要求企业对全球供应链的物流活动进行管理、协调和控制。尤其是跨国企业、跨国公司的全球生产与服务网络提升了物流服务的附加值,使物流服务形成一个国际化的良性循环系统。第四方物流的运作正是顺应了这种国际化的趋势。

3. 第四方物流具有特殊的任务定位

能够制定供应链策略、设计业务流程再造、具备技术集成和人力资源管理的能力;在集成供应链技术和外包能力方面处于领先地位,并具有较雄厚的专业人才;能够管理多个不同的供应商并具有良好的管理和组织能力等。

二、第四方物流的应用模式

按照国外的概念,第四方物流是一个提供全面供应链解决方案的供应链集成商,存在三种可能的模式:①

1. 知识密集型模式

知识密集型模式也称为“协助提高者”,即第四方物流为第三方物流工作,并提供第三方物流缺少的技术和战略技能;第四方物流和第三方物流共同开发市场,第四方物流向第三方物流提供一系列的服务,包括技术、供应链策略、进入市场的能力及项目管理的专业能力。第四方物流往往会在第三方物流公司内部工作,其思想和策略通过第三方物流这样一个具体实施者来实现,以达到为客户服务的目的。第四方物流和第三方物流一般会采用商业合同的方式或者战略联盟的方式合作。

2. 方案制订模式

方案制定模式也称为“方案集成商”,即第四方物流为货主服务,是所有第三方物流提供商及其他提供商联系的中心。在这种模式中,第四方物流为客户提供运作和管理整个供应链解决方案。第四方物流对本身和第三方物流的资源、能力和技术进行综合管理,借助第三方物流为客户提供全面的、集成的供应链方案。第三方物流通过第四方物流的方案为客户提供服务,第四方物流作为一个枢纽,可以集成多个服务供应商的能力和客户的能力。

3. 整合模式

整合模式也称为“产业革命者”,即第四方物流通过对同步与协作的关注,为众多的产业成员运作供应链。第四方物流为多个行业的客户开发和提供供应链解决方案,以整个供应链的职能为重点,第四方物流将第三方物流加以集成,向上下游的客户提供解决方案。在这里,第四方物流的责任非常重要,因为它是上游第三方物流的集群和下游客户集群的纽带。行业解决方案会给整个行业带

① 参见林慧丹主编:《第三方物流》,上海财经大学出版社 2005 年版,第 267 页。

来最大的利益。第四方物流会通过卓越的运作策略、技术和供应链运作实施来提高整个行业的效率。

事实上,第四方物流无论采取哪一种模式,都是在解决企业物流的基础上,整合社会资源,解决物流信息充分共享、社会物流资源充分利用的问题。这四种模式都突破了单纯发展第三方物流的局限性,能做到真正的低成本、高效率、时时运作,实现最大范围的资源整合。第四方物流可以不受约束地将每个领域的最佳物流提供商组合起来,为客户提供最佳物流服务,进而形成最优物流方案或者供应链管理方案。而第三方物流要么独自,要么通过与自己有密切关系的转包商来为客户提供服务,它不太可能提供技术、仓储与运输服务的最佳结合。因此,第四方物流是发挥政府职能、推进我国现代物流产业发展的唯一切入点,是我国物流业发展和提升的助推器。

三、第四方物流的功能

与第三方物流相比,第四方物流服务的内容更多,覆盖的地区更广,对从事货运物流服务的公司要求更高,要求它们必须开拓新的服务领域,提供更多的增值服务。第四方物流最大的优越性,是它能保证产品得以“更快、更好、更廉”地送到需求者手中。当今经济形式下,货主/托运人越来越追求供应链的全球一体化以适应跨国经营的需要,跨国公司由于要集中精力于其核心业务,因而必须更多地依赖于物流外包。基于此理,它们不只是在操作层面上进行外协,而且在战略层面上也需要借助外界的力量,昼夜期间都能得到“更快、更好、更廉”的物流服务。

第四方物流基本功能有三个方面:

(1) 供应链管理功能,即管理从货主、托运人到用户、顾客的供应全过程;

(2) 运输一体化功能,即负责管理运输公司、物流公司之间在业务操作上的衔接与协调问题;

(3) 供应链再造功能,即根据货主/托运人在供应链战略上的要求,及时改变或调整战略战术,使其经常处于高效率的运作中。第四方物流的关键是以“行业最佳的物流方案”为客户提供服务与技术。

第三方物流要么独自提供服务,要么通过与自己有密切关系的转包商来为客户提供服务,它不大可能提供技术、仓储和运输服务的最佳整合。因此,第四方物流成了第三方物流的“协助提高者”,也是货主的“物流方案集成商”。

四、第四方物流与第三方物流的联系与区别

(一) 二者的联系

第三方物流是由物流劳务的供方、需方之外的第三方去完成物流服务的物流

运作模式。“第三方物流供应商”为客户提供所有的或一部分供应链物流服务，以获取一定的利润。它提供的服务范围很广，可以简单到只是帮助客户安排一批货物的运输，也可以复杂到设计、实施和运作一个公司的整个分销和物流系统。

第四方物流则是以第三方物流为基础的，是供应链的集成者，整合了整个供应链的物流资源和技术，能够使企业更有效率地快速反应供应链的整体需求，最大限度地满足顾客的需求，从而提高客户满意度，提高供应链的竞争力。

第四方物流的策略必须依靠第三方物流的实际运作来实现并得到验证；第三方物流又迫切希望得到第四方物流在优化供应链流程与方案方面的指导。要发展第四方物流就必须大力发展第三方物流企业，为第四方物流的发展作铺垫，提高物流产业水平。因此，只有二者结合起来，才能更好地、全面地提供完善的物流运作和服务。

第三方物流与第四方物流联合成为一体以后，将第三方物流与第四方物流的外部协调转化为内部协调，使得两个相对独立的业务环节能够更和谐、更一致地运作，物流运作效率会得到明显的改善，进而增大物流成本降低的幅度，扩大物流服务供应商的获利空间。

（二）二者的区别

1. 运作重点不同

第四方物流偏重于通过对整个供应链的优化和集成来降低企业的运行成本，而第三方物流则是偏重于通过对物流运作和物流资产的外部化来降低企业的投资和成本。

2. 优势不同

第四方物流具有的优势为：能给客户提供最接近要求的完美的服务；能提供一个综合性的供应链解决方案；能利用第四方的信息资源、管理资源和资本规模为企业打造一个低成本的信息应用平台；能为企业提供低成本的信息技术。

第三方物流主要是为企业提供实质性的具体的物流运作服务。

3. 缺点不同

第三方物流技术水平不高，能为客户提供的技术增值服务比较少。第四方物流刚好相反，它的专长是物流供应链技术，它具有丰富的物流管理经验和供应链管理技术、信息技术等。它的不足在于自身不能提供实质的物流运输和仓储服务。

第六章 国际物流信息系统与标准化

第一节 国际物流信息系统概述

一、物流信息的定义及特点

国际物流信息系统是沟通国际物流各个环节的关键,其主要作用是收集、处理和传递国际物流和商流的信息情报,是国际物流活动的中枢神经。它是一个复杂的多环节系统,其中各个环节的子系统通过流动的物品联系起来,根据系统的总目标,各个环节间相互协调,适时、适量地配置和调度系统的资源。没有完善的信息系统,国际物流各个环节的相互衔接将会受到阻碍,而资源的流转也会遇到阻碍。

国际物流系统中的信息种类多,地域跨度大、涉及面广、动态性强,尤其是在国际物流作业过程中,物流信息受自然因素和社会因素的影响较大,与国内物流信息相比,国际物流信息具有以下特点:

(1) 国际物流中的物流信息分布广、数量大、种类多

物流本身的功能要素、系统与外界的沟通就很复杂,在国际物流中,又加入了国际要素,如各国经济政策、自然环境、国家发展战略及外贸管理制度等因素,使得信息的产生、加工、传播和应用在实践、空间上更加复杂多变。

(2) 国际物流中的信息时效性很强,信息价值衰减速度快

不同于国内物流局限性较强,比较容易控制的特点,国际物流涉及范围较广,动态性较强,信息的不精确到达往往会导致物流成本的加大。因此,国际物流的信息管理对及时性和灵活性要求较高。所以,要想有效地组织国际物流,必须根据国际物流流程,准确了解运输、储存、配送、搬运、生产、销售等各个环节的及时性信息,并加以准确的分析利用。

(3) 国际物流具有双向反馈的作用

国际物流中货物和商品流动的周期很长,如果没有信息流,将会形成一个单向的难以调控的半封闭的国际物流系统。而信息流具有双向反馈的作用,可以使国际物流系统易于协调、控制,实现合理高效的运转,以达到最大限度地降低国际物流总成本,提高国际物流经济效益的目的。

(4) 国际物流中的信息流具有动态追踪性

国际物流涉及不同的国家,其运作环节多而复杂,只有将各个相关国家或地

区的物流环节相互协调与配合才能使整个物流过程顺畅进行,这就需要相关的信息追踪与反馈。这种信息的追踪与反馈就形成了动态的信息流。追踪这种动态的信息,不仅可以随时掌握国际物流的行踪,增加国际物流过程中物流状态的透明度,还可以达到减少国际物流的风险与损失,提高经济效益的目的。

(5) 国际物流信息标准化趋势

国际物流运作所面对的物流环境非常复杂,不同国家的物流基础设施、人员运作能力以及技术水平等因素都有较大差异。另外,由于经济发展水平的不同,不同国家的生产力以及科技水平也千差万别。同时,不同的国家有不同的物流标准,如技术标准、运作标准等。这都会对国际物流的运作产生不利影响。所以,国际物流信息的标准化已经成为国际物流行业的共识。

二、国际物流信息系统的作用

【知识扩展】

一般来说,国际物流信息处理应该包括三个基本环节:

(1) 相关信息的初级处理。首先,对收集到的所有信息进行分类识别,然后对无法分类的信息按照其类别的相关程度进行分类。

(2) 信息的综合处理。对已经进行初级处理的信息进行筛选、剔除、进行去伪存真的分析、合并等综合研究和综合分析。虽然这一阶段所呈现的信息仍然是分散的、局部的,但它能够反映国际物流的整体状态。

(3) 评估信息。在信息综合分析的基础上,加强对信息的评估,确定和提出管理决策信息。这个过程将执行对国际物流进行的指导、控制功能。

信息在国际物流中具有极其重要的作用。首先,与国内物流一样,顾客服务在国际物流中具有重要的作用。国际物流中有关订货状况、产品可得性、交货计划表以及发票等信息是整个顾客服务的一个必要因素。其次,利用国际物流中的最新信息定制国际物流货物的需求计划,能够有效地减少需求的不确定性,将整个物流环节中的库存降至最低,最大限度地减少存货。最后,及时了解国际物流的信息可以使决策能够从战略优势出发,增加决策的灵活性。

信息系统在国际物流中的作用主要体现在以下几个方面:

(1) 信息系统的反馈与控制作用。信息反馈是指先把信息输送出去,然后再把其作用的结果返送回来,并将调整后的决策指令信息再次输出,在不断地调整中起到控制作用,达到预期的目的。运用信息反馈的方法进行控制时,反馈回来的信息会产生正、负两种不同的结果,正反馈是信息的反馈使国际物流系统运作得以发展,增加效益;而负反馈则会造成国际物流的供给对需求的运动收敛、减少。信息反馈的目的在于调节和控制物流过程,防止物流过程的中断和失控。正反馈表明所采取的措施得力,应继续;负反馈则需要找出原因,及时采取相应的调整措施,以求国际物流高效率地运转。因此,面对一个不断发展、变化的复杂的国际物流大系统,对信息流的灵敏、正确、及时反馈是非常重要的。

(2) 信息系统的支持保障作用。信息流对国际物流系统的支持和保障作用的具体表现主要有两个方面:首先,信息是国际物流活动顺利进行的基础保障,国际物流是一个多环节、多层次、多因素的各个系统相互制约的复杂大系统,没有信息系统对信息进行及时的处理和传递,物流活动就无法进行。每一个子系统信息的输入与输出,都是下一个子系统进行的前提和基础,也是整个大系统相互沟通、调节、运作的支持与保障。因此,信息系统的正常运作是国际物流大系统能否有规律运行的关键。其次,信息是国际物流系统经营决策及其传导和执行的依据和保障,决策是企业最基本的管理职能。它对于复杂的、动态多变的国际物流系统尤为重要。国际物流企业依据各种信息,经过分析、研究、论证之后才能确定其经营范围和目标,并进行决策。决策执行运转过程中还要根据各种信息不断地调整和平衡。因此,真实可靠的信息及其传递对于国际物流企业至关重要,它决定着国际物流企业的生死存亡。

(3) 信息具有资源性作用。信息在国际物流系统中是一种重要的资源,在某种程度上,它甚至可以替代库存、储存和经营资金。由于国际物流信息系统中的不确定因素太多,缺乏信息或者对于信息掌握不够准确,往往导致企业的决策失误,造成企业的巨大风险。为了减少这样的损失,企业往往会选择增加库存、储存的方式来保证对物流业务的需要,但这也增加了企业的经营资金。若市场没有足够多的需求,往往会导致企业的资源浪费,给企业造成经济损失。准确及时的信息能够为企业提供依据调节和控制物流设备、设施等其他资源以减少企业资源的滥用,为企业节约资金。

第二节　电子数据交换(EDI)

一、EDI的概念及特点

(一) EDI的概念

电子数据交换,即EDI(Electronic Data Interchange),它是电子商务的初级形式,是指按照统一规定的一套通用标准格式,将标准的经济信息,通过通信网络传输,在贸易伙伴的电子计算机系统之间进行数据交换和自动处理,有效地减少由于重复输入而产生的错误以及时间和资源的浪费,从而提高企业对市场的应变能力，加快贸易循环。国际标准化组织（ISO）也对 EDI 进行了定义，即为商务或行政事务处理按照一个公认的标准，形成结构化的事务处理或消息报文格式，从计算机到计算机的数据传输方法。

EDI 的概念最早产生于 20 世纪 60 年代，主要是由于计算机技术的发展与普及，许多企业和组织对于数据的储存都以计算机为载体。然而，由于不同企业与组织使用的应用系统并不相同，所产生的数据格式也不同。当不同的企业或组织有业务往来需要交换数据时，往往还需要进行数据的转换，不仅浪费时间而且还需要更多的人力资源来支持，这就对各组织与企业之间的数据交换造成了阻碍。为了解决这样的问题，便有部分企业之间相互约定适用特定的标准格式传送信息，这就是 EDI 应用的起源。

EDI 的构成要素包括 EDI 信息标准、软件、硬件以及加值网络。而 EDI 信息标准则是这几个构成要素中最为重要的，没有 EDI 信息标准，其他的步骤将无法进行。

EDI 信息标准是由各企业、各地区代表共同讨论、制订的电子数据交换共同标准，可以使各个不同组织之间的计算机数据格式，均能通过共同的语言格式达到数据交换的目的。它又包括 EDI 网络信息标准、EDI 处理标准、EDI 联系标准和 EDI 语义语法标准等。

EDI 网络通信标准是要解决 EDI 通信网络应该建立在何种通信网络协议之上，以保证各类 EDI 用户系统的互联。目前，国际上主要采用 MHX（X.400）作为 EDI 通信网络协议，以解决 EDI 的支撑环境。

EDI 处理标准是要研究那些不同地域不同行业的各种 EDI 报文，以及相互共有的“公共元素报文”的处理标准。它与数据库、管理信息系统（如 MPRII）等接口有关。

EDI 联系标准解决 EDI 用户所属的其他信息管理系统或数据库与 EDI 系统之间的接口。

EDI 语义语法标准（又称 EDI 报文标准）是要解决各种报文类型格式、数据元编码、字符集和语法规则以及报表生成应用程序设计语言等。而 EDI 语义语法标准又是 EDI 技术的核心。

从 EDI 产生之初，其标准的国际化就成为人们日益关注的焦点之一。早期的 EDI 使用的大都是各处的行业标准，不能进行跨行业 EDI 互联，严重影响了 EDI 的效益，阻碍了全球 EDI 的发展。例如，美国就存在汽车工业的 AIAG 标准、零售业的 UCS 标准、货栈和冷冻食品贮存业的 WINS 标准等。日本有连锁店协会的 JCQ 行业标准、全国银行协会的 Aengin 标准和电子工业协会的 EIAT 标准等。

为促进 EDI 的发展，世界各国都在不遗余力地促进 EDI 标准的国际化，以求最大限度地发挥 EDI 的作用。目前,在 EDI 标准上,国际上最有名的是联合国欧洲经济委员会(UN/ECE)下属第四工作组(WP4)于 1986 年制定的《用于行政管理、商业和运输的电子数据互换》标准,即 EDIFACT(Electronic Data Interchange For Administration, Commerce and Transport)标准。EDIFACT 已被国际标准化组织 ISO 接收为国际标准,编号为 ISO9735。同时,还有广泛应用于北美地区的,由美国国家标准化协会(ANSI)X.12 鉴定委员会(AXCS.12)于 1985 年制定的 ANSI X.12 标准。

(二) EDI 的特点

EDI 具有如下特点:

(1) EDI 使用电子方法传递信息和处理数据。EDI 一方面用电子传输的方式取代了以往纸单证的邮寄和递送,从而提高了传输效率,另一方面通过计算机处理数据取代人工处理数据,从而减少了差错和延误。

(2) EDI 采用共同标准化的格式。这是 EDI 与电传、e-mail、传真等其他传递方式的重要区别,电传、e-mail、传真等并没有统一格式标准,而 EDI 必须有统一的标准方能运作。

(3) EDI 传递的信息为一般业务资料,如发票、订单等,而不是指一般性的通知。

(4) EDI 是计算机应用程序之间的连接,尽量避免人工的介入操作,由收、送双方的计算机系统直接传送、交换资料。由于计算机只能按照给定的程序识别和接受信息,所以电子单证必须符合标准格式并且内容完整准确时才能进行信息交换并汇总传给有关部门。有关部门就自己发出的电子单证进行查询时,计算机还可以反馈有关信息的处理结果和进展状况。在收到一些重要电子邮件时,计算机还可以按程序自动产生电子收据并传回对方。

(5) EDI 系统采用加密防伪手段。EDI 系统有相应的保密措施,EDI 传输信息的保密通常是采用密码系统,各用户使用自己的密码查取信息。一些重要信息在传递时还要再次进行加密,即把信息转换成他人无法识别的代码,接收方计算机按特定程序译码后还原成可识别信息。为防止有些信息在传递过程中被篡改,或防止有人传递假信息,还可以使用证实手段,即将普通信息与转变成代码的信息同时传递给接收方,接收方把代码翻译成普通信息进行比较,如二者完全一致,可知信息未被篡改,也不是伪造的信息。

由上述特点可以看出,采用 EDI 技术,不仅减少了重复劳动,减少了员工成本及信息成本,而且使交易操作更规范化,减少了贸易中的人为失误,并大大缩短了交易周期,提高了交易的速率和效率。由于采用了 EDI 技术,生产商和销售商之间的合作也得到了加强,从而对商品的供应链产生巨大的影响。

二、EDI 技术在国际物流中的应用

EDI 最初由美国企业应用在企业间的订货业务活动中,其后 EDI 的应用范围从订货业务向其他的业务扩展,如 POS 销售信息传送业务、库存管理业务、发货送货信息和支付信息的传送业务等。近年来,EDI 在物流中传输运用,被称为物流 EDI,所谓物流 EDI 是指货主、承运业主以及其他相关的单位之间,通过 EDI 系统进行物流数据交换并以此为基础实施物流作业活动的方法。

由于物流系统中各个环节众多,所以不能一一详述 EDI 在物流系统中的应用过程,下面仅对 EDI 技术在采购业务中的应用进行介绍:

第一步:买方表明要购买的货物名称、规格、数量、价格、时间等,这些数据被输入采购应用系统,该系统的翻译软件制作出相应的 EDI 订单,这些订单通过 EDI 网络传送到卖方。

第二步:卖方的计算机接到订单后,EDI 软件把订单翻译成卖方自定义的格式,同时,自动产生一份表明订单已经收到的功能性回执,这份回执通过 EDI 网络传送到买方。

第三步:卖方还会生成并传递一份订单接收通知给买方,表示供货的可能性。买方计算机收到卖方的功能性回执及订单接收通知后,翻译软件将它们译成买方自定义的格式,这时订单被更新了一次。买方根据订单的数据产生一份电子的“状况查询”的文件,并用电子化方式传递到卖方。

第四步:卖方的计算机收到了卖方的“状况查询”的文件,把它翻译成卖方的格式并核查进展情况。

第五步:买方的应用系统产生一份“状况汇报”,并用电子化方式传递给买方,买方将所收到的“状况汇报”翻译成买方自定义的格式,并用此状况汇报的数据,建立正式的 EDI 订单。

第六步:在买方的 EDI 订单建立的同时,其 EDP 系统把订单数据传递到财会支付应用系统,并自动输入该系统。

第七步:同样在买方的 EDI 订单建立的同时,EDP 系统将订单数据传递到收货应用系统,并更新系统中的数据。

第八步:在卖方确认 EDI 订单的同时,其 EDP 系统把数据传递到储存该种货物的仓库或生产厂家。

第九步:同样在卖方确认 EDI 订单的同时,其 EDP 系统把数据传递到发票应用系统,在那里数据自动输入系统,更新发票数据。

第十步:仓库(或工厂)根据订单备货,并建立一个装运通知,将装运通知传递到买方,同时将货物运至买方指定地点。

第十一步:买方收到装运通知后,数据自动输入收货应用系统。在收到货物

后,买方对装运通知进行确认的同时,生成收货通知。

第十二步:收货通知通过 EDP 系统传递到财会支付应用系统。

第十三步:卖方的装运通知通过其 EDP 系统传递到发票应用系统。

第十四步:一份由买方计算机生成的电子发票被传递给买方。

第十五步:买方的计算机收到发票后,翻译成买方自定义的格式,发票收据和订单被计算机自动审核。

第十六步:买方的计算机在审核了发票、收货通知和订单之后,自动产生一份支付批准书,并被传递到支付部门。

第十七步:卖方计算机在产生发票的同时,收款应用系统也自动地更新,以表明收款。

第十八步:买方通过他们的银行电子传递贷款到卖方的银行,一份电子汇款单被传递到卖方。

第十九步:卖方在收到汇款单和支付说明后,数据被翻译成财会能够接受的形式,卖方的存款记录被自动更新。

【知识扩展】

随着 EDI 技术的发展,许多国家建立了许多规模不同的 EDI 应用系统,较为著名的有以下几种:

(1) 美国新奥尔良港的 CRECSCENT(全港业务集成)系统

CRECSCENT 的全称是"全港业务集成系统"。最初的突破是来自海关的 ASC(美国海关自动商务系统),它能在海船抵达港前 24 小时对货物进行"预结关"处理。为能和海关同步工作,CRECSCENT 系统传输仓单给海关的 ASC 系统,接受海关对仓单的放行信息,再将放行信息传输给有关的货物承运人或代理人。

CRECSCENT 系统的对外应用的功能主要是:泊位安排、仓单处理、危险品查询、进口放行、代发传真给内陆承运人、卸船清单、给有关方发送报文的电子邮箱等。

CRECSCENT 系统的港内应用部分的主要功能有:泊位确认及通知、到港/离港信息、预约集装箱起重机、结算装卸费用、合同管理、工资及人事管理。

CRECSCENT 系统的应用使新奥尔良港发生了显著的变化。

(2) 美国西雅图港的 LINX(货物信息交换)系统

西雅图港和塔科马港为能开展 EDI 服务,开发研制了 LINX 系统。该系统使贸易公司和运输公司之间的信息交换更加迅速和正确,使货物在世界各地的运输更加合理化。

该系统是在 Sterling 软件环境下,通过电子信箱进行货物信息交换。在美国和加拿大的用户可以通过电话的 800 号免费访问这个网络,也可以访问世界各地的贸易伙伴。使用 LINX 系统可以进行以下信息的交换:① 到货通知单;② 远洋/公路/铁路/空运的单据;③ 订仓的申请和确认;④ 交货/提货单;⑤ 码头大门业务;⑥ 装货单;⑦ 发货单;⑧ 装货状态;⑨ 状态的查询和应答。

(3) 法国勒阿弗尔港的 ADEMAR +(货物快速自动结关)系统

在 ADEMAR + 系统中,港口的货物在通过政府、商业和海关检查时是全自动的,由集装箱场站的计算机终端与海关的 SOFI(海关信息系统)实时交换信息。

ADEMAR + 系统管理货物的进口、拆箱、输送、出口、装箱,以及货物是否要接受检查、是否要转运等。

现在,ADEMAR + 系统已扩展到港口运输链的所有成员,形成了一个内部专用网,每月处理 250 多个成员的 100 多万次的货物交换信息,包括如下业务:① 当地海关和其他地方的海关;② 船公司和船公司代理;③ 船舶经纪人和船舶结关费的结算者;④ 报关代理、报关方和联运服务方;⑤ 前方仓库和集装箱码头等。

港口的 ADEMAR + 系统和海关的 SOFI 系统合二为一,使得文件的处理功能与货物在港口的转运完全同步,极大地提高了港口的吞吐能力。

(4) 荷兰鹿特丹港的 INTIS(国际运输信息)系统

INTIS 是一个为商业和运输业提供 EDI 服务的团体。它利用荷兰公共电信局的通信网络 PTT 来传输报文,该网络现在已经能够满足海外 X.400 的通信要求。

INTIS 始建于 1985 年,由鹿特丹港务局、若干私营的运输公司和荷兰公共电信局发起,用提供 EDI 服务的方式使得国际运输中的商务通信更加合理化。INTIS 为整个运输链提供通信服务,从发货人到收货人,可以提供一整套覆盖货物运输的基本操作的报文标准。INTIS 适用于运输链中的所有合作伙伴,目前这个系统已经约有 140 多个用户,包括国际和国内用户。

(5) 新加坡的 PORTNET(港口网络)系统

PORTNET 是 1984 年 12 月从数据访问开始发展起来的。那时,航运公司和代理可以访问 PORTNET 系统的数据库,获得诸如泊位计划和集装箱动态的港口运作信息,以后逐步提供了更多的信息服务,包括船舶到港/离港动态、船舶在港动态以及化学品信息数据库。

PORTNET 在 1989 年正式建成,信息交换的范围进一步扩大到港口用户与港务局之间,以及港口用户与用户之间。内陆承运人可以向 PORTNET 提交和输入货物的装运信息。以后,随着业务的发展,该系统又进一步与 TRADENET

(贸易网络)配套,提供一体化服务,港口用户可以通过 PORTNET 向贸易发展局、海关和有关当局提交进出口货物的电子申报业务。

当前新加坡访问 PORTNET 的用户有 1200 多户,每月记录的事项超过 850 万个。用户可以通过 PORTNET 访问港务局的信息数据库,获得船舶、货物、集装箱和航运方面的详细资料。PORTNET 可以每周 7 天、每天 24 小时进行实时的信息查询和处理。另外,港口为了保证用户信息和单证能够进行及时、准确的传递,保证信息的流转,PORTNET 建立了远程端口与世界各地的航运代理和航运公司联机。

目前,该系统已与 2 个东盟国家的港口和 6 个非东盟国家的港口实现了互联互动,保证了信息的实时更新和查询。

(6) 中国香港的 TRADELINK/CETS(公用电子贸易)系统

CETS 系统提供 EDI 服务,香港的公司通过它可以向政府部门提交贸易单证,进行电子单证处理和结关。CETS 是世界上第一个用 UN/EDIFACT 标准进行 EDI 服务的系统。

TRADELINK 是中国香港 11 个主要从事贸易的机构组成的合作组织,成立于 1988 年,目的是为了促进 EDI 的发展和应用,在 1994 年开始服务和投入使用。这 11 个机构是:中国物资(控股)公司、香港货物空运站公司、香港国际码头公司、香港电信公司、MAERSK 香港公司、现代码头公司、渣打银行、SWIRE 太平洋公司、香港总商会、香港和上海银行股份有限公司、香港货运代理人协会。

第三节 条码技术、电子订货系统(EOS)及销售时点信息系统(POS)

一、条码技术

条码技术最早产生于 20 世纪 20 年代,最初为条空条码,到了 20 世纪 40 年代产生了同心圆式的条码,到了 70 年代,由于电子组件和激光成本普遍下降,条码的应用变得越来越经济,发展极为迅速。我国条码技术的发展时间不长,随着改革开放和我国对外贸易的增加,我国商品打入国际市场成为我国对外贸易的重要课题,但是由于我国商品没有统一编码的限制,使得我国在对外贸易上产生了不小的障碍。所以,20 世纪 80 年代中叶,我国一些高等院校、科研部门及一些出口企业把条码技术的研究和推广应用逐步提到议事日程。一些行业,如图书馆、邮电、物资管理部门和外贸部门也已开始使用条码技术。1991 年 4 月 9 日,中国物品编码中心正式加入了国际物品编码协会,国际物品编码协会分配给中国的前缀码为 690、691、692。许多企业获得了条码标记的使用权,使我国的大量商品打入了国际市场，给企业带来了可观的经济效益。

（一）条码的定义及结构

1. 条码的定义

条码是由一组不同的相间的条与空组成的图形，这样的图形表达一定的信息，它能够被专门的阅读设备自动扫描识别，然后还原成商品编号传输给计算机。在这种图形中深颜色反射率较低的线条，称为“条”，浅颜色反射率较高的线条，称为“空”。条码有不同的颜色，但在日常生活中较为常见的主要为黑色。通常来说，每一种物品拥有的条码编码都是唯一的，它的数据与计算机中储存的相关信息相对应，当条码的信息传送到计算机上时，计算机就会按照预先设定好的程序对数据进行处理和操作。

现如今，它被广泛应用在商业、邮政、图书管理、工业生产过程控制、交通以及整个物流系统等各个领域，具有输入快、准确度高、成本低、可靠性强等优点。它是实现 POS 系统、EDI、电子商务、供应链管理的技术基础，是物流管理现代化的重要技术手段，同时也是实现计算机管理和电子数据交换不可少的前端采集技术。

2. 条码的结构

一个完整的条形码由静区（前）、起始字符、数据字符、校验字符、终止字符和静区（后）依次组成。其排列结构如下图所示：

静区	起始字符	数据字符	校验字符	终止字符

图 6-1

（1）静区是指条码左右两端外侧与空的反射率相同的限定区域，它能使阅读器进入准备阅读的状态，当两个条码相距较近时，静区则有助于对它们加以区分，静区的宽度通常应不小于 6mm（或 10 倍模块宽度）。

（2）起始和终止字符是指位于条码开始和结束的若干条与空，标志条码的开始和结束，同时提供了码制识别信息和阅读方向的信息。

（3）数据字符是指位于条码中间的条、空结构，它包含条码所表达的特定信息。

（4）校验字符代表一种算术运算，条形码阅读器在对条形码进行识读并解码时，对读入的数据字符进行约定的运算，如运算结果与校验字符数值相同，则可判断本次识读有效；反之，本次识读无效。

（二）条码的种类及特点

1. 条形码的种类

条形码因条和空排列规则的不同可以构成不同的码制，一般可分为一维码和二维码两大类。

（1）一维码

一维条码是在一个方向（一般是水平方向）表达信息，而在垂直方向则不表达任何信息，保持一定的高度通常是为了便于阅读器的对准扫描。典型的码制有 EAN 码、UPC 码、39 码和库德巴码（Codabar）等。由于条形码的码制原理较为复杂，在此只对 UCP 码作简要介绍。

UPC 码（统一产品代码）是一种长度固定的连续的条形码。它主要在美国与加拿大使用，共有 UPC-A、UPC-B、UPC-C、UPC-D、UPC-E 五种版本。其中，UPC-A 应用于通用商品，UPC-E 是商品短码。

UPC-A 码是完整的商品条形码，由 11 位数字和一个系统符及其条形码符号组成（图 6-2），其每个数字由两条两空共 7 个组成，可用 7 位二进制数表示。中间符两侧的编码规则是不同的，左侧为奇（表示条的个数为奇数），右侧为偶（表示条的个数为偶数）。起始符、终止符、中间符长于数字符。UPC-E 码是一种压缩短码。其编码方式是采用消零技术将 UPC-A 码整体压缩成短码。UPC-E 码由 6 位数码与左右隔离条组成，无中间符。

左侧空白	起始符	系统符 1 位	左侧数据 5 位	中间符	右侧数据 5 位	校验码 1 位	终止符

图 6-2　UPC-A 码的基本构成

（2）二维码

二维条形码最早发明于日本，它是用某种特定的几何图形按一定规律在平面（二维方向上）分布的黑白相间的图形中记录数据符号信息，在代码编制上巧妙地利用构成计算机内部逻辑基础的“0”“1”比特流的概念，使用若干个与二进制相对应的几何形体来表示文字数值信息，通过图像输入设备或光电扫描设备自动识读以实现信息自动处理。它又可以分为层排式二维码和矩阵式二维码两种。层排式二维码形态上是由多行一维条码叠加而成，如 PDF417（图 6-3）、Code 49 等。矩阵式二维码以矩阵的形式组成，在一个规则的印刷（格子）内用点（方形或圆形等）的出现表示二进制“1”，点的不出现表示二进制“0”，通过多个“1”与“0”的组合来表示信息，如 Code one、Aztec、Date、Matrix、QR 码（图6-4）等。

图 6-3　PDF417　　图 6-4　QR 码

（3）复合码（CS）

随着计算机技术在商业及物流领域的成功运用，为了加强对物流商品的单品管理，促进国际商业及贸易的发展，提高物流管理中商品信息自动采集的效率，国际物品编码协会（EAN International）和美国统一代码委员会（UCC）合作，于 1999 年初联合推出了一种全新的适于各个行业应用的物流条码标准——复合码（Composite Symbology，CS）。

复合码是一种由一维条码和二维条码等不同的条码叠加在一起而构成的码制，它不仅可以实现读取一维条码所表示的商品单品识别信息，还可以通过读取条码来获取更多描述商品物流特征的信息，目前，在物流仓储方面运用比较广泛。

2．条形码的特点

（1）唯一性

唯一性是指商品项目与其标识代码一一对应，即一个商品项目只有一个代码，一个代码只标识同一商品项目。

（2）无含义

无含义是指代码数字本身及其位置不表示商品的任何特定信息。商品编码仅仅是一种识别商品的手段，而不是商品分类的手段。无含义使商品编码具有简单、灵活、可靠、充分利用容量、生命力强等优点，这种编码方法尤其适合于较大的商品系统。

（3）永久性

产品代码一经分配，就不再更改，并且是终身的。即使商品停止生产，停止供应了，在一段时间内（有些国家规定为 3 年）也不得将该代码分给其他商品项目，而只能搁置。

（三）条码技术在国际物流中的应用

条码技术已经成为国际物流现代化的一个重要组成部分，它有力地促进了国际物流体系各环节作业的机械化、自动化。同时，条码在现代化国际物流管理中具有直接、高效的信息媒体作用，它使现代化的管理和现代化的技术互相结合，促进了物流技术和管理的现代化。

在国际物流作业中，条码技术的应用十分广泛，主要包括以下几个方面：

（1）进出口货物的订货业务。出口商品进入仓库的检查验收处理、商品检查验收和外发、商品在库内的保管均采用条码技术进行识别、标签、定位入格等。

（2）大型国际配送加工中心采用条码技术对货物进行识别分拣、贴签、存放和再出库等操作。大型国际配送中心往往货品种类繁多，信息量大，包装规格不一，这时采用条码技术，不仅能够快速识别信息，而且能够对货物处于何种位置、状态进行充分掌握，有利于提高配送中心的工作效率，同时也有利于客户实时掌握信息。

（3）外贸商品检验。采用条码技术对提货单进行扫描，可以对其商品进行审核、检查。

（4）海关、银行等运用条码技术，可以加快相关通关和结算的速度。

（5）国际出口单证业务处理采用条码技术进行操作，提高了速度和准确性。

二、电子订货系统（EOS）及销售时点信息系统（POS）

（一）电子订货系统（EOS）

电子订货系统是指将批发商、零售商所产生的订货数据输入计算机，通过互联网将资料传送至总公司、批发商、商品供货商或制造商处进行订货作业的电子系统。

电子订货系统的构成内容包括：订货系统、通讯网络系统和接单电脑系统。就订货商而言，配备订货终端机、货价卡（或订货簿）、电话和数据机就可以构成一套完整的电子订货系统。就供应商而言，凡能接收订货商通过数据机传送的订货信息，并可利用终端机设备系统直接作订单处理，打印出出货单和检货单，就可以说已具备电子订货系统的功能。但标准的电子订货系统绝不仅仅是“一对一”的方式，而是“多对多”的整体运作，即许多订货商和许多供货商组成的大系统的整体运作方式。

根据电子订货系统的整体运作程序不同，可将电子订货系统分为以下三种类型：

（1）连锁体系内部的网络型，即连锁门店有电子订货配置，连锁总部有接单电脑系统，并用即时、批次或电子信箱等方式传输订货信息。这是“多对一”与“一对多”相结合的初级形式的电子订货系统。

（2）供应商对连锁门店的网络型，其具体形式有两种：一种是直接的“多对多”，即众多的不同连锁体系下属的门店对供应商，由供应商直接接单发货至门店；另一种是以各连锁体系内部的配送中心为中介的间接的“多对多”，即连锁门店直接向供应商订货,并告知配送中心有关订货信息,供货商按商品类别向配送中心发货,并由配送中心按门店组配向门店送货,这可以说是中级形式的电子订货系统。

(3) 众多零售系统共同利用的标准网络型,其特征是利用标准化的传票和社会配套的信息管理系统完成订货作业。其具体形式有两种:一是地区性社会配套的信息管理系统网络,即成立由众多的中小型零售商、批发商构成的区域性社会配套的信息管理系统营运公司和地区性的咨询处理公司,为本地区的零售业服务,支持本地区 EOS 的运行;二是专业性社会配套信息管理系统网络,即按商品的性质划分专业,从而形成各个不同专业的信息网络。这是高级形式的电子订货系统,必须以统一的商品代码、统一的企业代码、统一的传票和订货的规范标准的建立为前提条件。无论采用何种形式的电子订货系统,皆以门店订货系统的配置为基础。

(二) 销售时点系统(POS)

销售时点系统是指利用光学式自动读取设备,按照商品的最小类别读取实时销售信息以及采购、配送等阶段发生的各种信息,并通过通信网络和计算机系统传送至有关部门进行分析加工处理和传送,便于各部门根据各自的目的有效地利用上述信息以提高经营效率的系统。该系统在销售的同时,采集每一种商品的销售信息并传送给计算机,计算机通过对销售、库存、进货和配送等信息的处理和加工,为企业进、销、存提供决策依据。

销售时点信息系统包含前台 POS 系统和后台 MIS 系统两大部分。POS 系统的运作每天都在我们身边发生,其运行步骤如下:

(1) 店头销售商品都贴有表示该商品信息的条形码。

(2) 在顾客购买商品结账时,收银员使用扫描读数仪自动读取商品条形码标签信息,通过店铺内的微型计算机确认商品的单价,计算顾客购买总金额等,打印出顾客购买清单和付款总金额。

(3) 各个店铺的销售时点信息通过 VAN 以在线联结方式及时传送给总部或物流中心。

(4) 在总部,物流中心和店铺利用销售时点信息来进行库存调整、配送管理、商品订货等作业。

(5) 在零售商与供应链的上游企业(批发商、生产厂家、物流业者等)结成协作伙伴关系(也称为战略联盟)的条件下,零售商利用 VAN 以在线联结的方式把销售时点信息及时传送给上游企业。

第四节 国际物流标准化

标准化是国民经济管理和企业管理的重要内容,也是现代科学体系的重要组成部分,是由于社会大分化、生产大分工之后,为合理组织生产,促进技术进步,协调社会生活所出现的事物,是指对产品、工作、工程、服务等普遍活动规定统一的标准,并且对这个标准进行贯彻实施的过程。而物流标准化是指在整个物流环节中,具体包括在运输、配送、包装、装卸、保管、流通加工、资源回收及信息管理等环节中,对重复性事物和概念通过制定、发布和实施各类标准,达到协调统一,以获得最佳秩序和社会效益。物流标准化包括以下三个方面的含义:

(1) 从物流系统的整体出发,制定其各子系统的设施、设备、专用工具等的技术标准,以及业务工作标准。

(2) 研究各子系统技术标准和业务工作标准的配合性,按配合性要求,统一整个物流系统的标准。

(3) 研究物流系统与相关其他系统的配合性,谋求物流大系统的标准统一。

以上三个方面是分别从不同的物流层次上考虑使物流实现标准化。要实现物流系统与其他相关系统的沟通和交流,在物流系统和其他系统之间建立通用的标准,首先要在物流系统内部建立物流系统自身的标准,而整个物流系统的标准的建立又必然包括物流各个子系统的标准。因此,物流要实现最终的标准化必然要实现以上三个方面的标准化。

物流标准化工作难度大、复杂、涉及面广,这些特征在国际物流标准化的过程中表现得更加明显。国际物流标准化是指以国际物流为一个大系统,制定系统内部设施、机械装备、专用工具等各个子系统的技术标准;制定系统内各分领域如包装、运输、仓储等方面的工作标准;以国际物流大系统为出发点,研究各分系统与分领域中技术标准与工作标准的配合性,按照配合性要求,统一整个国际物流系统的标准;研究国际物流系统与相关其他系统的配合性,进一步谋求国际物流大系统的标准统一。

一、物流标准化的特点及种类

(一) 物流标准化的特点

物流标准化有以下特点:

1. 物流系统的标准化涉及面更为广泛

和一般标准化系统不同,物流系统的标准化涉及面更为广泛。由于物流系统环节众多,相比较一般行业的标准化而言,物流系统的标准化包括了机电、建筑、工具、工作方法等多个部分的标准化。同时,由于各个物流中各个子环节缺乏相应的共性，使物流系统在标准化的过程中缺乏统一性，对标准化造成相当的困难。

2．物流标准化属于二次系统，或称为后标准化系统

由于物流和物流管理思想诞生较晚，在形成整个物流体系之前有众多物流环节并未归入物流系统，并且在这些环节发展的过程中已经形成了自己的一套较为完整封闭的规则，改变起来相对困难。所以，在推行物流系统标准化的过程中，除个别情况需要全部推倒进行标准化外，很多环节的标准化都不能推倒重来，只能依照原先的标准、规则进行标准化，重新建立标准化体系。总的来说，通常是从适应和协调角度建立新的物流标准化系统，在各个分系统标准化基础上建立物流标准化系统。

3．物流标准化具有非常强的国际性

经过三十多年的改革开放与加入 WTO，我国的对外贸易量也大幅度提升，2009 年，我国出口总额跃居世界第一位，对外贸易越来越重要，而国际贸易都是靠国际物流来完成的。为了减少国际贸易之间标准化差异造成的困难、减少国际物流费用与损失，就需要各国家间的物流系统相衔接，力求使本国标准与国际物流标准体系相一致，以便货物的流转。因此，物流标准化的国际性也是区别于其他产品标准的重要特点。

4．贯彻安全与保险的原则

安全性一直是困扰物流行业的突出问题，在实务中，一些公司往往会因为一宗事故面临破产的局面，几十万吨的超级油轮、货轮遭受灭顶损失的事例也并不乏见。不仅如此，除经济方面的损失外，物流中的人身伤害也时常出现。所以，物流标准中对安全性、可靠性有较高的要求。物流保险的规定就是与安全性、可靠性标准有关的标准化内容。在物流中，尤其在国际物流中，都有世界公认的保险险别与保险条款，虽然许多规则并不是以标准化形式出现的，而是以立法形式出现的，但是，其共同约定、共同遵循的性质，都是通用的，另外，不少手续、申报、文件等都有具体的标准化规定，保险费用等的计算也受标准规定的约束，因而物流保险的相关标准化工作，也是物流标准化的重要内容。

（二）物流标准化的种类

1．大系统配合性、统一性标准

此类标准为物流中的通用技术标准，即在物流过程的大系统中统一使用的标准。其中，在物流系统中具有物流突出特点的标准化内容主要包括基础编码标准、专业计量单位标准、基础模数尺寸标准、物流建筑模数尺寸标准、集装模数尺寸标准、物流专业名词标准、物流核算和统计标准、标志及图示和识别标准八类。

基础编码标准是指对物流对象物编码，并且按物流过程的要求，转化成条形

码，这是物流大系统能够实现衔接、配合的最基本的标准，也是采用信息技术对物流进行管理和组织、控制的技术标准。

基础模数尺寸标准，是指标准化的共同单位尺寸，或系统各标准尺寸的最小公约尺寸。在基础模数尺寸确定之后，各个具体的尺寸标准，都要以基础模数尺寸为依据，选取其整数倍数为规定的尺寸标准。

建筑基础模数尺寸标准主要是物流系统中各种建筑物所使用的基础模数，它是以物流基础模数尺寸为依据确定的，也可选择共同的模数尺寸。该尺寸是设计建筑物长、宽、高尺寸，门窗尺寸，建筑物柱间距、跨度及进深等尺寸的依据。

集装模数尺寸标准是在物流基础模数尺寸基础上，推导出的各种集装设备的基础尺寸，以此尺寸作为设计集装设备三向尺寸的依据。

物流专业名词标准是为了使物流系统有效配合和统一，传递信息准确而建立系统的情报信息专业名词标准。

物流核算和统计标准化，可以实现信息的录入和采集，将管理工作规范化和标准化，也是应用计算机和通信网络进行数据交换和传递的基础标准。它对物流核算、统计的规范化是建立系统情报网、对系统进行统一管理的重要前提条件，也是对系统进行宏观控制与微观监测的必备前提。

标志、图示和识别标准的建立主要是由于物流中的物品、工具、机具都是处于不断运动中，因此，识别和区分便十分重要，对于物流中的物流对象，需要有易于识别的又易于区分的标识，有时需要自动识别，这就可以用复杂的条形码来代替用肉眼识别的标识。

专业计量单位标准中，除国家公布的统一计量标准外，物流系统还有许多专业的计量问题，必须在国家及国际标准基础上，确定本身专门的标准，同时，由于物流的国际性很突出，专业计量标准还需考虑国际计量方式的不一致性，还要考虑国际习惯用法，不能完全以国家统一计量标准为唯一依据。

2. 分系统技术标准，也称为专业技术标准

此类标准是涉及物流系统中某一个特殊子系统的标准，主要包括运输车船标准，作业车辆标准，传输机具标准，仓库技术标准，站台技术标准，包装、托盘、集装箱标准，货架、储罐标准七类。

3. 工作标准与作业规范

工作标准与作业规范是对各项工作制定的统一要求和规范化规定。工作标准和作业规范可提供划定各种岗位职责范围、权利与义务、工作方法、检查监督方法、奖罚方法等。可使全系统统一工作方式，大幅度提高办事效率，方便用户的工作联系，防止在工作和作业中出现遗漏、差错，并有利于监督评比。

二、国际物流标准化的意义

随着全球经济的发展，国际交往、对外贸易对各国经济发展的作用越来越重要，而所有的国际贸易又最终靠国际物流来完成，所以各个国家都很重视本国物流与国际物流的衔接，在本国物流管理发展初期就力求使本国物流标准与国际物流标准化体系一致。若不如此，不但会加大国际交往的技术难度，更重要的是在本来就很高的关税及运费基础上又会增加因标准化不统一所造成的效益损失，使外贸成本增加。所以，国际物流标准化对整个物流行业有重大意义。

(1) 国际物流标准化是降低物流成本，提高物流效益的有效措施。在运输、包装、装卸、仓储、信息，甚至资金结算等方面采用国际标准，实现国际物流标准统一化，能够打破各国或地区标准不统一的技术贸易壁垒，降低物流成本，加速国际贸易的物流过程，提高物流效益。

(2) 有利于世界各国贸易的发展，以及新的物流技术、理念、管理方法等在世界各国、各行业的同步推广，推进世界各国整体物流管理现代化的水平的提高。由于经济的不同步发展以及其他因素的影响，世界各国物流发展的水平并不一致。美国、日本等发达国家由于实施物流标准化的时间较早，现在已经有了一套相对成熟的标准化体系，而各发展中国家物流标准化程度则相对较低。随着贸易的国际化，物流标准化也日趋国际化，以国际标准为基础制定本国标准，已经成为 WTO 对各成员国的要求。这就使新的物流技术、理念、管理方法等都得到了推广，同时也提高了世界各国物流管理的现代化水平。

(3) 物流标准化有利于国内物流与国际物流的融合。随着信息技术和电子商务、电子数据、供应链的快速发展，国际物流业已经进入快速发展阶段。而物流系统的标准化和规范化，已经成为先进国家提高物流运作效率和效益，提高竞争力的必备手段。在国际集装箱和 EDI 技术发展的基础上，各国开始进一步在物流的交易条件、技术装备规格，特别是单证、法律环境、管理手段等方面推行国际的统一标准，使国内物流与国际物流融为一体。

(4) 物流标准化是物流管理，尤其是大系统物流管理的重要手段。在进行系统管理时，系统的统一性、一致性、系统内部各环节的有机联系是系统能否生存的首要条件。由于我国目前物资编码尚未实现标准化，各个领域又分别制定了自己领域的统一物资编码，其结果是，不同领域之间信息不能传递，电子计算机无法联网，妨碍了系统物流管理的实施。

(5) 物流标准化是加快物流系统建设，迅速推行物流管理的捷径。物流系统涉及面广，难度非常大，推行标准化可以加快我国物流管理的进程。例如，我国平板玻璃的集装托盘、集装架的发展初期未能及时推行物流标准化，各部门、各企业都发展了自己的集装设备，一下子出现了几十种集装方式，使平板玻璃物流系统的建立出现了困难，延缓了其发展。

三、国际物流标准化的现状

（一）与物流密切相关的两大标准化体系 ISO 与 EAN · UCC

1. ISO

国际标准化组织（International Organization for Standardization 或 International Standard Organized，ISO）是由各国标准化团体组成的世界性的联合会。其全名与简写之间之所以存在差异，是因为“ISO”并不是首字母缩写，而是一个词，它来源于希腊语，为“相等”的含义。ISO 的主要功能是为人们制订国际标准达成一致意见提供一种机制。

目前，ISO/IEC 下设了多个物流标准化的技术委员会负责全球的物流相关标准的修订工作。已经制定了 200 多项与物流设施、运作模式与管理、基础模数、物流标识、数据信息交换相关的标准。ISO 与联合国欧洲经济委员会（UN-ECE）共同承担电子数据交换（EDI）标准的制定，ISO 负责语法规则和数据标准的制定，UNECE 负责报文标准的制定。在 ISO 现有的标准体系中，与物流相关的标准约有 2000 条，其中运输 181 条、包装 42 条、流通 2 条、仓储 93 条、配送 53 条、信息 1605 条。

2. EAN · UCC

EAN · UCC 系统是由国际物品编码协会（EAN International）和美国统一代码委员会（UCC）共同开发、管理和维护的全球统一和通用的商业语言，为贸易产品与服务（即贸易项目）、物流单元、资产、位置以及特殊应用领域等提供全球唯一的标识。

EAN 是管理除北美以外的对货物、运输、服务和位置进行唯一有效的编码并推动其应用的国际组织，是国际上从事物流信息标准化的重要国际组织。UCC 则是北美地区与 EAN 对应的组织。近两年来，两个组织加强合作，达成了 EAN · UCC 联盟，以共同管理和推广 EAN · UCC 系统，意在全球范围内推广物流信息标准化。

EAN · UCC 系统在世界范围内为标识商品、服务、资产和位置提供准确的编码。这些编码能够以条码符号或 RFID 标签来表示，以便进行电子识读。该系统克服了厂商、组织使用自身的编码系统或部分特殊编码系统的局限性，提高了贸易的效率和对客户的反应能力。EAN · UCC 系统具有一定编码结构的代码，可以实现对相关产品及其数据的标识，该结构保证了在相关应用领域中代码在世界范围内的唯一性。在提供唯一的标识代码的同时，EAN · UCC 系统也提供附加信息的标识，如有效期、系列号和比号，这些都可以用条码或 RFID 标签来表示。

同时,它还具有良好的兼容性和扩展性。EAN · UCC 的编码系统包括六个部分:全球贸易产品与服务代码(Global Trade Item Number,GTIN)、系列货运包装箱代码(Serial Shipping Container Code,SSCC)、全球参与方及位置码(Global Location Number, GLN)、全球可回收资产标识代码(Global Returnable Asset Identifier,GRAI)、全球单个资产标识代码(Global Individual Asset Identifier,GIAI)和全球服务关系代码(Global Service Relation Number,GSRN),主要包括三种条码符号:EAN/UPC 条码符号、ITF-14 条码符号、UCC/EAN-128 条码符号。

（二）各国物流标准化现状

1. 发达国家物流标准化的现状

随着信息技术和电子商务、电子数据、供应链的快速发展,国际物流业已经进入快速发展阶段。而物流系统的标准化和规范化,已经成为先进国家提高物流运作效率和效益,提高竞争力的必备手段。在国际集装箱和 EDI 技术发展的基础上,各国开始进一步在物流的交易条件、技术装备规格,特别是单证、法律环境、管理手段等方面推行国际的统一标准,使国内物流与国际物流融为一体。

(1) 美国

美国作为北大西洋公约组织成员之一,参加了北大西洋公约组织的物流标准制定工作,制定出了物流结构、基本词汇、定义、物流技术规范、海上多国部队物流、物流信息识别系统等标准。美国国防部建立了军用和民用物流的数据记录、信息管理等方面的标准规范。美国国家标准协会(ANSI)积极推进物流的运输、供应链、配送、仓储、EDI 和进出口等方面的标准化工作。在美国与物流相关的标准约有 1200 余条,其中运输 91 条,包装 314 条,装卸 8 条,流通 33 条,仓储 487 条,配送 121 条,信息 123 条。

在参加国际标准化活动方面,美国积极加入 ISO/TC104,在其国内设立了相应的第一分委会(负责普通多用途集装箱),第二分委会(负责特殊用途集装箱)和第四分委会(负责识别和通信)。还加入了 ISO/TC122,ISO/TC154 管理、商业及工业中的文件和数据元素等委员会。同时,美国还参加了 ISO/TC204 技术委员会,并由美国智能运输系统协会(ITS America)作为美国技术咨询委员会,负责召集所有制定智能运输系统相关标准的机构成员共同制定美国国内的 ITS 标准。

美国统一代码委员会(UCC)为给供应商和零售商提供一种标准化的库存单元(SKU)数据,早在 1996 年就发布了 UPC 数据通信指导性文件,美国标准协会也于同年制定了装运单元和运输包装的标签标准,用于物流单元的发货、收货、跟踪及分拣,规定了如何在标签上应用条码技术,甚至包括用二维条码 417 和 Maxicode,通过标签来传递各种信息,实现了 EDI 报文的传递,即所谓的“纸面 EDI”,做到了物流和信息流的统一。

(2) 日本

日本是对物流标准化比较重视的国家之一,标准化的速度也很快。日本在标准体系研究中注重与美国和欧洲进行合作,将重点放在标准的国际通用性上。

日本政府工业技术院委托日本物流管理协会花费4年时间对物流机械、设备的标准化进行调查研究。目前已经提出日本工业标准(JIS)关于物流方面的若干草案,包括物流模数体系、集装的基本尺寸、物流用语、物流设施的设备基准、输送用包装的系列尺寸(包装模数)、包装用语、大型集装箱、塑料制通用箱、平托盘、卡车车厢内壁尺寸等。

在日本现有的标准体系中,与物流相关的标准有400余条,其中运输24条、包装29条、流通4条、仓储38条、配送20条、信息302条。

(3) 欧洲

欧洲标准化委员会(CEN)是1961年由欧盟16国成立的标准化组织。该组织目前设立了第320技术委员会,负责运输、物流和服务(Transport-logistics and Services)的标准化工作,相关地还设立了第278技术委员会,负责道路交通和运输的信息化,分14个工作组进行与ISO/TC204内容大致相同的标准制定工作。另外,还有第119技术委员会和第296技术委员会。这些委员会共同推进物流标准化进程,在标准制定过程中,进行多方面的联系与合作。

在英国现有的标准体系中,与物流相关的标准约有2500条,其中运输733条、包装432条、装卸51条、流通51条、仓储400条,配送400条、信息400条。德国也形成了较为完善的物流标准体系,该体系包含与物流相关的标准约2480条,其中运输788条、包装40条、流通124条、仓储500条、配送499条、信息499条。

2. 我国物流标准化的现状

鉴于物流标准化的重要性,我国的物流化工作无论从组织管理上还是标准制定、推广和应用上都得到了很大的发展。目前,我国物流业已建立了一批物流标识标准体系,如《中国物流标准化体系规范》《物流术语》《商品条码》《物流单元格条码》等一些重要的国家标准已投入实施。

(1) 建立了与物流有关的标准化组织、机构,并积极参与国际标准化活动

我国已经建立了一套以国家技术监督局为首的全国性的标准化研究管理机构体系,许多机构和组织从事着与物流有关的标准化工作。2003年,国家标准化管理委员会批准成立了"全国物流标准化技术委员会"和"全国物流信息管理标准化技术委员会"。全国物流信息管理标准化技术委员会主要负责物流信息基础、物流信息系统、物流信息安全、物流信息管理、物流信息应用等领域的标准化工作,秘书处设在中国物品编码中心。全国物流标准化技术委员会主要负责物流信息以外的物流基础、物流技术、物流管理和物流服务等领域标准化工作。

困扰我国物流标准化工作多年的没有统一的物流标准化归口单位问题终于解决，为在我国系统开展物流标准化工作奠定了组织基础。我国还参加了ISO和国际电工委员会（IEC）与物流有关的各技术委员会和技术处，并明确了各自的技术归口单位。此外，还参加了国际铁路联盟（UIC）和铁路合作组织（OSJD）等两大国际铁路的权威机构。

（2）物流标准化研究和标准制定方面成绩显著

科研上，科技部制定了我国的物流标准体系框架、电子商务标准体系框架及发展现代物流的关键标准。中国物品编码中心等单位通过科技部项目制定了《国家物流标准体系表》，给出了我国物流国家标准的体系框架，并进行了系统分析，针对当前我国物流相关的国家标准的应用现状，提出了当前急需制定和推广的物流国家标准，对我国物流标准化有非常重要的推动作用。

针对当前我国物流设备、物流作业以及物流系统的建立等尚未规范化，非标准化的物流装备、设施、信息表示和信息交换仍然相当普遍，中国物品编码中心等单位又制定了《物流标准化总体规范》。

鉴于信息技术在物流现代化中的关键作用，2003年，物流信息标准化有了很大的进展。《物流条码技术应用规范》的制定分析了现有的在物流管理中运用到的条码码制的技术特点及适用范围，给出了在物流管理中对各物流信息、物流设施、物流作业进行管理时，条码码制、条码放置位置的选择以及条码印刷的质量要求等，以指导物流管理中条码技术的应用，提高了物流管理效率，为物流信息的自动采集、物流系统的建设打下技术基础。

针对当前物流信息系统建设中物流信息标识的非标准化现象，中国物品编码中心进行了现代物流信息标识体系研究，系统地分析了我国物流供应链上的各作业环节及各环节存在的各级包装单元，以及用到的物流设施和产生的物流单证等，给出其分类与编码方案，并提出目前实现物流现代化急需制定的物流信息标识标准。

（3）企业积极参与物流标准化

企业在物流管理过程中积极采用物流标准，以提高物流效率。如鉴于条码技术在物流管理过程中的作用，国内企业在物流管理过程中便积极推广条码技术的应用。

（4）货物在运输过程中缺乏基本设备的统一规范

物流器具标准不配套，其中以托盘标准的问题最典型。我国的物流企业有的采用欧美标准，有的采用日韩标准，还有的干脆自己定制。现有托盘标准与各种运输装备、装卸设备标准之间也缺乏有效衔接，这就降低了托盘在整个物流过程中的通用性，也在一定程度上延缓了货物运输、储存、搬运等过程的机械化和自动化水平的提高。由于托盘与产品包装箱尺寸不匹配，所以严重影响了物流配送系统的运作效率。另外,各种运输方式之间装备标准也不统一。例如,海运与铁路集装箱标准的差异,在一定程度上影响着我国海铁联运作业的有序衔接,我国海铁联运的集装箱运输在集装箱运输总量和铁路运输总量中的比例都比较低,对我国国际航运业务的拓展、港口作业效率的提高和进出口贸易的发展都有一定程度的影响。

(5) 商品信息数据库系统没有统一规范

许多企业与机构都建立了自己的商品信息数据库,但数据库字符组合的字段、类型和长度都不一致,导致信息在传递过程中繁琐困难,并容易产生失误。

总的来说,我国物流业起步较晚,基础较为薄弱,物流标准化的市场基础也不够成熟,物流系统中已有的标准主要来自于各行业子系统的国家标准,而且现有标准多集中于技术方面,对于物流各子系统的作业标准涉及不多,直接影响到我国物流标准化的实施,这也是我国在今后的物流标准化进程中需要着重研究的问题。

【知识扩展】 现有的物流标准列举

- 托盘标准
  - GB/T 3716-2000 托盘术语
  - GB/T 2934-1996 联运通用平托盘 主要尺寸及公差(eqv ISO 6780:1988)
  - GB/T 4995-1996 联运通用平托盘 性能要求
  - GB/T 4996-1996 联运通用托盘 试验方法
  - GB/T 10486-1989 铁路货运钢制平托盘
  - GB/T 15234-1994 塑料平托盘
  - GB/T 16470-2008 托盘包装
- 集装箱标准
  - GB/T 1992-1985 集装箱名词术语
  - GB/T 1413-2008 系列1 集装箱 分类、外部尺寸和额定质量
  - GB/T 17770-1999 集装箱 空/陆/水(联运)通用集装箱技术要求和试验方法(idt ISO 8323:1985)
  - GB/T 17271-1998 集装箱运输术语
- 包装标准
  - ISO 3676-1983 包装 单元货物大小 尺寸
  - GB/T 4892-2008 硬质直方体运输包装尺寸系列
  - GB/T 13201-1991 圆柱体运输包装尺寸系列
  - GB/T 13757-1992 袋类运输包装尺寸系列

- ◎ GB/T 15140-1994 航空货运集装单元技术要求
- ◎ GB/T 15233-2008 包装 单元货物尺寸
- ◎ GB/T 16471-1996 运输包装件尺寸界限
- ◎ GB/T 1.7-1988 标准化工作导则 产品包装标准的编写规定
- ◎ GB 190-2009 危险货物包装标志
- ◎ GB 191-2008 包装储运图示标志
- ◎ GB/T 6388-1986 运输包装收发货标志
- ◎ TB/T 2337-1993 铁路行李、包裹运输包装标志
- ◎ GB/T 13385-2004 包装图样要求
- ◎ TB/T 2974-2000 国际铁路联运出口货物运输包装质量要求
- ● 装卸/搬运标准
- ◎ SJ/T 10466.12-1993 搬运、贮存、包装、交付质量控制指南
- ◎ JT/T 392-1999 港口装卸工具术语
- ◎ JT/T 2028-1993 港口重大件装卸作业技术要求
- ◎ TB 1936.1-1987 铁路装卸作业标准 作业程序
- ◎ TB 1936.2-1987 铁路装卸作业标准 桥式、龙门式起重机作业
- ◎ TB 1936.3-1987 铁路装卸作业标准 回转式起重机作业
- ◎ TB 1936.4-1987 铁路装卸作业标准 轮胎式单斗装载作业
- ◎ TB 1936.5-1987 铁路装卸作业标准 链斗式装、卸车机作业
- ◎ TB 1936.6-1987 铁路装卸作业标准 小型叉车作业
- ◎ TB 1936.7-1987 铁路装卸作业标准 人力作业
- ◎ TB 1938-1987 铁路装卸名词术语
- ◎ JT 3145-1991 汽车危险货物运输、装卸作业规程
- ● 存储作业标准
- ◎ TB/T 2631-1995 铁路物资仓库技术管理规定
- ◎ HG/T 20568-1994 化工固体物料堆场及仓库设计规定
- ◎ SBJ 01-1988 商业仓库设计规范
- ● 条码技术标准
- ◎ GB/T 17172-1997 四一七条码
- ◎ GB/T 18284-2000 快速反应矩阵码
- ◎ GB/T 16986-1997 条码应用标识
- ◎ GB 12904-1998 商品条码
- ◎ GB/T 12905-2000 条码术语
- ◎ GB/T 16829-1997 交插二五条码
- ◎ GB/T 12907-1991 库德巴条码

- ⊙ GB/T 12908-1991 三九条码
- ⊙ GB/T 14257-1993 通用商品条码符号位置
- ⊙ GB/T 15425-1994 贸易单元 128 条码
- ⊙ GB/T 18283-2000128 店内码
- ⊙ GB/T 18347-2001128 条码
- ⊙ GB/T 14258-1993 条码符号印制质量检验
- ⊙ GB/T 18348-2001 商品条码符号印制质量的检验
- ⊙ GB/T 16830-1997 储运单元条码
- ⊙ GB/T 12906-2001 中国标准书号条码
- ⊙ GB/T 16827-1997 中国标准刊号(ISSN 部分)条码
- ⊙ GB/T 18410-2001 车辆识别代号条码标签
- 物流信息标准
- 物流单元编码标准
- ⊙ GB/T 18354-2001 物流术语
- ⊙ GB/T 16472-1996 货物类型、包装类型和包装材料类型代码
- ⊙ GB/T 14945-1994 货物运输常用残损代码
- ⊙ TB/T 2690-1996 铁路货物运输品名分类与代码
- ⊙ JT 0019-1988 运输货物分类和代码
- ⊙ GB/T 16736-1997 道路车辆 车辆识别号(VIN)内容与构成
- ⊙ GB/T 16828-1997 位置码
- ⊙ GB/T 15422-1994 国际贸易单证代码
- 物流设施与装备编码标准
- ⊙ GB/T 1836-1997 集装箱代码、识别和标记
- ⊙ GB/T 15119-1994 集装箱常用残损代码
- ⊙ GB/T 17272.1-1998 集装箱在船舶上的信息 箱位坐标代码
- ⊙ GB/T 17272.2-1998 集装箱在船舶上的信息 电传数据代码
- ⊙ GB/T 17273.1-1998 集装箱设备数据交换 通信代码
- ⊙ GB/T 15419-1994 国际集装箱货运交接方式代码
- ⊙ GB/T 18366-2001 国际贸易运输船舶名称与代码编制原则
- ⊙ TB/T 2966-1999 铁路运输设备分类与代码基本规定
- ⊙ JT 0010-1984 运输船舶状态代码

第七章　国际物流相关法律法规

第一节　概　　述

国际物流相关法律法规，即指物流在国际层面开展时将会用到的法律法规。如果把整个法律体系比作一棵大榕树，那么各部具体的法律法规就是这棵榕树插入地面的众多的气生根，而国际物流业务就是那块土地。国际物流支撑了相关法律法规的产生与发展，而这些法律法规反过来也规制和改造着国际物流的面貌。

一、国际物流法的调整对象

法律的调整对象就是其调整的社会关系。由于没有规制国际物流活动的综合性法典，国际物流法的调整对象并没有统一的说法。笼统地说，国际物流法的调整对象是因国际物流活动而产生的社会关系以及与之相关的社会关系。按照性质的不同可以分为两类：

（一）国际物流活动当事人之间的关系

国际物流活动的当事人包括自然人、法人和其他经济组织。他们之间的关系从性质上来说，就是民商事关系。但是这里的民商事关系有自己的特点：(1) 当事人中至少有一方是提供物流服务的主体，不论该服务是综合性的或者只是物流活动的一个环节；(2) 当事人间的关系是一种财产关系，并且该财产关系体现了物流的内容。

（二）监管者与国际物流活动当事人之间的关系

这种关系实际上就是一种国家机关与国际物流活动当事人之间的行政关系。在当代社会，复杂的国际物流活动不可能离开公权的视野。监管者管理国际物流活动，这同时也是政府公共服务的一种体现。合理、高效的监管对于国际物流活动的快速运行不可或缺。

二、国际物流法律关系

法律关系是指被法律规范所调整的权利与义务关系。法律关系并不同于其所调整的社会关系。只有当一种社会关系被法律所调整，这种社会关系才能认为产生了法律关系。每一种法律关系中都会有三个要素：主体、客体、内容。国际物流法律关系也不例外，只不过是法律关系产生在国际物流这个行业之中。

主体是权利、义务的承担者；客体是主体的行为[①]；内容是权利、义务。

法律关系可以分为横向法律关系和纵向法律关系。横向法律关系是指平等主体间的法律关系，他们之间的权利义务为平等的民事法律关系中的权利义务。举一个例子：两个讨价还价的商人，他们之间谁也不能强迫谁，之间法律关系的成立依照他们自己的意愿。在我国，民事法律关系的主体可以分为自然人、法人和非法人组织。在国际物流中，横向法律关系大量存在。发货人、收货人、承运人、代理人之间存在的关系皆属此类。

相应地，纵向法律关系的主体间关系不平等，他们之间的法律关系大多为行政法律关系，如物流企业与海关的关系。按照行政法理论，行政法律关系的主体可以分为行政主体和行政相对人，是指享有行政权力，能以自己的名义行使行政权，作出影响行政相对人权利义务的行政行为，并能独立承担由此产生的相应法律责任的社会组织。在我国，行政主体包括国家行政机关和法律、法规授权的组织。行政相对人，是指行政管理法律关系中与行政主体相对应的另一方当事人，即行政主体的行政行为影响其权益的个人或组织。这是行政法学上的概念，而非制定法上的概念。在制定法上"行政相对人"一般称为"公民、法人和其他组织"。我们应该记住的是，作为行政主体的组织，也可以作为横向法律关系中的平等主体，如当海关采购办公用品时，它就是一个收货人。

三、国际物流法的渊源

法律的渊源指那些来源不同，因而具有法的不同效力意义和作用的、法的外在表现形式。以我国为例，法律渊源可分为以下几类：

（一）宪法

宪法是由全国人民代表大会依特别程序制定的具有最高效力的根本法。宪法是集中反映统治阶级的意志和利益，规定国家制度、社会制度的基本原则，具有最高法律效力的根本大法，其主要功能是制约和平衡国家权力，保障公民权利。宪法是我国的根本大法，在我国法律体系中具有最高的法律地位和法律效力，是我国最高的法律渊源。宪法主要由两个方面的基本规范组成，一是《宪法》。二是其他附属的宪法性文件，主要包括：主要国家机关组织法、选举法、民族区域自治法、特别行政区基本法、国籍法、国旗法、国徽法、保护公民权利法及其他宪法性法律文件。

（二）法律

法律是指由全国人民代表大会和全国人民代表大会常务委员会制定颁布的规范性法律文件，即狭义的法律，其法律效力仅次于宪法。法律分为基本法律和

① 法律关系的客体有不同的说法，但本书不讨论。

一般法律（非基本法律、专门法）两类。基本法律是由全国人民代表大会制定的调整国家和社会生活中带有普遍性的社会关系的规范性法律文件的统称，如刑法、民法、诉讼法以及有关国家机构的组织法等法律。一般法律是由全国人民代表大会常务委员会制定的调整国家和社会生活中某种具体社会关系或其中某一方面内容的规范性文件的统称。其调整范围较基本法律小，内容较具体。我国大陆有关国际物流活动的法律有《民法通则》《合同法》《海关法》等等。

（三）行政法规

行政法规是国家最高行政机关国务院根据宪法和法律，按照法定程序制定的有关行使行政权力和履行行政职责的规范性文件的总称。其法律地位和法律效力仅次于宪法和法律，但高于地方性法规和法规性文件。

（四）地方性法规

地方性法规是指依法由有地方立法权的地方人民代表大会及其常委会就地方性事务以及根据本地区具体情况和实际需要所制定的规范性文件。有权制定地方性法规的地方人大及其常委会包括省、自治区、直辖市人大及其常委会，较大的市的人大及其常委会。较大的市，是指省、自治区人民政府所在地的市，经济特区所在地的市和经国务院批准的较大的市。地方性法规只在本辖区内有效。

（五）规章

国务院各部、委员会、中国人民银行、审计署和具有行政管理职能的直属机构，以及省、自治区、直辖市人民政府和较大的市的人民政府所制定的规范性文件称规章。内容限于执行法律、行政法规、地方法规的规定，以及相关的具体行政管理事项。

（六）民族自治地方的自治条例和单行条例

根据《宪法》和《民族区域自治法》的规定，民族自治地方的人民代表大会有权依照当地民族的政治、经济和文化的特点，制定自治条例和单行条例。其适用范围是该民族自治地方。

（七）特别行政区的法律法规

《宪法》第31条规定："国家在必要时得设立特别行政区。"特别行政区根据宪法和法律的规定享有行政管理权、立法权、独立的司法权和终审权。特别行政区同中央的关系是地方与中央的关系。但特别行政区享有一般地方所没有的高度自治权，包括依据全国人大制定的特别行政区基本法所享有的立法权。特别行政区的各类法的形式，是我国法律的一部分，是我国法律的一种特殊形式。特别行政区立法会制定的法律也是我国法的渊源。

（八）国际条约

国际条约是指我国与外国缔结、参加、签订、加入、承认的双边、多边的条约。

这些文件的内容除我国在缔结时宣布持保留意见不受其约束的以外，都与国内法具有一样的约束力，所以也是我国法的渊源。

（九）惯例

国际惯例的形成与发展是一个循序渐进的过程。它植根于参与国际交往的行为主体的长期反复实践。早在现代意义上的民族国家尚未形成时的中世纪的欧洲，商人们在各地大的集市上进行交易的规则，在各种各样的地方法中几乎相同，久而久之，便形成了商人习惯法（Lex Mercatoria，Law of the Merchants）。现在的国际惯例，基本都是以软法的形式存在的，只有当事人同意将它适用于他们间的关系，该惯例才可取得效力。值得注意的是，由于民商事法律关系中强调意思自治，订入合同中的惯例可以取得优于法律中任意性规定的地位。

（十）司法解释

司法解释是司法机关对法律法规的具体应用问题所作的说明。本章中的司法解释主要是最高人民法院对国际物流相关法律法规所作的司法解释。虽然理论上还有对司法解释正当性的质疑，但不可否认的是，在我国的司法实践中，司法解释几乎取得了与法律相同的地位。

其他国家和地区的法律渊源可以以此为类比。不过值得注意的是，在一些国家和地区，判例和学说也具有渊源的地位：

（一）判例

法院判例是指法院先前的某一判决具有法律的效力，从而成为以后审判同类案件的依据，故又有称为"先例"的。在英国、美国和我国香港地区等属于英美法系的国家和地区，判例可谓最重要的法律渊源。

（二）学说

历史上和现实中，有关学说担当着法制和法治的指导思想的角色。随着社会的发展，法律学说特别是科学而权威的法律学说越来越受到重视，并成为重要的资源性渊源。有一些国家的法律明定，在法无规定时，依学说裁判案件。

四、国际物流相关法律法规的特点

在国际物流中牵涉到的法律法规纷繁复杂。总结一下，具有以下特点：

（1）广泛性。这是指相关法律法规规制的内容广泛。物流活动的各个要素、各个环节基本都有法律法规调整。从环节上来说，物流活动可以有仓储、口岸、运输、配送、信息处理等各个环节，这些环节都有相应的法律调整。从物流活动的主体上说，无论产生还是从业资格，都有商主体法的调整。

（2）技术性。这是指调整物流活动的法律法规具有技术含量，其用语具有明显的行业色彩。物流相关法律法规的技术性是由物流行业的专业性所决定的。当代物流活动离不开各种技术，尤其是信息技术。当物流在国际层面展开时，各环节的顺畅衔接离不开各环节的顺畅交流。由此就要求用语的统一化和专业化。由此带来的技术性不可避免。

（3）渊源多样性。这是指国际物流法律渊源不一，层级不同。仅以我国来说，规制物流活动的法律渊源就可以认为包括宪法、法律、行政法规、部门规章、地方性法规、地方政府规章、国际条约、国际习惯、国际商事惯例。其他国家的情况也可以类比。这些渊源层级不同，实践中该适用哪些就颇费周折。[①]

（4）国际性。此乃本书所讲内容的应有之义。国际物流相关法律法规具有国际性表现在下列几种情况：

① 法律本身就是多国皆适用的，如国际条约。国际条约是国际法主体之间以国际法为准则为确立其相互权利和义务而缔结的书面协议。一般来说，国际物流活动中的主体并不是国际法主体。一些条约，其签约方虽然是国家，但条约本身的规定却主要是商事主体的权利义务，如《联合国国际货物销售合同公约》，再如各国联合起来或者由国际组织统一制定一些规则，如货架、集装箱的统一规格，条形码的标准等等。其中，有的并不是强制性规定，但各个物流活动的参与者却自愿执行。

② 一国法律影响多国主体。如本章开头的那个案例，只要你需要把一个货物运到一个国家，你就必须遵守那个国家的法律。

③ 多国法律内容相近或一致。由于各国交往日益加深，再加上物流活动日益国际化，一些国家法律中优秀的部分就会被其他国家借鉴。这是一种情况。还有一种情况是各国的法律有一些共同的范本，各国在制定自己的法律时不同程度地会予以借鉴。例如，我国《海商法》的制定，就部分借鉴了《海牙规则》。一些国家与我国一样没有加入《海牙规则》，但都在制定自己的海商法时予以借鉴。这样一来，这些没有加入的国家和加入的国家的海商法就有相似的地方。

另外，以上所说是国际物流相关法律法规的总体性特征，并不是说其中各个法律皆有此特征。

五、国际物流相关法律法规的分类

与国际物流相关的法律法规范围广泛，大体上可以分为以下几类：

（1）基础法律制度。这主要包括商主体制度和合同基本法。它们之所以被称为基础，是因为这些制度的基础性作用。回顾历史，这些制度的产生甚至早于物流概念的诞生。在我国，商事主体法包括公司法、合伙企业法、个人独资企业

---

① 在国际层面，解决法律选择的难题就必须考虑法律冲突法。

法、三资企业法。各个物流环节还对商事主体提出了分别的准入规定。合同基本法在我国指《合同法》。其总则的规定适用于一切合同,例外仅有特别法的不同规定和当事人对其中任意法[①]的修改。另外,《民法通则》《对外贸易法》也是我国国际物流的基础性法律。

(2) 采购与销售法律制度。在我国《合同法》中,分则的买卖合同部分作了详细规定。在国际上最为著名的是《联合国国际货物销售合同公约》(CISG)。另外,《国际贸易术语解释通则》也是实践中必然使用的。

(3) 货物运输法律制度。物流是物资的流动,货物运输法律制度是其中非常重要的部分。按照运输方式的不同,国际货物运输法律制度也可相应地分为陆上运输法律制度、海上运输法律制度、航空运输法律制度、多式联运法律制度。

(4) 货物仓储法律制度。物资的运输必有停顿,停顿之处必须要有储藏。相应地也就产生了仓储法律制度。我国《合同法》分则中有专门的仓储合同的规定。

(5) 配送法律制度。配送是物流末端的活动,集装卸、保管、包装、加工、运输于一身。配送较为复杂,自然需要法律规制。在《合同法》中并没有专门的配送合同这一章,需要参照分则中类似的规定。

(6) 货物包装法律制度。包装不仅要保护商品,更要保护人的安全。所以对于包装有许多强制性的规定。

(7) 货物装卸搬运法律制度。装卸是指:"物品在指定地点以人力或机械装入运输设备或卸下。"搬运是指:"在同一场所内,对物品进行水平移动为主的物流作业。"[②]装卸搬运是物流各环节联系的必要手段。由于其技术水平要求高,也需要相应规定调整。

(8) 国际物流保险法律制度。经营者总是需要分散自身的风险,保险就是一项必然的选择。当保险与国际物流结合之后,国际物流保险法律制度就是其必然产物。虽然其中的内容大多就是一般的保险法,但却也增加了些物流的专业性。

(9) 口岸法律制度。口岸是由国家指定对外往来的门户,是国际货物运输的枢纽。经过了口岸这一环节,一次物流活动才从国内物流变成了国际物流。口岸法律制度包括海关货运监管制度和检验检疫制度。

---

① 任意法是指主体间可以用彼此约定选择或排除适用的法律规则。

② 《国家标准物流术语》。

第二节　我国物流相关法律法规

本节主要介绍我国内地的物流相关法律法规，以求给读者一个整体性的印象。

一、基础法律制度

（一）《民法通则》

《民法通则》是我国对民事活动中一些共同性问题所作的法律规定，是民法体系中的重要的一部法律，于 1986 年 4 月 12 日通过，自 1987 年 1 月 1 日起施行。由于历史原因，我国的法律制度原本并不完善，《民法通则》可以说是带有一定的应急性的。必须注意的是，我们不能把《民法通则》理解为德国法系民法典五编制中的总则编。《民法通则》有对民法问题普遍性的规定，里面的民事主体制度、合同制度、时效制度等对物流活动具有意义。虽然《民法通则》的规定有许多已经被以后的立法所补充或替代，但是从业人员仍然应当知道其中的规定。

（二）《合同法》

我国合同制度的立法，经历了长期的历史发展过程。改革开放以来，为适应以经济建设为中心的需要，我国陆续颁布、实施了《经济合同法》《涉外经济合同法》《技术合同法》。此外，《民法通则》也对合同制度作了大量规定，对促进经济发展发挥了重要作用。但是，在我国实行社会主义市场经济和加大对外开放力度后，这三部合同法的计划经济色彩已显现出来，同时，由于三部合同法并存的弊端和冲突，显然已经不能满足社会主义市场经济发展的需要。为了维护社会主义市场经济秩序，促进社会主义市场经济的健康发展，切实保护合同当事人的合法权益，促进社会主义现代化建设，我国于 1999 年颁布和施行了《合同法》。

国际物流活动当事人之间的关系基本上是合同关系，由此可见《合同法》的重要性。《合同法》总则中对合同的一般问题作了规定。在《合同法》分则中规定有买卖合同、运输合同、仓储合同等内容，这都与物流活动有关。

（三）《对外贸易法》

《对外贸易法》于 1994 年 5 月 12 日第八届全国人民代表大会常务委员会第七次会议通过，2004 年 4 月 6 日再由中华人民共和国第十届全国人民代表大会常务委员会第八次会议修订通过，并于 2004 年 7 月 1 日起施行。

《对外贸易法》规定的是我国对外贸易的基本问题，如对外贸易经营者的定义与权利义务，货物进出口与技术进出口，对外贸易秩序等等的最为基础性的规定。国际物流为对外贸易服务，这一部法律应给予适当的关注。

（四）《物流业调整和振兴规划》与《国务院办公厅关于促进物流业健康发展政策措施的意见》[①]

2009 年 3 月 10 日，国务院印发了《物流业调整和振兴规划》（以下简称《规划》）。该规划分为六个部分，分别是：发展现状与面临的形势，指导思想、原则和目标，主要任务，重点工程，政策措施，规划实施。

《规划》首次完整地提出了物流业在国民经济中的地位和作用：物流业是融合运输业、仓储业、货代业和信息业等的复合型服务产业，是国民经济的重要组成部分，涉及领域广，吸纳就业人数多，促进生产、拉动消费作用大，在促进产业结构调整、转变经济发展方式和增强国民经济竞争力等方面发挥着重要作用。

《规划》虽然在题目中冠以“振兴”的字眼，但更偏重于指出长远的发展方向，是我国物流业发展的行动纲领和施工草图。《规划》通篇贯穿了一条主线，那就是在“指导思想”中提出的“建立现代物流服务体系，以物流服务促进其他产业发展”。在“规划目标”中也提出，“初步建立起布局合理、技术先进、节能环保、便捷高效、安全有序并具有一定国际竞争力的现代物流服务体系”。

《规划》明确了物流业短期和中长期的十大任务。这十大任务可分为四个层面：一是国家层面，二是区域层面，三是行业层面，四是企业层面。国家层面主要有两条：一是国家将通过有效手段推动中国物流业的发展，包括统筹规划、增加投入、示范引导、政策协调、技术推广、人才培养等，营造有利于物流业发展的大环境；二是重点发展九大物流区域，建设十大物流通道和一批物流节点城市，优化物流业区域布局。区域层面也有两条：一是明确了九大区域，特别是东中西部地区物流发展的不同要求，东部地区要在全国率先做强；中部地区要提升物流产业水平，承东启西，贯通南北；西部地区要加强基础设施建设，改善环境，缩小与东部地区的差距。二是坚决打破行业垄断，消除地区封锁，强调全国一盘棋，优化组合全国资源，形成社会化大物流。行业与产业层面主要讲了以下两条：一是从大的行业划分，明确了制造业、商贸业、农业、服务业如何与物流业互动发展，提升产业水平；二是从小的行业或产业划分，点到了石油、煤炭、矿业、粮食、棉花、农产品、农资、农村日用品、食品、仓储、烟草、出版、药品、汽车、废弃物、化学危险品、快递、金融、税务、海关、邮政、检验检疫、铁路、公路、水运、航空、工商管理、信息服务等部门，要求这些产业加速实现物流的社会化与专业化，或参与资源的优化整合。企业层面讲了两条：一是要推动物流企业与生产、商贸企业互动发展，促进供应链各环节的有机结合，鼓励现有运输、仓储、货代、联运、快递企

---

① 参见贺登才：《深刻领会〈规划〉全面落实〈规划〉——学习国务院〈物流业调整和振兴规划〉的体会》，载《市场周刊（新物流）》2009 年第 4 期；丁俊发：《〈物流业调整和振兴规划〉的重点与亮点》，载《中国流通经济》2009 年第 7 期；何黎明：《落实“国九条”促进物流业健康发展》，载《中国流通经济》2011 年第 11 期；中国物流与采购联合会 2012 年 3 月 15 日《关于“物流国九条”政策落实情况的调查报告》。

业的功能整合与服务延伸，加快向现代物流企业转型。二是要求物流企业加强信息沟通，创新物流服务模式，加强资源整合，满足多样化的物流需要。鼓励物流企业通过参股、控股、兼并、联合、合资、合作等多种形式进行资产重组，培育一批服务水平高、国际竞争力强的大型现代物流企业。

《规划》重点规划了九大物流工程。这九大物流工程可分为三类：第一类是物流基础设施建设方面的，包括多式联运、转运设施工程、物流园区工程、应急物流工程、大宗商品和农村物流工程；第二类是物流管理技术应用方面的，包括城市配送工程、制造业与物流业联动发展工程；第三类是物流基础工程方面的，包括物流标准与技术推广工程、物流公共信息平台工程、物流科技攻关工程。这只是一个大概的划分，实际上各类之间互有交叉。

《规划》也指明了政府在物流业发展中的作为，这包括九个方面：(1) 加强组织和协调，这是领导组织保证；(2) 改革物流管理体制，这是体制保证；(3) 完善政府法规体系，这是法律保证；(4) 制定落实专项规划，这是措施保证；(5) 多渠道增加对物流业的投入，这是财力保证；(6) 完善物流统计指标体系，这与标准化、信息化一样是物流的基础保证；(7) 继续推进物流业对外开放与国际合作，这是外部环境保证；(8) 加快物流人才培养，这是人力资源保证；(9) 发挥行业社团组织的作用，这是行业自律服务保证。

2011 年 8 月 2 日，国务院办公厅发布了《国务院办公厅关于促进物流业健康发展政策措施的意见》。该意见共分九条，分别是：切实减轻物流企业税收负担、加大对物流业的土地政策支持力度、促进物流车辆便利通行、加快物流管理体制改革、鼓励整合物流设施资源、推进物流技术创新和应用、加大对物流业的投入、优先发展农产品物流业、加强组织协调。该意见对物流业影响巨大，被称作物流业的“国九条”。

“国九条”提出了税收、土地、交通、体制改革、资源整合、技术创新、加大投入、农产品物流等九个方面的四十多条政策措施。这些都是业界反映强烈、长期制约物流业发展的突出问题。例如，在税收方面，强调在完善税收试点办法的基础上，研究解决仓储、配送、货运代理等环节与运输环节营业税税率不统一的问题和大宗商品仓储设施用地的土地使用税政策，切实减轻物流企业税收负担；在交通方面，针对反映集中的过路过桥费过高、罚款过多过乱、配送车辆进城难等问题，提出了清理并降低过路过桥费、为配送车辆进城通行提供便利、坚决治理“乱罚款”、实事求是解决运输车辆难题、制定大件运输管理办法等一系列措施。

为深入了解政策落实情况，收集和反映企业诉求，促进政策全面落实，中国物流与采购联合会于 2012 年 2 月在会员单位内开展了“物流国九条”政策落实情况调查。总体来看，“物流国九条”出台以来，各地、各有关部门积极推动落实，在税收、交通、投融资和土地等政策方面，都有不同程度进展，但与国务院办公厅文件要求还有较大差距,与物流企业所需要的政策环境还有相当距离。调查显示:(1) 营业税差额纳税试点工作取得明显效果;(2) 营业税改征增值税试点企业税负增加较多;(3) 土地使用税减半征收政策有待继续落实;(4) 过路过桥费仍是物流企业沉重负担;(5) 公路罚款总体变化不大;(6) 过半物流基础设施纳入地方规划;(7) 仓库租金持续高位运行;(8) 企业融资渠道较为单一;(9) 企业兼并重组程序复杂、困难较多;(10) 企业信息化建设缺乏引导;(11) 物流企业申请高新技术企业门槛较高;(12) "绿色通道"政策有待继续落实;(13) 企业设立分支机构仍有困难;(14) 物流管理体制障碍制约行业发展。

二、采购与销售法律制度

(一)《合同法》分则:买卖合同部分

物流是包括运输、搬运、储存、保管、包装、装卸、流通加工和物流信息处理等基本功能的综合性活动,而实现这一切,都以货物的买卖为起点。没有货物买卖使物资进入物流流程,那物流将不存在。

买卖合同是一方转移标的物的所有权于另一方,另一方支付价款的合同。转移所有权的一方为出卖人或卖方,支付价款而取得所有权的一方为买受人或者买方。在买卖合同中需要注意的问题有商品的名称、品种、规格和质量;商品的数量和计量单位、计量方法;商品的包装;商品的交付、运输方式、交货地点,以及风险转移和验收方法;产品的价格与货款的结算;双方的违约责任等。

(二)《招标投标法》及其实施条例

招标投标是在货物、工程和服务的采购行为中,招标人通过事先公布的采购和要求,吸引众多的投标人按照同等条件进行平等竞争,按照规定程序并组织技术、经济和法律等方面专家对众多的投标人进行综合评审,从中择优选定项目的中标人的行为过程。《招标投标法》第 3 条第 1 款规定:"在中华人民共和国境内进行下列工程建设项目包括项目的勘察、设计、施工、监理以及与工程建设有关的重要设备、材料等的采购,必须进行招标:(一) 大型基础设施、公用事业等关系社会公共利益、公众安全的项目;(二) 全部或者部分使用国有资金投资或者国家融资的项目;(三) 使用国际组织或者外国政府贷款、援助资金的项目。"由此可见,因招标投标而产生的物流活动一般都具有价值高的特点。

一般而言,招标的整个流程包括招标、投标、开标、评标、中标五个阶段。招标是指招标人发出招标公告或投标邀请书,说明采购的各项细节,邀请特定或不特定的投标人在规定的时间、地点按照一定的程序进行投标的行为。投标是指投标人根据招标文件的要求,编制并提交投标文件,响应招标的行为,从本质上讲是合同法上的要约。开标是招标人按照招标文件确定的时间和地点,邀请所有投标人到场,当众开启投标人提交的投标文件,宣布投标人的名称、投标报价及投标文件中的其他重要内容的行为。在此基础上可以评标确定中标人。评标是招标人依据招标文件的规定和要求，对投标文件进行审查、评审和比较，确定候选的中标人。中标是招标人从评标委员会推荐的中标候选人中确定中标人，并向中标人发出中标通知书，同时将中标结果通知所有未中标的投标人。之后，招标人与中标人签订合同。

《招标投标法》于 1999 年 8 月 30 日在第九届全国人民代表大会常务委员会第十一次会议通过，自 2000 年 1 月 1 日起施行。《招标投标法实施条例》经 2011 年 11 月 30 日国务院第 183 次常务会议通过，自 2012 年 2 月 1 日起施行。这两个文件规定了招标、投标、开标、评标、中标应当遵循的规则，并明确了投诉与处理的方法以及违法时的法律责任。

三、货物运输法律制度

（一）海上货物运输

海上货物运输，是指承运人收取运费，负责将托运人托运的货物经海路由一港运至另一港。《海商法》第四章为海上货物运输合同，不适用于中华人民共和国港口之间的海上货物运输。也就是说，这一章适用于国际运输。在这一章中规定了海上货物运输合同的主要内容，包括海上货物运输合同的订立、承运人的责任及免责事由、提单、货物损坏或灭失的赔偿限额、托运人的义务、航次租船合同以及多式联运合同的特殊规定等。

（二）水路货物运输

1.《国内水路运输管理条例》

2012 年 10 月 13 日，中华人民共和国国务院令第 625 号公布《国内水路运输管理条例》（以下简称《条例》）。该条例分总则、水路运输经营者、水路运输经营活动、水路运输辅助业务、法律责任、附则六章 46 条，自 2013 年 1 月 1 日起施行。

按照《条例》的规定，从事水路运输经营活动应当遵守的规定主要包括：

（1）遵守有关市场准入的规定。《条例》规定，申请从事水路运输经营业务，应当在船舶性能、船员资质和安全管理制度等方面符合规定的标准和条件，经交通运输主管部门审查合格，发给水路运输经营许可证后，方可在许可范围内从事相应的水路运输经营活动。《条例》对申请从事经营水路运输活动应具备的条件和交通运输主管部门的审批程序、时限等作了规定。

（2）遵守有关规范水路运输经营行为的规定。为维护水路运输市场的正常秩序，保障运输过程中的安全，维护旅客、货主的合法权益，《条例》要求水路运输经营者保证船舶适航，禁止超载运输，遵守有关危险货物运输的规定，履行班轮运输的相关义务，以及依法优先运送处置突发事件所需物资，重点保障紧急、重要的军事运输和关系国计民生的紧急运输等方面，对水路运输经营者应当遵守的经营行为规范作了规定。

2.《国内水路货物运输规则》

中华人民共和国沿海、江河、湖泊以及其他通航水域中从事的营业性水路货物运输适用《国内水路货物运输规则》。该规则规定了水路货物运输合同的订立，运输合同当事人间的权利、义务，水路货物运输合同的运输单证，货物的接收与交付等问题，并对航次租船运输、集装箱运输、单元滚装运输作了特别规定。

3.《水路危险货物运输规则》

《水路危险货物运输规则》的制定是为了加强水路危险货物运输管理，保障运输安全，防止事故发生，适应国民经济的发展。在中华人民共和国境内从事危险货物的船舶运输、港口装卸、储存等业务，除国际航线运输（包括港口装卸）、军运、散装危险货物另有规定外，均适用本规则。凡具有爆炸、易燃、毒害、腐蚀、放射性等特性，在运输、装卸和储存过程中，容易造成人身伤亡和财产毁损而需要特别防护的货物，均属危险货物。根据中华人民共和国 GB6944《危险货物分类和品名编号》和 GB12268《危险货物品名表》等有关国家标准，将危险货物划分为以下九类：爆炸品，压缩气体和液化气体，易燃液体，易燃固体、自燃物品和遇湿易燃物品，氧化剂和有机过氧化物，毒害品和感染性物品，放射性物品，腐蚀品，杂类。该规则规定了危险货物包装和标志、托运、承运、装卸、储存和交付、消防和泄漏处理。

（三）铁路货物运输

1.《铁路货物运输合同实施细则》

《铁路货物运输合同实施细则》所指的铁路货物运输是中华人民共和国铁道部公布的营业铁路货物运输。本细则适用于铁路运输部门与企业、农村经济组织、国家机关、事业单位、社会团体等法人之间签订的货物运输合同。个体经营户、个人与铁路运输部门签订的货物运输合同，应参照本细则执行。军事运输、国际联运，铁路与水路、公路、航空、管道之间的货物联运，另行规定。本细则规定了铁路货物运输合同的签订，货物运输合同的履行，货物运输合同的变更或解除，违反货物运输合同的责任和处理等内容。

2.《铁道部关于过境中国铁路国际联运货物运送费用核收暂行规定》

过境中国铁路国际联运货物，是指由境外启运，过境中国铁路继续运往境外的国际联运货物。下列国际联运货物运送，均适用本规定：（1）经一国境站接入，通过中国铁路运送并经另一国境站出境运往其他国家的货物。（2）经一国境站接入，通过中国铁路运送并经一港口站转运到其他国家的货物。（3）经一港口站接入，通过中国铁路运送并经一国境站出境运往其他国家的货物。

（四）公路货物运输

1.《公路超限检测站管理办法》

《公路超限检测站管理办法》的制定是为了加强和规范公路超限检测站管理，保障车辆超限治理工作依法有效进行。该办法规定了超限检测站的规划建设，运行管理，执法管理，主管人员、执法人员、车辆所有人、驾驶人及其他人员的法律责任等内容。

2.《汽车货物运输规则》

在中华人民共和国境内从事营业性汽车货物运输及相关的货物搬运装卸、汽车货物运输服务等活动，应遵守《汽车货物运输规则》。除法律法规另有规定外，汽车运输与其他运输方式实行货物联运的适用本规则。拖拉机及其他机动车、非机动车辆从事货物运输的，可参照本规则执行。该规则规定了对承运人、托运人与运输车辆的要求，对货物的要求，货物保险与货物保价运输，运输合同的订立、履行、变更和解除，搬运装卸与交接，运输责任的划分，运输费用，货运事故和违约处理等事项。

3.《汽车运价规则》

《汽车运价规则》是计算汽车运费的依据。凡参与营业性汽车运输活动的经营者、旅客、托运人，均应遵守本规则。本规则规定的汽车运价包括：汽车货物运价、汽车旅客运价。其中第二章规定了货物运价。

4.《道路大型物件运输管理办法》

《道路大型物件运输管理办法》第 2、3 条规定："大型物件是指符合下列条件之一的货物：（一）货物外形尺寸：长度在 14 米以上或宽度在 3.5 米以上或高度在 3 米以上的货物；（二）重量在 20 吨以上的单体货物或不可解体的成组（捆）货物。道路大型物件运输是指在我国境内道路上运载大型物件的运输。""凡在我国境内从事道路大型物件运输均应遵守本办法。"该办法规定了大型物件分级、申请与审批、大型物件运输组织与管理、费收规定、违章处罚等内容。

（五）航空货物运输

1.《民用航空法》

《民用航空法》于 1995 年 10 月 30 日由第八届全国人民代表大会常务委员会第十六次会议通过，自 1996 年 3 月 1 日起施行。该法第八、九章规定了航空运输有关的内容。具体说，规定了对公共航空运输企业的要求，对公共航空运输的规定，特别是其中的运输凭证、承运人的责任、实际承运人履行航空运输的特别规定，规定了货物运输的许多问题。

2.《国内航空运输承运人赔偿责任限额规定》

《国内航空运输承运人赔偿责任限额规定》适用于中华人民共和国国内航空运输中发生的损害赔偿。该法第 3 条规定："国内航空运输承运人应当在下列规定的赔偿责任限额内按照实际损害承担赔偿责任,但是《民用航空法》另有规定的除外:(一)对每名旅客的赔偿责任限额为人民币40万元;(二)对每名旅客随身携带物品的赔偿责任限额为人民币3000元;(三)对旅客托运的行李和对运输的货物的赔偿责任限额,为每公斤人民币100元。”

3.《中国民用航空货物国际运输规则》

《中国民用航空货物国际运输规则》第2条规定:“本规则适用于依照中华人民共和国法律设立的公共航空运输企业使用民用航空器运送货物而收取报酬的国际航空运输,也适用于公共航空运输企业(以下称承运人)使用民用航空器办理免费的货物国际航空运输。”该规则规定了货物托运、货物收运、运价、运费和其他费用、运输货物、货物交付、特种货物运输、承运人的运输条件、规定等的制定和修改等问题。

(六)多式联运

由两种及其以上的交通工具相互衔接、转运而共同完成的运输过程称为多式联运。这种方式把不同的运输方式综合起来,提供高效的运输服务。我国的《合同法》《民用航空法》《海商法》中都有对多式联运的特别规定。1997年交通部、铁道部曾颁布过《国际集装箱多式联运管理规则》,但已于2003年失效。

四、货物仓储法律制度

1.《合同法》分则:仓储合同

仓储合同是保管人储存存货人交付的仓储物,存货人支付仓储费的合同。提供储存保管服务的一方称为保管人,接受储存保管服务并支付报酬的一方称为存货人。交付保管的货物为仓储物,仓储合同属于保管合同的一种特殊类型。《合同法》分则中仓储合同部分规定了合同双方权利义务、仓单等事项。

2.《海关对出口监管仓库及所存货物的管理办法》

自2006年1月1日起施行的《海关对出口监管仓库及所存货物的管理办法》,规范了海关对出口监管仓库及所存货物的管理,适用于出口监管仓库的设立、经营管理以及对出口监管仓库所存货物的管理。它规范了出口监管仓库的设立、出口监管仓库的管理、出口监管仓库货物的管理以及相关法律责任等事项。

3.《海关对保税仓库及所存货物的管理规定》

保税仓库是保税制度中应用最广泛的一种形式,《海关对保税仓库及所存货物的管理规定》中所称的保税仓库,是指经海关批准设立的专门存放保税货物及其他未办结海关手续货物的仓库。本规定涉及保税仓库的类型、保税仓库的设立、保税仓库的管理、保税仓库所存货物的管理以及相关法律责任等问题。

五、配送法律制度

配送是指在经济合理区域范围内,根据客户要求,对物品进行拣选、加工、包装、分割、组配等作业,并按时送达指定地点的物流活动。配送是物流中一种特殊的、综合的活动形式。由于在我国并没有专门规定配送的法律法规,在实际使用法律的过程中,只能按照配送中各部分的特点,寻找各部法律法规中可资利用的部分。例如,《民法通则》《合同法》中都有可以参照的内容。

六、货物包装法律制度

包装是指为在流通过程中保护产品,方便储运,促进销售,按一定的技术方法所用的容器、材料和辅助物等的总体名称;也指为达到上述目的在采用容器、材料和辅助物的过程中施加一定技术方法等的操作活动。包装的作用为保护产品,方便储运,促进销售。由于包装的辅助性地位,有关于包装的一般性规定散见于各部法律法规中。但是由于部分包装的专业性和国际物流的跨国性特征,还是能够见到大量的琐碎的规定,如 GB 14147-1993《陶瓷包装容器铅、镉溶出量允许极限》,GB/T 14745-1993《包装缓冲材料蠕变特性试验方法》,GB 14942-1994《食品容器、包装材料用聚碳酸酯成型品卫生标准》,GB 14944-1994《食品包装用聚氯乙烯瓶盖垫片及粒料卫生标准》,GB 15204-1994《食品容器、包装材料用偏氯乙烯—氯乙烯共聚树脂卫生标准》,GB 15346-1994《化学试剂包装及标志》等等。除了包装的共同要求如能够保护商品、环保、经济外,实践中必须依据商品的不同适用不同的标准。

七、货物装卸、搬运

装卸是指物品在指定地点以人力或机械装入运输设备或卸下。搬运是指在同一场所内,对物品进行水平移动为主的物流作业。装卸、搬运是物流各项活动开始及结束时必然发生的活动,因而具有附属性,由此也导致了对于装卸、搬运的规定多散见于规定各种作业方式的文件中,如《国际海运条例》《出境入境边防检查条例》《铁路货物运输合同实施细则》《水路货物运输合同实施细则》。其中,对装卸、搬运的共同要求为应谨慎处理,按章作业,保证货运质量。

八、口岸法律制度

(一) 海关货运监管法律制度

1.《海关法》

海关是国家的进出关境监督管理机关。海关依照《海关法》和其他有关法律、法规,监管进出境的运输工具、货物、行李物品、邮递物品和其他物品,征收关税和其他税、费,查缉走私,并编制海关统计和办理其他海关业务。本法规定了进出境运输工具、进出境货物、进出境物品、关税以及相关法律责任,是海关货运监管制度的基本法律。

2.《进出口关税条例》

《进出口关税条例》第2、3条规定:"中华人民共和国准许进出口的货物、进境物品,除法律、行政法规另有规定外,海关依照本条例规定征收进出口关税。""国务院制定《中华人民共和国进出口税则》、《中华人民共和国进境物品进口税税率表》,规定关税的税目、税则号列和税率,作为本条例的组成部分。"

3.《货物进出口管理条例》

《货物进出口管理条例》第2条规定:"从事将货物进口到中华人民共和国关境内或者将货物出口到中华人民共和国关境外的贸易活动,应当遵守本条例。"依照该条例,国家对货物进出口实行统一的管理制度。依据该条例,中华人民共和国在货物进出口贸易方面根据所缔结或者参加的国际条约、协定,给予其他缔约方、参加方最惠国待遇、国民待遇,或者根据互惠、对等原则给予对方最惠国待遇、国民待遇;任何国家或者地区在货物进出口贸易方面对中华人民共和国采取歧视性的禁止、限制或者其他类似措施的,中华人民共和国可以根据实际情况对该国家或者地区采取相应的措施。除此之外,该条例还规定了其他的具体问题。进出口许可证制度则由《货物出口许可证管理办法》《货物进口许可证管理办法》和《货物自动进口许可管理办法》具体规定。

(二)检验检疫制度

出入境检验检疫制度,是指由国家进出境检验检疫部门依据我国有关法律和行政法规以及我国政府所缔结或者参加的国际条约、协定,对进出境的货物、物品及其包装物、交通运输工具、运输设备和进出境人员实施检验检疫监督管理的制度。在我国,实行检验检疫的基本法律是《进出口商品检验法》《国境卫生检疫法》《进出境动植物检疫法》。同时,还有约百项法律法规与之配套。中华人民共和国国家质量监督检验检疫总局主管以上工作。

九、我国目前国际物流相关法律法规存在的问题

(1) 层次低。在我国,具有直接操作性的法规多由各部委、各地方颁布,并不属于狭义上的法律。这些规定有许多缺乏强制性的命令,只适合作为指导性要求,削弱了对国际物流当事人应有的约束力。

(2) 碎片化。我国没有一部统一管理物流各环节的法律。大多数的规定散见于各种法律法规之中,这样给使用带来了诸多麻烦。由于令出多门,有时会发生对同一个环节的规定出现矛盾的情况。

(3) 立法滞后。我国有许多关于国际物流的法律法规制定于十数年前甚至

数十年前。由于改革开放后情况变化巨大,许多的规定已经不符合实际。这不仅影响了我国物流业的发展,也与物流的国际性不符。

(4) 执法问题。由于立法上的令出多门,造成了执法上的政出多门。不同的法律规定了同一样事物,造成了对同一问题的重复处理,给物流业平白增加成本。另外,由于某些地方地方保护主义盛行,使得国际物流的国内运输阶段风波不断。

第三节　国际条约与国际惯例

随着二战后经济全球化的迅猛发展,国际物流也随之高速增长。为了促进本国的经济,各国间签订了许多条约规范国际贸易,也一定程度上规范了物流。同时,一些国际组织也提出了自己所建议的"法律"。这些"法律"就是国际商事惯例。它们并没有真正法律那样的普遍约束力,但是当双方当事人同意将其适用于自己时,这些惯例对当事人就像法律一样,所以也有"软法"之称。

(一) 世界贸易组织法律体系

世界贸易组织是多边贸易体制的法律基础和组织基础,是众多贸易协定的管理者,是各成员贸易立法的监督者,是就贸易进行谈判和解决争端的场所,是当代最重要的国际经济组织之一,被称为"经济联合国"。世界贸易组织的法律框架,由《建立世界贸易组织的马拉喀什协议》及其四个附件组成。附件一包括《货物贸易多边协定》《服务贸易总协定》和《与贸易有关的知识产权协定》,分别称为附件 1A、附件 1B 及附件 1C;附件二为《关于争端解决规则与程序的谅解》;附件三为《贸易政策审议机制》;附件四是诸边协议。附件 1A 为有关货物贸易的多边协议,这些协议主要包括:《1994 年关税与贸易总协定》《农产品协议》《实施动植物卫生检疫措施的协议》《纺织品与服装协议》《技术性贸易壁垒协议》《与贸易有关的投资措施协议》《关于履行 1994 年关税与贸易总协定第六条的协定》《关于实施 1994 年关税与贸易总协定第七条的协定》《装运前检疫协议》《原产地规则协议》《进口许可程序协议》《补贴与反补贴措施协议》《保障措施协议》。这些协议规范的内容影响了国际物流的多个环节。

(二) 自由贸易区法律体系

自由贸易区(Free Trade Area),是指两个或两个以上的国家或地区通过达成某种协定或条约取消相互之间的关税和与关税具有同等效力的其他措施的国际经济一体化组织。有时它也用来形容一国国内一个或多个消除了关税和贸易配额,并且对经济的行政干预较小的区域。我们这里指的是前者。自由贸易区内的国家与地区间通常给予对方相较 WTO 体系下更大的优惠和便利。现在世界上知名的自由贸易区有北美自由贸易区(NAFTA)、东南亚国家联盟

(ASEAN)、欧盟(EU)等。

自由贸易区的通畅建立仰仗自由贸易协定的签订。据观察,自由贸易区的国际条约通常包含以下内容:货物贸易;服务贸易;投资措施;原产地规则;海关手续;卫生与植物卫生措施;技术性贸易壁垒;人员出入境;知识产权;争端解决。有鉴于 WTO 的巨大成功,WTO 成立后出现的自由贸易区协定中常常会援用 WTO 规则。同时,由于自由贸易协定的缔约方数量少,这些国家和地区可以就一些特殊的问题作出规定。例如,中国和新加坡间的自由贸易协定就规定了有关中医的问题。

目前,中国正与五大洲的 29 个国家和地区建设 16 个自贸区。其中,已经签署并实施 10 个自贸协定,分别是中国与东盟、新加坡、巴基斯坦、新西兰、智利、秘鲁、哥斯达黎加自贸协定,中国内地与香港、澳门地区的更紧密经贸关系安排,以及与台湾地区的海峡两岸经济合作框架协议。正在商建的自贸区有 6 个,分别是中国与海湾合作委员会、澳大利亚、挪威、瑞士、冰岛、韩国自贸区。同时,中国已经完成了与印度的区域贸易安排联合研究、日韩自贸区官产学联合研究。此外,中国还加入了《亚太贸易协定》。[①]

(三)《联合国国际货物销售合同公约》与《国际贸易术语解释通则》

《联合国国际货物销售合同公约》(United Nations Convention on Contracts of International Sales of Goods,CISG)(以下简称《公约》)是由联合国国际贸易法委员会主持制定的,1980 年在维也纳举行的外交会议上获得通过。该公约于 1988 年 1 月 1 日正式生效。1986 年 12 月 11 日我国交存核准书,在提交核准书时,提出了两项保留意见:(1) 不同意扩大《公约》的适用范围,只同意《公约》适用于缔约国的当事人之间签订的合同,即适用范围的保留;(2) 不同意用书面以外的其他形式订立、修改和终止合同,即书面保留。CISG 规定了国际货物销售合同的主要内容。但与其他公约不同的是,CISG 与其说规范的是国家间的关系,倒不如说是规范买卖合同当事人间的关系。

《国际贸易术语解释通则》(International Rules for the Interpretation of Trade Terms, INCOTERMS)是国际商会为统一各种贸易术语的不同解释于 1936 年制定的。随后,为适应国际贸易实践发展的需要,国际商会先后于 1953 年、1967 年、1976 年、1980 年和 1990 年进行过多次修订和补充。最新版本为 2010 年发布的 INCOTERMS 2010。来自不同地区的商人对贸易术语的多种解释引起的误解阻碍着国际贸易的发展,基于便利商人们使用,有一个标准的贸易术语解释是非常重要的。INCOTERMS 正是一部国际知名的"软法"。不断修改的 INCOTERMS 与国际贸易一同发展,可以说是不同地区、不同国家商人间防止纠纷的

---

① 参见中国自由贸易区服务网:http://fta.mofcom.gov.cn/index.shtml,2013 年 1 月 23 日访问。

一个最通常的选择。

（四）《海牙—维斯比规则》《汉堡规则》《鹿特丹规则》

海牙规则（Hague Rules）全称为《统一提单的若干法律规定的国际公约》，是关于提单法律规定的第一部国际公约。1924年8月25日在比利时首都布鲁塞尔签订，1931年6月2日起生效。它是为了统一世界各国关于提单的不同法律规定，并确定承运人与托运人在海上货物运输中的权利和义务而制定的国际协议。《海牙规则》自1931年生效实施后，得到了国际航运界普遍接受，它使国际海上货物运输有法可依，统一了海上货物运输中的提单条款，对提单的规范化起到了积极作用，基本上缓和了当时承运方和托运方之间的矛盾，促进了国际贸易和海上运输事业的发展。但随着国际政治、经济形势的变化，以及航海、造船技术日新月异的进步，使海上运输方式发生了重大变革，特别是集装箱运输方式的出现和迅猛发展，海牙规则的内容已不适应新形势发展的需要。尤其关于承运人的大量免责条款明显偏袒船方利益，通货膨胀的现实使100英镑的赔偿限额明显过低等原因，到了20世纪50年代末，要求修改海牙规则的呼声日渐强烈。经过各国间的谈判，在1968年制定了《修改统一提单若干法律规定的国际公约议定书》。由于该议定书草案在斯德哥尔摩讨论期间，参加会议的成员到过哥特兰岛的维斯比城，为借用中世纪维斯比海法之名声，将该议定书称为《维斯比规则》（Visby Rules）。经过议定书修订后的海牙规则称为《海牙—维斯比规则》（Hague-Visby Rules）。虽然该规则廉颇老矣，但仍然是海上运输最重要的规则。

《汉堡规则》是《联合国海上货物运输公约》（United Nations Convention on the Carriage of Goods by Sea）的简称，于1978年3月6日至31日在德国汉堡举行由联合国主持的由78国代表参加的海上货物运输大会讨论通过，并于1992年11月1日生效。由于该规则并不偏向船方，导致重要的航运国家均没有加入。所以其重要性远远不如《海牙—维斯比规则》。

2008年12月11日，在纽约举行的联合国大会上，《联合国全程或部分海上国际货物运输合同公约》（United Nations Convention on Contracts for the International Carriage of Goods Wholly or Partly by Sea）正式得到通过，并且大会决定在2009年9月23日于荷兰鹿特丹举行签字仪式，开放供成员国签署，因而该公约又被命名为《鹿特丹规则》。从内容上看，《鹿特丹规则》是当前国际海上货物运输规则之集大成者，不仅涉及包括海运在内的多式联运、在船货两方的权利义务之间寻求新的平衡点，而且还引入了如电子运输单据、批量合同、控制权等新的内容，此外公约还特别增设了管辖权和仲裁的内容。但是由于其中的内容对现今的海上货物运输秩序有重大影响，各国由于利益不同而造成对是否加入的态度不同，所以该规则的前景仍旧不十分明朗。

（五）《国际公路货物运输合同公约》与《国际公路车辆运输公约》

《国际公路货物运输合同公约》（Convention Relative au Contrat de Transport International de Marchandise par Route, The CMR Convention）与《国际公路车辆运输公约》（The Convention on International Transport of Goods Under Cover of TIR Carnets）是国际上两个主要的有关公路运输的国际公约。但是由于我国没有加入，我国与他国间的公路运输主要依靠两国间的双边协定来管理。

（六）《国际铁路货物联运协定》与《铁路货物运输国际公约》

《国际铁路货物联运协定》（Agreement on International Railroad through Transport of Goods），简称《国际货协》，是于1951年11月由苏联、捷克斯洛伐克、罗马尼亚、民主德国等8个国家共同签订的一项铁路货运协定。1954年1月我国加入，其后，朝鲜、越南、蒙古也陆续加入，至此共有12个国家加入《国际货协》。另一国际铁路货物运输的重要国际公约为《铁路货物运输国际公约》，简称《国际货约》，于1970年签订，但是我国没有加入。由于有的国家同时是两个国际公约的成员国，因此我国通过铁路运输的商品可以通过该国家享受到《国际货约》的便利。

（七）华沙体系与《蒙特利尔公约》

《华沙公约》全称《统一国际航空运输某些规则的公约》，1929年10月12日订于波兰华沙，1933年2月13日生效，后经多次修改，我国于1957年7月通知加入，1958年10月对我国生效。该公约主要内容包括航空运输的业务范围，运输票证、承运人的责任、损害赔偿标准等。后来世界各国又签订了多项修改与补充《华沙公约》的公约或议定书，形成了国际航空运输上的“华沙体系”。

《蒙特利尔公约》全称《统一国际航空运输某些规则的公约》，签订于1999年，是世界各国鉴于航空运输的发展用以代替华沙体系的工具。《蒙特利尔公约》将分散的华沙体系变为统一的文件，并作出了许多进步性的改变，是世界航空运输的新标准。

（八）《联合国国际货物多式联运公约》《1973年多式联运单证统一规则》和《1991年联合国贸易和发展会议/国际商会多式联运单证规则》

《联合国国际货物多式联运公约》是1980年5月24日在日内瓦举行的联合国国际联运会议第二次会议上，经与会的84个贸发会议成员国一致通过的。《联合国国际货物多式联运公约》全文共40条和1个附件。该公约在结构上分为总则、单据、联运人的赔偿责任、发货人的赔偿责任、索赔和诉讼、补充规定、海关事项和最后条款等8个部分。截至2013年2月20日，该公约仍未生效。

在《1973年多式联运单证统一规则》制定之前，国际公约都适用于不同的单一运输方式。在缺少一个新的专门适用于多式联运国际公约的情况下，为了防止不同的多式联运单证向多样性发展的这种商业性退步，作为一项主要措施，国际商会(ICC)起草了一套最低限度的统一规则,用以规范一种可被接受并易于辨认的多式联运单证。本规则并入民间合同就具有法律效力。

《1991年联合国贸易和发展会议/国际商会多式联运单证规则》(UNCTAD/ICC Rules for Multimodal Transport Documents,1991),是1991年由联合国贸易和发展会议与国际商会在《联合运输单证统一规则》的基础上,参考《联合国国际货物多式联运公约》共同制定的,是一项国际规则,供当事人自愿采纳。它一共13条,规定了当事人的权利义务、多式联运经营人的责任限制、诉讼时效等基本问题。

(九)《商品名称及编码协调制度的国际公约》

《商品名称及编码协调制度的国际公约》(International Convention on the Harmonized Commodity Description and Coding System)简称协调制度(Harmonized System,HS),是1983年6月海关合作理事会(现名"世界海关组织")主持制定的一部供海关、统计、进出口管理及与国际贸易有关各方共同使用的商品分类编码体系。HS编码"协调"涵盖了《海关合作理事会税则商品分类目录》(CCCN)和联合国的《国际贸易标准分类》(SITC)两大分类编码体系,是系统的、多用途的国际贸易商品分类体系。它除了用于海关税则和贸易统计外,对运输商品的计费、统计、计算机数据传递、国际贸易单证简化以及普遍优惠制税号的利用等方面,都提供了一套可使用的国际贸易商品分类体系。

(十)《海关商品估价公约》

《海关商品估价公约》(Convention on the Valuation of Goods for Customs Purpose),简称《估价公约》,于1950年12月15日在布鲁塞尔签订。它是协调成员国关税完税价格审定办法的国际性公约。《估价公约》签订的目的写在了前言中:"本公约签约国政府,切望便利国际贸易,切望简化国际关税谈判和外贸统计的对比,而此项对比如能以货物的统一估价为基础则更为确实可靠,深信订立尽可能高度统一的海关估价定义将成为达到上述目标的重要手段。"

《估价公约》共18条,主要内容包括:(1)要求缔约国按公约规定将附件1中的海关估价定义订入其本国法,并执行该定义。估价定义中规定的完税价格为正常价格,即货物进口时相互独立的贸易双方可以在公共市场上购得该货物的价格。(2)海关合作理事会设立海关估价委员会,监督公约的执行,保证公约的解释和执行的一致性。所有采取本公约的理事会成员国均有权派代表参加。(3)缔约双方或各方间对本公约的解释和执行如有争议,应尽可能自行协商解决;如协商无法解决,应提交海关估价委员会审议;海关估价委员会不能解决争议的,应由该海关估价委员会提交理事会。争议双方可以事先承认海关估价委员会或理事会的建议对该方有约束力。

（十一）《关于货物凭 ATA 报关单证册暂准进口的海关公约》

厂商为开拓国际市场，经常需要在各类国际博览会、展览会上展示产品，或携商业样品赴外国展示，各类专业人员（工程师、摄影记者、运动员等）也经常要携带专业设备出国工作。为了统一和简化这类货物的海关手续，世界海关组织于 1961 年通过了《关于货物凭 ATA 报关单证册暂准进口的海关公约》（简称《ATA 公约》）和其他 12 个关于货物暂准进口的海关公约，如《展览会和交易会公约》《专业设备公约》《商业样品公约》等，共同确立了 ATA 单证册制度。其后，世界海关组织又于 1990 年通过了《货物暂准进口公约》，该公约将《ATA 公约》和 12 个相关公约纳入其附约，并进一步扩大了 ATA 单证册适用的货物范围，使 ATA 单证册制度更臻完善。ATA 单证册制度目的在于通过在缔约方之间适用 ATA 单证册以替代各国国内报关文件和税款担保文件，来简化和统一海关手续。目前，世界上已有 59 个国家实施了 ATA 单证册制度，大部分发达国家都已加入了《ATA 公约》，每年使用 ATA 单证册通关的货物总值超过 120 亿美元。[①]

（十二）《关于简化和协调海关业务制度的国际公约》及其附约

《关于简化和协调海关业务制度的国际公约》（International Convention on the Simplification and Harmonization of Customs Procedures），简称《京都公约》，由海关合作理事会于 1973 年 5 月 18 日在日本京都召开的年会上通过，1974 年 9 月 25 日生效。

《京都公约》是海关合作理事会在简化和协调各国海关手续方面较为系统和全面的一个国际文件，由主约和附约两部分组成。附约有 30 个，称为《京都公约附约》，供各国分别签署参加实施。每个附约涉及一项海关业务，附约中提出的“标准条款”为简化和协调该项海关业务制度必须普遍实施的条款；“建议条款”为促进各国简化和协调该项海关业务制度可能广泛实施的条款，签署加入《京都公约》必须至少接受一个附约，并把该公约附约中的原则规定转换成本国立法加以实施。这些原则规定为各国海关业务制度的简化和统一作出了规范，并已经成为各国海关制度的通常做法。

（十三）《货物暂准进口公约》

《货物暂准进口公约》（Convention on Temporary Admission），又称《伊斯坦布尔公约》（Istanbul Convention），是在海关合作理事会主持下制定的有关货物暂准进口的国际公约。该公约签署后，把 1961 年签署的《关于货物凭 ATA 报关单证册暂准进口的海关公约》作为附约之一。《货物暂准进口公约》的宗旨是促进国际贸易和国际交往，为国际交往带来实际利益并确保作为海关合作理事会的

① 参见 http://www.customs.gov.cn/tabid/44456/Default.aspx，2013 年 1 月 25 日访问。

简化和协调海关手续，便利货物暂准进口活动。

《货物暂准进口公约》要求每一缔约方允许附约中规定的货物和运输工具暂准进口，并将有关海关手续简化，为暂准进口货物提供最低限度的便利。但是本公约的规定不应妨碍基于非经济考虑的国内法律和法规规定的禁止和限制的实施，如公共道德或秩序、公共安全、公共卫生保健、动植物检疫、濒危野生动植物保护或者有关保护版权和工业产权方面的考虑。

（十四）《1972 年集装箱关务公约》

《1972 年集装箱关务公约》（Customs Convention on Containers 1972）于 1972 年 12 月 2 日，联合国和政府间海事协商组织在日内瓦共同召开的集装箱运输会议上通过，为集装箱暂时进口及其程序以及取得运输海关加封集装箱货物资格条件的公约。该公约 1975 年 12 月 6 日正式生效，原 1956 年的《集装箱海关公约》同时废止。

《1972 年集装箱关务公约》对集装箱的结构、进境集装箱的暂时进口待遇、集装箱的海关封条等作了统一的规定。例如，对集装箱的规定，不仅限在一般的集装箱范围内，“集装箱”一词，还包括集装箱的附件和设备在内，但这些附件和设备必须是有关集装箱类型所适当需要的，并且是同集装箱一起装运的，不包括车辆及车辆的附件、备件及包装。对集装箱的营运人的规定指明其是对集装箱的使用有确定控制的人员，不论其是否为该集装箱的所有人。经缔约国检验符合公约要求的集装箱可获准从事海关加封运输，并享受有关便利和优惠。

（十五）《关于货物实行国际转运或过境运输的海关公约》

《关于货物实行国际转运或过境运输的海关公约》（Customs Convention on the International Transit of Goods），简称《ITI 公约》，于 1971 年 6 月 7 日由海关合作理事会在布鲁塞尔制定，同时正式生效。《ITI 公约》的目的是为了加速国际货运和国际直达货运的日益增长，给予货物实行国际转运或过境运输的便利，使国际贸易获得重大利益。

《ITI 公约》共 14 章 62 条，对国际转运和过境运输所能涉及的问题分别作出规定，如《ITI 公约》第 1 条对“运输车柜”“特种装载货物”“进口各税”“ITI 业务”“装货地海关”“起运地海关”“沿途经过的海关”“到达地海关”“载货清单”“ITI 地区”“ITI 申报单格式”“ITI 申报单”“联保公会”“联保总会”“联保证”“报运人”“人”“批准”“理事会”等词都作了明确的规定。

《ITI 公约》适用于包括航海、航空或陆路行程须经过该公约缔约国关境的运输业务。该公约规定了对转运的运输车柜或特种装载货物的海关封志和固定物要求；规定了发生违法行为时的索赔；规定了在起运地、沿途及到达地海关分别应办的手续；规定缔约国可通过双边或多边协议，设立若干国际转运地区以简化手续。

第四节　部分国家和地区物流法律法规

这一节主要介绍一些物流业发达国家和地区的相关法律法规。下文虽未提到合同法，但是应该注意，合同是物流的流程启动的主要原因。合同法是物流中必须考虑的。

一、美国①

美利坚合众国是由 50 个州、华盛顿哥伦比亚联邦直辖特区、波多黎各自由邦和关岛等众多海外领土组成的联邦共和制立宪国家。美国的法律继承了英国的判例法传统，美国法院承袭“遵循先例”原则，属于英美法系的重要组成部分。美国的法律体系不是集中统一的，是由联邦法律和各州法律组成。虽然就法律效力而言，联邦法律高于州法律，但联邦法律并不能随意推翻或改变州法律，而只能在联邦宪法授权的范围内规范各州的法律事务。州法律是美国法律体系的基础部分，在规范和管理社会生活中发挥着重要作用。美国 50 个州都有自己的宪法和法律，各州之间的法律不完全相同。这使得美国法律体系较为复杂。这种复杂性也影响到了美国的物流法律法规。

美国没有统一的物流法，与物流相关的法律法规比较分散、形式多样，既包括联邦法也包括州法，既有成文法也有判例法。限于篇幅，这里只介绍联邦层面的法律法规。

美国联邦虽未制定针对物流的专门法规，但通过适用不同物流业务环节的各种法律对物流业进行管制。美国物流服务提供者目前主要依照其服务内容的不同，在不同的营运范畴内分别遵守不同的法律条款。在美国从事铁路、公路、航空以及内河运输必须遵守汇编在《美国法典》（US Code）中的 Title 49 的运输法和《联邦法规汇编》（Code of Federal Regulations）中的 Title 49 部分；而从事海上运输则必须遵守《美国法典》中 Title 46 的航运法和《联邦法规汇编》中的 Title 46 部分。

美国联邦对整个物流业的宏观管理以市场法律规制为主，以行政政策、措施及规划为辅。在物流的宏观管理方面主要以运输业为中心进行立法，如 20 世纪 80 年代颁布的《汽车承运人规章制度改革和现代化法案》（该法案放宽了汽车承运人的市场准入条件，鼓励汽车承运人扩大服务范围）、《斯塔格斯铁路法》

---

①　参见陈金涛、颜南：《美日物流法律制度比较及对我国的启示》，载《中国市场》2008 年第 15 期；宋玉萍：《美国物流法律制度分析》，载《中国物流与采购》2008 年第 20 期；南玉霞：《美国物流法律制度特点及对我国的启示》，载《物流技术》2010 年第 13 期。

(该法案解除了政府对铁路行业的管制)、《航运法》;在90年代,美国又相继通过了《协议费率法》《机场航空改善法》和《卡车运输行业规章制度改革法案》。为了适应当前世界航运大势,美国国会又修改了1984年《航运法》,推出了《航运改革法》。这一系列的法律改革,在某种程度上减少了国家对运输业的控制和约束,推动运输业更接近于自由市场体系,从而为充分发挥物流业的整体效应和实现供应链的一体化,提供了广阔的发展空间。

从20世纪80年代开始,美国政府制定了一系列法规,逐步放宽对公路、铁路、航空、航海等运输市场的管制,取消运输公司在进入市场、经营路线、联合承运、合同运输、运输费率、运输代理等多方面的审批与限制,通过激烈的市场竞争使运输费率下降、服务水平提高。美国政府放宽对物流市场准入的管制的同时注重对物流企业的规范运作进行监管,特别是对与物流发展相关的环保和安全的管理日益加强。20世纪70年代以来,美国先后通过《运输安全法》《清洁空气法》《清洁水法》《资源保护和恢复法》《综合环境责任赔偿和义务法》《危险品材料运输法》等,以尽量减少物流发展对自然环境和生产生活安全构成威胁。美国政府对物流市场的管制,将重点从经济职能管理转向生产安全管理,通过不断改进政府对物流市场的管理,加强行业自律,创造良好的物流市场环境,取得了比较明显的效果。

二、日本[①]

同绝大多数的国家一样,日本对物流业的法律规制也是通过制定各种专门性法律来进行的。纵观现今日本物流立法,可将其划分为以下几类:

(一) 综合的物流发展政策

日本政府根据物流发展现状和趋势,通过制定综合的物流政策从整体上来指导物流业的发展。1999年,日本内阁会议通过了作为日本物流产业的纲领性政策文件——《综合物流施政大纲》。2001年,《新综合物流施政大纲》又被内阁会议通过实施,由此形成了日本各部委相互配合与承担各项物流措施作为一个整体的基本形式。《新综合物流施政大纲》对现代物流产业进行重新定位,并在原有大纲的基础上,根据环境的变化作出进一步的调整和策略推进。作为实现日本物流现代化的指导方针,《新综合物流施政大纲》确定了三项基本目标:提供亚太地区便利而具有魅力的物流服务;实现对产业竞争不构成妨碍的物流成本;解决环保问题。新旧两部物流施政大纲对日本物流的快速发展和高效的市场竞争环境的建立起到了重要作用。

---

① 参见周建敏:《日本物流立法及其启示》,载《商业时代》2011年第10期。

（二）物流据点规划立法

由于在物流运作过程中，商业布局、物流据点布局与运输的流量、流向等有着直接的关系，因此日本政府将配送中心、大型商业网点、货车场等与物流终端相关的规划、设计以法律的形式加以规定。这类法律主要有《大规模零售店铺布局法》（以下简称《大店法》）、《流通业务城市街道整备法》和《汽车终端站场法》等。

《大店法》调整的对象为大型零售企业，它对商家设立店铺时必须要遵守的地理位置、营业时间、对周围环境影响等作了明确规定。《大店法》还对进出车辆的噪音、等候场所设置了严苛的标准。如此细致具体的规定，是为了保护居民的权益并促进企业优化供应链管理，减轻对环境的污染。

就缓解城市交通压力而言，如果说《大店法》对大型零售企业的各种限制是治标，《流通业务城市街道整备法》便是治本。制定该法的时代背景是当时日本许多新兴零售业进入市中心和交通枢纽地区，从而导致道路通行拥堵。而《流通业务城市街道整备法》的目的就在于将市内的流通、商业设施转移到郊外，统筹规划大城市中心部位物流设施的布局，从而改善市内交通混乱的状况。该法和《大店法》的共同施行，保证了日本物流业的可持续发展。

《汽车终端站场法》于 1959 年制定，其后被数度修订。营业性车站对“网络型拼箱运输”的物流企业起着重要作用，因此日本政府对它不断进行了整治和完善。

（三）交通运输业立法

尽管物流被定义为“物品从供应地向接收地的实体流动过程。根据实际需要，将运输、储存、装卸、搬运、包装、流通加工、配送、信息处理等基本功能实行有机结合”。运输一直是物流的核心与关键，而运输又分多种方式，因此日本的交通运输立法包括规范公路、铁路、海运和航空运输等法律。在此仅对几部重要的运输法给予阐述。

被冠以“物流二法”之称的《货物汽车运输事业法》和《货物运输经营事业法》对日本交通运输起到广泛而深远的影响，主要因为其放宽了政府对物流的管制。《货物汽车运输事业法》中将原来汽车营运需要政府批准的方式改为许可制，即只要具备物质条件的都可以经营汽车运输，对市场准入方面的限制大大放开。另外，该法将原来的统一运价改为弹性运价，实行运费申报制。为给运输企业的“网络型运输”创造条件，该法同时取消了营业区分的限制。而调整运输代理业务企业的《货物运输经营事业法》，取消了原有法律中有关运输代理企业利用其他运输企业的运输工具进行经营活动，需要得到有关运输管理部门批准的规定，从而放开了联运业务。据统计，在“物流二法”实施的 10 年间，包括物流子公司在内，约有 1.1 万家新公司进入了物流行业。然而，日本行政改革和规制缓和的负面影响也不容忽视,如物流业繁荣背后所带来的超重装载、疲劳驾驶、汽车废气污染等问题。

放宽对物流业的管制同样见诸于《港口运输事业法》。1998 年,日本政府颁布了放松管制的新三年计划,并于 1999 年向国会递交了倡导自由竞争的立法提案,根据该提案,日本放松了对港口运输业的行政管理,修正了《港口运输事业法》。通过上述一系列的立法措施,日本逐渐减少对物流业的控制,从而促进了物流业的自由发展,同时使第三方、第四方物流企业迅速兴起。

(四)绿色物流立法

日本曾为追求经济的快速发展而忽略了环境问题,结果造成城市交通拥挤,公害频繁发生,历史上曾留下惨痛教训。因此,日本之后的各类经济发展规划都强调了环保特性。就物流而言,在提高物流活动效率的同时,也要确保减轻对环境的影响。为此,日本通产省中小企业厅于 1992 年 10 月制定了《中小企业流通业务效率化促进法》(即《物流效率化法》),以期通过提高物流效率来减少对环境的影响。该法主要思想是通过对愿意参与共同配送的中小企业予以援助,从而间接规范物流行为,此举不但降低了企业物流成本,同时也是解决物流对环境影响的有效措施。直接采取的针对环境保护的措施还包括:开发、普及低公害、环保型汽车;为降低大型卡车造成的交通噪音公害,铺装低噪音路面、设立遮音板和环保设施带;依据《干线公路沿线整备法》,实施住宅隔音化、港口设施的建设规划要与区域资源再生利用设施的选址相配套等。

目前,日本不论中央政府还是地方政府,都对绿色物流给予高度重视,把建立高效的绿色物流系统视为循环型社会实现的前提。政府除制定《环境污染控制基本法》外,还陆续制定和颁布了《废物回收利用促进法》《资源有效利用促进法》《地球温室效应措施推进大纲》等法律政策,所有这些都与物流相关,推动了绿色物流的有效实施。日本对绿色物流的重视,还体现在《新综合物流施政大纲》中,如上所述,日本政府把解决环境保护问题作为三项基本目标之一。

三、欧盟①

欧洲联盟(European Union,EU),简称欧盟,是根据 1992 年签署的《欧洲联盟条约》(也称《马斯特里赫特条约》)所建立的国际组织,现拥有 28 个成员国。规范欧盟的条约经过多次修订,目前欧盟的运作方式是依照《里斯本条约》。欧盟为世界上第一大经济实体,其中法国、意大利、英国、德国为八大工业国成员。欧盟是世界上最有力的国际组织,在贸易、农业、金融等方面趋近于一个统一的联邦国家,而在内政、国防、外交等其他方面则类似一个独立国家所组成的同盟。

① 参见 http://eu.mofcom.gov.cn/article/ddfg/,2013 年 2 月 3 日访问。

欧盟法律体系纷繁复杂，各种立法文件成千上万。这里仅选择与国际物流有关的法律法规简要介绍。

“欧盟共同贸易政策”是规范欧盟成员国统一执行的、针对第三国的贸易政策、共同海关税则和法律体系。最初其内容仅涉及关税税率的改变、关税和贸易协定的缔结。进出口政策在1999年5月生效的《阿姆斯特丹条约》之前只包括货物贸易，《阿姆斯特丹条约》将其覆盖范围扩展到大部分服务贸易，2003年2月生效的《尼斯条约》又将其扩及所有服务贸易和与贸易相关的知识产权。2009年12月生效的《里斯本条约》则重点在外国直接投资(FDI)领域，进一步扩大了欧盟在贸易政策领域的权限。

欧盟进口管理法规为1994年制定的《关于对进口实施共同规则的(EC)3285/94号法规》以及《关于对某些第三国实施共同进口规则的(EC)519/94号法规》。后者适用于欧盟定义的“国有贸易国家”。欧盟进口许可制度主要包括监控、配额、保障措施三类。此外，欧盟还将各种技术标准、卫生和植物卫生标准作为进口管理手段。目前，欧盟采取进口监控措施的产品包括来自第三国的部分钢铁产品、部分农产品、来自中国的纺织品。

欧盟鼓励出口，一般产品均可自由出口，仅对少数产品实施出口管理措施。出口管理法规主要包括《关于实施共同出口规则的(EEC)2603/69号法规》《关于文化产品出口的(EEC)3911/92号法规》《关于危险化学品进出口的(EEC)2455/92号法规》《关于出口信贷保险、信贷担保和融资信贷的咨询与信息程序的(EEC)2455/92号决定》《关于在官方支持的出口信贷领域适用项目融资框架协议原则的(EC)77/2001号决定》《关于设定农产品出口退税术语的(EC)3846/87号法规》以及《关于建立两用产品及技术出口控制体系的(EC)1183/2007号法规》等。根据欧盟出口管理法规，当短缺物资、敏感技术、初级产品出口将导致共同体产业损害时，成员国须马上通报欧委会及其他成员国。欧委会和成员国代表组成咨询委员会启动磋商，采取出口数量限制等措施以减小损害。保护措施可针对某些第三国或针对某些欧盟成员国的出口。原则上讲，此类措施应由理事会以有效多数作出，欧委会在紧急情况下也可直接采取措施。欧盟法规还规定，出于公共道德、公共政策、人类和动植物健康保护、国家文化遗产等需要，或为防止某些重要产品供应出现严重短缺，欧委会和成员国政府有权对出口产品实行限制。欧盟出口贸易限制政策属于欧盟共同外交与安全政策的一部分，如欧盟对中国的武器出口禁令。此外，欧盟还对两用产品和技术实行出口管制。欧盟理事会第1183/2007号法规附有一份禁止出口长单，并详细规定了共同体出口授权体系、信息交换条例、成员国间磋商等内容。

欧盟对食品、动植物及其产品和各种工业产品制定了严格的检验检疫管理法规和标准。无论在欧盟内部流通的商品，还是从第三国进口或出口的商品都必须符合欧盟相关的法规和标准要求。对于不同的产品，有不同的检验检疫管理方式，有的需要对整个产品的管理体系进行符合性评估，有的需要在边境实施逐批检验、检疫，或抽查检验、检疫，有的需要在市场实施抽查、监督，有的需要加贴 CE 安全标等。

1992 年，欧盟理事会制定了《关于建立欧盟海关法典的第(EEC)2913/92号理事会规则》，对共同海关税则(包括商品分类目录、一般关税率、优惠关税措施以及普惠制等方面)、原产地规则(包括一般规则和特殊规则)以及海关估价等作了统一的规定。欧盟关税税则编码根据世界海关组织(WCO)《商品名称及编码的协调制度》制定，其协调编码为 8 位数，其中前 6 位数为协调编码税目。欧盟还对一些商品采用 10 位数编码进行监管，称为 TARIC 术语，用于区分和识别特殊政策措施下的进口产品。TARIC 术语产品通常冠以 4 个附加编码，分别代表农产品合成物、反倾销税、两用产品和出口补贴，各成员国采用统一术语。

欧盟以委员会指令的形式每年对外发布一次更新后的税率表。欧盟的关税征收方式较为复杂，除对大多数产品适用从价税税率，对部分农产品、化工品，以及盐类、玻璃、钟表零部件等产品适用复合税、混合税或其他技术性关税的非从价税税率。在混合税中，欧盟又使用了 7 种不同的征税方式。此外，欧盟对部分农产品设置了包括季节性关税在内的多种技术性关税。另外，欧盟还实行自主关税暂停征收和配额制度。该制度对某些进口产品全部或部分免征正常关税。如该制度适用于数量有限的货物，则属于配额；如其适用的货物数量没有限制，则属于关税暂停征收。原则上，该制度的适用范围仅限于欧盟境内无法获得的原材料、半成品，不包括成品。

欧盟同时实施非优惠原产地规则和优惠原产地规则，前者为欧盟共同税则及其相应执行法规明文规定者，后者则体现在欧盟与贸易伙伴签署的优惠贸易协定或安排中。非优惠原产地规则主要用于贸易救济，进口监控或限制，出口退税和贸易统计。享受进口优惠原产地规则的商品需要原产地证书，优惠原产地规则可采用累积方法，即使用享受优惠原产地国家的原料可被视为原产于出口国。

欧盟广泛参加了多边和区域经济合作，并积极对外商签双边贸易协定。欧盟从自身的利益出发，按政治经济体制、地理区域、历史渊源等，将合作国别划分为 5 类：欧洲自由贸易区国家、洛美协定国家(即非洲、加勒比海与太平洋地区国家)、中东欧与地中海沿岸国家、其他 WTO 组织成员、非 WTO 成员。欧盟对来自前 4 类国家和地区的进口，一般均给予优惠关税和不受数量限制的待遇(目前中国除外)。对于来自非 WTO 成员的进口，则采取较为严格的管制措施。

欧盟的绝大部分贸易伙伴都能通过与欧盟的各种双边或区域安排，享受超最惠国待遇。目前，只能享受欧盟最惠国待遇的国家，仅剩下 9 个 WTO 成员国。

在对外贸易安排中，享受最多优惠的是对最不发达国家的“除武器一切通行”(EBA)计划，其次是非洲、加勒比海、太平洋国家(ACP)和与欧盟缔结自由贸易协定的国家，再次是享受欧盟普惠制的国家。欧盟与瑞士通过签订多项协定，扩展了自由贸易协定的范围。

四、英国

与上述国家和地区一样，英国的物流法律法规也是分散的。

在英国国内法上有许多涉及物流的法律法规。由于运输在物流中的中心作用，有关运输的法律法规也最为人熟知。例如，《1995 年商船法》《2006 年商船法(防污染)》《1991 年道路交通法》《2006 年道路安全法》《1933 年公路及铁路交通法》《1979 年航空及公路运输法》等等。

同样地，在物流的其他环节，英国也有各种的法律法规进行规制。例如，在海关方面有《2005 年税收与关税专员法》《1979 年关税与消费税管理法》；在仓储领域有《2010 年仓库管理人与货主(修正)规定》，诸如此类。由于英国立法的特殊，英国的法律法规常常会出现一部法律引用其他好几部法律的情况。这一现象使得了解英国的法律法规变得较为困难。

另外，由于英国是欧盟成员国，欧盟的部分立法也对英国有效。本节“欧盟”的部分中，如该欧盟立法表明应适用于英国时，也须加以考虑。

下　　编

第八章　国际物流风险概论

第一节　风　　险

一、风险的概念

“风险”一词在生活中应用广泛，是人们耳熟能详的一个词汇。风险在英语中通常所指的是“risk”一词。自 20 世纪以来，有着不同学科背景的人们从各自不同的角度对风险进行研究，并提出了各自对风险的认识：①

（1）风险是损失发生的可能性。可能性是指客观事物存在或者发生的机会，这种损失的可能性可以用概率来衡量。当损失事件发生的概率为 0 时，表明没有损失的机会，风险不存在；当概率为 1 时，表明风险是一种确定的事件，不在风险管理的考虑范围内；损失可能性意味着损失事件发生的概率在 0—1 之间。

（2）风险是损失的不确定性。这种不确定性又可以分为客观不确定性和主观不确定性。客观不确定性是实际结果与预期结果的偏离，这种偏离可以使用数学、统计学方法加以度量。主观不确定性是个人对客观风险的评估，主观不确定性是同个人的知识、经验、精神和心理状态等方面因素有关的，不同的人对同一风险会有不同的评价。

（3）风险是实际结果与预期结果的偏差。例如，一家保险公司承保 10 万幢房子，按照过去的经验资料估计，火灾发生的概率为 1‰，即一年内 1000 幢房子有 1 幢会发生火灾，那么 10 万幢房子在一年内有 100 幢房子可能发生火灾。但是实际结果往往不会正好有 100 幢发生火灾。保险公司估计的偏差域为正负 10，即发生火灾的房子在 90 幢和 110 幢之间。这种实际结果与预期结果的偏差即为风险，这种偏差是可以用统计学方法衡量的。

（4）风险是实际结果偏离预期结果的概率。这一偏离的客观概率是可以运用数学、统计学方法计算出来的。

从以上四点来看，风险是损失的不确定性，是各种造成损失的风险事故发生的不确定性，这种不确定性是可以运用数学、统计学方法估计出来的。②

上面的定义是传统的狭义的风险定义。广义上的风险是指未来损失或收益发生的不确定性。这种不确定性的结果既可能是损失，也可能是收益。此定义

---

① 参见刘钧：《风险管理概论》（第二版），清华大学出版社 2008 年版，第 11—12 页。

② 同上书，第 12 页。

强调风险既是机会又是威胁,正是风险蕴含的机会诱使人们去从事各种活动,以求得到额外的报酬;而风险蕴含的威胁,则唤醒人们的警觉,从而设法回避、转移、减轻或分散风险。[①] 应该说,广义上的风险定义更为完整、确切。

二、风险的特征

风险的特征是风险表现出来的特点。了解风险的特征有助于正确认识风险,有效实施风险管理,减少损失,增加收益。大体上,风险有以下的特征:

(1) 不确定性。风险是否发生是不确定的,若是确定则不为风险。风险的不确定性表现在空间的不确定,即不知何地发生;时间的不确定,即不知何时发生;程度的不确定,即不知损失几何。

(2) 损害性。风险事故发生之后往往造成一定的损失。这种损失既可以是有形的,也可以是无形的。例如,运送高度腐蚀性液体的物流企业的槽罐车出车祸造成液体泄漏,此事故造成的车辆损害以及赔偿等等是有形的,但是该事故对企业声誉的损害却是无形的。

(3) 客观性。风险是客观存在的。自然灾害、意外事故等等风险不可能被完全排除。但是随着人们认识水平的不断提高,人们发现和预防风险的能力也在不断提高,客观的风险发生的概率是可以降低的。

(4) 未来性。风险是发生在未来的事情。过去的事情已经发生,不存在不确定性。为了准确测量和管理风险,风险总是对未来有可能发生的事情进行衡量。

(5) 发展性。在不同的历史时期,风险会有不同。随着时代的发展,新产品、新技术的采用会给人们带来新的风险。例如船舶的发展,帆船时代给人们最多的担心乃是翻船,而现代的船舶则有油污的风险。

(6) 两面性。这是指风险既有损失的一面,也有收益的一面。风险既可能给人带来损失,也可能给人带来收益。风险的这一特性是随着人们对风险认识的加深而被认识的。这一特性告诉我们,既要看到风险可能带来的损失,也要考虑到可能的收益,要准确把握时机冒险获利。

在上述特征中,不确定性和损害性是风险的传统和本质特征。

三、风险的类型[②]

由于风险的特征复杂,承受的主体不同,造成风险分类的复杂性。常见的风险分类有以下几种:

---

① 参见孙家庆编著:《物流风险管理》(第2版),东北财经大学出版社2012年版,第3页。

② 同上书,第7—9页。

（1）按风险的性质，可分为静态风险与动态风险。静态风险是指在社会经济正常运行的情况下，由于纯自然力量的不规则运动和人们的错误判断、失常行为导致的风险。这包括地震等由于自然原因引发的风险和由于疏忽造成火灾、破产或经营不善等引发的风险，以及防火、欺诈等不道德因素造成的风险。动态风险是指以社会经济结构变动为直接原因的风险。例如，消费需求、价格变动带来的风险，由组织结构、产业结构变动与技术生命周期变短等因素变化所引发的风险。

（2）按风险的后果，可分为纯粹风险与投机风险。纯粹风险是指不能带来机会、无获得利益可能的风险，它只有造成损失或不造成损失两种后果。投机风险是指既能带来机会、获得利益，又可能造成损失的风险。它有三种后果：造成损失、不造成损失和获得利益。

（3）按风险发生的原因，可分为自然风险和人为风险。自然风险是因自然的不规则变化所引起的现象而导致的风险，如地震、海啸。这类风险往往被归为不可抗力，但人们可以采取手段减少损失。人为风险是指由于人们的行为以及各种政治、经济活动引起的风险。人为风险又可分为行为风险、经济风险、政治风险和技术风险。行为风险是由于个人或组织的过失、疏忽、恶意等不当行为所造成的风险。经济风险是指人们在从事的生产经营活动中，由于管理不善、市场预测失误、价格波动较大、供求关系发生变化等导致经济损失的风险。政治风险是指由于政局变化、政权更替、战争、动乱等政治因素而蒙受的各种损失。技术风险是指由于科学技术发展导致的副作用而带来的各种损失，如污染物的泄露等。

（4）按风险损害的对象，可以分为财产风险、人身风险、责任风险。财产风险是指货物等财产发生毁损、灭失和贬值的风险。人身风险是指由于人的疾病、伤残、死亡所产生的风险。责任风险是指由于组织或个人的行为违反了法律或者合同规定造成行为人需要承担法律责任的风险。

（5）按风险发生的范围，可分为系统风险和非系统风险。前者是与整个经济体系和市场相关的风险，后者是指对某一特定或某些主体产生影响的风险。

四、风险的构成要素

风险是由风险因素、风险事故和损失三个要素构成的，这些要素的作用使得风险得以产生和发展。

1. 风险因素，也称风险条件，它是造成风险事故发生的原因，也是造成损失的内在原因。根据风险因素的性质不同，大都把风险因素分为三种：

（1）实质风险因素。这是指能够引起风险事故发生或增加损失的有形的物质条件。例如,失灵的刹车系统、易燃易爆物品、不良的商品存放地、人的气质和体质。实质风险因素有时可以控制,但有时却无法控制。

(2) 道德风险因素,即人们怀有犯罪意图或其他不道德心理状态的能够引起风险事故发生或增加损失的无形条件。这常常表现为故意促成风险事故发生。例如,一个投保的承运人故意制造事故,骗取赔偿。

(3) 心理风险因素,包括人的主观上的过失、疏忽、知识水平有限等。例如,救助伤员时不知急救知识,救火时不知灭火器分类等。心理风险因素与道德风险因素相近,但是心理风险因素强调人的疏忽,道德风险因素强调人的故意、恶意。

2. 风险事故,也称风险事件,是引起损失的直接原因,它是风险因素与损失的桥梁,也就是说,风险因素通过风险事故造成损失。例如,大雾天气是造成车祸的风险因素,而车祸是造成损失的风险事故。

3. 损失,是指非故意的、非计划的、非预期的经济价值的减少。这包括四种情况:财产损失、收入损失、费用损失、责任损失。财产损失是指风险事故造成的有形的直接物质损失。收入损失是指风险事故造成的收入减少。费用损失是指由风险事故引起的施救费用、医疗费用等额外的支出。责任损失是指根据合同和法律的规定,承受风险的主体应该对他人的人身财产伤害承担经济赔偿责任造成的损失。

风险因素、风险事故和损失三个要素之间存在着一定的因果关系。风险因素能够导致风险事故的发生或者增加风险事故发生的几率,而风险事故的发生则是直接导致损失的原因。风险因素是导致风险事故的可能性,是引起损失的条件,而不会直接引起损失。

五、风险的效应

风险的效应指的是风险对人的心理和行为产生的影响。正是由于风险效应的存在,才导致了某种形式的行为趋向。风险要发生效应,不仅要有风险自身的性质,还要与外部环境和人的心理相结合才行。风险的效应有三种:诱惑效应、约束效应、平衡效应。

(1) 诱惑效应。由于风险存在着利益的一面,风险所可能带来的利益就会诱惑人们去冒险。风险利益并不是现实的利益,只是一种可能得到的利益,只有实现风险目标之后才能得到。

(2) 约束效应。当人们受到危险信号的刺激之后就会作出一些规避风险的反应,这就是风险的约束效应。风险所可能造成的损失,使得风险有了威吓、阻却的作用。

(3)平衡效应。风险一方面以其利益诱惑着人们行动,一方面以其危险约束了人们的行动。风险的这两方面效应的结合就是风险的平衡效应。平衡效应实质上是使人们对诱惑和危险作出权衡。

第二节 风险管理

一、风险管理的起源与发展

(一)传统风险管理阶段

一般认为风险管理始于美国。1931年,美国管理协会保险部开始倡导风险管理,并研究风险管理及保险问题。在20世纪50年代早期和中期,美国大公司发生的重大损失使高层决策者认识到风险管理的重要性。1953年通用汽车公司的一场火灾震惊了美国企业界和学术界,这场火灾成了风险管理科学发展的契机。第二次世界大战以来形成的技术至上的信仰受到了挑战,在社会、法律和经济的压力下,风险管理在美国迅速发展起来。1956年,Snider提出风险管理的概念并得到美国管理协会(AMA)和美国保险管理学会(ASIM)的承认和支持。1962年,AMA出版了第一本关于风险管理的专著《风险管理之崛起》,推动了风险管理的发展。1963年,美国出版的《保险手册》刊载了《企业的风险管理》一文,引起欧美各国的普遍重视。概率论和数理统计的运用,使风险管理从经验走向科学。此后,对风险管理的研究逐步趋向于系统化、专门化,使风险管理成为企业管理领域的一门独立学科。在20世纪60、70年代,许多美国主要大学的工商管理学院都开设了风险管理课程,传统的保险系把教学重点转移到风险管理方面,有的工商管理学院还把保险系改为风险管理和保险系,美国大多数大企业设置一个专职部门进行风险管理。1973年,日内瓦协会的成立将风险管理思想带入了欧洲。20世纪80年代风险管理进入了亚洲和非洲,并迅速在全球流行。自此,越来越多的企业开始重视风险管理,企业的风险管理成为公司三大管理活动(策略管理、经营管理和风险管理)之一。1980年,美国风险分析协会(The Society for Risk Analysis,SRA)成立,SRA自成立之日起,就成为不同学术团体交流思想的焦点论坛。1983年5月在美国风险与保险管理学会的年会上,世界各地的专家学者通过了针对危害性风险的“101条风险管理准则”,其中包括:风险管理的一般原则、风险评估、风险控制、风险财务处理、索赔管理、职工福利、退休年金、国际风险管理等。1986年,欧洲11个国家共同成立了欧洲风险研究会;同年10月,在新加坡召开的风险管理国际学术讨论会表明,风险管理运动已经走向世界,成为全球性运动。

在传统风险管理阶段,风险管理思想自萌芽逐渐形成全球性的运动,期间取得了许多风险管理的理论成果。例如1952年,马科维茨(Markowitz)发表"组合选择"理论,假定投资风险可以视为投资收益的不确定性,这种不确定性可以用统计学中的方差或标准差加以度量,为金融风险的研究开辟了一条全新的思路;1965年,夏普(Sharp)在马科维茨证券组合理论的基础上研究提出了资本资产定价模型(CAPM);罗斯(Ross)突破性地发展了资本资产定价模型,建立了套利定价理论;1973年,Black & Scholes发表期权定价公式。这些理论成果大大提高了风险管理的水平和策略。

在传统风险管理阶段,风险管理的内容主要是针对信用风险和财务风险,相应地,这一时期信用风险和财务风险的管理测量方法已发展比较成熟;但风险管理的研究还只是局限在某些单一、局部或分离性的层面上,没有涉及众多层面的风险管理的问题,风险管理方法缺乏系统性和全局性。在大公司内部,风险管理往往处于一种诸侯割据的状态,进行的是一种纯粹的风险管理,在公司中各种担负着风险管理职责的人往往只针对自己工作中的风险提出了各自独立的(有时甚至是矛盾的)工作计划,他们采用的风险管理技术不同,甚至连使用的语言都不一样。风险管理是事后的管理,只有经理们认为风险存在的时候才对风险进行处理和管理。传统的风险管理办法也可以把公司的所有风险都找出来,并加以描绘,但没有把公司面临的风险同公司的商业战略联系起来。

(二)现代风险管理阶段

20世纪80年代末90年代初,随着国际金融和工商业的不断发展,迅速发展的新经济使企业面对的社会大环境发生了很大的变化。企业面临的风险更加多样化和复杂化,从墨西哥金融危机、亚洲金融危机、拉美部分国家出现的金融动荡等系统性事件,到巴林银行、爱尔兰联合银行、长期资本基金倒闭等个体事件,都昭示着损失不再是由单一风险造成,而是由信用风险、市场风险和操作风险等多种风险因素交织作用而成的。人们意识到以零散的方式管理公司所面对的各类风险已经不能满足需要。在一个企业内部不同部门或不同业务的风险,有的相互叠加放大,有的相互抵消减少。因此,企业不能仅仅从某项业务、某个部门的角度考虑风险,必须根据风险组合的观点,从贯穿整个企业的角度看风险。于是产生了全面风险管理思想的萌芽和发展,其标志是:

第一,在许多公司中,零散方式管理公司风险的管理者已被直接对董事会负责的高级风险管理专业人士所代替。到了1993年,CRO(Chief Risk Officer)"首席风险总监"的头衔第一次被使用。CRO的诞生,是风险管理由传统风险管理向现代风险管理过渡的转折点,标志着现代风险管理阶段的开始。

第二,1995年由澳大利亚标准委员会和新西兰标准委员会成立的联合技术委员会经过广泛的信息搜集、整理和讨论，并多次修改，制订和出版了全球第一个企业风险管理标准，澳大利亚/新西兰风险管理标准（AS/NZS4360，以下简称澳洲风险标准）。该标准的特点是适用范围广泛，为各行业各部门的风险管理提供了一个共同框架，在全世界国家和地区广受欢迎。澳洲风险标准的正文包括五部分：一是应用范围与概念；二是风险管理要求；三是风险管理概论；四是风险管理步骤；五是风险管理记录和档案。另外七个附件为风险管理实际操作提供了一套适合于各种机构和个人风险管理的方法和程序，满足了综合风险管理的需求。从澳洲风险标准诞生之日起，一些发达资本主义国家纷纷效仿，制订全国性的风险管理标准，指导和推动了风险管理的发展。

第三，全球风险管理协会（GARP）成立。1996 年，由于一些重大金融风险事件所造成的巨额损失，以及所面临的经营环境的日益复杂化，欧美国家的银行业对风险管理日渐重视，在这种背景下，GARP 应运而生，GARP 的宗旨是为了鼓励和增进风险管理专业人员、业务操作人员和监管者之间的交流与沟通，通过教育、培训和资格认证等活动，促进风险管理工作的开展，促进风险管理文化的形成。GARP 最大的贡献就是在风险管理界推动了 FRM（金融风险师）认证资格考试制度的制定和完善，该制度得到了许多国家金融业的认可，成为衡量其从业人员是否具备风险管理能力的主要标准。

第四，整体风险管理的思想形成及成熟。1998 年 10 月美国长期资本管理公司（LTCM）在金融衍生物交易中损失 40 多亿美元，走到了破产的边缘。这家由华尔街精英、政府前财政官员及诺贝尔经济学奖得主组成，曾经红极一时的金融业巨子，在世界金融动荡的冲击下也难逃一劫。这使得金融界开始警醒，进一步深入考虑风险防范与管理问题。他们发现金融风险往往是以复合的形式存在，单一形式的金融风险往往具有相互联动性。风险管理不仅是对过去的单个业务的单个风险进行管理，而应从整个系统的角度对所有风险综合管理。整体风险管理理论认为：对一定量的风险进行控制是金融风险管理的最终目的，风险管理必然要涉及风险偏好和风险估价因素，应将金融风险管理中的价格、偏好和概率三要素综合起来进行系统和动态的决策，从而实现对风险的全面控制。

1998 年之后，理论界提出了全面风险管理理论和全面综合的风险管理。全面综合的风险管理的中心理念是：对金融机构面临的所有风险作出连贯一致、准确和及时的度量；建立一种严密的程序用来分析总风险在交易、资产组合和各种经营活动范围内的分布，以及对不同类型的风险怎样进行定价和合理配置资本；同时，在金融机构内部建立专司风险管理的部门，致力于防范和化解并且消化由此带来的成本。但由于全面综合的风险管理一般只用于金融界，而 COSO① 的风险管理，即全面风险管理适用于大多数的企业，包括金融界，因此，全面风险管理将是风险管理未来的发展趋势。

（三）全面风险管理阶段

1999 年，《巴塞尔新资本协议》形成了全面风险管理发展的一个推动力，《巴塞尔新资本协议》将市场风险和操作风险纳入资本约束的范围，提出了资本充足率、监管部门监督检查和市场纪律三大监管支柱，蕴含了全面风险管理的理念。进入 21 世纪，尤其以 2001 年美国遭受 9.11 恐怖主义袭击、2002 年安然公司倒闭等重大事件为标志，使众多企业意识到风险是多元的、复杂的，必须采用综合的管理手段。全面风险管理的概念由此获得广泛认同。

2004 年，COSO 适应时代的要求，出台了《企业风险管理——整合框架》（COSO-ERM）。该框架中的风险管理概念、内容、框架构成了现代全面风险管理理论的核心。ERM 框架定义全面风险管理，阐述原则、模式、标准，为企业和其他类型组织评价和加强全面风险管理提供了基础，并引入了风险偏好、风险容忍度、风险度量等概念和方法，为衡量企业风险管理的有效性提供指导。ERM 框架对全面风险管理的定义下得比较宽泛，可以运用于不同组织、不同行业和不同领域。该定义的重心直接落在特定组织目标的实现上，为评价全面风险管理的有效性打下基础。全面风险管理模式可概括为“全球的风险管理体系、全面的风险管理范围、全员的风险管理文化、全程的风险管理过程、全新的风险管理方法、全额的风险计量”。全面风险管理过程应用于企业内部每个层次和部门，考虑组织内所有层面的活动，从企业总体的活动（如战略计划和资源分配）到业务部门的活动（如市场部、人力资源部），再到业务流程（如生产过程和新客户信用复核）。因此，全面风险管理是当今企业为完善风险管理而提出的一种要求。

全面风险管理框架有三个维度，第一是风险管理目标维度。风险管理目标和组织的风险要求紧密联系，决定着组织经营活动中对风险的容忍度。整体框架所界定的目标有四类：战略目标、经营目标、报告目标和监管目标。这种分类可以把重心放在全面风险管理的不同侧面，不同类型的目标互相重叠，一种特定的目标可能会落入不止一个类别，不同类别的目标对应组织的不同需要。第二是风险管理要素维度。全面风险管理包括八个方面的要素，即内部环境、目标设

① 1985 年，由美国注册会计师协会（AICPA）、美国会计学会（AAA）、财务经理人协会（FEI）、美国内部审计师协会（国际内部审计师协会的前身，IIA）、美国管理会计师协会（IMA）联合创建了反虚假财务报告委员会（通常称“Treadway 委员会”），旨在探讨财务报告中的舞弊产生的原因，并寻找解决之道。两年后，基于该委员会的建议，其赞助机构成立 COSO（Committee of Sponsoring Organization），专门研究内部控制问题，并在 1992 年发布了《内部控制——整合框架》，下文所讲的《企业风险管理整合框架》可以说是其发展。

定、风险识别、风险评估、风险对策、控制活动、信息和交流、监控,这几个要素来自管理层经营企业的方式,并和管理流程整合在一起八个因素相互独立、相互联系又相互制约,共同构成了全面风险管理这一有机体系。第三是企业组织层级维度。企业的各个层级包括组织的高级管理层、各职能部门、各条业务线及下属各子公司,组织里的每个人对全面风险管理都负有责任。全面风险管理框架三个维度的关系是,全面风险管理的八个要素都是为组织的四个目标服务的;组织各个层级都要坚持同样的四个目标;每个层级都必须从以上八个方面进行风险管理,该框架适合各种类型的企业或机构的风险管理。

(四)国外风险管理的最新趋势

COSO 的全面风险管理框架对企业界风险管理的影响是巨大的。通过对 2005 年和 2006 年国外关于 ERM 的相关文献的检索,发现国外的许多企业已实施了 ERM。但如何使 ERM 在企业内得到有效的执行和落实,是近期理论界和企业界研究的重点。财务总监国际联合会资助研究的成果就针对大通曼哈顿银行、杜邦公司、微软公司、联合谷物种植公司、加利福尼亚联合石油公司五家在各自的行业领先的企业进行了企业风险管理的案例研究,该研究探讨了风险管理组织的建立、风险一体化的流程等。

Jerry A. Miccolis, Kevin Hively 在 2005 年通过文献回顾、焦点访问和调查现有企业的实践,指出目前企业实施风险管理的潜在障碍及企业可能面临的机会。

Deloitte(美国德勤会计公司)在 2005 年研究提出了 ERM 风险框架设计的原则及一些在实施企业风险管理框架时需要注意的问题,并且列示了许多已经成功实施 ERM 企业的经验。

2006 年国际风险管理会议用“将全面风险管理整合到企业实践中去”作为其主题,表明全面风险管理在企业实践中的重要地位已经引起了学术界和企业界的高度重视。

The Conference Board of Canada 详细介绍了企业如何从能源企业的 ERM 实践中学习经验,同时指出,随着企业风险范围的扩大、复杂程度的加深及风险呈现的相互联系和互动性,传统的风险管理已不能满足要求,企业应采用更广泛的和整合的方法进行风险管理。另外,基于对加拿大企业的调查,对不同类型的企业如何实施 ERM,如何在 ERM 的框架内进行风险管理进行了介绍。

社会科学网(http://www.ssrn.com)通过对现有的企业实践的调查指出,很少有研究将战略风险的确认和控制整合到企业范围内的 ERM。它收集了在北美和欧洲公司的 271 位做风险和金融执行官的管理人员对于风险管理的理解,并对实施风险整合和组织管理的动因、实施 ERM 的最大障碍以及 ERM 如何影响企业实施战略的能力进行了深入分析。

从以上的信息可以看出,目前国外的全面风险管理研究主要集中在对现有的实施全面风险管理的企业的具体实施状况进行分析，并从中总结经验，再提升到理论高度，为所有的企业成功实施全面风险管理提供指导，即 EAM 在企业中的应用及其实施效果和效率的研究和尝试是这一阶段的主流。[①]

（五）中国风险管理的产生与发展[②]

中国对风险管理的研究始于 20 世纪 80 年代。一些学者将风险管理和安全系统工程理论引入中国，少数企业试用风险管理理论也取得了较好的效果。中国大部分企业缺乏对风险管理的认识，也没有建立专门的风险管理机构。作为一门学科，风险管理学在中国仍旧处于起步阶段。

2006 年，国务院国有资产监督管理委员会印发了《中央企业全面风险管理指引》。该指引中说道："企业全面风险管理是一项十分重要的工作，关系到国有资产保值增值和企业持续、健康、稳定发展。为了指导企业开展全面风险管理工作，进一步提高企业管理水平，增强企业竞争力，促进企业稳步发展，我们制定了《中央企业全面风险管理指引》，现印发你们，请结合该企业实际执行。"[③]该指引包括总则、风险管理初始信息、风险评估、风险管理策略、风险管理解决方案、风险管理的监督与改进、风险管理组织体系、风险管理信息系统、风险管理文化、附则等十章内容，标志着我国企业正在向全面风险管理迈进。

随后，各监管部门均出于自身的要求颁布了约束其监管对象的风险管理指引。例如，上交所和深交所都制定了各自的上市公司内部控制指引，证监会、保监会、银监会也制定了各自的风险管理指引或办法。这些标志着我国企业风险监管格局已经形成，标志着我国企业风险管理的监管体系架构已具雏形。

2008 年，财政部会同证监会、审计署、银监会、保监会制定并发布了《企业内部控制基本规范》（以下简称《基本规范》）。该规范于 2008 年 5 月 22 日印发，自 2009 年 7 月 1 日起在上市公司范围内施行，鼓励非上市的大中型企业执行。执行本规范的上市公司，应当对本公司内部控制的有效性进行自我评价，披露年度自我评价报告，并可聘请具有证券、期货业务资格的会计师事务所对内部控制的有效性进行审计。《基本规范》共七章五十条，各章分别是：总则、内部环境、风险评估、控制活动、信息与沟通、内部监督和附则。《基本规范》立足我国国情、借鉴国际上已有的风险管理规范和经验，确立了我国企业建立和实施内部控制的基础框架，并取得了重大突破。

二、风险管理的概念

传统上，风险管理是指风险管理主体通过风险识别、风险衡量、风险评估、风

① 参见严复海、党星、颜文虎：《风险管理发展历程和趋势综述》，载《管理现代化》2007 年第 2 期。

② 参见孙家庆编著：《物流风险管理》（第 2 版），东北财经大学出版社 2012 年版，第 10—11 页。

③ 《关于印发〈中央企业全面风险管理指引〉的通知》。

险决策等方式，有效控制风险并减少损失的过程。现代意义上的风险管理有过不同的名称：全面风险管理、集成风险管理、整体风险管理等等。不管称谓如何，这些定义都有两方面的含义：首先，研究和解决的是风险对风险管理主体的整体影响，而不是个别风险对主体的个别影响和个别的解决方法；其次，对风险的认识趋于完善，既看到了传统认识中风险所带来的负面效应，也看到了风险所带来的正面效应，从而看到风险带来的机会。所以，我们现在讨论的风险管理应该是现代意义上的全面风险管理。

从本节第一部分可以看出，全面风险管理主要应用于企业。但是风险并不止对企业发生，对其他主体也会发生。所以，参照 COSO 的《企业风险管理——整合框架》以及国务院国有资产监督管理委员会的《中央企业全面风险管理指引》，我们可以给全面风险管理下这样一个定义：全面风险管理是一个过程，是风险管理主体围绕总体目标，通过在管理的各个环节和过程中执行风险管理的基本流程，培育良好的风险管理文化，建立健全全面风险管理体系，包括风险管理策略、风险理财措施、风险管理的组织职能体系、风险管理信息系统和内部控制系统，从而为实现风险管理的总体目标提供合理保证方法。

全面风险管理有以下要素：

(1) 全面风险管理是一个过程，这个过程贯穿于风险管理主体的各种活动；

(2) 全面风险管理的对象是来自主体内外的风险组成的整体；

(3) 全面风险管理的执行者是风险管理主体内的所有人员；

(4) 全面风险管理的目标是把风险控制在主体可承受范围之内，并且找到风险和收益的最佳平衡点；

(5) 全面风险管理必须从风险产生的源头开始，并且持续不断地对风险进行监督与控制。

提到全面风险管理，必然会提到内部控制。在实践中有很多人不能真正理解全面风险管理与内部控制的区别和联系，要么将两者完全隔离开来，要么只是简单地将它们等同起来。那么，它们有什么联系和差异？美国 COSO 发布的《企业风险管理——整合框架》附录 C 中对两者有较好的阐释。[①]

(1) 比内部控制更广泛

内部控制被涵盖在企业风险管理之内，是其不可分割的一部分。企业风险管理比内部控制更广泛，拓展和细化了内部控制，以便形成一个更全面地关注风险的更加强有力的概念提炼。《内部控制——整合框架》本身对于那些着眼于内部控制的主体和其他方面仍旧有效。

---

① 参见〔美〕COSO 制定发布：《企业风险管理——整合框架》，方红星、王宏译，东北财经大学出版社 2005 年版。

(2) 目标的类别

《内部控制——整合框架》明确了三类目标——经营、财务报告和合规。《企业风险管理——整合框架》增加了另一类目标，即战略目标，它处于比其他目标更高的层次。战略目标来自一个主体的使命或愿景，因而经营、报告和合规目标必须与其相协调。企业风险管理应用在战略制订以及朝着实现其他三类目标迈进的过程中。企业风险管理框架引入了风险容量和风险容限的概念。风险容量是一个主体在追求其使命/愿景的过程中所愿意承受的广泛意义的风险的数量。它在战略制订和相关目标的选择中起到指向标的作用。风险容限是相对于目标的实现而言所能接受的偏离程度。在确定风险容限的过程中，管理当局考虑相关目标的相对重要性，并使风险容限与风险容量相协调。在风险容限以内经营为管理当局提供了关于主体保持在它的风险容量之内的更大的保证，进而就主体将会实现其目标提供了更高程度的慰藉。

(3) 组合观

内部控制框架中没有预期到的一个概念是风险的组合观。除了在分别考虑实现主体目标的过程中关注风险之外，还有必要从“组合”的角度考虑复合风险。

(4) 构成要素

通过更多地关注风险，企业风险管理框架拓展了内部控制框架的风险评估要素，创造了四个构成要素——目标设定(它在内部控制中是先决条件)、事项识别、风险评估和风险应对。

(5) 内部环境

在讨论环境要素时，企业风险管理框架讨论了一个主体的风险管理理念，它是决定一个主体如何考虑风险、反映其价值观并影响其文化和经营风格的一系列共同的信念和态度。如前所述，本框架包含了一个主体的风险容量这个概念，它由更具体的风险容限所支撑。

由于董事会及其组成的突出重要性，企业风险管理框架拓展了内部控制框架中至少要有多名独立董事的呼吁——即至少要有两名独立董事，指出为了使企业风险管理有效，董事会中必须有至少占多数的独立外部董事。

(6) 事项识别

企业风险管理和内部控制框架都承认风险发生在主体的各个层次上，并且来源于许多内部和外部因素。同时，两个框架都以对目标实现的潜在影响为背景来考虑风险识别。

企业风险管理框架讨论潜在事项的概念，将事项定义为影响战略执行或目标实现的从内部或外部所发生的事故或事件。有着正面影响的潜在事项代表机会，而那些有着负面影响的则代表风险。企业风险管理涉及运用那些既考虑过去和新生的趋势，也考虑是什么引发了该事项的技术的组合来识别潜在的事项。

（7）风险评估

尽管内部控制和企业风险管理框架都要求从一个给定的风险将会发生的可能性和它的潜在影响的角度来评估风险，但是企业风险管理框架建议透过一个更敏锐的视角来观察风险评估。要从固有的和剩余的风险的角度，最好采用与该风险相关的目标而构建的计量单位相同的单位来表述风险。时间范围应该与主体的战略和目标相一致，而且如果可能的话，应该与可观测的数据相一致。企业风险管理框架还要求关注相互关联的风险，它反映了一个单独的事项可能会怎样产生多重风险。

如前所述，企业风险管理包含了管理当局树立主体层次的组合观的需要。负责业务单元、职能机构、流程或其他活动的管理人员建立了对各自单元的风险的复合评估，主体层次的管理当局就能够从“组合”的角度去考虑风险。

（8）风险应对

企业风险管理框架确定了四类风险应对——回避、降低、分担和承受。作为企业风险管理的一部分，管理当局从这些类别中考虑潜在的应对，并以达到与主体的风险容限相协调的剩余风险水平为目的来考虑这些应对。个别或整体地考虑了对风险的应对之后，管理当局要考虑整个主体范围内风险应对的累积效果。

（9）控制活动

两个框架都引入了控制活动，以帮助确保管理当局的风险应对得以实施。企业风险管理框架明确地指出，在某些情况下控制活动本身也起到了风险应对的作用。

（10）信息与沟通

企业风险管理框架拓展了内部控制的信息与沟通要素，强调对来自过去、现在和潜在的未来事项的数据的关注。历史性数据使主体得以对照目标、计划和期望来追踪实际的业绩，并提供关于主体在不同的条件下在过去期间的表现方面的认识；现在或当前状况下的数据提供了重要的补充信息；而有关潜在的未来事项的数据和基本要素使信息分析更加完善。信息基础结构获取和搜集与主体识别事项、评估和应对风险以及保持在其风险容量范围之内的需要相符的时间范围和详细程度的数据。

内部控制框架中有关在正常的报告途径之外的其他沟通渠道的存在性的讨论，在企业风险管理框架中更受强调，后者指出有效的风险管理需要这种渠道。

（11）职能与责任

两个框架都集中关注作为内部控制和企业风险管理的一部分或为其提供重要信息的不同方面的职能与责任。企业风险管理框架描述了风险官员的职能与责任，并扩充了主体的董事会的职能。

三、风险管理的应用误区

(1) 把风险管理理解为建章立制。从风险管理的定义中,我们可以看出风险管理被明确地定义为一个过程,而不能被当作某种静态、僵死的东西,如制度文件。同样地,现代意义上的全面风险管理也不是单独或额外的活动,如检查评估等,而是内置于风险管理主体日常管理过程中,应当被当作一种常规运行的机制来建设和执行。

(2) 夸大了风险管理的作用。有些风险管理主体对风险管理的期望值过高,希望风险管理可以确保本单位目标的实现,并且确保本单位不会出现不可接受的风险。但是实际上无论多么先进的风险管理体系都只能为风险管理主体相关目标的实现提供合理的而非绝对的保证。

(3) 风险管理实践困难。由于新的管理理念和方法的引进,与国内企业原有的管理体系和观点存在极大的不同,而使得这些理念和方法目前大体上还只是处于导入阶段,大多数企业管理人员还不能在这些框架和概念与企业的日常经营管理行为和语言之间建立直接的联系。另外,在风险管理的另一重要主体政府中,由于一些部门的领导还存在着"拍脑袋决定"的陋习,使得政府部门对风险的管控也有所影响。

第三节 风险管理的流程与方法

在风险管理的主体确定自己的经营目标后,风险管理的流程主要包括风险识别、风险衡量、风险评价、选择风险管理技术、风险决策、风险管理方案实施、风险管理绩效评价等部分。应当注意到,这个流程有时不是线性的,当一部分出现问题之后,则会将流程回滚至前面的一部分或几部分来进行修正,以求好的结果。最终当完成评价之后,一个新的风险管理周期又会马上展开。下面分别在流程的各部分介绍风险管理的方法。

一、风险识别

风险识别是指收集风险因素、风险事故和损失等各方面的信息,发现可能导致损失的潜在的风险因素。风险识别是一个复杂、连续并且长期的过程,它也是风险管理主要流程的开端。

现在使用的风险识别的方法主要有以下几种:

(1) 流程图法,又称生产流程分析法。生产流程是指在生产工艺中,从原料投入到成品产出,通过一定的设备按顺序连续地进行加工的过程。该种方法强调根据不同的流程,对每一阶段和环节,逐个进行调查分析,找出风险存在的原因。在物流中,可以按照物流的各个流程使用该种方法。

(2) 风险专家调查列举法,即由风险管理人员将该风险管理主体可能面临的风险逐一列出,并根据不同的标准进行分类。专家所涉及的面应尽可能广泛些,有一定的代表性。一般的分类标准为:直接或间接,财务或非财务,政治性或经济性等。

(3) 资产财务状况分析法,即按照企业的资产负债表及损益表、财产目录等的财务资料,风险管理人员经过实际的调查研究,对企业财务状况进行分析,发现其潜在风险。

(4) 分解分析法。这是指将一复杂的事物分解为多个比较简单的事物,将大系统分解为具体的组成要素,从中分析可能存在的风险及潜在损失的威胁。

一个风险管理主体在识别风险时,应当交叉使用各种方法,以免遗漏。

二、风险衡量

风险衡量是在对过去损失资料分析的基础上,运用概率论和数理统计的方法,对风险进行定量分析和描述。风险衡量非常倚重数据资料的搜集,它的方法是数学和统计学的方法。

三、风险评价

风险评价是指在风险识别和风险衡量的基础上,将损失程度和频率以及其他因素结合起来,分析风险可能造成的影响,并决定是否需要采取相应的措施的过程。风险识别、风险衡量以及风险评价有时同时进行,难以区分。

按照不同的划分标准,风险评价可以被分为不同的类型:按照评价的时间,风险评价可以分为事前评价、事中评价、事后评价;按照评价方法的不同,风险评价可以分为定量评价、定性评价和综合评价。不管怎么划分,风险评价都具有以下特点:

(1) 风险评价是对风险的综合评价。在诸多风险因素中,有一些风险因素是互相联系的。它们之间的联系既有可能提高风险事故发生的概率,也有可能降低风险事故发生的概率。在评价中必须综合考虑。

(2) 风险评价离不开特定的社会环境。一个风险管理主体是离不开它所处的社会环境的。例如,一个国家的气候如何、政局是否稳定、法律制度是否健全都会影响到风险管理主体所遇到的风险。

(3) 风险评价受到评价者的主观影响。评价者的个性、风险评价能力对风险评价的结果影响极大。不同风险评价者对各种风险的认识不同,就会给予不同的重视程度,也就会造成风险评价结果的不同。

风险评价有定性和定量两种方法。我们选取目前常用的风险评价方法加以介绍：

（1）主观预测法。主观预测法是指依靠熟悉业务知识、具有丰富经验和综合分析能力的人员与专家，根据已掌握的历史资料和直观材料，运用个人的经验和分析判断能力，对事物的未来发展作出性质和程度上的判断，然后，再通过一定形式综合各方面的意见，作出对风险的预见的方法。这种方法很侧重个人的主观能力。

（2）风险坐标图。风险坐标图是把风险发生可能性的高低、风险发生后对目标的影响程度作为两个维度绘制在同一个平面上，即绘制成直角坐标系。对风险发生可能性的高低、风险对目标影响程度的评估有定性、定量等方法。定性方法是直接用文字描述风险发生可能性的高低、风险对目标的影响程度，如"极低""低""中等""高""极高"等。定量方法是对风险发生可能性的高低、风险对目标影响程度用具有实际意义的数量描述，如对风险发生可能性的高低用概率来表示，对目标影响程度用损失金额来表示。

（3）关键风险指标管理。一项风险事件发生可能有多种成因，但关键成因往往只有几种。关键风险指标管理是对引起风险事件发生的关键成因指标进行管理的方法。具体操作步骤如下：① 分析风险成因，从中找出关键成因；② 将关键成因量化，确定其度量，分析确定导致风险事件发生或极有可能发生时该成因的具体数值；③ 以该具体数值为基础，以发出风险预警信息为目的，加上或减去一定数值后形成新的数值，该数值即为关键风险指标；④ 建立风险预警系统，即当关键成因数值达到关键风险指标时，发出风险预警信息；⑤ 制定出现风险预警信息时应采取的风险控制措施；⑥ 跟踪监测关键成因数值的变化，一旦出现预警，即实施风险控制措施。①

（4）压力测试。压力测试是确立系统稳定性的一种测试方法，在软件工程、金融风险管理等领域应用比较普遍。通常在系统正常运作范围之外进行，以考察其功能极限和隐患。压力测试将风险管理主体置于某一特定的极端情境下，如经济增长骤减、长期合作伙伴突然破产、运营成本突然上升等异常的市场变化，然后测试该风险管理主体在这些关键突变下的表现状况，看是否能经受得起这种突变，并从中总结经验，采取措施，以避免巨大损失。

四、选择风险管理技术

风险管理主体在风险识别、风险衡量和风险评价之后，需要考虑采用风险管理技术来减少可能的损失。风险管理技术主要包括风险规避、损失控制、风险转

---

① 第2、3点参见孙家庆编著：《物流风险管理》（第2版），东北财经大学出版社2012年版，第32—36页。

移三种：

（1）风险规避。风险规避是风险管理技术的一种，是指通过计划的变更来消除风险或风险发生的条件，保护目标免受风险的影响。风险规避并不意味着完全消除风险。风险规避一是要降低损失发生的几率，主要依靠采取事先控制措施；二是要降低损失程度，主要包括事先控制、事后补救两个方面。

（2）损失控制。损失控制是指采取各种措施减少风险发生的概率，或在风险发生后减轻损失的程度。损失控制是一种积极的风险控制手段，它可以克服风险规避的种种局限性。风险评价时特别要注意间接损失和隐蔽损失。制定损失控制措施还必须考虑其付出的代价，包括费用和时间两方面，而时间方面的代价往往还会引起费用方面的代价。损失控制措施的最终确定，需要综合考虑损失控制措施的效果及其相应的代价。

（3）风险转移。风险转移是指将风险及其可能造成的损失全部或部分转嫁给他人。风险转移的方式可以分为非保险转移和保险转移。非保险转移主要是通过订立合同，将风险以及与风险有关的损失转嫁给别人。在经济生活中，常见的非保险风险转移有租赁、互助保证、基金制度等等。保险转移是指通过订立保险合同，将风险转移给保险公司。风险管理单位在面临风险的时候，可以向保险公司交纳一定的保险费，将风险转移。一旦预期风险发生并且造成了损失，则保险公司必须在合同规定的责任范围之内进行赔偿。

五、风险决策

风险决策就是根据风险管理目标，选择最合理的风险管理方案。风险决策必须注意要全面、可行，并且注意成本与收益之比。在风险决策中必须注意以下几点：

（1）明确各个人员的职责范围。风险管理主体中的各个人员必须划清各自的职权，以免出现多头管理和互相推诿。

（2）确定风险决策的程序。明确程序，并严格按照程序进行决策，可以避免风险决策的随意性，并提高风险管理方案的执行性。

（3）决策之后要严格执行。有了风险管理方案而不执行，等于没有方案。

（4）防止出现过度防御与防御不足。过度防御指的是风险管理方案管得过死，使得风险管理主体畏首畏尾，裹足不前；防御不足指的是风险管理方案准备不足，不能充分避免可以避免的风险，或者不能减少风险事故一旦发生时的损失。

六、风险管理方案的实施

风险管理方案的实施是贯穿于整个风险管理活动始终的。它是一个动态的、双向的制定过程。也就是说,方案制订好以后并不是一成不变的。在整个方案执行过程中由于风险管理主体内外环境的变化可能会导致面临风险的改变,就需要对风险管理方案进行调整与改进,以适应其变化。由于风险管理的目标靠的是风险管理落到实处,风险管理方案的实施可以说是整个风险管理流程中最重要的一个部分。

为了取得较好的效果,实施风险管理方案必须注意以下几点:

(1) 整个单位上下应该对风险管理方案有透彻的理解。这样可以避免方案实际执行中的走样。

(2) 制订计划。整个单位有风险管理方案的执行计划,每个部门有各自的计划并与其他部门的计划交融,每个人必须明确自己的任务。

(3) 建立有效的监控机制,保证方案的实施。

(4) 及时纠正方案执行中出现的偏差。

(5) 分析方案执行中出现的问题,并不断审查方案,以此确定方案应当继续实施或加以修改。

七、风险管理绩效评价

风险管理绩效评价是分析、比较已实施的风险管理方案的结果与预期目标的符合程度,以此来评判管理方案的科学性、适应性和收益性。风险管理绩效的大小取决于是否能以最小成本取得最大的收益,同时还要考虑与整体管理目标是否一致以及具体实施的可能性、可操作性和有效性。

风险管理决策效果的评价包括以下几方面的内容:①

(1) 评价风险管理决策的效果。风险管理决策效果评价主要评价风险管理措施是否降低了风险事故发生的频率,是否降低了风险事故造成的损失,这是风险管理决策效果评价的首要任务。如果已经采取的风险管理措施对于防止、减少损失发挥了很大的作用,则采取的风险管理措施是可行的;反之,则是不可行的。

(2) 评价风险管理决策的科学性。风险管理决策是否科学,需要风险管理的实践来检验。如果企业的风险管理决策有助于降低风险事故造成的损失,有助于促进企业的进一步发展,则其风险管理决策是有效的。

(3) 评价风险管理者的管理水平。风险管理者的知识结构、经验和业务水平是否适合风险管理的需要,风险管理是否适合风险管理单位经营活动,通过风险管理决策效果评价可以得到。

(4) 评价风险管理决策的执行情况。风险管理措施的执行情况,直接影响

---

① 参见刘钧:《风险管理概论》(第二版),清华大学出版社 2008 年版,第 225 页。

风险管理决策的效果。风险管理措施执行中的任何偏差,都有可能导致风险管理的失败。因此,评价风险管理决策的执行情况是风险管理决策效果评价的重要方面,不仅有助于风险管理决策措施的实施,而且还有助于改进风险管理决策执行中的失误,强化风险管理措施的执行。

第四节　国际物流风险及其管理

一、国际物流风险的定义与特征

国际物流风险就是发生在国际物流领域的风险。参照上文风险的定义,国际物流风险是指因国际物流活动而产生的未来损失或收益发生的不确定性。

除了风险共有的不确定性、损害性、客观性、未来性、发展性、两面性等特征,国际物流风险因为国际物流的特殊性而具有自己的特点:

(1) 由于各国法律、习俗、科技水平、文化等的不同,国际物流环境复杂;

(2) 风险管理主体与其他主体间的沟通成本大;

(3) 对代理机构依赖大,使得自己不可控的因素增加;

(4) 物流完成周期长;

(5) 使用多种运输方式,需要遵守的法律更多,因法律规定不统一造成的风险加大。

二、国际物流风险的分类

国际物流风险当然可以参照上文中风险的分类进行分类,当然也可以使用其他的标准分类。

按主体,国际物流风险可以分为企业风险和政府(社会)风险。其中,企业风险又可以分为物流企业风险和货主企业风险。

物流企业在实践中可以遇到许多风险。例如,货物灭损、延时配送、错发错送,这些是物流企业与货主企业间常见的风险。在物流企业与社会之间,也存在着环境污染、交通肇事等风险。

货主企业在实践中的风险也不少,如物流外包造成的机密泄露、客户关系风险,软条款欺诈风险等。

政府(社会)风险是以往有关物流的论述中较少提到的风险。其实,由于国际物流而造成的对政府(社会)的风险是非常多的。例如,由于国际运输带来的外来物种入侵、疾病蔓延等风险,由于国际物流活动产生的环境污染风险,由于允许外国物流企业进入本国市场造成的本国物流行业遭受打击、人员失业的风险。

按照风险的内容,国际物流风险可以分为市场风险、战略风险、操作风险、金融风险、法律风险、信用风险、招投标风险。本书此编主要以此种分类进行阐述。

三、国际物流风险管理

国际物流风险管理也是风险管理,自然可以使用上文中所提到的风险管理的流程和方法。首要的依旧是风险管理的主体必须确定自己的经营目标。风险管理的流程仍然是风险识别、风险衡量、风险评价、选择风险管理技术、风险决策、风险管理方案实施、风险管理绩效评价等部分。

第九章　国际物流市场风险管理

第一节　物流市场风险概述

一、定义

物流市场风险是与整个物流市场波动相联系的风险,因而也称系统风险,即物流市场风险是指未来物流市场的不确定性和其对风险管理主体实现其既定目标的影响。

物流市场风险通常具有以下特征:

1. 由全局性的因素引起。例如,经济方面的利率、通货膨胀、宏观经济政策、能源危机、经济周期循环等;政治方面的政权更迭、战争冲突等;社会方面的如体制变革、所有制改造等。

2. 整体风险造成的后果具有普遍性,各个主体皆不能避免。

3. 无法通过分散投资来加以消除。由于市场风险是个别企业或行业所不能控制的,是社会、经济、政治大系统内的因素所造成的,它影响着绝大多数企业的运营,所以,企业无论如何选择投资组合都无济于事。

4. 这种整体风险发生的概率较小。由于人类认识水平的不断发展,对自然和社会的认识不断加深,对它们的驾驭能力不断提高,对整体性风险发生的防范手段及其发生之后的综合治理办法都不断增强。

二、物流市场风险的类别

根据物流业的历史,我们可以对物流市场风险进行分类。下面主要介绍物流企业会遭遇的市场风险。

(一) 国家风险

国家风险是指由于物流企业运营中东道国各种难以预料的经济、政治和法律等因素变动,导致物流企业投资环境、经营环境发生变化,使其预期成本或利润与实际情况不一致所带来的风险。国家风险主要包括政治风险、经济风险、法律风险和社会风险。

1. 政治风险主要指战争、内乱、政权更迭、国有化没收外资、政府干预等。政治风险具有一定的特殊性,一旦发生往往无法挽救,且后果严重。其后果可能是直接使一物流企业破产,或者使两个国家间发生严重外交冲突。

2. 经济风险如东道国实行外汇管制，使东道国货币不可自由兑换，从而限制了国际物流企业的收入流出；或承租方和出租方之间原本以避税为目的的船舶租赁，因税收政策改变，给船东的收益带来的风险。

3. 法律风险是指物流企业缺乏对东道国法律的了解，导致东道国与母国以及与国际法之间的法律冲突所产生的风险。

4. 社会风险是指由于经济或非经济因素造成特定国家的社会环境不稳定，从而使国际物流企业不能把在该国的收入汇回本国而遭受损失的风险。

（二）政策风险

因国家宏观政策（如货币政策、财政政策、行业政策、地区发展政策等）发生变化，导致市场行情波动而产生的风险。经济政策、法规出台或调整，对物流市场会有一定影响，如果这种影响较大，会引起市场整体的较大波动，从而导致物流企业、货主企业遭遇无法预料的变故。

（三）经济周期风险

物流业受经济周期性影响很大。国际和国内经济的周期性波动将影响到物流市场需求和物流市场价格，从而对物流企业的经营效益产生较大影响。

国际经济及贸易因素导致物流需求波动的风险。国际物流业的整个产业链均同国际贸易和区域贸易发展密切相关。全球和各地区的经济增长呈现出明显的周期性特点，从而使国际贸易的增长出现波动。如果经济发生衰退或宏观环境不景气，将对物流业的需求进而对企业的业绩造成影响。

为了防范经济周期风险，物流企业应加强对国际、国内宏观经济定势的研究，合理规划业务发展规模，使企业运力发展计划与运量增长保持适当比例，根据市场变化，优化业务结构，提高盈利能力。

（四）金融风险

本书另有章节详述之。

（五）物流价格波动风险

物流价格受到多种因素影响，特别是受到供求关系的影响。在竞争下，物流服务的供求关系处于经常的变化中。因而，价格较易产生波动。

（六）物流成本上升风险

由于构成物流成本的许多不可控因素的变化，导致物流成本经常变动，从而使物流企业面临巨大的成本风险。以海上运输企业为例，主要面临燃油成本上升风险，港口费和装卸费上升风险，船舶租金上升风险。

1. 燃油成本上升风险。具体内容将在后面专门介绍。

2. 港口费和装卸费上升风险。港口费和装卸费受各种因素影响。例如，货运量的增长、运费上升、工人工资的增长等因素都会推高港口费和装卸费。这将增加物流企业的港口费和装卸费的支出，对物流企业的盈利产生不利影响。

3．船舶租金上升风险。目前，海运企业的运力中许多是以租船方式持有。由于租船费在过去数年间均呈上涨趋势，海运企业续约或以新租船协议取代现有租船协议时可能会支付更高的费用。同时，由于租约期限过长，当经济周期处于下行期时，物流企业的收费减少而租金不减，会造成较大亏损。

（七）物流竞争风险

物流竞争风险是指物流企业被另一个竞争对手打败的风险。在物流竞争环境中，物流的市场结构、市场透明度、市场竞争程度和市场干预程度等因素的变化及构成情况，直接给物流企业带来不同的风险。以海运企业为例，海运企业在运价、航班次数、转运时间、港口的覆盖范围、服务可靠性、可利用的集装箱、陆上运输服务、客户服务的质量、增值服务和其他客户要求等方面均面临竞争，因而有可能导致海上运价降低。此外，国际海运企业纷纷追求船舶大型化，在船舶科技和信息设备等方面的投入不断增加，在全球加强销售和客户服务网络的建设，这可能在船型结构、服务能力、信息系统、管理效率和分销网络等多方面对海运企业形成挑战。

（八）运输安全风险

以运输为例，当船舶在海上航行时，受到多种海上特殊风险和人为因素，包括台风、海啸、海盗、恐怖事件、战争和罢工等的影响，因而存在着搁浅、碰撞、沉船等各种意外事故的可能，这些风险都会对企业业务运营造成影响，并可能给公司带来损失。再如，飞机飞行中也可能遇到机械故障、机场罢工、雷暴等的影响。事故中产生的污染所带来的赔偿费用也是一笔不小的损失。

第二节　油料成本波动风险及其管理

一、油料成本波动

油料成本，主要是燃油成本，是物流企业最主要开支之一。燃油价格与原油价格密切相关。由于原油产地的关系，原油价格与国际政治的走向密切相关；由于原油在经济中的基础性作用，原油价格与经济起伏也息息相关。中国国航2011年年报显示，公司2011年净利润同比下降38.75%。其中，燃油成本占其营业成本比重已超过44%，成为拖累其业绩的“杀手”。[①] 由此可见燃油成本对企业的影响。燃油价格波动的风险可以有以下的控制手段：

（一）降低燃油采购成本

1．通过集中采购、期货操作等措施控制船用燃油成本。

---

① 参见《中国国航年报显示：燃油成本成业绩杀手》，http://finance.qq.com/a/20120329/005246.htm，2013年3月9日访问。

2. 利用“船舶动态监控系统”及时掌握船舶燃油消耗及存油情况，同时，通过综合考虑港口燃油价格和船舶航线安排，选择最佳加油港等措施节约燃油采购成本。

3. 通过与客户签订联动协议化解风险并与主要燃油供应商开展价格锁定安排。这一方面是通过长期合同锁定运价和运量实行运价锁定，另一方面是锁定成本。

（二）降低油耗

1. 通过技术手段提高船舶节能降耗水平，如通过广泛采用卫星气象导航、选择最佳航线和实施经济航速等措施减少油耗；积极进行技术改造和采用新设备以达到节油的目的。

2. 在保持现有服务水平的基础上，通过增加航线船舶、努力降低船队平均运营速度，以降低燃油消耗。

（三）其他措施

例如，征收燃油附加费、利用套期保值进行燃油期货操作等等。

二、燃油套期保值

套期保值是指把期货市场当作转移价格风险的场所，利用期货合约作为将来在现货市场上买卖商品的临时替代物，对其现在买进准备以后售出商品或对将来需要买进商品的价格进行保险的交易活动。

套期保值的基本特征是，在现货市场和期货市场对同一种类的商品同时进行数量相等但方向相反的买卖活动，即在买进或卖出实货的同时，在期货市场上卖出或买进同等数量的期货，经过一段时间，当价格变动使现货买卖上出现盈亏时，可由期货交易上的亏盈得到抵消或弥补，从而在近期和远期之间建立一种对冲机制，以使价格风险降低到最低限度。

期货市场毕竟不同于现货市场，它还会受一些其他因素的影响，因而期货价格的波动时间与波动幅度不一定与现货价格完全一致；加之期货市场上有规定的交易单位，两个市场操作的数量往往不尽相等，这些就意味着套期保值者在冲销盈亏时，有可能获得额外的利润或亏损。

套期保值的理论基础是现货和期货市场的走势趋同。由于这两个市场受同一供求关系的影响，所以二者价格同涨同跌；但是由于在这两个市场上操作相反，所以盈亏相反，期货市场的盈利可以弥补现货市场的亏损。

基差是某一特定地点某种商品的现货价格与同种商品的某一特定期货合约价格间的价差。基差 = 现货价格 - 期货价格。基差是期货价格与现货价格之间实际运行变化的动态指标。虽然期货价格与现货价格的变动方向基本一致，但变动的幅度往往不同。所以，基差并不是一成不变的。随着现货价格和期货价格持续不断地变动，基差时而扩大，时而缩小，最终因现货价格和期货价格的趋同性，基差在期货合约的交割月趋向于零。

基差的变化对套期保值者来说至关重要，因为基差是现货价格与期货价格的变动幅度和变化方向不一致所引起的，所以，只要套期保值者随时观察基差的变化，并选择有利的时机完成交易，就会取得较好的保值效果，甚至获得额外收益。同时，由于基差的变动比期货价格和现货价格相对稳定一些，这就为套期保值交易创造了十分有利的条件。

套期保值的效果主要是由基差的变化决定的，从理论上说，如果交易者在进行套期保值之初和结束套期保值之时，基差没有发生变化，结果必然是交易者在这两个市场上盈亏相反且数量相等，由此实现规避价格风险的目的。但在实际的交易活动中，基差不可能保持不变，这就会给套期保值交易带来不同的影响。

进行套期保值，必须注意套期保值的四项原则：

1．交易方向相反原则。交易方向相反原则是指在做套期保值交易时，交易者必须同时或先后在现货市场上和期货市场上采取相反的买卖行动，即进行反向操作，在两个市场上处于相反买卖位置。只有遵循交易方向相反原则，交易者才能用一个市场上的盈利去弥补另一个市场上的亏损，达到套期保值的目的。如果违反了交易方向相反原则，所做的期货交易就不能称作套期保值交易，不仅达不到规避价格风险的目的，反而增加了价格风险，其结果是要么同时在两个市场上亏损，要么同时在两个市场上盈利。

2．商品种类相同原则是指在做套期保值交易时，所选择的期货商品必须和套期保值者将在现货市场中买进或卖出的现货商品在种类上相同。只有商品种类相同，期货价格和现货价格之间才可能形成密切的关系，才能在价格走势上保持大致相同的趋势，从而在两个市场上同时或前后采取反向买卖行动才能取得效果。

当然，由于期货商品具有特殊性，不是所有的商品都能进入期货市场，成为期货商品。这就为套期保值交易带来一些困难。为解决这一困难，在期货交易的实践中，就推出了“交叉套期保值交易”做法。交叉套期保值，就是当交易者为其在现货市场上将要买进或卖出的现货商品进行套期保值时，若无相对应的该种商品的期货合约可用，就可以选择另一种与该现货商品的种类不同但在价格走势互相影响且大致相同的相关商品的期货合约来做套期保值交易。一般地，选择作为替代物的期货商品最好是该现货商品的替代商品，两种商品的相互替代性越强，套期保值交易的效果就越好。

3．商品数量相等原则。这是指在做套期保值交易时，所选用的期货合约上所载的商品的数量必须与交易者将要在现货市场上买进或卖出的商品数量相等。这一原则的存在是因为只有保持两个市场上买卖商品的数量相等，才能使一个市场上的盈利额与另一个市场上的亏损额相等或最接近。当然,结束套期保值时,两个市场上盈利额或亏损额的大小,还取决于当时的基差与开始做套期保值时的基差是否相等。在基差不变的情况下,两个市场上的亏损额和盈利额就取决于商品数量,只有当两个市场上买卖的数量相等时,两个市场的亏损额和盈利额才会相等,进而才能用盈利额正好弥补亏损额,达到完全规避价格风险的目的。如果两个市场上买卖的商品数量不相等,两个市场的亏损额和盈利额也不相等。

当然,在做套期保值交易时,有时很难使所买卖的期货商品数量等于现货市场上买卖的现货商品数量,这就给做套期保值交易带来一定困难,并在一定程度上影响套期保值交易效果。实务操作中只能尽量保持这一原则。

4. 月份相同或相近原则。这是指在做套期保值交易时,所选用的期货合约的交割月份最好与交易者将来在现货市场上实际买进或卖出现货商品的时间相同或相近。

必须遵循交割月份相同或相近原则的原因在于:两个市场上出现的亏损额和盈利额受两个市场上价格变动幅度的影响,只有使所选用的期货合约的交割月份和交易者决定在现货市场上实际买进或卖出现货商品时间相同或相近,才能使期货价格和现货价格之间的联系更加紧密,增强套期保值效果。

套期保值可以分为两类:买入套期保值和卖出套期保值。

1. 买入套期保值。买入套期保值又称多头套期保值,是在期货市场购入期货,用期货市场多头保证现货市场的空头,以规避价格上涨的风险。持有多头头寸,来为交易者将要在现货市场上买进的现货商品保值。因此又称为“多头保值”或“买空保值”。

买入套期保值的目的是为了防止日后因价格上升而带来的亏损风险。这种用期货市场的盈利对冲现货市场亏损的做法,可以将远期价格固定在预计的水平上。买入套期保值是需要现货商品而又担心价格上涨的投资者常用的保值方法,也就成了物流企业规避远期燃油价格上涨风险的一种好方法。

2. 卖出套期保值。卖出套期保值又称空头套期保值,是为了防止现货价格在交割时下跌的风险而先在期货市场卖出与现货数量相当的合约所进行的交易方式。持有空头头寸,来为交易者将要在现货市场上卖出的现货而进行保值。因此,卖出套期保值又称为“卖空保值”或“卖期保值”。卖出套期保值目的在于回避日后因价格下跌而带来的亏损风险。

卖出套期保值的做法是根据保值的目标先在期货市场上卖出相关的合适的期货合约,然后,在现货市场上卖出该现货的同时,又在期货市场上买进与原先卖出相同的期货合约,在期货市场上对冲并结束实际套期保值交易。

第三节　运价波动风险及其管理

一、运价波动风险

运输业是风险性行业，其需求取决于全球和地区的经济状况、汇率变化、贸易发展和运输模式转变等多方面因素。其中的大头为海上运输。海上运输的能力即运力由全球船队的船舶数量及载货量、航线调配、新船交付和旧船废弃数量或转为其他用途的状况决定。由于航运需求的变化难以准确预测，而船舶建造又需要一定的周期，使海运运力的调整滞后于需求的变化，导致海上运输业短期供需状况有时处于不均衡的状态。而各种因素的综合作用总会通过航运市场的价格波动反映出来，一旦出现运力过剩，海运运价通常就会下降或装载率降低。单个船东或单个租船人由于没有能力控制和影响市场运价，只能被动地接受，使得自己处于不利的地位，甚至遭受巨大的经济损失。这就突出了防范运价波动的重要性。同样地对于货主企业而言，当经济周期处于上行时，全球运力不足，航运企业坐地起价使得货主企业运输成本攀升。所以运价波动也是货主企业的巨大风险。

二、运价波动风险管理

运价风险的管理措施主要有：

（1）保持和加强战略合作，通过签订长期运输协议保证公司获得相对稳定的收益。

（2）对航运企业而言，趁船舶造价相对较低时及时进行船舶更新和运力扩充，有效控制造船成本，从而提高抵抗运价波动的能力。

（3）通过做好运力规划、适时投入资本增加运力、灵活调整自有船舶和租赁船舶比例等方式降低航运市场波动风险。

（4）利用运费衍生产品有效规避市场风险。但是入市有风险，投资须谨慎。

三、运费衍生品

运费衍生品是金融衍生产品的一种。金融衍生产品是指其价值依赖于标的资产（Underlying Asset）价值变动的合约。这种合约可以是标准化的，也可以是非标准化的。标准化合约是指其标的资产（基础资产）的交易价格、交易时间、资产特征、交易方式等都是事先标准化的，因此此类合约大多在交易所上市交易，如期货。非标准化合约是指以上各项由交易的双方自行约定，因此具有很强的灵活性，如远期合约。

金融衍生产品具有以下几个特点：

(1) 零和博弈，即合约交易的双方（在标准化合约中由于可以交易是不确定的）盈亏完全负相关，并且净损益为零，因此称“零和”。

(2) 高杠杆性。衍生产品的交易采用保证金制度，即交易所需的最低资金只需满足基础资产价值的某个百分比。保证金可以分为初始保证金和维持保证金，并且在交易所交易时采取“盯市”制度，如果交易过程中的保证金比例低于维持保证金比例，那么将收到追加保证金通知，如果投资者没有及时追加保证金，将被强行平仓。可见，衍生品交易具有高风险、高收益的特点。

金融衍生产品可以用来规避风险。但是，任何事情都有两面性。一个人规避了风险那就一定是由他人承担。衍生产品的高杠杆性就是将巨大的风险转移到愿意承担的人手中，这类交易者称为投机者，而规避风险的一方称为套期保值者，另外一类交易者被称为套利者。这三类交易者共同维护了金融衍生产品市场上述功能的发挥。

为规避运费风险，波罗的海运费指数期货（BIFFEX）、运费期权（Freight Options）和远期运价合约（FFA）等衍生品先后出现，为海运运费衍生品市场注入新的生机和活力。

（一）运费指数期货

1985 年 5 月 1 日，英国波罗的海交易所开始编制波罗的海运费指数（BFI），该指数根据 11 条航线运费报价综合而得。同时在成立的波罗的海国际运费期货交易所开始交易波罗的海运费指数期货，该期货的标的为波罗的海运费指数。1991 年 BIFFEX 并入伦敦商品交易所（LCE），1996 年 9 月 16 日 LCE 并入伦敦国际金融期货和期权交易所（LIFFE）。

波罗的海运费指数期货是历史上推出的第一个“无形”服务的期货产品，一度得到市场的追捧，但最终于 2002 年退出了交易市场。其退出的主要原因在于：

1. 固有的套期保值效率低。尽管波罗的海运费指数成分不断变化，但还是一揽子航线运费的组合，而运费指数期货与实际情形的关联性又不是很强，导致其套期保值的效率比较低。

2. 流动性不足。交易量的萎缩和合约的流动性不足，难以吸引更多的参与者。

3. 市场上可替代产品的出现。远期运费合约的出现，可以就波罗的海运费指数构成中一个特定航线的运费波动风险进行套期保值，这种远期合约比波罗的海运费指数期货更有效，并可有针对性地对冲运费风险。

（二）运费期权

期权（Option），是一种选择权，是指一种能在未来某特定时间以特定价格买入或卖出一定数量的某种特定商品的权利。它是在期货的基础上产生的一种金融工具,给予买方(或持有者)购买或出售标的资产(Underlying Asset)的权利。期权的持有者可以在该项期权规定的时间内选择买或不买、卖或不卖的权利,他可以实施该权利,也可以放弃该权利,而期权的出卖者则只负有期权合约规定的义务。

期权的构成要素有以下几个:

1. 执行价格(又称履约价格)。期权的买方行使权利是事先规定的标的物买卖价格。

2. 权利金。期权的买方支付的期权价格,即买方为获得期权而付给期权卖方的费用。

3. 履约保证金。期权卖方必须存入交易所用于履约的财力担保。

4. 看涨期权和看跌期权。看涨期权,是指在期权合约有效期内按执行价格买进一定数量标的物的权利;看跌期权,是指卖出标的物的权利。当期权买方预期标的物价格会超出执行价格时,就会买进看涨期权,相反就会买进看跌期权。期权可按其行使方式大致分为两类:美式期权和欧式期权。美式期权从买入之日起至到期日的任何时间里都可被行使,而欧式期权则只能于到期日行使,所以,美式期权在行使时间上具有较大的灵活性。

有期权的买卖就会有期权的价格。期权的价格通常被称为“权利金”或者“期权费”。权利金是期权合约中的唯一变量,期权合约上的其他要素,如执行价格、合约到期日、交易品种、交易金额、交易时间、交易地点等要素都是在合约中事先规定好的,是标准化的,而期权的价格是由交易者在交易所里竞价得出的。

期权价格主要由内涵价值、时间价值两部分组成:

1. 内涵价值(Intrinsic Value)

内涵价值是指立即履行合约时可获取的总利润。具体来说,可以分为实值期权、虚值期权和两平期权。

(1) 实值期权。当看涨期权的执行价格低于当时的实际价格时,或者当看跌期权的执行价格高于当时的实际价格时,该期权为实值期权。

(2) 虚值期权。当看涨期权的执行价格高于当时的实际价格时,或者当看跌期权的执行价格低于当时的实际价格时,该期权为虚值期权。当期权为虚值期权时,内涵价值为零。

(3) 两平期权。当看涨期权的执行价格等于当时的实际价格时,或者当看跌期权的执行价格等于当时的实际价格时,该期权为两平期权。当期权为两平期权时,内涵价值为零。

2. 时间价值(Time Value)

期权时间价值也称为期权外涵价值(Extrinsic Value),又称外在价值,是指期权合约的购买者为购买期权而支付的权利金超过期权内在价值的那部分价值。期权购买者之所以愿意支付时间价值,是因为他预期随着时间的推移和市价的变动,期权的内在价值会增加。时间价值可以看作是权利金减去内涵价值后余下的那部分价值额。一般来说,期权的剩余有效时间越长,亦即到期日越远,则期权的时间价值也就越大,反之,时间价值也就越小。

目前,运费期权作为规避运费风险的新工具,在海运运费衍生品市场中所占份额较小,对海运市场定价影响不大,但其自身的众多优点已经开始逐步得到业内人士的认同。随着运费期权交易内容的增加和服务的完善,运费期权必将成为一种有效抵御运费风险的工具。

(三) 远期运价合约

远期运价合约,又称为远期运费协议(Forward Freight Agreements,FFA)。FFA 是买卖双方达成的一种远期运费协议,规定了具体的航线、价格、数量等等,且双方约定在未来某一时点,收取或支付依据波罗的海航交所的官方运费指数价格与合同约定价格的运费差额。从本质上说,它是一种运费风险管理工具。在期货期权中此类规避风险的方法叫套期保值。而运费套期保值,就是把运费作为一种商品,船东或货主通过 FFA 市场为运营环节买了保险,保证其稳定运营的可持续发展。同样,和所有的期货期权产品相同,FFA 是一种套利工具。

远期运费协议的概念最早是由 Clarkson 公司提出的,它是买卖双方就某一条或者一组特定航线以及指定的货物数量或船型等达成在未来的某个时间进行运费结算的协议。1992 年,两个著名的船东 Bocimar 公司与 Burwain 公司签订了第一个干散货的远期运费协议。1994 年,Cargill 公司与 BP Amoco 公司签订第一个油轮远期运费协议,以伦敦油轮经纪协会提供的平均运费率的报价为标的。2001 年 11 月,在国际海运交易所首次出现由挪威期货和期权结算所结算的远期运费协议。市场参与者套期保值和套利的需求推动了远期运费协议市场的快速发展。①

目前 FFA 市场的参与者主要包括以下四类公司:

1. 航运商,即从事国际大宗散货运输的航运企业及运营商。例如,挪威的 Klaveness,丹麦的 Norden、德国的 Oldendorff、法国的 Cetragpa、意大利的 Deiulemar、希腊的 Navios/Oceanbulk、新加坡的 PCL/IMC、韩国的 Koreanline/STXP an Ocean 等。

---

① 参见樊长春、谢振衔、单丹:《远期运费协议的法律性质及管辖问题——评中国第一起航运金融衍生品纠纷》,载《中国海商法年刊》2011 年第 2 期。

2. 贸易商，即从事矿石、煤炭、粮食等大宗散货进出口的贸易企业。例如，世界粮食农产品行业的四大“天王”，即路易达孚、嘉吉、邦基、ADM 等。

3. 生产商，即从事矿石冶炼、粮食加工、电力、炼油等大宗原材料消耗的生产企业。例如，世界矿业巨头 BHP Billiton 和 Riotinto，欧洲最大能源公司 RWE，英国的 Koch Carbon 以及 2001 年倒闭的美国最大的能源商安然公司等。

4. 金融公司，即各种投资银行、对冲基金、期货公司等。例如，高盛、摩根士丹利、法国兴业银行、澳大利亚麦格理银行、美林证券等。

FFA 的主要交易方式实际上分为场内交易和场外交易两种。其中，场内交易是采取期货标准合约的方式，在交易所内直接进行，实行每日清算，参与交易的主体包括船东、货主和金融机构等；场外交易是采取远期交易的方式，交易双方可以对航线、数量、时间等合同条款进行协商，实行的是进入结算月份后每月结算的方式，参与主体主要是船东和货主。这两个市场从长期趋势来看是相同的，但短期内可能发生背离，并相互发生影响。

与场内交易相比，场外交易的特点在于主要发生在相互非常熟悉资情情况的船东与船东或者船东与货主之间，并需要向交易对方提供他方提供的信用担保，交易活动的出发点在于套期保值，规避海运运费风险。这样，场外交易与实际业务经营之间的关联度更高，而不像场内交易的很多参与主体更加重视“未来行情趋势”，甚至只在意“短期行情变化”，并不在意实际航运交易是否发生。目前，场外的交易量、市场价值等参数都占据 FFA 交易的绝大部分。

在经济全球化、航运全球化的背景下，不使用 FFA 的对冲和价格发现功能，是极不明智的。尤其是在中国目前 FFA 还未普及的情况下，了解 FFA 行情则能让我们更早掌握市场先机，在租船谈判中占据心理和信息优势，在信息不是很对称的中国，可以获得一定的经济利益。

众所周知的是 FFA 具有的高盈利和风险性。随着中国参与企业的增多，中国企业如何面对 FFA 投机的诱惑，如何提高自身的风险意识和应对风险管理能力将显得越发重要，在缺少相关法律监管的背景下，如果企业自身对风险控制意识不足，或对游戏规则一知半解，都隐藏着很大风险，可以预期的是未来参与的公司将会更多，中国企业急需提高风险管理能力。

第四节　汇率风险及其管理

一、汇率风险简介

汇率风险又称外汇风险，是指一定时期的国际经济交易当中，以外币计价的资产与负债，由于汇率的波动而引起其价值涨跌的可能性。

对外币资产或负债所有者来说，外汇风险可能产生两个不确定的结果：遭受损失，或者获得收益。风险的承担者包括政府、企业、银行及其他部门，它们都面临着汇率波动的风险。

从国际外汇市场外汇买卖的角度看，买卖盈亏未能抵消的那部分，就面临着汇率波动的风险。人们通常把这部分承受外汇风险的外币金额称为"受险部分"或"外汇敞口"，包括直接受险部分和间接受险部分。前者指经济实体和个人参与以外币计价结算的国际经济交易而产生的外汇风险，其金额是确定的；后者是指因汇率变动、经济状况变化及经济结构变化的间接影响，使那些不使用外汇的部门和个人也承担风险，其金额是不确定的。

在当代金融活动中，国际金融市场动荡不安，外汇风险的波及范围也越来越大，几乎影响到所有的经济部门。

一般把外汇风险分为三类：交易风险、折算风险和经济风险。

(一) 交易风险

交易风险是指在约定以外币计价成交的交易过程中，由于结算时的汇率与交易发生时，即签订合同时的汇率不同而引起收益或亏损的风险。这些风险包括：

1. 以即期或延期付款为支付条件的商品或劳务的进出口，在货物装运和劳务提供后，而货款或劳务费用尚未收付前，外汇汇率变化所发生的风险。

2. 以外币计价的国际信贷活动，在债权债务未清偿前所存在的汇率风险。

3. 向外筹资中的汇率风险。借入一种外币而需要换成另一种外币使用，则筹资人将承受借入货币与使用货币之间汇率变动的风险。

4. 待履行的远期外汇合同，因约定汇率和到期即期汇率变动而产生的风险。

(二) 折算风险

折算风险也称会计风险、转换风险和账面风险，是指由于外汇汇率的变动而引起的企业资产负债表中某些外汇资金项目金额变动的可能性。它是一种账面的损失和收益，并不是实际交割时的实际损益，但它却会影响企业资产负债的报告结果。

例如，英国一家跨国公司在美国设立子公司，那么该公司就拥有美元资产。如果没有足够的美元债务来抵消美元资产，则它就面临折算风险。美元对英镑贬值时，英国母公司在资产平衡表中对美国子公司的评价就会降低，因为母公司的财务报表是以英镑计算的；如果美元对英镑升值，则母公司的总资产升值。

跨国企业，不论是物流企业还是货主企业，都是由不同地域的母、子公司构成的经营实体，为了反映企业集团整体的财务状况、经营成果和现金流量，需要在每个给定的会计期间编制整个企业集团的合并财务报表。由于境外子公司一般采用所在国家或地区的货币作为记账本位币，并采用当地货币编制财务报表，因而必须将母、子公司的财务报表折算成统一的基准货币，通常是将子公司以外币表示的财务报表折算成母公司记账本位币表示的财务报表，进而编制合并财务报表。这样就产生了折算风险。

折算风险主要有三类表现方式：存量折算风险、固定资产折算风险和长期债务折算风险。

（三）经济风险

经济风险（Economic Risk）又称经营风险（Operating Risk），是指意料之外的汇率波动引起企业未来一定期间的收益或现金流量变化的一种潜在风险。在这里，收益是指税后利润，现金流量是指收益加上折旧。经济风险可包括真实资产风险、金融资产风险和营业收入风险三方面，其大小主要取决于汇率变动对生产成本、销售价格以及产销数量的影响程度。例如，一国货币贬值可能使出口货物的外币价格下降从而刺激出口，也可能导致使用的进口原材料的本币成本提高而减少供给。

与交易风险不同，经济风险侧重于企业的全局，从企业的整体预测将来一定时间内发生的现金流量变化。因此，经济风险来源不是会计程序，而是经济分析。经济风险的避免与否很大程度上取决于企业预测能力的高低。预测的准确程度直接影响企业在生产、销售和融资等方面的战略决策。此外，折算风险和交易风险的影响是一次性的，而经济风险的影响是长期的，它不仅影响企业在国内的经济行为与效益，而且直接影响企业在海外的经营效果和投资收益。因此，经济风险一般被认为是三种外汇风险中最重要的。但是由于经济风险跨度较长，对其测量存在着很大的主观性和不确定性，要准确计量企业的经济风险存在很大的难度，所以企业的经营者通常更重视对交易风险和折算风险的管理。

虽然交易风险、折算风险与经济风险都是由于未预期的汇率变动引起的企业外汇资产或负债在价值上的变动，但它们的侧重点各有不同：

1. 从损益结果的计量上看，交易风险可以从会计程序中体现，使用一个明确的具体数字表示，可以从单笔独立的交易，也可以从子公司或母公司经营的角度来测量其损益结果，具有客观性和静态性的特点。而经济风险的测量需要经济分析，从企业整体经济上预测、规划和分析，涉及企业财务、生产、价格、市场等各方面，因而带有一定的动态性和主观性。

2. 从测量时间上看，交易风险与折算风险的损益结果，只突出了企业过去已经发生交易在某一时间点的外汇风险的受险程度；而经济风险则要测量将来某一时间段出现的外汇风险。不同的时间段的汇率波动，对各期的现金流量、经济风险受险程度以及企业资产价值的变动将产生不同的影响。

二、影响汇率风险的因素

影响汇率波动的最基本因素主要有以下四种：

(1) 国际收支及外汇储备。国际货币收支及其他以货币记录的经济交易共同构成了国际收支的主要内容。如果货币收入总额大于支出总额,便会出现国际收支顺差,反之,则是国际收支逆差。国际收支状况对一国汇率的变动能产生直接的影响。发生国际收支顺差,会使该国货币对外汇率上升,反之,该国货币汇率下跌。外汇储备又称为外汇存底,是一个国家货币当局持有并可以随时兑换外国货币的资产。并非所有国家的货币都能充当国际储备资产,只有那些在国际货币体系中占有重要地位,且能自由兑换其他储备资产的货币才能充当国际储备资产。狭义而言,外汇储备指一个国家的外汇积累;广义而言,外汇储备是指以外汇计价的资产,包括现钞、黄金、国外有价证券等。[①] 外汇储备是一个国家国际清偿力的重要组成部分,同时对于平衡国际收支、稳定汇率有重要的影响。

(2) 利率。利率作为一国借贷状况的基本反映,对汇率波动起决定性作用。利率水平直接对国际资本流动产生影响,高利率国家发生资本流入,低利率国家则发生资本外流。资本流动会造成外汇市场供求关系的变化,从而对外汇汇率的波动产生影响。一般而言,一国利率提高,将导致该国货币升值,反之,该国货币贬值。

(3) 通货膨胀。一般而言,通货膨胀会导致本国货币汇率下跌,通货膨胀的缓解会使汇率上浮。通货膨胀影响本币的价值和购买力,会引发出口商品竞争力减弱、进口商品增加,引发对外汇市场产生心理影响,削弱本币在国际市场上的信用地位。这三方面的影响都会导致本币贬值。

(4) 政治局势。一国及国际政治局势的变化,都会对外汇市场产生影响。政治局势的变化一般包括政治冲突、军事冲突、选举和政权更迭等,这些政治因素对汇率的影响有时很大。

三、汇率风险的表现

1973 年布雷顿森林固定汇率体系崩溃,特别是 1976 年牙买加协议正式承认浮动汇率制合法性以来,控制在一定波动范围的固定汇率制随之解体。目前,世界各国普遍实行浮动汇率制,各主要货币之间的比价时刻都处在剧烈的上下起浮变动之中,致使国际债权债务的决算由于汇率的变动而事先难以掌握,从而

---

① 当然,由于外币、有价证券等与黄金等贵金属相比价值不稳定,有的人认为真正的储备只有黄金。

产生了汇率风险。我国也处在一个实行浮动汇率制的国际货币体系之中，汇率风险仍然严重地影响着我国的国际收支平衡和企业的经济收益，特别是在我国对外投资迅速发展的今天，这种影响尤为突出。

由于国际分工的存在，国与国之间贸易和金融往来便成为必然，并且成为促进本国经济发展的重要推动力。外汇汇率的波动，会给从事国际贸易者和投资者带来巨大的风险。在国际贸易活动中，商品和劳务的价格一般是用外汇或国际货币来计价。目前，大约70%的国家用美元来计价。但在实行浮动汇率制的今天，由于汇率的频繁波动，生产者和经营者在进行国际贸易活动时，便难以估算费用和盈利。在国际金融市场上，借贷的都是外汇，如果借贷的外汇汇率上升，借款人就会遭受巨大损失，汇率的剧烈变化甚至可以吞噬大企业，外汇汇率的波动还直接影响一国外汇储备价值的增减，从而给各国央行在管理上带来巨大风险和困难。此种汇率风险称为金融性汇率风险。

四、汇率风险管理战略

（1）完全抵补策略，即采取各种措施消除外汇敞口额，固定预期收益或固定成本，以达到避险的目的。对企业来说，就是对于持有的外汇头寸进行全部抛补。一般情况下，采用这种策略比较稳妥。

（2）部分抵补策略。这是指采取措施清除部分敞口金额，保留部分受险金额，试图留下部分赚钱的机会，当然也留下了部分赔钱的可能。

（3）完全不抵补策略，即任由外汇敞口金额暴露在外汇风险之中。在面对低风险、高收益、外汇汇率看涨时，企业也容易选择这种策略。

五、汇率风险管理的办法

进行外汇风险管理的办法很多，下面仅择要介绍。

1. 汇率预测。汇率预测是指对货币间比价关系的波动范围及变化趋势作出判断与推测。

2. 货币保值法。货币保值法是指合同双方通过在合同中订立适当的保值条款，来防止未来汇率变动的风险。它可以分为以下几类：

（1）黄金保值条款。黄金保值条款是指规定以黄金作为合同计价标准或支付手段的保值条款。其含义是直接用黄金或金币计价和支付货款或偿还贷款，或者规定计价货币或支付货币的含金量，若结算或偿还时，有关货币的含金量或汇率发生变动，则应相应调整合同货款数额或贷款数额。现今由于黄金非货币化，以及黄金价格的不稳定，此方法已不再采用。

（2）硬币保值条款。硬币保值条款是指在贸易合同中规定某种软币为计价结算货币，某种硬币为保值货币。签订合同时，按当时软币对硬币的汇率，将货款折算成一定数量的硬币，到货款支付时，再按此时的汇率将这一定数量的硬币折算成软币来结算。此方法一般同时规定软币对硬币汇率波动的幅度，在规定的波动幅度范围内，货款不调整；超过规定的波动幅度范围，货款则要进行相应的调整。硬币，又称硬通货，是指国际信用较好、币值稳定、汇价呈坚挺状态的货币。软币，或称软通货，是指币值不稳，汇价呈疲软状态的货币。

（3）一揽子货币保值。一揽子货币保值是指交易双方在合同中明确规定的支付货币与多种货币组成的一揽子货币的综合价值挂钩的保值。一揽子货币是将现有的一组货币按照一定方法组合而成的复合货币。一揽子货币不是现实的货币，只是一种记账单位和计价标准。一揽子货币保值的具体做法是：签订合同时，按当时的汇率和各保值货币的权数将货款分别折算成各保值货币；货款支付日时，再根据汇率变动幅度和每种所选择货币的权数，对支付的合同货币金额作相应的调整。在实际操作中，通常选用特别提款权作为一揽子货币。

（4）提前或推迟结算法，即根据预测计价结算货币汇率的变动趋势，将合同中的结算日期提前或推迟，以减少外汇风险或得到汇价变动收益的方法。

（5）进行金融交易，即企业利用国际金融市场，针对进出口业务所面临的具体外汇风险，进行外汇买卖或其他金融活动，以达到防范外汇风险的目的的方法。常用的具体方法有以下几种：远期外汇交易法，掉期交易法，外汇期货交易法，外汇期权交易法，借款与投资法，货币互换法。

第十章　物流战略风险管理

第一节　物流战略风险

一、物流企业战略管理

战略，是用来描述一个组织打算如何实现它的目标和使命，可以有若干种选择方案。战略包括对实现组织目标和使命的各种方案的拟订和评价，以及最终选定将要实行的方案。

物流企业战略管理是指物流企业管理者在对企业外部环境和内部条件进行分析的基础上，为求得企业生存与发展而进行的长远谋划。它是物流企业战略思想的集中体现，是确定物流企业规划的基础。这就决定其风险性，并始终伴随左右。

物流战略风险是指物流企业在追求短期商业目的和长期发展目标的系统化管理过程中，因不适当的未来发展规划和战略决策可能威胁物流企业未来发展的潜在风险。物流战略风险伴随企业战略的始终和企业发展的全过程，而不仅仅在战略制定过程中产生。具体可细分为九大方面风险：

1. 技术风险：包括专利过期、流程过时、更新换代等风险。

2. 行业风险：受经济周期、世界经济形式、政府管制等因素造成的巨大波动风险。

3. 信息风险：信息不对称造成的风险。

4. 项目风险：研发失败、拓展业务失败、并购重组失败等风险。

5. 品牌风险：包括品牌变质、品牌崩溃等风险。

6. 客户风险：客户实力增减、过度依赖客户、客户偏好改变等风险。

7. 竞争风险：包括全球性竞争、市场份额增减、垄断等风险。

8. 停滞风险：包括销量减少、价格下降、不出新产品等风险。

9. 其他风险，如财务风险、运营风险、危险事故、自然灾害等均会成为潜在战略风险。

二、物流企业战略管理过程及风险因素

企业战略管理包含三个关键环节：

（一）战略分析

战略分析的主要目的是评价影响企业目前和今后发展的关键因素，并确定

在战略选择步骤中的具体影响因素。战略分析包括三个主要方面：

1．确定企业的使命和目标。

2．外部环境分析。战略分析要了解企业所处的环境正在发生哪些变化，这些变化给企业将带来更多的机会还是更多的威胁。外部环境分析包括宏观环境分析和微观环境分析两个层次。

3．内部条件分析。战略分析还要了解企业自身所处的相对地位，具有哪些资源以及战略能力；还需要了解与企业有关的利益相关者的利益期望，在战略制订、评价和实施过程中，这些战略相关者会作出哪些反应，这些反应又会对组织行为产生怎样的影响和制约。

（二）战略规划

战略分析阶段明确了企业目前所处位置，战略规划阶段所要回答的问题是企业发展的方向和深度。约翰逊和施乐斯（Johnson. C & Scholes. K）在1989年提出了战略规划过程的四个组成部分：制定战略选择方案，评估战略备选方案，选择战略，战略政策和计划。

（三）战略实施

战略实施就是将战略转化为行动，主要涉及以下一些问题：如何在企业内部各部门和各层次间分配及使用现有的资源；为了实现企业目标，还需要获得哪些外部资源以及如何使用；为了实现既定的战略目标，需要对组织结构作哪些调整；如何处理可能出现的利益再分配与企业文化的适应问题；如何进行企业文化管理，以保证企业战略的成功实施等。

企业战略的实践表明，战略制订固然重要，战略实施及风险控制同样重要。一个良好的战略仅仅是战略成功的一部分，如果既保证有效地实施这一战略，又成功地将风险控制在最小范围内，企业的战略目标就能够顺利实现。而最关键是将其中的风险控制好，就能保证企业成功运作。

三、物流战略风险形成原因

现代物流的精髓就是客户服务。物流企业是为目标客户提供物流服务支持的。物流企业在微观层面上的客户服务必须以实际的物流需求为依据。同样，物流企业在宏观层面上的发展战略也必须以客户的物流战略调整为依据。事实上，作为其主要服务对象的生产制造企业和批发零售企业的物流竞争战略调整必然会通过市场供求关系反映到物流企业的实际运作过程中来，并对物流企业的发展战略提出新的要求，如跨国公司的全球营销就要求物流企业提供全球化的物流服务支持。实际上，物流企业发展战略就是要解决物流企业面对市场环境变化的新形势，如何在战略层面上满足目标客户的物流服务要求、为客户提供增值的物流服务，与客户建立长期合作关系和扩大市场份额。

(一)着力培养核心竞争能力产生的风险

对于物流企业来说,要确立整合还是分化,选择合并或分离战略,就必须区分核心专长与非核心专长。所谓专长,是一组技术和技能的集合体,而不是单个分散的技能或技术。核心专长主要满足以下条件:

(1)为用户提供核心价值。

(2)具有独特性。

(3)具有延展性。

企业通过培养核心专长,获得核心竞争力,形成企业发展的增长极。增长极具有整合作用,它可以把企业的内外部资源有效地整合起来,积聚到企业的核心产品或服务的形成上来;同时,增长极又具有扩散作用,它能够把企业的核心能力在企业内部以及外部进行有效扩散,带动其他专长或其他企业发展。这样,就形成一种以“点”带“面”的发展战略。

(二)物流企业资源整合产生的风险

纵观物流管理的运作过程,从产品的包装,到托盘的堆载和装箱的技巧;从单点仓库的选址和库内空间的分配,到仓库网络的设计和存货的分布;从运输工具的配载,到承运人的管理,再到多式联运的组织和货运路线的安排;从物流技术装备的应用,到物流 IT 系统的上线;从具体物流运作环节的安排,到整体物流管理解决方案的设计,无不包含以成本—效益为中心的技术经济分析。实际上,对一系列不同性质的物流运作成本进行技术经济分析,并寻求总成本最小的物流解决方案,已经构成了物流企业日常管理活动的重要内容——服务报价。所以,物流管理过程实际上就是优化资源配置的过程。

虽然兼并重组、合资合作、协议联盟、租赁托管、建立信息共享或交易平台等均是物流企业资源整合的手段,但资源整合的目的无外乎增强客户服务能力,提高客户服务水平和获得更好的投资回报。所以,尽管不同的物流企业在实际运作中所采取的资源整合的方式方法不尽相同,但还是有一些共同的范畴需要纳入物流企业的视野。它们是客户资源整合、能力资源整合和信息资源整合。

总之,物流企业的资源整合必须从战略高度把握,物流企业的决策层在实施资源整合的时候,必须牢牢把握住两点:对企业内部资源的整合是利益的调整,对企业外部资源整合是价值的交换。

(三)战略伙伴关系的建立产生的风险

随着生产方式的转变,传统的以生产为中心的企业关系模式开始向物流模式关系转化。为达到生产的均衡化和物流的同步化,企业各部门间及企业之间开始合作与沟通。但这种基于物流关系的合作,仅仅处于运作层。科技的发展和市场竞争的加剧,要求企业从战略的高度来考虑企业之间的合作,于是就产生了战略伙伴关系的企业模式。

未来的竞争,不仅发生在企业之间,更多将发生在联盟之间。物流企业建立战略伙伴关系一方面可以向供应链中的顾客和供应商延伸,共同合作,确立实现最大价值的最佳模式;另一方面,物流企业还可以与其他资源互补的物流企业合作,建立行业内的战略伙伴关系。这个过程中,物流企业要努力占据主要市场份额,强化同主导客户、重要供应商和主渠道的关系,增强自己的议价能力。一个参与战略联盟的物流企业,如果具有特异化的能力,能为顾客提供最大的附加价值,同时帮助合作伙伴参与到新的市场中去,那么,它就会成为联盟的中心。许多物流企业在与供应商和客户缔结联盟的过程中,由于缺乏核心专长,就成为双方面的附庸,没有主动权,也没有获利的潜力。

（四）现代信息技术与管理技术的运用产生的风险

信息技术的发展导致了物流功能的转变,物流不再仅仅传输工业产品,同时也在传输信息,各种信息聚集在物流中心,经过加工、处理后,再传播出去。虽然现代物流聚散的基本功能没变,但对象变了。传统工业社会物流以物为对象,聚散的是物;信息社会以信息为对象,物流中心的聚散功能实际上是对各种信息的聚集和扩散。信息社会使物流企业成为一个社会经济的综合服务中心。在当前网络经济时代,实现信息化是第三方物流企业成长的必然要求。

现代物流与传统物流的最大区别之一,是现代物流企业有计算机网络和信息技术的支撑,将原本分离的商流、物流、信息流和采购、运输、仓储、代理、配送等环节紧密联系起来,形成了一条完整的供应链。我国的物流企业信息技术应用虽然有了一定的发展,但与国外相比仍有很大差距。因此,应进一步加快我国物流企业信息化的步伐,在各个层次上都恰当地运用信息化技术,实现物流一体化管理。

（五）物流管理的国际化产生的风险

未来物流发展的信息化、自动化、网络化、智能化等特征,在较长一段时间内还不能在我国的物流领域显现。因此,我国物流企业的全球化战略将带有较深的本土化特色。同时,由于我国区域之间自然、经济和社会条件的差异,使得我国物流企业的经营战略又会带有区域性特点。这也产生了一定的风险。

第二节 物流战略风险管理方案设计与实施

一、物流战略风险管理的结果与作用

（一）物流战略风险管理的基本假设

1. 准确预测未来风险事件的可能性是存在的。
2. 预防工作有助于避免或减少风险事件和损失。

3. 如果对未来风险加以有效管理和利用,风险有可能转变为发展机会。

（二）物流战略风险管理的结果

1. 企业达到战略目标,取得良好的经济效益。

2. 没有达到战略目标,没有得到很好的改进。

3. 没有达到战略目标,绩效也下降了。

4. 企业破产。

（三）物流战略风险管理的作用

物流企业是一个投资巨大、竞争激烈、风险极高的服务行业,一个错误的决策往往可能导致整个公司的毁灭。

物流企业作为社会经济的基本单位,其发展状况对国民经济和社会的平衡运作起到了极为重要的作用。在世界经济已向知识经济时代迈进的时候,科技进步的速度越来越快,推动了整个社会生活的大变革。而物流企业作为科技进步的重要策源地之一,直接参与了当今社会的变革。另一方面,社会的变革又使物流企业面临前所未有的挑战:国际经济一体化的趋势愈发明显,每个物流企业面临着国内外同业的与上、下游产业的竞争;从世界范围内看,剩余经济已取代短缺经济,成为当今国际社会的主流,这使得物流企业实现流通和服务的价值愈发困难。面临如此错综复杂的内外环境,物流企业急需指引其长期稳定发展的利器——企业战略。

企业的经营环境中各种因素的变化,以及企业内部组织管理体系的复杂性,使得企业战略管理的过程受到由此引起的各种风险因素的影响,从而影响企业战略的有效性。因此,如何辨识企业的战略风险因素,并采取有效措施规避由此引起的风险,成为战略管理的重要组成部分。

物流战略风险管理通常被认为是一项长期性的战略投资,其实施效果需要很长时间才能显现。

二、物流企业战略风险管理存在的问题及对策

（一）存在的主要问题

战略管理不是任意规定一项任务、目标,而是由经营的战略观念和思想、战略目标、战略分析、战略决策、战略实施以及战略评价所构成的一个系统。在这些工作中,还需根据变化不断地修正,将风险降到最低。

目前,物流战略风险管理存在的主要问题是对面临的风险认识不清、对外部环境了解不够、对自身实力认识不足,重大战略决策缺乏依据、缺乏与战略决策相配套的管理系统,权力过分集中的集权型或权力过分分散的分权型。

（二）主要对策

1. 建立健全战略决策管理系统。

2. 理顺公司法人治理结构，建立规范的战略决策程序及监督机制，形成良好的治理环境。

3. 完善企业战略风险管理体系，形成以公司战略风险管理目标、职能部门风险管理目标和员工风险管理目标的三级目标管理体系。

4. 在企业内部建立专门的风险管理机构，提供战略风险管理的组织保证和办公硬件保证。

5. 设计合理的组织架构，使管理层能随时监控战略管理实况，将战略风险管理和监控落实到各职能部门和每个员工，使每位员工认识到，战略风险管理是所有人的共同责任，而并非只是公司或管理层的单方面责任。实行全员的风险管理，加强每位员工的责任心和使命感。

6. 建立合理的战略决策流程和内部控制制度，根据战略决策流程，明确信息的沟通途径，保证信息的准确性、及时性、有效性、保密性、全面性。

7. 促进信息情报机构的设置，向决策层提供准确的信息。及时反馈环境变化速度、政府现行法规、组织规模变动等情况。

8. 有效识别、评估、监控战略管理的风险，降低企业战略失败的可能性及业绩表现的不确定性。

9. 增强企业战略管理风险意识，建立企业风险管理文化。

10. 确定内部审计在公司的重要地位，建立内部审计组织架构和管理体制，完善内部审计流程。组织内部实行多向沟通，决策主要依据的是技能而不是在组织中的正式职位，采取的是更为分权、更为灵活和适应的管理方式，鼓励最大限度地使用人力资源。

11. 当某种影响达到一定程度时，就会上升为影响物流企业发展的关键因素。这时，如果未对其给予足够的重视，未及时修正战略方案，则可能对物流企业的发展产生负面作用。这也就是战略管理作为一种动态变化过程的主要原因。

三、物流战略风险管理方案的设计与实施

（一）评估/监控外部环境

1. 获取相关外部环境风险信息。

2. 对业绩进行标杆分析。

3. 进行不同方案分析。

（二）评估外部环境风险对企业战略的影响

1. 确定风险源、评估风险大小。

2. 确定不可控风险。

3. 评价战略假设。

（三）制定企业风险管理战略

1. 确定可接受风险水平。

2. 制定企业风险管理政策。

（四）获取并分配相关资源

1. 业务分布管理。

2. 评价、比较、选择不同的投资方案。

3. 进行事后审计。

（五）监控组织/业务单元的业绩

1. 制订组织业绩目标。

2. 监控组织与流程。

3. 将业绩目标与公司战略相联系。

（六）持续改进战略风险评估及控制流程

与其他商业流程一样，战略层面的风险管理流程也是需要不断改进的。管理层应持续地提出下列问题：

1. 在决策过程中什么信息最有用？

2. 过去发生了哪些错误？哪些错误是管理层未预测到的？

3. 过去进行战略风险管理时，并没用到的哪些外部环境信息，在将来可能会更有帮助？

4. 如若获取了该项信息，结果有什么不同？这意味着公司现行信息获取流程出现了什么问题？

5. 公司如何改进目前的战略风险控制机制？

第三节　物流企业战略联盟风险及其防范

一、战略联盟概述

（一）战略联盟概述

战略联盟作为组织关系中的一种制度创新，已成为物流企业战略性调整和价值创造的重要手段。即使如此，物流企业战略联盟亦会面临不同的风险。

随着国外物流企业的大量涌入，市场竞争进一步加剧，要使我国物流企业摆脱“小规模、大数量、分散经营、竞争力低下”的状态，强化企业的敏捷性和核心竞争能力，战略联盟是导入迅速、容易实施的一种组织方式。

据统计，世界500强中有60%的企业采用了战略联盟的形式。然而，企业战略联盟是一项复杂多变的系统工程，存在联盟体的多重属性、成员的多元性、地域上的无国界性和组织上的非永久性等诸多不确定因素。所以，战略联盟的实施伴随着巨大的风险。现实中,联盟失败率大约在50%—60%之间。因此,在物流企业选择战略联盟时需要深入剖析联盟存在的风险和防范问题,以减少企业价值的损失。

(二) 战略联盟定义

战略联盟的概念最早由美国 DEC 公司总裁简·霍普兰德和管理学家罗杰·奈格尔提出,并引起了学术界和企业界的广泛关注。它是指两个或两个以上的企业通过资源共享以改进其竞争地位和绩效的合作性安排。

二、物流企业战略联盟风险及其对策

(一) 物流企业战略联盟风险的表现形式

战略联盟中存在两种风险:一是绩效风险,二是关系风险。战略联盟是企业以承担关系风险为代价,弥补自身资源和能力的不足。物流企业不同于一般的生产企业,它不生产有形的物质实体,而是提供一系列无形服务。因此,物流企业战略联盟的风险主要表现在以下四个方面:

1. 物流合作伙伴选择的风险

寻找合适的伙伴是联盟构建过程中遇到的最大难题。由于物流企业的文化、价值观念、行为准则等方面存在差异,往往造成双方不匹配乃至不相容,容易产生消极的后果。评估潜在的合作伙伴时,应考虑以下几种因素:① 互补性。即潜在合作伙伴联盟是否能与自身达到优势互补的目的。② 相容性。即企业间的领导人之间是否相容,若彼此之间文化差异较大或企业间的领导人之间不能相处,不能彼此信任则不易联盟成功。③ 双赢性。即联盟结果能使各得所需。④ 整合性。即联盟后在业务或组织上能否精简,能否集合为协同竞争的整体。⑤ 一致性。即联盟双方在经营任务、经营理念、企业文化、管理等方面的一致性,表现为当遇到问题时,双方能够快速达成共识。⑥ 潜在伙伴的综合实力对等性。由于潜在合作伙伴的实力往往很难获得。因此,存在合作者选择的风险。一般为了避免被收购的风险,大多选择综合实力相当的潜在合作伙伴。

2. 控制权丧失的风险

物流企业无论采用何种模式的战略联盟,与另一企业的合作通常意味着在获得某些能力的同时必须放弃部分的控制权。就契约式战略联盟而言,虽然物流企业将自己薄弱的环节外包给具有相对优势的同盟后,能获得较高的效率,但同时丧失了对外包环节的控制权,造成了对外部的依赖。与此同时,一些联盟中的强势企业会首先借助联盟伙伴的现有优势对其意图进入的目标市场进行熟悉,包括客户资源的积累、业务渠道的掌控、上游供应商关系的建立等,一旦时机成熟,该企业就会主动打破战略联盟,直接进入其联盟方的原有市场,吞并其原有的业务。

3．不合作行为的风险

在战略联盟中，由于每个合作者都有其自身利益，合作伙伴既是合作者也是竞争者。因此，在联盟过程中不可避免地存在不合作的行为。物流企业进行联盟合作的目的在很大程度上是为了获取能使各方互惠互利的技术和资源。由于机会主义的存在，一方合作者学习另一方技术优势的同时，也能保护自身的技术优势，最终还有可能抛弃合作者。为防止这种现象的出现，一些物流企业通常会保护其核心能力，使核心的知识不致被伙伴所窃取。因而在战略联盟的执行过程中，一方面要利用各自的核心能力进行合作，另一方面又要为保护核心能力而设置壁垒，尽管这会引发伙伴间的不信任，引起联盟伙伴间的不合作。

4．服务质量连带风险

在物流企业实施战略联盟中，合作双方对外提供服务时通常都是通过统一的品牌形象和统一的服务流程。一方面可以借助联盟方已有的强势品牌效应较容易地开展业务活动，并进一步增强客户的品牌认可度和品牌忠诚度。但是，由此也带来了另一方面的潜在风险，当战略联盟中的一方由于各种原因而损害了客户利益，造成客户极度不满，就会对整个联盟品牌甚至对联盟双方的原有企业形象造成不良的影响。

（二）防范与对策

化解风险、保持联盟的稳定性是联盟管理的重要内容。针对上述风险，物流企业在实施战略联盟的过程中应从以下几个方面进行严格控制和管理：

1．谨慎选择和评估合作者

联盟伙伴的选择是建立企业战略联盟的基础和关键，慎重地选择合作对象是联盟顺利发展，降低战略联盟潜在风险的首要条件。选择合适的联盟伙伴是战略联盟成功的关键，因此，企业管理者理性地认识和评估潜在合作伙伴是完全必要的。

2．确保联盟弹性与刚性的平衡

在高度竞争的市场环境中，联盟弹性对联盟的形式和成功是相当重要的。但是，结构刚性也是必要的。结构刚性是指具有较高的联盟程度和较高的紧密程度，它有助于巩固联盟关系和促进合作伙伴关注联盟成功而不是随时准备退出。因为相互联系较紧密的合作伙伴才能够共享更多的共同利益，同时也能够容忍可能的机会主义行为。但是，结构刚性也有可能使联盟陷入“路径依赖”之中，从而容易导致过度专业化和僵化，增加“战略栅闸”（Gridlock），即可以选择外部新伙伴的余地随着联盟数量的增加而变得越来越小。在这种情况下，一旦联盟面临市场和技术变革压力，就很难通过技术转型或加入其他联盟形式而存活下来。因此，企业战略联盟需要在弹性和刚性之间寻求平衡，也就是要克服由于弹性而使联盟过于分散，以及由于刚性而使联盟过分专业化和僵化的危险。

3. 建立风险预控机制

风险预控主要是依靠对风险的诱发因素或风险状况进行实时或阶段性地调查、反馈,并结合专家评估或数理统计的方法来预测风险发生的可能性、发生的时间、作用的对象,以及所能带来的危害和其他连锁反应等。通过调查分析及物流企业自身的监控,对各类风险指标进行跟踪和预测,进行定性与定量的分析,从而达到及时防范、减少损失的目的。因此,应逐步探索和建立起一套有效的风险预警体系,通过对联盟运作的有效监管来及时地发现合作各方的异常行为,特别是那些有损整个联盟形象的不合理行为,并对此作出快速、有效的响应,以保证整个联盟的顺畅运作。

4. 建立有效的信任机制

物流企业战略联盟实质是一种合作博弈的战略选择,通过合作实现竞争主体效用的最大化,而这一合作的形成是以相互诚信为基础的。就物流企业的联盟而言,其合作通常会经过较长一段时间的持续投入期,使得战略联盟在业务量获取上逐步形成一定的规模优势,才可能实现盈利。因此,这就要求联盟双方必须着眼于长期利益,建立互信机制,为赢得更大的市场份额奠定基础。

(三) 结论

战略联盟作为组织中的一种制度创新,突破了物流企业挖掘内部潜力的局限,转而寻求企业外部资源的有效利用,已成为物流企业保持竞争优势的重要方式。但是,物流企业战略联盟会面临不同的风险,联盟成功的关键在于创造价值,降低风险。因此,通过对其联盟风险进行科学的分析与防范管理,将会有效地提高联盟运作的成功性,极大地提升物流企业的整体竞争力。

三、货主企业面临的风险及其对策

(一) 货主企业面临的主要风险

1. 决策的有限性。这主要体现在物流自营与外包决策以及物流服务商的选择阶段。一般而言,由于受到主客观条件的限制,工商企业在物流外包时,所能获取的物流服务商的信息是有限的,即不可能找出所有的物流服务商,也不可能获取到每个物流服务商的完整信息。有限的信息和对信息有限的利用能力,这双重有限性决定了货主企业在选择物流服务商时的决策方案数量有限。在对物流外包结果判定不明确的情况下,货主企业极有可能会作出错误的决策,即选错合作伙伴,从而给企业带来风险。

2. 信息非对称。无论在物流外包协议签订前,还是签订后,签约双方均存在严重的信息非对称。总体而言,物流服务商拥有信息优势,而货主企业处于信息劣势。这无疑给委托方带来了潜在的信息风险。

在签约前,为了获取订单,成功地与客户签约,物流服务商往往会隐瞒自身的一些信息(私有信息),而过分夸大物流能力与服务水平,甚至会作出一些未必能实现的承诺(如随时提供优质的物流服务、提供JIT配送等)。而委托方在不了解物流服务商的服务水平与物流能力的情况下,很难明辨真伪。即使货主对物流服务商进行了实地考察与调研,也未必能做到“明察秋毫”,完全、准确、全面地掌握物流服务商真实的物流能力与服务水平。特别是当委托方的物流服务需求比较迫切而又找不到合适的物流服务商时,极有可能会轻信物流服务商的承诺,从而作出“逆向选择”(即选错合作伙伴),这无疑给货主企业埋下了风险隐患。

在签约后,根据双方的协定,货主企业的物流业务自然交给物流服务商去运营。在物流运作中,委托方仍然处于信息劣势,这将使其面临着物流服务商的道德风险。因为委托方很难对物流服务商的运作情况实时监控,包括货物的配载、装卸搬运、运输线路的规划与选择、货物的运送及送达服务等。这一方面是实时监控成本太高,另一方面是一些业务根本无法监控。因此,货主企业一般倾向于选择事后控制,即根据准时交货率、货损率、发运错误率等关键绩效指标(KPI)对物流服务商的服务绩效进行事后评估。然而,这只能是“亡羊补牢”,因为损失已经铸成,只能采取措施进行弥补。而对物流服务商来说,股东或公司所有者与经理层乃至作业人员之间也存在委托—代理关系,这无疑会进一步加剧货主与物流服务商之间的委托—代理风险。因为在通常情况下,物流公司所有者会要求经理层与物流作业人员提高服务质量,但因为委托—代理关系的存在,经理层可能会放松对物流作业人员的监管,从而可能会使物流运作处于失控状态,于是野蛮装卸、偷盗或调换货主货物等现象自然就会出现(甚至一些物流公司的管理者连货损或货物灭失发生在哪个环节都不知道),而一旦货主事后发现并要求索赔时,很多物流服务商往往会采取“大事化小,小事化了”的手段来应对。在目前信用体系尚未健全、法制环境尚需完善的情况下,货主往往会权衡利弊,在考虑到高昂的诉讼成本(包括货币成本、时间与精力等非货币成本,以及因诉讼而导致的机会成本等损失)后,一些理性的货主会放弃诉讼而选择协商,但由于双方的利益不一致,最终货主可能会蒙受巨大的损失。

（二）物流外包风险的对策

1. 正确进行物流自营与外包决策。工商企业选择物流自营还是外包,首先,应考虑能否给企业带来战略业绩,换言之,对企业核心能力的形成或提升有无贡献,能否最大限度地支持企业的竞争战略;其次,应考虑能否给企业带来财务业绩,换言之,能否在降低企业经营成本的同时,提高物流服务水平。总的原则是,应该在服务与成本之间寻求平衡。具体而言,可以采用“综合评价法”或“二维决策矩阵法”等方法科学地进行物流自营与外包决策。

2. 科学选择物流服务商。选择优秀的物流服务商开展合作,可以起到防患于未然，事前规避风险的作用。按照现行物流企业评价指标体系，可以从经营状况、资产、设备设施、管理及服务、人员素质、信息化水平（包括网络系统、电子单证、货物跟踪、客户查询）六个方面对物流企业进行评级（A—5A级）。因此，通过行业主管部门的认证、评级，获得相应称号的物流企业，一般具备相应的物流能力与服务水平。从业已通过行业认证、评级的物流企业中选择合作伙伴，货主企业的选择成本与风险相对较低。特别地，对于潜在（有签约意向）的物流服务商，还需要对其进行实地考察、论证；同时，通过走访物流服务商的客户，倾听客户的评价，均有助于降低风险并成功地选择物流服务商。而在具体选择时，可综合、灵活地运用招标法、协商法、层次分析法等多种方法。

3. 审慎签订物流外包合同。物流外包合同是货主企业与物流服务商协商一致的产物，是约束双方行为的经济文件，是指导双方后续合作并处理纠纷的重要依据，因此，必须审慎签订。为此，可咨询物流纠纷处理经验丰富的律师，加强对签约人员的培训，建立相应的制度，完善物流服务商的信用审查、会签、审批、登记、备案等程序。加强合同文本管理，明确双方的责、权、利。完善合同条款，避免疏漏，以免留下风险隐患。特别地，为有效防止物流服务商泄露企业的商业秘密，合同中应有相应的保密条款（或另外签订保密协议）。此外，为避免物流市场价格波动给委托方带来的损失，物流外包合同中的价格条款应有弹性，应与当期市场价格一致。为此，可由合作双方定期或不定期对服务价格进行评估并作出调整。

4. 加强对物流服务商的评估与管理。在实施物流外包合同时，委托—代理双方应加强沟通，促进信息共享，避免因沟通不畅而导致物流服务商错误地理解委托方的意愿，出现业务协调障碍乃至业务失控。同时，委托方还应加强对物流服务商合同执行情况的考核，对发现的问题及时处理（如赔偿、限期整改等），以免留下后患。具体而言，委托方应定期或不定期地对物流服务商的服务绩效进行评估，以确保合约的严格执行，从而有效控制物流外包成本，同时提高物流服务质量。为此，委托方需建立一整套绩效评价指标体系，客观、公正地对物流服务商的绩效进行评估。评价指标应科学、合理，既要充分考虑到本企业的物流服务需求，同时又要参考行业平均水平。指标的设置不能脱离实际，要体现“跳一跳，摸得着”的原则。此外，绩效评价指标还应具有可操作性。通常，应包括以下主要指标：准时交货率（或误点交货率/延迟交货率）、货损率（或商品完好率）、货差率、配送率、发运错误率、客户投诉率、物流成本率、物流效用增长率等。

5. 把握好竞争与合作的度，切实激励物流服务商。工商企业与物流服务商之间本质上是一种“竞合”关系，把握好竞争与合作的“度”非常重要。一方面，既要“借力”，实现物流资源的外向配置，提升本企业的物流客户服务能力（由代理者执行)；另一方面，又不能完全依赖、受制于某个物流服务商，这样会增大委托—代理风险。因此，采用AB角制，与少数几家(2—3)主要的物流服务商保持适度的竞争与合作关系(当然，也可以某一家主要的物流服务商为主，其余一两家为辅)，加强对物流服务商的动态评估，及时反馈信息，根据服务质量，调整委托物流业务量，在物流服务商之间建立起有效的竞争机制，切实激励物流服务商提高服务质量，降低委托—代理风险。

除了上述策略外，委托方应及时办理物流货物保险，转嫁风险；设置物流外包风险管理经理，加强风险管理专项工作；合作双方建立战略联盟，以预期的长远利益来规避物流服务商的短期行为；给物流服务商足够的利润空间；建立“双赢”合作机制等，均可有效降低物流外包风险。

第十一章　物流操作风险管理

第一节　物流操作风险管理方案设计与实施

一、物流操作风险的概念及特点

（一）物流操作风险的概念

操作风险是一种古老的风险，概念界定不一。巴塞尔委员会认为，可将操作风险定义为“由不完善或有问题的内部程序、人员及系统或外部事件所造成损失的风险”。本定义所指操作风险包括法律风险，但不包括声誉风险和战略风险。

与信用风险、市场风险相比较，操作风险表现形式多样、情况复杂、风险结果不确定，难以进行完整清晰的描述。但它们之间关系密切，操作风险可能在一定条件下转化为或者导致信用风险、市场风险。

按照巴塞尔新资本协议可将操作风险分为七类：

1. 内部欺诈；
2. 外部欺诈；
3. 雇佣合同以及工作状况带来的风险；
4. 客户、产品与业务活动带来的风险；
5. 有形资产损失；
6. 经营中断和系统错误；
7. 涉及执行、交割和流程管理的风险。

可以将物流操作风险定义为：在物流业务运作过程中，因企业不完善或失灵的内部流程控制、人为的错误、制度缺失以及外部事件所产生的直接或间接损失的可能性。

（二）物流操作风险的特点

与信用风险、市场风险等相比较，物流操作风险具有以下特点：

1. 风险与收益呈反方向变化。而信用风险和市场风险收益呈正方向变化，一般原则是风险高收益高、风险低收益低。

2. 内生性。属于企业可控范围内的内生风险。而信用风险和市场风险产生于企业外部，更多的是一种外生风险。

3. 表现形式多样。从覆盖范围来看，物流操作风险几乎覆盖了企业经营管理所有方面的不同风险。而信用风险和市场风险的构成则相对较为简单。

4. 可转化性。任何损失事件的发生往往都不是单一风险造成的,国际范围内越来越倾向于将信用风险、市场风险和操作风险等合并起来在整个企业范围内一并考虑。

5. 针对性。每个物流企业都有其自身的、独立的和独特的操作环境,因此,必须考虑企业具体情况来对物流操作风险进行分析与管理。

6. “大、小”相对并存性。物流操作风险,既包括发生频率高但损失相对较低的日常业务操作上的风险,也包括发生频率低但一旦发生就会造成极大损失,甚至危及企业生存的风险。

7. 难以预测、难以控制性。其原因在于它跟人的关系密不可分,而人的素质、道德水平又难以揣测和控制。因此,人文环境的差异、地方文化特点、商业市场环境等都会对物流操作风险管理产生很大的影响。

8. 难以测定量化性。由于物流企业操作风险与操作损失之间并不存在简单的数量关系,因此,物流操作风险至今也没有普遍认同的衡量标准,也没有公开的数据库和相应的软件等。这就造成其难以测定。

二、物流操作风险形成原因、损失种类

以下从人员因素、内部流程、系统缺陷、外部事件、物的因素、运输类、仓储类、配送类、物流保险类九个方面,对操作风险形成的原因、损失种类及特征进行分析。

(一) 人员因素

人员因素主要是因员工发生内部欺诈、失职违规,以及因员工的知识和技能匮乏、核心员工流失、企业违反用工法等造成损失或者不良影响而引起的风险。还包括客户(操作失误、欺诈、内外勾结等)、第三人(侵权)等外部人员因素而造成的风险损失。

1. 内部欺诈

内部欺诈是指员工故意骗取、盗用财产或违反监管规章、法律或公司政策导致的损失。此类事件至少涉及内部人员一方,但不包括性别和种族歧视事件。

员工违法行为导致的操作风险主要集中于内部人作案和内外勾结作案两种,属于多发风险。

2. 失职违规

失职违规是指员工因过失没有按照雇佣合同、内部员工守则、相关业务及管理规定操作或者办理业务造成的风险。

员工因失职违规导致的操作风险主要为滥用职权、对客户进行误导或者支配超出其权限的业务,或者从事未经审批的项目等,致使企业发生损失的风险。

企业对员工失职违规越权行为导致的操作风险应予以高度关注。

3. 知识、技能匮乏

员工由于知识技能匮乏给企业造成的风险，主要有三种行为模式：

(1) 在工作中，未意识到自身缺乏必要知识，按照自己认为正确而实际是错误的方式工作；

(2) 意识到自己缺乏必要的知识，但是由于颜面或者其他原因而不向管理层提出或者声明其无法胜任某一工作或者不能处理面对的情况；

(3) 意识到本身缺乏必要的知识，并进而利用这种缺陷。

在前两种情况下，有关人员会按照他认为正确的方式工作，如果他负责交易方面的工作，可能会给物流企业带来经济或者声誉方面的损失。最后一种情况则属于欺诈。

4. 核心雇员流失

核心人员是指具备其他物流企业员工普遍不具备的知识，或者能够快速吸收企业内部知识的主要人员。核心人员掌握企业大量技术和关键信息，他们的流失将给企业带来不可估量的损失。

核心雇员流失体现为对关键人员依赖的风险，包括缺乏足够的后援、替代人员，相关信息缺乏共享和文档记录，缺乏岗位轮换机制等。

5. 违反用工法

违反用工法是指违反就业、健康或安全方面的法律或协议，包括劳动法、合同法等，造成个人工伤赔付或因性别、种族歧视事件导致的损失。

(二) 内部流程

内部流程引起的操作风险是因物流企业业务流程缺失、设计不完善，或者没有被严格执行造成的损失。

这主要指管理制度不健全、岗位设置不合理、内部流程无序、流程执行失败、控制和报告不力、文件或服务合同缺陷、抵押担保管理不当、服务产品存在缺陷、服务质量不规范、与客户有纠纷等。

管理信息不准确、管理信息不及时、未保留相应文件、项目未达到特定目标、项目资金不足、流程发生冲突、流程中断等，这些都需要有专人专门机构监管，否则流程执行下去很困难。

(三) 系统缺陷

系统缺陷引发的操作风险是指由于信息科技部门或服务供应商提供的计算机系统或设备发生故障或其他原因，使物流企业不能正常提供服务或业务中断而造成的损失，包括系统设计不完全和系统维护不完善所产生的风险。

系统缺陷引发的风险最典型的是电脑系统风险，企业对此支付巨额费用，对系统和数据需求又提出新的挑战。

(四) 外部事件

物流企业的经营是在一定的政治、经济和社会环境中发生的,经营环境的变化,外部突发事件等都会影响物流企业的正常经营活动,甚至发生损失。具体包括,因外部人员故意欺诈、骗取或盗用企业货物及违反法律而对客户、员工、资源或声誉可能或者已经造成负面影响的事件。该类事件可能是内部控制失败或内部控制环节薄弱,或是外部因素对企业运作或声誉造成的“威胁”。

外部欺诈、盗窃是给物流企业造成损失最大、发生次数最多的操作风险之一;业务外包引起的风险也要控制,主要是要有严格的合同协议,并有专门机构监管执行;由于自然灾害等因素造成的损失,也使物流企业的业务受到很大影响;政治风险也要考虑进去,征用、政府行为、公共利益集团或极端分子活动引起的风险,也偶有发生。

(五) 物的因素

物的因素引起的风险主要包括物流企业、客户或第三方所拥有的物流设备设施(载运工具、装卸搬运工具、港站设施、仓库)或其他设施的不当操作、企业计算机系统失灵和系统漏洞以及因所承运或储存的商品自身特性而给物流企业带来的损失等。

(六) 运输类操作风险

运输类操作风险主要包括合同主体资信不足,运输合同条款约定的权利义务不合理,合同履行中未及时检验、移交、接受,道路交通事故,海上风险,车辆承包连带责任,货物运输途中保管不当,货物迟延交付等所引起的风险。

(七) 仓储类操作风险

仓储类操作风险包括仓储物验收不明的风险;仓储物变质、损毁、灭失的赔偿风险;存货人欺诈风险;交付不当风险。

(八) 配送类操作风险

配送类操作风险有配送迟延、误送的赔偿风险;配送货损赔偿风险。

(九) 物流保险类操作风险

物流保险类操作风险包括保险合同无效的风险;保险免责条款风险;保险索赔证据不足、手续不全被拒赔的风险。

三、物流操作风险管理方案设计与实施

(一) 管理层面风险管理方案设计与实施

对管理层面的控制驱使了风险评估及控制程序在整个组织中得以运作,因为管理层在日常所采用的管理方法、流程和业绩评价方法对员工行为的影响极大。

管理层首先必须通过阐述公司的目的、共同价值理念及目标等信息以展示

其领导才能并获取信任。这离不开权限的明确设置。接着应选出最佳人选，并使他们对经营结果负责。整个过程离不开沟通和共享，于是有效的风险管理机制就得以建立起来。

1. 沟通组织目标

一个可持久成功地发展的企业往往都有自己的明确理念、总体目标、具体目标、共同价值观，正是这些激励员工从而凝聚人的力量。企业价值理念如若不明确地得以沟通并真正地付诸实施，企业则无法针对快速变化的外围环境作出反应，也就无法保持企业优势。

2. 设定权限

明确权限至关重要，员工们知道自己的目标时，必须同时知道自己什么不能做，什么能做。

3. 选择、培养最佳人选

公司高管层首先要具备某一具体职能的专业知识和专业能力，因此，公司的人力资源部门要确保所选人员能达到要求，并对员工进行培训，后备力量也要提早安排。

4. 明确责任

公司应确保每位员工都有明确的岗位责任，及时评估，奖罚分明。

5. 信息沟通及分享

公司业绩、风险及风险控制措施等信息需在公司组织内部从上至下再从下至上得以全面沟通。

6. 全面实施有效的风险评估及控制程序

(1) 有明确政策以确保每一经理层及员工参与风险评估及控制过程。

(2) 有一套通用的风险语言、定义，发放到每一员工手中。

(3) 有领先的风险控制实践。

(4) 有成本效益原则的考虑。

(5) 管理层有领导能力及参与力度，全面监控系统的运行。

(二) 业务层面风险管理方案设计与实施

1. 确定目标

在设计业绩评价指标、评估企业风险及设计风险控制这些过程中，都需要考虑所有流程的目标。这些目标包括运作的效率、效果，流程信息可靠性和相关性及合规性。与企业战略相符的流程目标将会更符合风险控制的成本与效益原则，而流程风险控制则为流程目标的实现提供合理保障。这些流程目标可举例如下：

(1) 安全性目标：包括实物、财务资产保全、信息/数据保护、人力资源保护、适用系统的保护等。

（2）效率及效果目标：客户满意度、服务质量的提升、成本降低、指标的达成率等。

（3）为决策提供信息目标：包括信息的相关性、及时性、可靠性、完整性等。

（4）合规性目标：监控外部法律、评估环境变化的影响及监管环境、合规性监控等。

2. 风险评估

风险评估包括风险识别、风险衡量、风险评价等环节。

3. 风险控制的设计、实施与改进

当识别与评估风险之后，企业就应该设计出一套可行的风险控制程序，并加以实施和改进。企业在设计风险控制程序时，管理层首先需明确企业可承担的风险程度。

4. 业绩评价

业绩评价必须同企业的战略目标、整个组织的业绩评价及业务的目标相联系。业绩评价指标由于其可以显示业务运作的状况，因此也往往就是企业经营风险的迹象。如果这些数据显示某一流程的运作并未达到设定的目标，则业绩指标数据可以协助业务责任人进行自我评估其业务运作状况，了解业务运作是否同公司质量要求相一致，是否达到及时性和成本效益性目标。而针对人的业绩评价指标，则侧重于报酬、员工发展及激励、技能、责任心和灵活性。

5. 业务运作监控

业务运作的关键除了有效业务流程设计及选择相关业绩评价指标之外，还包括对业务运作进行监督。而这一监督行为应该关注如下问题：

（1）业务流程是否实现其设计目标？

（2）企业/流程的风险是否改变了？

（3）风险控制过程运作情况如何？

（4）业务流程的运作情况如何？

虽然企业会由内审部门对风险控制进行独立评价，但审计并不能代替监督，因为负责进行监督的是业务责任人而不是审计师。每个业务负责人都应该对相关业务的运作风险负责，而监督正是其主要工作，包括进行业绩评价、定期对业务风险进行自我评估及日常的沟通。

四、物流操作风险管理的意义

我国加入WTO后，随着物流市场逐渐开放，大批实力雄厚的国外物流企业纷纷抢滩我国物流市场。这些企业无论是物流信息建设还是管理软件应用水平都大大高于我国的物流企业，这就使物流企业竞争更加激烈，竞争能力成为企业生存与发展的核心。而竞争必然带来风险。过去市场风险、投融资风险、载运工具风险是企业最关心的风险，而操作风险却往往被忽视了。

如今，企业越来越庞大，它们的产品越来越多样化、复杂化，物流业务对以计算机为代表的IT技术的高度依赖，以及物流的全球化趋势，使得物流活动日趋复杂，一些“操作”上的失误，极可能带来很大的甚至是极其严重的后果。这促使物流企业不得不把操作风险与其他风险同等看待，并实施有效的防范策略。

我国物流企业为了应对国内外同行的竞争与挑战，需要构筑起自身竞争优势，改变经营理念，严控操作风险，因此选择并实施适合自己的物流操作风险管理系统是十分必要的，原因如下所述：

(1) 能够充分有效地利用客户资源，并在此基础上提升客户满意度，增加企业利润空间。系统可以为企业各级管理者和销售人员提供分析数据和工作支持，实现了多维度的客户信息交流。不必再担心企业的核心营销人员离职，也不再忧心营销人员分身乏术，企业中任一销售人员都可以轻松地接手其他销售人员的善后工作。系统还可以按照客户的生命周期为条件分类管理客户资源，为物流企业制订对应的营销管理策略、技术筹备等工作提供支持。通过分析数据，充分挖掘老客户的潜力，开拓新客户的销售机会，促进企业利润空间的增长。

(2) 能有效协调分配企业内部各种有效资源，提高对销售环节的监控，完善客户资源的保密机制。系统可以合理分配营销、服务等资源，为高价值客户提供最优质的服务，以此来提升高价值客户的满意度。系统能通过客户反馈体现出价值客户的满意度及需求变化，跟踪和监督客户满意度计划或策略执行情况，有效提高企业持续获利的能力。

(3) 能对系统数据进行有效分析，为决策提供支持，为企业管理者提供全面有效的决策依据和数据支持。

由于我国大部分物流企业受设备陈旧、管理落后等条件的约束，大部分物流企业都无一套完整的物流操作风险管理系统。当然，这并不是源自系统本身的原因，而是企业在实施过程中对出现的困难准备不足，或者是遇到各种意想不到的阻力，因此在物流企业实施物流操作风险管理系统进行风险管理势在必行。

从一定意义上讲，物流操作风险防范过程实际上就是对企业主要管理要素进行有效管理的过程，对物流企业的发展壮大，起到良好的正面的推动作用。

五、加强防范物流操作风险

(一) 加大改革力度

1. 建立完善的公司法人治理结构。建立规范的股东大会、董事会、监事会制度，设立独立董事，构建股东大会—董事会—监事会—经营层之间的权力划分和权力制衡有效结构，通过高级管理层权力制衡，抑制“内部人”控制、“道德风险”的发生。

2. 按照“机构扁平化、业务垂直化”的要求，推进管理架构和业务流程再造，从根本上解决操作风险的控制问题。

3. 改革考核考评办法。正确引导业务层在调整结构和防范风险的基础上提高经营效益，防止重规模轻效益。要合理确定任务指标，把风险及内控管理纳入考核体系，切实加强经营和管理，严防操作风险。不能制定容易引发偏离既定经营目标或违规经营的激励机制。

（二）不断完善内部控制制度

在坚持过去行之有效的内部控制制度的同时，把握新形势，紧贴业务，不断研究新的操作风险控制点，完善内部控制制度，及时有效地评估并控制可能出现的操作风险，把各种安全隐患消除在萌芽状态。

重点要在以下七个方面完善内部控制制度：一是建立相应的授权体系，实行统一法人管理和法人授权；二是建立必要的职责分离，以及横向与纵向相互监督制约关系的制度；三是明确关键岗位、特殊岗位、不相容岗位及其控制要求；四是对于重要活动应实施连续记录和监督检查；五是对于产品、组织结构、流程、计算机系统的设计过程，应建立有效的控制程序；六是建立信息安全管理体系，对硬件、操作系统和应用程序、数据和操作环境，以及设计、采购、安全和使用实施控制；七是建立并保持应急预案和程序，确保业务持续开展。

（三）全面落实操作风险管理责任制

首先，要通过层层签订防范操作风险责任合同，使风险防范责任目标与员工个人利益直接挂钩，形成一把手负总责，分管领导直接负责，相关部门各司其职、各负其责，一线员工积极参与的大防范工作格局。其次，真正落实问责制，明确各级管理者及每位操作人员在防范操作风险中的权力与责任，并进行责任公示。今后发生大案，既要及时问责，又要深入追查事件责任人。对出现大案、要案，或措施不得力的，要从严追究高管人员和直接责任人的责任，并相应追究检查部门、审计部门及人员对检查发现的问题隐瞒不报、上报虚假情况或检查监督整改不力的责任。

（四）切实改进操作风险管理方法

1. 不断摸索，逐步完善操作风险计量方法。虽然目前对操作风险的计量还没有一个十分完善的方法，但是随着物流企业全面风险管理的深入开展，准确计量操作风险并计提准备金是一个必然的发展趋势。

2. 加强信息技术应用。在数据大集中的进程中，要加强业务系统操作平台建设，全面查找设计上的漏洞，完善系统软件。

3. 建立健全操作风险识别和评估体系。要借鉴国际先进经验并运用现代科技手段，逐步建立覆盖所有业务类别操作风险的监控、评价和预警系统，识别和评估所有当前和未来潜在的操作风险及其性质。

4．建立和完善内部信息交流制度。针对近年来多发的管理人员带头实施违规，强令下属违规操作，形成案件和货物资金风险的问题，企业要建立和完善员工举报制度，依靠和发动一线员工，鼓励检举违法违规问题，坚决遏制各类案件特别是大案要案的高发势头。

（五）加强人员管理

1．要牢固树立以人为本的经营思想，充分发动和依靠广大员工抓好操作风险管理工作。

2．加强思想政治教育。要深入开展矛盾纠纷和不安定因素排查化解工作，多方面、多层次将矛盾纠纷和不安定因素化解在单位内部和萌芽状态。

3．加强风险意识教育。要坚持不懈地进行安全形势教育、典型案例教育、规章制度教育，提高全行员工安全防范意识和遵纪守法观念。

4．要及时、深入了解重要岗位人员工作、生活情况，掌握思想和行为变化动态，对行为失范的员工要及时进行教育疏导和诫勉谈话，情节严重的，要严肃处理。

第二节　物流服务与物流质量管理

一、物流服务

（一）物流服务特性

（1）从属性；（2）即时性；（3）移动性和分散性；（4）需求波动性；（5）可替代性。

（二）物流企业服务内容

（1）商品库存服务率：商品库存满足订货的程度；（2）接受订货截止时间：接受订货截止到的时间；（3）交货日期：交货的时间；（4）订货单位：订货单位数量的大小；（5）交货频率：商品配送的频率；（6）交货时间指定：按照指定的时间交货；（7）紧急交货：采取特别的方式紧急交货；（8）物流质量：商品在物流过程中的质量保证；（9）信息提供：提供商品物流过程中的相关信息；（10）交货条件：按照指定条件交货。

（三）物流服务对于企业的竞争力的影响

（1）物流服务已逐渐成为企业经营差别化的重要一环；（2）物流服务水准的确立对经营绩效产生重大影响；（3）物流服务方式的选择对降低流通成本产生重要影响；（4）物流服务起着连接厂家、批发商和零售商的纽带作用。

二、物流质量管理

（一）物流质量的内容

1. 商品的质量保证及改善；

2. 物流工作质量；

3. 物流工程质量；

4. 物流服务质量。

（二）物流质量改进的原则

物流质量改进就是指为了向企业物流及其顾客提供增值效益，在整个企业范围内所采取的提高物流质量的效果与效率的所有措施。物流服务的质量是由顾客的满意度决定的，并取决于整个物流服务过程的效果和效率。物流质量改进通过改进过程来实现。企业物流系统内的每一项活动或每一项工作均包括一个或多个过程。质量改进是一种以追求更高的过程效果和效率为目标的持续活动。质量改进不断寻求改进机会，通过预防和纠正措施消除或减少产生质量问题的原因。

（三）物流质量改进的环境

1. 为企业物流创造持续质量改进的环境。主要做好：明确企业物流质量改进的目的和目标；持续地改进企业物流的运作过程，逐渐形成一种广泛交流、相互合作、尊重个人和鼓励创新的环境。

2. 为企业物流质量改进创造必需的价值观和文化基础。主要包括：重视满足企业内部和外部顾客的需要；使质量改进贯穿于从供方到顾客的整个供应链；不论是集体还是个人，始终强调物流质量改进是工作的基本内容；通过改进过程来解决物流质量问题；持续地改进所有的过程。

（四）物流质量改进的有效措施

1. 企业物流质量改进的基本方法。重点明确：提出企业物流质量改进的方针、策略、主要目标、指导思想，支持和广泛协调企业物流质量改进的活动；确定物流质量改进的需要和目标以及为满足需要和实现目标而配置资源的方法；通过质量小组活动，实现质量改进目标的方法；鼓励企业员工开展与工作有关的质量改进活动并协调相关活动的方法。

2. 企业物流纵向层次的质量改进方法。主要包括：对物流过程进行管理；具体有确定各部门任务、制定战略规划、明确作用和职责、获取和配置资源、提供教育和培训等；确定并策划各部门工作过程的持续质量改进；创造并保持一个使部门全体员工有权力、有能力和有责任持续改进质量的环境。

3. 企业物流跨部门过程的质量改进方法。一般包括：在企业物流各部门之间建立并保持紧密联系；识别企业物流过程内部和外部的顾客，确定他们的要求和期望;把顾客的需要和期望转化成具体的顾客要求;识别物流各过程的供方,将顾客的需要和期望传达给他们;寻求物流各过程的质量改进机会,配置改进所需的资源,并监督改进的实施。

(五) 物流企业提供增值服务的方向

1. 沿供应链"顺流而下",即在制造商的产品销售渠道内作为服务供应商。

2. 沿供应链"逆流而上",即在制造商的物料供应渠道内作为服务供应商。

(六) 物流客户服务的衡量标准

它包括库存保有率、订货周期、配送率、商品完好率。

(七) 物流客户服务的基本特点

它包括产品的可得性、运作绩效以及服务的可靠性。

三、物流质量管理的途径及与成本的关系

(一) 物流质量管理的基本途径

1. 确立物流整体质量管理思想:

(1) 真正形成物流整体质量管理的认识;

(2) 认真做好物流服务过程的整体质量管理;

(3) 整体考核企业物流服务质量管理水平。

2. 建立有效的物流质量管理信息系统,企业应遵循的原则是:

(1) 计量顾客对物流质量的期望;

(2) 强调信息质量;

(3) 实时监控物流质量状况。

3. 加强企业物流质量管理的主要措施包括:

(1) 根据全面质量管理理论,建立和完善企业物流质量管理的计量、评估体系,切实消除企业物流过程中的差错;

(2) 积极引进现代质量管理理论和技术,提高质量管理水平;

(3) 运用有效的激励措施,实行全员质量管理。

(二) 物流服务与成本的关系

物流服务质量与成本是一种此消彼长的关系,物流服务质量提高,物流成本就会上升,可以说两者间的关系适用于收益递减规律。具体来看,物流服务与成本的关系有四种类型:

1. 在物流服务水平一定的情况下,降低物流成本,即在实现一定物流服务水平的条件下,通过不断降低成本来追求物流系统的改善。

2. 要提高物流服务水平,不得不牺牲成本,听任其上升。这是大多数企业所认为的服务与成本的关系。

3. 在物流成本一定的情况下,实现物流服务水平的提高,这种状况是灵活、

有效利用物流成本，追求成本绩效的一种做法。

4. 在降低物流成本的同时，实现较高水平的物流服务。

四、物流服务质量改进方法

物流服务质量表现为产生、形成和实现的过程。这种过程是由按照一定的逻辑顺序进行的一系列活动构成的，因此，物流服务质量的改进是一个循序渐进的过程。笔者将采用“PDCA”循环方法来阐述物流服务质量的改进。“PDCA”循环最基本的特点是循环的阶梯提升。循环是有前后时间差异的，前一循环的输出往往成为后一循环的输入，在吸取前一循环经验和教训的前提下又开展了新一轮循环。但这种循环的接连滚动并不是在原地进行，而是随着每一个新循环的开始，质量改进的水平也跃上了一个新的台阶。

（一）P——策划阶段

这一阶段的主要工作是在企业中树立正确的服务理念，加强对员工的培训，制订改进计划。

首先，强化“以顾客为中心”的服务理念，正确认识顾客对服务质量的期望。“以顾客为中心”的服务理念能使服务人员产生让顾客更满意的强烈愿望，从而在与顾客接触的过程中重视顾客的各种意见和建议，关注顾客对服务质量的感知和评价，自觉产生改进服务质量的要求。

要改进物流服务质量，首先就必须弄清楚顾客的需求，根据不同顾客的期望制定不同的服务策略。其次，在员工培训中加强对服务质量的培训，并教授给员工一些具体的操作技巧。一线员工是物流企业与顾客直接接触最多的人，在与顾客交流时他们服务质量观念的自然流露就可以展示出企业的实力和提供服务的能力，使顾客对企业产生信赖。同时，他们也最有机会听到或收集到顾客对其他服务和竞争对手的评价等信息。增强他们收集顾客信息的技巧和主动性，可以使物流企业掌握的顾客信息大量增加，使物流企业服务质量的测评更加真实和有效。最后，制订服务质量改进计划。以市场调研中顾客期望的服务质量标准以及现有服务的跟踪评价结果制定服务质量改进计划。在改进计划中要对制定该计划的原因、改进的对象、改进的目标、完成改进的时间、改进计划实施负责人以及如何完成改进等方面作出说明。

（二）D——实施阶段

这一阶段的主要任务是实施改进计划。在改进计划的实施过程中，物流企业要从技术、方法、管理等方面创造利于改进的环境。物流企业要积极采用现代信息技术，提高服务水平。要改变传统的电话跟踪单一方式，应用先进的跟踪系统 GPS 和电子地图系统 GIS，通过车载智能移动信息终端实现对车辆的全程实时监控、跟踪，提高车辆的有效利用率。建设完善的计算机配送网络管理系统，减少人工工作量，提高部门协同工作效率。为货主建立货物信息查询系统，使货主可以实时、透明地查询货物信息，了解整个配送过程、时间进度，方便货主在货物流转过程中更加合理安排自己的生产销售计划。在改进计划实施过程中，物流企业还可以借鉴国际上先进的管理经验，完善管理方法。可以加强内部管理的柔性手段，促进个性化服务的发展；通过参与客户的物流管理，将各个物流功能有机衔接起来，实现高效的物流系统运作，帮助客户提高物流管理水平和控制能力；可以向信息流、资金流服务延伸等等。在实际操作中，还要注意方法的灵活运用。如之前企业为了调动员工的积极性，把顾客对服务质量的评价与工资、奖金挂钩，这就造成员工为了个人利益不愿将顾客的口头抱怨传递给管理层，从而影响服务质量改进。所以，物流企业在引入"以顾客为中心"的服务理念时，可以淡化评价结果作为惩罚的依据，使员工相信收集顾客满意信息不是为了评价他们的工作表现，而是为了改进企业服务质量，提高顾客满意度，增强企业的核心竞争力，从而为员工提供更满意的工作环境。

（三）C——检查阶段

这一阶段就是把服务质量改进结果与计划的目标进行对比，从而确定质量改进有无成效。在这一阶段，物流企业可以制定一个服务补救策略，用以处理服务质量问题。它可以包括公平对待顾客、跟踪并预期补救良机、授予员工解决问题的权利等措施。当然设置服务补救策略并不仅是为了有机会补救有缺陷的服务和加强与客户的联系，同时也有助于进行根本原因分析，识别问题来源，进行过程改进，主动查找潜在的服务失误，从而消除对补救的需要。

（四）A——处置阶段

这一阶段的任务是总结上述所有过程的经验教训，将改进过程中的成功经验和失败教训纳入有关标准、规定和制度中，同时把发现的问题转入下一个"PDCA"循环。据调查显示，通常对服务不满意的顾客将把他们的经历告诉10—20人；抱怨得到解决的顾客会对5个人讲他的经历。但4%抱怨的顾客比96%不抱怨的顾客更可能继续购买；如果问题得到解决，那些抱怨的顾客中将有60%会继续购买；如果问题得到尽快解决，这一比例会上升到95%。因而，物流企业应重视客户的意见，并对服务质量存在的问题进行及时处理。

（五）结论

物流在全球经济一体化的推动下，由于得到信息技术等先进技术的支持，其内涵和外延已经发生了巨大的变化，不得不以现代物流来进行重新定义，其服务质量管理的要求也随之水涨船高。在竞争激烈的市场中，物流企业必须时刻关注客户的需求变化，持续改进物流服务质量。忽视质量改进的物流企业或许会获得短期利益，但很难在市场中长久地生存和发展，最终将被市场淘汰。

第三节　物流大客户流失风险防范

一、物流大客户的概念与特点

（一）物流大客户的概念

大客户又称重点客户、主要客户、关键客户、优质客户等。基于角度不同，不同的企业对大客户的定义也有所差异。这是一个相对的概念。企业应该根据所在的市场、竞争对手的活动、行业、自己的客户以及自己企业的动态情况选择自己对大客户的定义。但是，物流大客户至少包含以下要素之一：

1. 与本公司事实上存在大订单并至少有1—2年或更长期连续的合约，能带来相当大的销售额或具有较大的销售潜力。
2. 有大订单且是具有战略性意义的项目客户。
3. 对于公司的生意或公司形象，在目前或将来有着重要影响的客户。
4. 有较强的技术吸收和创新能力。
5. 有较强的市场发展实力等等。

（二）物流大客户的特点

1. 物流大客户是重点客户或关键客户。对于大多数行业和企业而言，物流大客户是指那些对企业生产的产品或提供的服务消费量大、消费频次高，通常情况下对企业利润贡献大，占据企业绝大部分销售量的重点客户。

2. 物流大客户是伙伴型客户、忠诚客户。根据关系营销对客户忠诚度的划分，物流大客户是指那些位于最顶层的“忠实客户”，他们愿意与企业长期合作，愿意提供合理价格并免费为企业宣传。

3. 物流大客户是优质客户。物流大客户是为企业创造80%以上利润的客户，是为企业带来高收益而企业只需支付低服务成本的客户，因为与企业长期合作，节省了开发新客户的成本，为企业带来长期利润，并帮助企业发展潜在客户。

4. 物流大客户是战略客户。物流大客户是指企业为自己的未来所投资的客户，是指经市场调查、预测、分析，具有发展潜力，会成为竞争对手的争夺对象的客户。

二、大客户流失的原因

得大客户者得天下，已成为不少企业的共识，也正因为如此，你的竞争对手才一直惦记着你的大客户。如何提高大客户的忠诚度，防止大客户流失成为令很多物流企业头疼的问题。

客户叛离的原因主要有以下两大方面：

1. 第一方面

(1) 由于客户的经营方向调整、经营范围缩小或出于经营的原因而出售部分企业，导致客户对原来的产品需求减少甚至不再需求；

(2) 由于客户直接进入企业所在的上游领域，成为企业竞争对手，而与企业终止业务往来。

2. 第二方面

(1) 由于竞争对手利用更低的价格、更好的产品、更优质的服务甚至利用商业贿赂赢得客户；

(2) 由于企业提供的产品或服务不能满足客户的需求；

(3) 由于企业没有及时采取有效措施解决客户的投诉和问题，导致客户不满而叛离。

第一方面是不可控的，下文主要讨论第二方面。

三、防止大客户流失的方法

(一) 如何防止由于可控因素引发客户叛离

客户关系理论认为：企业与客户的关系可分三个级别。

第一级别：企业通过价格（如低价、扣点、信用支持）吸引顾客与企业建立长期交易关系。低价格对消费者看起来很有吸引力，企业也喜欢依赖价格这种方式来保持顾客的忠诚度，但却很难创造持久的顾客关系，因为竞争对手很容易模仿从而失去优势。

第二级别：了解每个顾客的需求和愿望，提供优质服务并使服务个性化，同时在客户内部建立牢固的关系网。其核心是避开价格，把重点放在服务、质量和其他能为客户产生新价值的因素上，关系网可作为抵御竞争对手进攻的缓冲地带。这一级别竞争对手不易模仿，无疑比一级客户关系更牢固。

第三级别：双方是战略合作关系，通过资本深入、股份合作、利益共享，从而形成“双边锁定”。这种客户关系无疑是相当地牢固。

(二) 防止大客户流失的十大方法

1. 建立牢固的关系网

没有利益就没有关系，但如果没有信任作保证，没有人会相信你的利益。

请注意：利益大家都能给，但信任的确是要花费大量时间和精力来建立的，也是不容易被竞争对手复制的。良好的客户关系是你在客户内部构筑的阻止竞争对手进攻的第一道防线。

好的客户关系可以：

(1) 使客户谅解你偶尔的产品质量问题和服务的过失；

（2）向你透露企业内部信息或竞争对手动向；

（3）阻截或延缓竞争对手的渗透。

2. 提高与客户关系级别

如果将与客户的关系局限在某个个人上（如客户采购经理），风险是很大的，会受到工作调动、生病、环境、情绪，甚至其他法律因素的影响。如果将与客户的个人关系扩大到组织层面（如客户的总经理、技术部门、使用部门……），企业的风险就要小得多。同时，提高与客户的关系级别，使销售人员和客户内部某个人点对点的接触，转变成为企业各部门与客户各部门面对面的接触，无疑也减低了万一销售人员跳槽后也同时带走客户的风险。

3. 影响客户的采购标准

说服或影响客户以你的产品独特的特点、技术标准（差异化策略）作为采购标准，是阻截竞争对手最有利的武器。即使产品没有差异化，企业也要尽可能地提炼产品的卖点，做到宣传的差异化。

现实中你会遇到以下三种情况：

（1）你的产品和解决方案符合客户的采购标准而竞争对手不能——安全，客户叛离可能性很小。

（2）你的产品和解决方案与竞争对手都能符合客户的采购标准——警惕，客户叛离可能性中等。

（3）你的产品和解决方案已不符合客户的采购标准，而竞争对手能——警报，客户叛离可能性很大。

4. 保证产品质量

如果没有好的产品质量，要防止大客户因产品质量而叛离，再好的客户关系也只能望洋兴叹，无能为力。企业除了必须在内部建立有效的质量管理和控制系统外，对大客户的质量投诉，销售和服务部门应及时向生产技术部门反馈，妥善地解决客户的问题，任何拖延、推诿和借口实际上都是将客户推向你的竞争对手一边。

5. 提高服务水平

工业品行业大客户的技术服务要求更高，企业可以通过设立专门的大客户管理部门提供如：大客户免费咨询中心，全天候 24 小时解答大客户在使用产品中出现的问题，并将需要解决的信息传达给相关部门；或建立一支大客户售后服务队伍，当大客户遇到技术问题、产品出现故障时，第一时间赶到现场解决问题等等。

在服务方面，企业需要在如下领域作出改善：

（1）企业人员对客户显示良好的积极态度；

（2）企业内部有标准化的服务体系；

（3）个性化服务——提供有差异特色的服务；

（4）主动性服务——用心为客户着想。

6. 保证优先供货

在同等条件下应该优先满足大客户对产品的数量及交货时间的要求，确保足量、准时交货给大客户。顺畅的产品物流，能有效防止大客户因缺货而叛离到竞争对手那里，尤其是那些在销售上存在淡旺季特征的产品，企业更要协调好生产及运输等部门，保证大客户在旺季的货源需求，避免出现因货物断档导致大客户不满的情况。

7. 有竞争力的价格

虽然价格无法保持顾客的忠诚度，也很难创造持久的顾客关系，但毕竟现在是产品同质化严重的时代，如果价格与市场的平均水平背离太大，就是你的企业内部的成本控制出问题了，你所有的努力：服务、关系，甚至战略合作伙伴等等，迟早要被价格所击败。

8. 沟通渠道畅通

很多大客户的叛离相当多的原因不是由于产品质量等实质性问题，而是企业与大客户之间的沟通不够。因此，与大客户保持沟通、特别是高层的沟通渠道畅通是非常重要的。例如，企业内有可沟通的对口大客户管理部门；企业和客户有定期沟通的制度；企业和客户高层之间的沟通渠道畅通等都会降低大客户叛离的可能性。

9. 与大客户发展战略保持一致

作为大客户的上游供应商，应最大限度地将自己的发展战略与大客户的发展战略保持一致，否则就很有可能因为企业不能为大客户提供相应的、具有竞争力的产品和服务，而让大客户投送竞争对手怀抱。这在为汽车整车配套的企业很明显，很多国外汽车配套企业就是跟着通用、大众等汽车巨头的发展战略一起来到中国发展的。

10. 与大客户结成战略合作伙伴或联盟

一方放弃关系将会付出转移成本，关系的维持具有价值，从而形成双边锁定。

第四节 物流销售人员风险管理

一、物流销售人员风险

（一）物流销售人员风险

1. 能力风险。即销售人员由于主观上的过失，增加销售风险事故发生几率或扩大损失程度，从而给企业销售活动带来损失的风险。特别是业务员经验不足，收不上货款；沟通能力差，伤害客户；心理素质差，打不开局面等。

2. 道德风险。这是指在销售业务过程中，由于销售人员的恶意行为或不良企图等道德问题，使销售风险事故发生或损失扩大，从而发生的销售风险。常见的表现有：贪污营销费用；接受客户回扣；帮助竞争对手工作；利用职务谋取私利；法律意识淡薄，有违法乱纪行为，给社会造成危害，也给企业带来不利影响。

3. 跳槽风险。这是指企业可用人才或者是企业核心销售人才，由于种种原因跳槽离开公司，给企业造成的直接或间接的风险。

4. 管理决策风险。这是指高层销售人才在目标市场决策和营销组合决策上发生失误所导致的风险，以及他们在实施销售管理活动中一系列的分支决策风险，从而给企业造成损失。

（二）物流销售人员风险的后果

1. 影响企业营销的高效性。

2. 影响企业营销的持久性。

3. 加大企业的运营成本，尤其是新销售人员的培训费用等。

4. 可能给企业带来的损失。例如，因泄密、重大操作失误等使公司蒙受巨大损失。

（三）物流销售人员风险管理策略

1. 建立风险管理机制。

2. 选择合适的而不是最好的。

3. 持续培养与长期激励相结合。

4. 核心销售人员与企业"双赢"。

5. 利用法律条款防范"重金猎头"。

二、物流销售人员风险管理解决方案

物流销售人员风险管理解决方案来源于企业的实践，没有一个标准的模式。物流企业可以根据需求灵活地选择和组合，形成符合自身特点的风险管理解决方案。在制定和实施风险管理解决方案的过程中，应该注意把握以下几个基本原则：

一是注重方案的效率和效果。物流销售人员风险管理解决方案虽然是为了具体解决风险而制定的，但是不能为了解决方案的完美而忽略了方案的可行性以及成本与效益的平衡。

二是要注意方案并不是一劳永逸的。物流销售人员风险管理解决方案在实施过程中会遇到各种各样的问题，必须定期对方案进行评估和调整。为了使方案调整更有依据并更具科学性，对风险管理解决方案实施过程出现的问题应该有较为详细的记录，并及时地报告，如问题发生的原因、产生的影响的大小、发生的频率的高低以及每次的解决方法等等，越详尽的记录越有利于方案的调整。

三是要实现标本兼治的目标。物流销售人员风险管理解决方案是风险管理策略的执行方案，目的在于具体解决风险，但是其意义却不仅限于此。物流销售人员风险管理解决方案的核心思想是物流企业通过制定与实施物流销售人员风险管理解决方案，对风险信息管理、风险评估、风险管理策略、风险管理的监督与改进以及风险文化一起共同形成物流销售人员风险管理长效机制，该机制能够帮助物流企业在物流销售人员风险管理方面不断地自我完善、自我提升，实现物流企业的可持续发展。

三、物流销售人员自我管理

1. 设定销售工作目标，确定它们的优先次序。做好工作计划，把每天要做的事，列出一张清单（日程、待办任务、日报）。

2. 对客户的拜访及事务处理要设定优先顺序（待办任务紧急程度）。

3. 挑出当期最有可能产生签约或付款的客户（热点客户）。

4. 对大客户保持一定频度的回访，特别是生日或有关纪念日的问候（本月生日和下月生日联系人、30天未跟踪的客户）。

5. 记录每次销售跟踪，包括对客户的承诺，回访时间，客户的反馈。根据每次跟踪情况直接确定下次跟踪的时间和目标（客户视图内的客户跟踪）。

6. 把大单跟踪拆分成不同阶段，通过销售机会方式跟踪，根据在某阶段的停留时间判断其健康度（销售机会漏斗、阶段停留时间）。

7. 应收款的提前跟踪与催缴（回款计划）。

8. 客户货物的交付与发货（交付计划和发货提醒）。

四、提高物流销售人员满意度

规避物流销售人员风险，主要是要做好销售人员的“奖与惩”，其中“奖”是核心，即企业实施内部营销，力图使员工满意。

（一）内部营销概念

内部营销是指成功地雇用、训练和尽可能激励员工使其更好地为顾客服务的工作。

从战略层次上看，内部营销目标是创造一种内部环境，以促使员工之间维持顾客意识和销售关心度。从战术层次上看，内部营销的目标是向员工推销服务、支援服务、宣传并激励营销工作。

（二）内部营销策略要素

内部营销是一种管理策略，它的核心是培养具有顾客意识的员工并使员工满意。为实现这一目标所需的内部营销手段或策略主要有：

1. 服务人员的招聘策略。

2. 提供服务人员发展环境的策略。

3. 向服务人员提供内部支持和服务的策略。

4. 留住服务人才的策略。

（三）影响员工满意度的因素

员工的满意度是由多方面因素决定的，如岗位设计、工作环境、员工选拔培养、激励机制以及服务工具和技术支持等。影响其内部员工满意度的因素按重要性排列：对工作本身的满意度、培训机会、薪水、晋升机会的平等、是否受到尊重、团队协作、公司对员工发展的关心度。另外，员工离职面谈、员工服务热线等都是可以了解员工满意度的有效手段。

（四）提高员工满意度的措施

1. 按照态度第一、技能第二的原则招聘员工，必要时允许员工自我选拔和让顾客参与员工的选拔过程。

2. 高质量的培训，以使员工获得为顾客提供服务所需要的知识和技能。

3. 精心设计的支持系统，如服务设施、信息与通讯系统等。

4. 为了满足顾客的需要，给予员工更大的权限。

5. 对员工的权限和期望有明确的界线与范围。

6. 具有完善的测评体系并对员工满意度定期测评。

7. 对员工不断进行奖励与表扬。

8. 鼓励员工推荐可能的工作岗位候选人并优先考虑那些“最佳”员工推荐的人选。

第五节　物流事故防范

一、集装箱运输事故发生的原因与防范

（一）集装箱运输事故发生的主要原因

1. 装箱、封箱不当

集装箱运输必须做到安全积载、合理堆装与适当的封箱，如果操作不当会造成货损。货物除装箱、积载不当会造成货运事故外，还会给集装箱、运输工具、装卸机械、第三者等造成损害。所以，做好箱内货物的安全积载，妥善、适当的封箱工作，对避免和减少货损事故的发生有着密切的关系。

2. 装卸、搬运过程中操作不当

在集装箱运输的整个过程中，货物从装箱地至拆箱地，要经过多次装卸、搬

运。而每次操作又都有触及箱子和货物的可能,不可避免地会发生破损或弯曲损。将这种受损的箱子装在甲板运输时,由于往往不能抵御恶劣环境和海上风浪的侵袭,以致最后不适于继续运输;而因为司机技术不熟练,装卸操作不当,拖拉货箱以及与各种装卸设备或货箱与货箱之间发生碰撞而破损等都是产生货运事故的原因。因此,对箱子的装卸、搬运操作必须小心谨慎,并使用集装箱装卸专用机械,否则货损责任由装卸部门承担。避免由于违章操作,野蛮作业,使用工具不当等原因致使箱内货物残损,如遭受野蛮装卸会导致箱顶和侧壁造成针尖大小的洞孔,从而成为进水的原因。为能经受得起一定程度的撞击,必须十分重视货物本身的包装,提高集装箱配载的技术,这是防止破损的关键。

3. 使用箱子不当

使用不适合货运的箱子造成货运事故有两种情况。一种情况是在集装箱运抵目的地后,不加以检验便在回程中使用,从而造成该回程货物的损害。发货人对于集装箱所装的货物,常常没有充足时间进行检查,同时缺乏现有的专门技术,如对前一航次所装货物残留在集装箱接缝处的残渣不加彻底清除,便装进了其他货物;由于集装箱在运输途中的摇动,造成了货物污损,如将水果与一般杂货装在一起,结果果汁泄流在货物上造成污损。此外,冷藏集装箱的内壁安装的隔热材料上的粘着剂,因溶化使箱内货物产生污损的事件,也时有发生。另一种情况是集装箱所有人没有对箱子进行全面、正确的修理,因集装箱本身状态不佳,如存在箱顶有孔,箱体连接处变形、裂缝等问题却继续使用而造成货运事故。安装在集装箱门上的各种开关器具,如箱门把手、门锁、门锁杆、门钩、门铰链等,从集装箱箱体中突出来,在与其他物品接触时,极易产生破损。通常情况下集装箱箱底的破损比箱顶和侧壁的破损更难以被发现。在集装箱多式联运过程中,尽管最终承运人交付给收货人的是一个外表状态良好、铅封完整的集装箱,但有时却发现箱内货物已经受损,且难以确定货损区段及货损原因。因此,在箱子交接方面,交接的箱子应保证完整无损,清洁干燥,并且要有合格的检验证书,以避免货损事故的发生。

4. 箱内货物被盗

集装箱运输过程中,把集装箱砸开或者把集装箱端门打开,或伪造铅封盗走箱内货物的事件屡有发生。现在,在一些先进国家的集装箱堆场,都具有齐全的管理体制。所以,集装箱堆场一般不会发生盗窃事件。而美国、意大利等国家在内陆运输过程中,常常发生类似盗窃事件,特别是装有贵重物品的大型集装箱。有的盗窃分子在集装箱运输过程中或其他场所,使用切割工具在箱子顶部将其割开后进入箱内盗窃。所以,利用一切可能手段检查箱子顶部很有必要。

5. 船方积载不当

集装箱船舶结构要求是将大量的箱子装在甲板运输,装在甲板上运输的箱子风险较大，若承运人没有牢固的装置设备或没有科学地积载，或者在航行中船方对载运货物缺乏谨慎处理，使集装箱被海浪打入大海或打破造成货物灭失、损害的事故，属"船残"，由船方负责赔偿。因此，对甲板装载集装箱时应考虑：

（1）甲板强度如何，能承受几层集装箱的重量，如将箱子载于舱面时，则应考虑舱面的强度。

（2）如船舶的上层建筑设在船舶尾部时，应考虑到在甲板上装载过高的集装箱层数是否会造成视线不良，影响船舶驾驶。

（3）在甲板上装载过高的箱子层数，船舶的稳定性是否合适。

（4）为保证甲板上数层箱子在船舶摇摆时不致发生移位、倒落，则要采取绑扎、紧固等有效措施。

（5）应考虑箱子的特性，装载时应避免把结构弱的货箱装在舱底，或40ft集装箱堆装在20ft箱子上面，或重箱压轻箱等情况。

（6）货箱在运输工具上绑扎要牢固，特别是当集装箱船装在甲板运输，集装箱被海浪打入大海或打破，造成货箱移位，甚至甩入海中而致货物灭失、损害的事故也时有发生。经事故调查证明，造成这类事故的主要原因是船方在积载时经验不足，又缺乏谨慎处理，没有牢固的装置设备等原因所致。目前，尚无统一的有关集装箱损坏检验、维修的标准规定，各国做法不一，对集装箱的正常运输带来很多困难。

6．货物本身缺陷

在造成集装箱货物事故的原因中，也存在货物本身或包装上的缺陷，如货物含水量超过标准，质量不符合要求，包装材料强度不足等，如提单上已有注明的残损，属"原残"，由发货人负责；也有卸货港的码头、仓库（场/站）对集装箱及拆箱后箱内货物的堆放、保管不善，造成货损，属"港残"，是港方责任范围；或者风浪及恶劣天气造成的货运事故。

7．危险货物瞒报

近年来，由于危险货物瞒报引发事故时有发生。危险货物瞒报现象的发生责任在危险货物的托运人。无论何种原因，瞒报对托运人来说都是一种冒险，如果被发现或引发事故，不但会面临国家海事主管机关的重罚，还会引发承运人对其的巨额索赔。

（二）货运事故防范的主要措施

1．加强货运设备的管理和养护维修工作，清除设备隐患，使设备经常保持完好。

2．重视对职工的教育，有计划地开展岗位技能培训，组织学标、对标、达标和岗位练兵、安全生产竞赛等活动。进一步提高货装人员的业务素质，增强实际操作能力。

3. 严格执行货装各项规章制度和管理，建立废、修、补、建的正常制度。认真落实各项工作制度和标准，实行定量与定性相结合的安全工作考核办法，促使全体货装职工按岗位作业标准进行作业。

4. 加强专用线管理，落实专用线装卸车质量监控措施，严格执行路企检查交接制度，杜绝事故隐患。

5. 加强货场、站场的治安、消防管理和货物运输途中的防范工作，严防犯罪分子盗窃、哄抢运输物资和破坏运输设备。公安和运输部门要加大对货盗的打击力度，对货盗严重地区，实行集中整治，对内外勾结、监守自盗的要从严惩处。

6. 努力减少货损。认真落实装卸作业标准和货物堆码标准，机械作业要运行平稳，不刮不碰。装卸作业要轻拿轻放，保证货物完好无损。各检查单位必须真正负起责任，对配件残缺的车辆和破损篷布及时进行整修，减少因车辆和篷布状态不良引发的货损事故。认真做好车辆清扫、洗刷和消毒工作，为货主提供状态良好的设备。各技术站要严格执行规定的车辆连挂速度，减少由此引发的货损事故。

7. 强化货运安全。装车站应严格按方案装车，严防超重、偏重、集重、超限和坠落。严格执行装车质量签认交接制度。技术作业站要加强货检工作，杜绝因装载不良而引发的事故。

8. 认真分析货运事故，及时总结经验教训，掌握事故发生规律，有针对性地制定和落实防范措施。

二、集装箱内货损分析和防止货损的建议

（一）集装箱内货损的原因

集装箱化运输给航运业带来了翻天覆地的变化，其主要优点之一是可以减少货损货差，大大减少损坏与赔偿。但是集装箱化运输的这个优点在一些船舶上并没有得到很好的实现，货损并没有成为过去，个案的损失反而更多、更大。集装箱外表看似像保险箱一样，许多人以为货物装载在集装箱里就可以安全无忧了，但是集装箱在运输途中，因恶劣的运输环境，货物的性质、包装不符合要求，装箱不良等因素影响，都可能造成货物的损坏。

现代远洋货运日益朝着集装箱化、大型化、快速化的方向发展。而运输方式的集装箱化的发展，导致在进行海陆（铁路、公路、内河）联运时，会扩大和延长集装箱内的货物损失。

集装箱货损分为以下几方面：① 破损、擦损；② 汗湿损；③ 水渍损；④ 盗窃；⑤ 漏装或溢装；⑥ 单证混乱；⑦ 箱子货物未及时运到收货人手中。

（二）集装箱内货损的防范对策

1. 托运人应谨慎而妥善地装箱：

（1）回归正确导向，满足积载需求；

（2）加强培训力度，打造高素质装箱队伍；

（3）指定人员监管，保证装箱质量。

2. 遵循良好积载的原则：

（1）检查箱体和货重；

（2）堆装整齐不颠倒；

（3）重量分布要均匀；

（4）衬垫固定隔离好；

（5）系固（绑扎）不懈怠；

（6）防汗湿措施到位。

3. 规避装箱风险，出具系固报告。

4. 向托运人的告知义务。

5. 船长的专业判断。

三、危险货物运输事故的成因与防范

（一）危险货物

危险货物是指在运输过程中，属化工原料及化工制品的货物，具有与一般货物不同的特性，如黄磷在空气中能自燃、雷管受冲击会爆炸、硫酸有强烈腐蚀性、氰化钠有强烈毒性、同位素钴60能放射出射线等。因此，凡在运输过程中，具有爆炸、易燃、毒害、腐蚀、放射性等特性，在运输、装卸和贮存保管过程中，容易造成人身伤亡和财产毁损而需要特别防护的货物，均属危险货物。

（二）危险货物分类

危险货物品种繁多，性质复杂，要求运输保管条件不一。为了便于创造相应的运输条件，采取相应的防护措施及一旦发生事故便于施救，按危险货物性质相近、运输条件相同的原则，危险货物可分为九类：

一类：爆炸品；二类：压缩气体和液化气体；三类：易燃液体；四类：易燃固体、自燃物品和遇湿易燃物品；五类：氧化剂和有机过氧化物；六类：毒害品和感染性物品；七类：放射性物品；八类：腐蚀品；九类：杂类。

（三）危险货物运输特点

1. 危险货物的危险性主要取决于货物自身的理化性质，以及外界的环境条件。这些货物的理化性质具有的爆炸、易燃、腐蚀、毒害、放射性，是这些货物具有的内因特性。但是这些特性必须在一定的外因条件下才能显露出来。在运输中进行的装车卸车、车内配装、库内存放以及调车作业、运行等，是稍有不当就会造成内因变化的外因条件，以致事故的发生。例如，黄磷能自燃，这是它本身的理化性质，但黄磷只能在有氧气的条件下才能自燃，而黄磷不能和水发生作用。因此，在铁路运输中将黄磷封存在水中使之隔绝氧气，在这个条件下即使将水加热到100℃,黄磷也不会自燃起来。

所以,只要我们以科学的态度掌握各类危险货物的性质和变化条件,严格按规章办事,在搬运、装卸、运送、保管过程中杜绝可能导致造成内因变化的外因条件,就能安全、迅速地完成危险货物的运送工作。

2. 为了安全、迅速、经济、便利地完成运输任务,必须正确地判定什么是危险货物,什么是非危险货物,以免酿成事故,造成损失,影响运输效率。

具体判定方法如下:

在《危险货物品名表》中列载的品名,均按危险货物运输;

在《危险货物运输规则参考资料》中列载的品名,可按普通货物条件运输;

托运《危险货物品名表》中未列载的危险货物时,可按《危险货物运输规则》有关规定确定运输条件。

(四) 危险品事故的成因

1. 不了解相关的危险货物运输规则,缺乏有关危险货物运输的知识,对所运货物的特性认识不够。

2. 运输条件不符合所运危险货物的要求。

3. 货物本身不符合海运条件相关规定的要求。

4. 船舶适航适载能力差。

5. 管货不当。

6. 危险品瞒报。

(五) 危险品货运事故的防范

1. 通过《国际海运危险货物规则》《水路危险货物运输规则》等危险品运输规则来了解承运货物的性质和所需的积载、运输要求,并结合船舶技术设备情况、航线制定积载方案做好装卸、系固工作。

2. 在确保船舶适航、适货的同时,认真检查货物的标志和包装,对不符合运输要求的货物不予装箱,切不可为经济利益而盲目装运。

3. 航行中,严格履行管货义务。危险品在运输中有特殊需求,如温度、环境等,因而要经常检查货物和货舱状况,确保航行安全。

4. 开航前制订应急预案,以便在发生意外时采取有效正确方法降低危险程度,减少损失。

5. 注意收集航海气象信息,合理选择航线,减少因恶劣天气而带来的影响。

四、汽车物流事故的防范

(一) 运输方式的选择

由于集装箱运输过程中发生货损的几率大大减少,所以建议货方凡是小批量的且其尺度集装箱能容纳的汽车尽量按集装箱托运。一般小型车辆皆可装入箱内，虽然其运费较高，但货方也应考虑减少货损、时间缩短、交货简便、责任分明等好处。

货车由于尺度大，无法入箱，故只能按散件货托运。考虑到运输成本，也只能以散件货托运。

按散件货托运时最好能由专用的汽车运输船来运输，因为它绑扎设备好，船员对装运汽车有经验，装卸速度快，货损小。但这类船往往只接受大批量汽车托运，或接受定期、定线的托运，或接受航次期租，而不接受小批量汽车的托运，因此，批量小而体积大的车辆不得不按散件货用散杂货船托运。

（二）集装箱运输方式下的货损防范

集装箱经营人拼箱，则宜派懂行的人，如经验丰富的船长、验货师，去查看所托运的汽车是否在箱内衬垫、绑扎、加固好了。如果货方自己找拼箱专业户来拼箱的，则应先派人观察他们是如何给他人在箱内绑扎汽车的，尤其是一个 40 尺箱内要装下三辆车的，更需仔细观察，以确信这家拼箱公司是有能力做此项工作的。汽车装入集装箱后，在箱内再有什么货损，除非箱子外表受损而损及箱内汽车，否则很难把货损归咎于船方。因此，拼箱后应由权威机构颁发绑扎证明，以分清收货方与发货方的责任。

此外，货方应将车内的汽油放光，以防因箱内油气难以散发而发生危险。应将电瓶的线头卸下用绝缘布包扎，以防电跑光而在目的地难以启用，然后再将电瓶上的孔盖盖紧，以防风浪中液体溢出。但实践中很多货方却不愿这样做。

（三）散件运输方式下的货损防范

1. 汽车上船后，应将汽油放出，直至剩下 1 公升左右，以便在目的港从船或船边驶至码头停车场；再将电瓶线头卸下包好，用塑料封住；再清点车内备件、配件、收录机、工作服等；最后将门锁好把钥匙交给大副签收。

2. 建议散件货托运的货方在汽车装船后与卸船前，请验货师上船检验汽车外表是否正常，并出具证明以分清货方与船方的责任。

3. 装甲板还是装舱内。根据货物的实际情况，自己决定，签订自愿协议。

4. 其他事项。例如，汽车油漆稍有些刮痕一般是索赔不到的，所以在绑扎时货方也得关心；水泥等不易与车装在一起；为了让汽车在风浪中不易滚动，船员一般会给车轮放点气，但放得太多又有损于汽车。

第十二章　物流金融风险管理

第一节　物流金融概述

一、物流金融的概念

行船跑马三分险,物流业务本身就是高风险业务。如果物流业务再增加了金融属性和衍生品的性质,其风险程度势必倍增。

物流金融是物流与金融相结合的复合业务概念,目前还没有一个统一准确的定义。而物流金融风险就更宽泛和复杂多变。

物流金融(Logistics Finance)是指在面向物流业的运营过程中,通过应用和开发各种金融产品,有效地组织和调剂物流领域中货币资金的运动。这些资金运动包括发生在物流过程中的各种存款、贷款、投资、信托、租赁、抵押、贴现、保险、有价证券发行与交易,以及金融机构所办理的各类涉及物流业的中间业务等。

二、物流金融风险的分类

1. 商业银行风险。
2. 物流企业代收代垫款业务风险。
3. 物流质押监管业务风险。
4. 仓单业务风险。

三、物流金融的必要性

“未来的物流企业,谁能够提供金融产品和金融服务,谁就能成为市场的主导者,时下,物流金融已经成为某些国际物流巨头的第一利润来源。物流金融成为获得客户资源以及垄断资源的重要手段,在目前物流金融刚刚兴起的过程中,谁能够领先介入物流金融,谁就能够率先抢占先机。”——亿博物流咨询公司总经理谢勤。

“物流金融将上下游企业和银行紧密地联系在一起,银行能够在一定程度上规避风险,企业也能够做到信息流、物流、资金流的整合,加速了物流和资金流的高速运转。”——UPS 中国供应链业务运营副总裁黄毅民。

1. 物流金融在宏观经济结构中的功能与作用。它在国民经济核算体系中,对提高流通服务质量、降低物资积压与消耗、加快宏观货币回笼周转起着不可取代的杠杆作用。

2. 物流金融在微观经济结构中的功能突出表现为物流金融服务,特别是在供应链中第三方物流企业提供的一种金融与物流集成式的创新服务,其主要服务内容包括:物流、流通加工、融资、评估、监管、资产处理、金融咨询等。物流金融不仅能为客户提供高质量、高附加值的物流与加工服务,还为客户提供间接或直接的金融服务,以提高供应链整体绩效、客户的经营和资本运作效率等。物流金融也是供应链的金融服务创新产品,物流金融的提供商可以通过自身或自身与金融机构的紧密协作关系,为供应链的企业提供物流和金融的集成式服务。

3. 在第四方物流出现后,物流金融才真正地进入"金融家族"的概念,在这里物流将被看成一种特殊的"货币",伴随着物流的流转一起发生在金融交易活动之中,"物流金融"利用它特殊的身份将物流活动同时演化成一种金融交易的衍生活动,而"物流金融"这时变成一种特有的金融业务工具,一种特有的复合概念,一门特有的金融与物流交叉的学科。然后,从这个交叉学科中我们再去追踪它的存在及发展的可行性、需求乃至对策。物流金融的起因之一就是源于这些不起眼的物流原始交易之中,在一个物流学、金融学尚不健全的发展中国家,使得实践中有价值的方法不能被抽象、有效地提升到学术层面,是可以理解的。

物流与金融业务的相互需求与作用,在交易的过程中产生了互为前提、互为条件的物流金融圈。从供应链的角度看,厂商在发展的过程中面临的最大威胁是流动资金不足,而存货占用的大量资金使得厂商可能处于流动资金不足的困境。开展物流金融服务是各方互利的选择,但是,不可回避的是风险问题。实现风险管理的现代化,首先必须使物流金融业树立全面风险管理的理念。根据新巴塞尔资本协议,风险管理要覆盖信用风险、市场风险、操作风险三方面。

在传统的物流金融活动中,物流金融组织被视为进行资金融通的组织和机构。现代物流金融理论则强调:物流金融组织就是生产金融产品、提供金融服务、帮助客户分担风险同时能够有效管理自身风险以获利的机构,物流金融组织盈利的来源就是承担风险的风险溢价。所以,物流金融风险的内涵应从利益价值与风险价值的精算逻辑去挖掘,切不可因惧怕风险而丢了市场。

四、风险的管理和控制

发展物流金融业务虽然能给金融物流提供商、供应链节点企业和金融机构带来"共赢"效果,但提供商却面临各种各样的风险。有效地分析和控制这些风险是金融物流能否成功的关键之一。金融物流提供商主要的风险可以归纳为以下几点：

（一）内部管理风险

这也是企业中普遍存在的风险之一。包括组织机构陈旧松散，管理体制和监督机制不健全，工作人员素质不高，管理层决策发生错误等等。在中国，企业内部管理风险往往较大。

（二）运营风险

物流企业都会面临运营方面的风险。但从事金融业务的物流公司，由于要深入客户产销供应链中提供多元化的服务，相对地扩大了运营范围，也就增加了风险。从仓储、运输到与银企之间的往来以及和客户供销商的接触，运营风险无处不在。中国的物流运输业还处在粗放型的发展阶段，因此运营风险不容忽视。

（三）技术风险

技术风险是指金融物流提供商因缺乏足够的技术支持而引起的风险。例如，价值评估系统不完善或评估技术不高，网络信息技术的落后造成信息不完整、业务不畅等。

（四）市场风险

市场风险主要针对库存质物的保值能力，包括质物市场价格的波动，金融汇率造成的变现能力改变等。

（五）安全风险

质物在库期间金融物流提供商必须对其发生的各种损失负责，因此仓库的安全，员工的诚信，以及提单的可信度都要加以考虑，还包括保存质物的设施能否有效防止损坏、变质等问题。

（六）环境风险

环境风险是指政策制度和经济环境的改变，包括相关政策的适用性，新政策的出台，国内外经济的稳定性等。一般情况下，中国的政治和经济环境对金融物流造成的风险不大。但国际环境的变化，会通过贸易、汇率等方面产生作用。

（七）法律风险

法律风险主要是合同的条款规定和对质物的所有权问题。因为业务涉及多方主体，质物的所有权在各主体间进行流动，很可能产生所有权纠纷。另一方面，中国的《担保法》和《合同法》中与金融物流相关的条款并不完善，又没有其他指导性文件可以依据，因此业务合同出现法律问题的几率也不低。

（八）信用风险

信用风险包括货物的合法性，客户的诚信度等，同时信用风险还与上述财务风险、运营风险、安全风险和法律风险等联系密切。在具体实施金融物流业务时，应该结合上述的主要风险问题进行相应的风险管理。

第二节　商业银行风险

一、概念、成因、分类、特征

（一）商业银行风险的概念

对于风险的定义有很多，总体上看都认为风险是由于不确定性引起的，其结果是不确定的。但对于不确定的结果，则有两种不同的具有代表性的观点：一种认为风险发生的结果是损失；另一种则认为风险发生的结果既可以是损失，也可以是额外的收益。

谨慎的风险管理者常常采取第一种观点。因为谨慎的风险管理者是不喜好危险或损失的人，他宁愿用放弃额外收益的可能性来换取避免未来的损失。因此，他更为看重的是损失，而不是收益。我国传统的风险管理者也采取第一种观点。

理解了风险的概念，就容易理解商业银行风险的概念了。同风险的定义一样，对于商业银行风险的定义也可以分为以下两种：

（1）商业银行风险是指商业银行在经营活动中，受事先无法预料的不确定因素的影响，而使商业银行蒙受损失的可能性。

（2）所谓商业银行风险是指商业银行在经营过程中，由于不确定因素的影响，从而导致银行蒙受经济损失或获取额外收益机会的可能性。

上述两种定义都有其自身的不足。前者的定义将商业银行风险局限于蒙受经济损失的可能性，只注意到了风险的负面效应（风险损失），而忽略了风险的正面效应（风险收益），在理论上是不完善的。后者的定义将风险扩展到了“蒙受经济损失”和“获取额外收益”两个方面，其实质是将风险定义为“不确定性”。在人的有限理性假说前提下，人们对自己的行为结果是有预期的，当预期结果与实际结果完全一致，不可能发生偏离时，行为主体的行为过程是不存在风险的。只有当预期结果与实际结果可能发生偏离时，或有可能产生多种实际结果时，风险才会出现。而不确定性虽然与风险直接相关，但它只是引起预期结果与实际结果发生偏离的原因，并不是这一原因的结果，如果这一因果关系并不必然存在时，用不确定性界定风险在逻辑上就显得不够严密。

因此，从风险管理的角度，可以将商业银行风险定义为：商业银行在经营活动中，由于受事前无法预料的不确定性因素的影响或未来的实际情况变化与预期不相符，致使其实际获得的收益与预期收益发生背离，从而导致商业银行蒙受经济损失或不获利，丧失获取额外收益机会的可能性。这也许更能客观地表达风险的内在属性，准确反映风险的本质特征。

（二）商业银行风险的成因

1. 宏观经济环境的影响

（1）国家经济政策

在市场经济条件下，政府通过适当的宏观经济政策对经济发展进行规划和引导，有助于克服市场经济自身存在的盲目性和滞后性。而国家经济政策的制定和实施将不可避免地引起经济活动中投资总量、投资结构、行业分布、外汇流动等方面的变化，这些变化会直接影响到相关产业的经营状况和发展前景，进而影响银行经营安全性、流动性和效益性目标的实现。在国家经济政策中，货币政策通过对货币供应量和利率的调整，会直接影响到银行客户的行为取向，进而导致商业银行风险的产生。如果货币供应量过多、物价上升，就可能出现挤兑风潮，严重威胁银行的安全。如果实际利率提高，则会增加银行的经营成本，降低银行的收益。

（2）经济运行状况

在市场经济条件下，宏观经济运行常呈现出周期性波动的特点。在经济周期的不同阶段，银行所面临的风险程度也不尽相同。在经济处于复苏和繁荣阶段时，社会投资欲望强烈，商业银行信贷规模扩大，经营利润增加，风险较小。而在经济处于萧条和危机阶段时，商业银行信贷规模缩小，经营利润减少。特别是当借款人经营条件恶化，发生亏损或倒闭时，商业银行就会面临较大的风险。

（3）金融监管力度

在现代经济社会中，以银行业为主体的金融体系日益成为国民经济的神经中枢和调节机构。金融风险的涉及面广，危害性大。这就要求金融监管当局对金融体系实施有效的监管以控制和减少风险的产生，维持经济的持续、稳定发展。如果金融监管体系健全、措施得力，就会将潜在的风险消灭在萌芽状态并减轻风险造成的损失；反之，则容易导致银行业的无序竞争和其他短期行为的发生，使银行的经营风险加大。

2. 商业银行自身管理水平

（1）商业银行经营管理的思想与方针

商业银行在自身的经营管理过程中如果过分强调营利性，就会导致资产业务中的风险业务比重过大，使银行的经营风险增加。如果银行经营思想过于保守，经营方针落后于经济发展对商业银行的要求，业务品种少，业务承办不能形成足以分散风险的规模，也会加大商业银行的风险。

（2）商业银行业务结构比例状况

商业银行的业务结构比例状况主要可以从两个方面进行考察：资产业务、负债业务与中间业务三者之间及各业务自身种类之间的比例关系是否协调；资产负债各种业务之间的期限结构与利率结构是否协调。如果商业银行业务结构比例失调、资产负债业务期限不匹配、融资缺口过大，都会加大商业银行的经营风险。

3. 信息不对称导致风险的发生

(1) 借款人的道德风险与商业银行风险

在商业银行存贷款业务中，银行有可能遭受到来自借款人道德风险引发的信用风险。首先，在贷款条款谈判过程中，借款人有可能不如实申报自己的财务状况和盈利能力，造成贷款合约不完整。其次，在贷款发放后，银行很难对借款人的行为进行监督，借款人可能从事那些高风险的活动，从而增加了银行的风险。

(2) 银行经营者道德风险与商业银行风险

在所有权与经营权分离的情况下，银行的经营活动主要是由专业的经理人来完成。由于经理人与委托人的利益不一致，银行经营者有可能从事一些有损于股东利益的事情，最终使银行受到潜在风险威胁。

(3) 银行自身的道德风险与商业银行风险

银行自有资本比率很低，使得它有从事高风险投资的动机，而存款人又很难对银行实行监督。此外，许多国家的政府在整个银行系统陷入困境时会以最后贷款人身份出面援助，从而增加银行从事风险投资的动机，增加了银行风险。

(4) 逆向选择与商业银行风险

在信贷市场上，银行对借款人的资金用途投资项目的风险等信息了解很少，出于自身利益的考虑，银行往往希望通过提高利率增加利息收益，结果却使得低风险项目退出市场。相反，那些从事高风险投资项目可能使得银行风险加大的借款人却留在了信贷市场中。由此可见，逆向选择的存在最终导致的是银行总体风险水平的提高，并使得银行的收益和风险处于不对称状态之中。

(三) 商业银行风险的基本种类

1. 信用风险

信用风险是指债务人或交易对手未能履行金融工具的义务或信用质量发生变化，影响金融工具的价值，从而给债权人或金融工具持有人带来损失的风险。信用风险属于非系统风险。它包括违约风险、交易对手风险、信用迁移风险、信用时间风险、可归因于信用风险的结算风险。

2. 市场风险

市场风险是指由于市场价格波动而导致银行表内、外头寸遭受损失的风险。狭义的市场风险系指股票市场风险，属于系统风险。

3. 操作风险

操作风险是指由于不完善或者失灵的内部控制，人为的错误以及外部事件给商业银行带来直接或间接损失的可能性，它涵盖了商业银行内部很大范围内的一部分风险，但长期以来一直没有得到与其他风险一样的关注。最近以来，许多商业银行由于内部控制失误而蒙受了很大的损失，操作风险因而日益受到重视。

通常，操作风险在两个层次上出现：

第一，技术层次上，信息系统或风险测量不完善、不健全、低效滞后。这类风险可归纳为“技术风险”。

第二，组织层次上，风险的报告和监控以及相关的制度和政策出现问题。这类风险可归纳为“组织风险”。

两种情况都会产生这样的后果：在忽视操作风险而从未采取任何纠正措施的情况下，任何上述的系统失灵均可能导致程度上无法估量的损失，乃至灾难性后果。

操作风险对交易的交割和清算工作非常重要。清算风险产生于交易双方轧差现金流之间可能存在的时滞。在交易清算的双方之间进行交叉支付的正常期限中，存在着交割风险。但这种违约风险与信用风险不同，它是种时间跨度很短的延迟性风险，只存在于清算交易对其现金流进行轧差时，也就是只在清算资金的双方进行交割的正常的短暂的时滞中存在。清算系统在设计时就设定了不同的安全度。这些风险的存在和影响很大程度上取决于其技术上的因素。

4. 流动性风险

流动性风险是指无力为负债的减少和资产的增加提供融资而造成损失或破产的可能性。它分为资产流动性风险和负债流动性风险。相对而言，风险产生的因素很多。

5. 国家风险

国家风险是指经济主体在与非本国居民进行国际经贸与金融往来中，由于别国经济、政治和社会等方面的变化而遭受损失的可能性，简单说，就是赚了钱，汇不回来。政治风险、社会风险、经济风险发生在国际贸易中，国际贸易中的所有主体都可能遭受这些风险。

6. 声誉风险

7. 法律、合规风险

8. 特殊的操作风险

9. 战略风险

10. 投资风险

投资风险是指由于投资对象市场价值的波动，从而使商业银行在投资活动中投入的本金和预期收益产生损失的可能性。投资风险按商业银行的投资内容可分为证券投资风险、信托投资风险和租赁投资风险等。商业银行的投资性资产在提供流动性保障、创造收益、降低经营风险等方面起着十分重要的作用。但是,商业银行在开展投资业务时也承担了一定的风险。随着银行业务的扩大,投资风险日益成为商业银行的一种重要风险。

11. 利率风险

利率风险是指市场利率的非预期变化,对银行收益和银行资本的市场价值产生影响的可能性。由于各银行的资产负债期限结构不同,浮动利率和固定利率资产与负债的差额不同,市场利率变化对不同银行的影响差别很大。

银行资产负债表上大部分项目所形成的收入和成本都要与利率挂钩。由于利率不稳定,所以收益也不稳定。任何借、贷款活动都要承担利率风险。获取可变利率收入的贷款人要承担因利率下降而造成收入减少的风险。支付可变利率的借款人要承担因利率上升而造成的成本上升的风险。这两种情况的收入或成本与市场利率挂钩,所以都存在风险。但从另一角度看,这也意味着收益的机会。

与市场利率挂钩的方式是多样的。有时,贷款利率与一定的市场利率存在固定的联系,即执行通常所说的"固定利率"。但这只是一定时间内的利率固定,任何到期的交易若要续存,就得与新的市场条件挂钩。因此所谓的"固定利率"在到期时就变成了可变利率,而所谓的"可变利率"在两个调息日之间又是固定的,并且两个调息日之间的时间也并非一定是等长的,如尽管市场利率经常变动,但银行优惠利率在两次调息之间是固定的,而其跨越的时间又是不等长的。

利率风险的另一来源是隐藏在银行产品中的隐含选择权。固定利率贷款的提前偿还就是一个典型例子。如果借贷双方没有签署禁止提前偿还的协议,那么,当利率大幅下降时,借款人可以提前偿还贷款,再以更低的利率重新借入,也就是说他拥有提前还款选择权。存款也存在类似的选择权,存款人可以在利率上升时把期限短的存款转存为期限长的固定利率存款,从而获利。对于上述两种情况,损失的都是银行。这种选择权风险有时被称为间接利率风险,它并不直接产生于利率的变化,而是来源于客户的行为。由于这些产品在银行的资产负债表中的地位非常重要,因此选择权风险是不容忽视的。衡量选择权风险要比衡量与市场利率简单挂钩所形成的一般利率风险更为困难。

12. 外汇风险

外汇风险又称汇率风险,是指当商业银行以现汇及远期形式或两者兼而有之的形式持有某种外汇的敞口头寸时,出于银行收入和成本与汇率挂钩,而且以外汇表示的资产和负债的本币价值也会受到汇率的影响,因此银行收益可能因持有期内汇率的不利变动而蒙受损失。原则上讲,汇率风险是银行外汇业务中唯一独特的风险。因为银行外汇业务中面临的其他风险也同样存在于国内业务中。自 1973 年以来,浮动汇率的实行给国际货币体系带来了许多不稳定因素,加剧了国际金融市场的动荡，是形成商业银行汇率风险的主要根源。

外汇风险是市场风险的组成部分。对于市场交易来说，外汇汇率是众多市场参数中的一个，其变动情况应与其他市场参数一起考虑。外汇风险还存在于所有以外汇表示的银行业务和市场交易中，这是因为收益必须折合成一种基本货币，外汇汇率的变化对收益的多少有直接的影响。处理外汇风险的传统方法是分币种对银行组合实行风险管理。外汇风险属于国际金融的传统领域，在此不作详细展开。

（四）商业银行风险的特征

商业银行作为经营货币信用业务的企业，与一般工商企业及其他经济单位相比，最显著的特点是负债经营，即利用客户的各种存款及其他借入款作为主要的营运资金，通过发放贷款和投资获取收益，其自有资本占资产总额的比率远远低于其他行业。这一经营特点决定了商业银行本身就是一种具有内在风险的特殊企业。因此，银行风险所带来的损失超过一般企业的风险损失，它具有涉及金额大、涉及面广等特点。

商业银行风险既是银行发展的内在动力又是制约力量之一。一方面，银行风险客观存在于银行经营活动过程中，既带来挑战又带来机遇，推动银行通过有效风险控制，规避风险负面效应，获取较好收益。从这个意义上讲，银行风险推动银行业的发展。另一方面，银行风险可能造成的严重后果具有警戒作用，能够对银行行为产生一定的约束，成为银行业务过度扩张的有效制约力量。

1. 客观性

银行风险的客观性是指商业银行的经营活动总是伴随着各种风险，绝对零风险的业务在商业银行活动中几乎是不存在的。

2. 可控性

银行风险的可控性是指商业银行风险虽然不可避免，但是市场经济主体可以依据一定的方法理论对其进行事前识别、预测，事中监督防范，并加以规避。

3. 隐藏性

银行风险的隐藏性是指在不爆发金融危机或银行支付“挤兑”的情况下，银行风险表面上可能一直受其信用保障而被掩盖。

4. 集中性

银行风险的集中性是指由于银行经营的特殊性，社会经济生活中的各种风险都集中于银行，银行成为风险的集散地。

5. 加速性和传染性

所谓商业银行风险的加速性和传染性，是指商业银行风险一旦爆发，就会产生多米诺骨牌效应，加速对金融体系的震荡和冲击，并迅速传染到其他社会经济主体，引发更大范围的社会经济震荡。

二、商业银行风险管理的意义、发展趋势、目标

商业银行风险管理的目的在于实现风险回报的替换关系最优化,并为业务发展制订计划和筹集资金。风险管理既是一套工具和技术,也是执行银行战略应经过的程序。狭义地讲,风险管理仅指对风险的度量,它包括收集风险方面的数据,识别风险并使之量化。广义地讲,风险管理的含义主要是指风险控制,目的在于监测银行各部门从事经营活动所面临的风险。它还包括依据适用于整个企业的风险管理规章来监督企业部门行为是否恰当,以及采取何种行动重新认识风险的性质,风险管理者在综合考虑业绩、风险管理和战略规划的基础上,设计企业资金配置的规章制度等。

(一)商业银行风险管理的意义

1. 风险管理是商业银行生存和发展的灵魂

现代商业银行是经营风险的特殊企业。银行的盈利必须通过承担风险才能获得,存贷利差的获得必须要承担贷款资金收不回和存款资金到期必须支付这样一种风险。现代金融理论认为银行就是一部"风险机器"。它承担风险,转化风险,并且还将风险植入金融产品和服务中再加工风险。风险对于银行来说是一把"双刃剑"。它既是银行获利的手段,又是蚀利的原因。管理不当,风险就会侵蚀银行利润,股东投资就得不到预期回报。严重时风险还会进一步侵蚀银行的资本,极端情况下,银行将会破产倒闭,股东血本无归。正是从这个意义上讲,风险管理是商业银行的基本职能,是商业银行生存与发展的灵魂。

2. 风险管理是商业银行经营成败的关键

纵观国际银行业发展史,风险管理是商业银行经营成败的关键因素。国内外商业银行的发展进程中,因风险管理不当、资产质量低下而导致倒闭、被政府接管的不乏其例。如近年来,国外有英国巴林银行事件、日本长期信用银行破产,国内有海南发展银行、广东国际信托投资公司被关闭,以及光大国际信托投资公司、中国经济技术开发信托投资公司被撤销等等。这些反面的案例警示我们,风险管理是商业银行的生命线,是关乎商业银行经营成败的关键因素。

3. 风险管理是金融监管的核心

银行业属于高风险行业,它的稳健发展不仅要求商业银行奉行审慎经营原则,而且要求金融监管当局必须将风险管理放在监管工作的首位。20 世纪 90 年代以来,不管是商业银行自身,还是监管当局都把风险管理放到越来越重要的位置。目前,各国金融监管当局和国际监管组织在风险管理方面已达成共识,把风险管理作为金融监管的核心。这种强调风险管理的理念在《巴塞尔新资本协议》中得到了充分体现。

（二）商业银行风险管理的发展趋势

1. 风险管理内容由信用风险向信用、市场、操作性风险转化

未来银行业不仅对信用风险的管理会更加有效，而且随着业务的复杂性不断加强，会更加重视市场、操作性等各类风险，不仅将可能的资金损失视为风险，还将金融机构自身的声誉损失也视为风险。同时，间接风险管理的作用逐步加强，特别是针对一些时效要求短、批量化处理的银行业务，如资金业务、零售业务等，要进行间接管理，运用模型与定量分析工具，进行国别风险、地区风险、行业风险、企业风险、家族风险等分析，结合信贷审查直接管理形式，有效控制业务风险。

2. 风险管理对象由单笔贷款向企业整体风险转变，由单一行业向资产组合管理转化

随着经济活动的变化，企业经营特征、资本运作的形态发生了深刻的变化，以审核企业的资产负债表为主要内容的信用风险管理方法已经不能适应防范风险的要求，子公司、关联公司、跨国公司等复杂资本运营模式使风险的表现形式更为复杂和隐蔽，这就要求风险管理要由对单笔贷款的管理向对企业整体风险的管理转变。不仅要对企业的财务情况进行审查，还要关注企业的经营管理、股权结构、对外投资以及全部现金流。同时，要把风险管理的视角从一个企业扩大到整个行业、市场的变化，在微观分析的基础上强调系统性风险的研究。

3. 风险管理由强调审贷分离向构建风险管理体系转化

首先，商业银行的风险管理将更加强调定量分析，尽管在短期内，风险管理技术还是停留在以定量、定性分析相结合的阶段。其次，从先进银行风险管理的经验看，健全的风险管理体系应是风险管理战略、偏好、构架、过程和文化的统一，通过建立清晰的风险管理战略和偏好，完善的管理架构，全面的风险管理过程以及良好的信贷文化，最终实现风险管理效率和价值的最大化。

（三）商业银行风险管理的目标

商业银行风险管理的首要目标便是测量风险。

三、商业银行风险管理的职能

（一）作为实施经营战略的工具

通过风险管理，银行可以看清未来，从而能够更好地制定业务政策。与业务量、利差和服务收费这些更贴近实际的业务指标相比，风险也许显得抽象，因为风险是可能发生的不确定的后果，所以人们常常会注重眼前目标和行为，而忽视这种可能出现的后果。然而，今天的风险可能就是明天的损失，忽视风险就等于是把损失留给明天，给未来蒙上阴影。如果银行能比较可靠地对未来盈利情况作出简单预测的话，风险就会降低，但这种预测只有在不确定性较低而预测的可

靠性较高的情况下才可以接受。在不确定性普遍存在的情况下,更重要的是找出所有可能偏离基本水平的情况,而不是一味钻研如何使预测精细化。在所有可能的结果中找出单个预测,实际上只是简单地把风险隐藏在其假定条件当中。

对于金融机构,由于不确定性太高,因此无法以某一套假设来覆盖它们。银行的盈利是利率、汇率等市场参数的函数,而这些市场参数又是经常变动的。收入变动的重要性至少不亚于对收入水平的预测。现代银行风险管理已经把重点从对单一的“平均数”预测转变为对潜在偏离的范围及结果的研究上了。没有风险管理,就不可能看到可能出现的结果,也不可能掌握盈利水平的波动,更无法找到控制预期收入不确定性的途径。这样,战略的实施将仅局限在业务指引的层次之上,无法看到它对银行风险回报替换关系的影响。

(二)增强竞争优势

风险将给未来带来成本,这些成本必须通过某种方式计算或衡量出来。忽视今天的风险,就等于忽视未来的潜在损失,等于放弃现在采取纠正和回避措施的机会。如同控制当前成本一样地控制未来成本就是对当前和未来收益的贡献。因此,风险管理是商业银行的盈利性和竞争优势的关键因素。

银行应该把风险看作成本,只要竞争允许,就应让客户承担。这样说来,风险管理与定价决策之间存在着密切的关系。对风险的了解是制定合适的客户价格标准的必不可少的一环,而且它是唯一能够对风险不同的客户实行差别定价的基础。如果没有这些差别,或者这些差别不能客观地反映客户风险状况的话,将会产生不良的效应。低风险客户将承担过高的费率,而高风险客户却被征收过低的费率,这就会打击低风险客户而优惠了高风险客户。如果其他银行能够按照风险定价,其差别待遇会加重这种效应。结果是,由于优惠的费率加上竞争者的驱赶,定错价格的银行吸引了大批高风险客户;同时由于过高的费率加上竞争者的吸引,这些银行还流失了大量低风险客户。如果没有对风险的定价,银行就无法估计出他们价格中的相关成本,这样也会招引高风险客户和排斥低风险客户;并且,在对风险定价时,竞争也会使之恶性循环。

(三)衡量资本充足率和偿付能力

谈到“可能的”未来损失,便要涉及“什么是未来损失”的问题。未来损失由三部分组成:平均损失、非预期损失和异常损失。平均损失是收益和损失的统计平均值;非预期损失是只会在有限比例的情况下才被超过的“最大”损失减去平均损失;异常损失是超过这个最大非预期损失的那部分损失。

早期的风险管理是围绕平均损失发展起来的。在整个组合之中,有的损失较大,有的收益较大。各个不同时期之间,有的时期业务量和收益较高,而有的时期则可能因为经济气候不利而出现较多客户违约的情况。由于收益和损失相互抵消,于是简单地把平均损失视为风险的代价和成本似乎很合理。但上述分析存在缺陷。

偿付能力决定于负面后果,即"下端风险"。高于平均值的损失总是可能会存在的,其中大部分应由资本来吸收,以防止银行发生破产。当然,并不是所有可能的损失都能被抵消。银行风险防范措施必须能够抵御平均损失,加上所有常见的高于平均损失的非预期损失,再加上一定的安全缓冲,这是起码的要求。因此,风险的代价(或成本)大于平均损失,它还包括为抵御超过平均值的偏离而提供额外保障的成本。这引出了在一定概率下如何确定相应的最大损失值和资本充足率的问题。损失是全部风险共同作用的结果。偿付力风险则是总体风险与可用资本相结合的结果,可用资本和总体风险共同决定了损失的最大限度,超过这一限度就会导致违约。风险资本是指从对潜在损失和风险的衡量中获得的用于吸收这些风险的资本额。

(四)为决策提供依据

银行应把风险管理看作是成功的关键因素而将之上升至足以对决策产生影响的高度。在决策过程的上游,即在决策作出以前,风险管理的职责是对决策过程提供支持。而在决策过程的下游,即在决策作出以后,风险管理主要负责对风险进行报告和规避。银行经营需要作出符合实际的决策,而对风险的了解是正确决策的基本要素。某个贷款项目风险有多大?预期收入和风险对应吗?该项目值得投入吗?这些问题的回答都需要风险管理来支持,因为它可以在一定程度上帮助银行了解所要求承担的风险。

当然,风险管理技术无法替代决策过程。承担风险是一项判断性的工作,在作出决策前掌握和衡量风险的所有方方面面是绝对不可能的。即使风险的可能性可以被穷尽,谁也不可能保证待银行把这些风险可能性全部摸透后商业机会是否还存在。风险管理并非企图为整个决策过程设定公式化的模型,而是旨在为这一过程提供支持。

(五)为定价政策提供依据

对风险定价是建立在对风险的了解基础上的。不了解风险,便无法比较不同交易、不同客户以及不同业务部门之间的利差收益情况。而没有风险定价,就无法让客户承担为预防银行未来损失所支付的代价,故而这些成本就没有收益与之对应。显然,信用风险存在上述问题。统计上的平均损失值被包括在利差中,向客户收取。但由于风险资本的额外成本,它最终将导致盈利低于目标值。因此,为抵御损失偏离平均损失水平,所承担的额外成本也应计算在内。

其他所有风险都存在类似的问题。对于有的风险银行要在单个交易的层次上测量,另一些风险(流动性风险、利率风险和市场风险)则要在组合的层次上衡量。但无论是在交易层次还是在组合层次上测量风险,任何非预期损失都应由资本抵偿。而这种抵偿是有成本的,这种资本的成本应计算在目标收益中。

当然，能否对客户进行风险定价取决于竞争环境。如果竞争非常激烈，银行可能只是价格接受者，这时，价格是由竞争决定的，便很难对客户进行风险定价。但这并不意味着衡量风险就毫无用处。通过衡量风险银行可以了解风险的成本，并将其与其他营业费用作比较。这样银行便可采取调整措施，将精力集中于营业费用和风险成本这两项银行最重要的成本项目上来，从而实现经营策略由粗放式策略向以合理搭配资本和风险为中心的策略转变。

（六）报告和控制风险

不能衡量风险，就不可能比较不同产品、不同客户和不同业务部门之间的收益。提高当前的利差水平是很容易的，只要承担更大风险就可以办到。一个简单的办法是向高风险客户贷款，这一办法可以立即增加利差，而代价则是下一阶段违约概率的上升。而谨慎的业务部门会保持其利差的稳定。所以，评价业务部门的业绩时应看其风险回报的情况，而非单纯的利差指标。风险报告应与传统的收益报告结合起来。

有人担心，风险测量会暴露风险，从而影响承担风险的经营活动。事实恰恰相反，风险管理为银行提供明确的风险信息，从而减少管理部门和业务部门对风险过多的疑虑，反而能促进风险的承担活动。在风险情况未知的条件下，即使实际盈利与风险一致，人们也常常会变得过于谨慎，这便阻碍了承担风险的决策，贻误了商机。若信贷人员不能说服审贷部门预期利差和服务收费将超过风险，那么他们是不会通过这笔贷款的。所以，风险管理并不是限制风险的承担，而是为了解、衡量和承担风险提供所需的信息。

（七）管理业务交易组合

尽管银行一般都遵循风险分散原则，但往往在主动管理银行组合方面做得并不够。由于市场交易中风险分散效应较为明显，且通过金融工具对冲风险的可能性较强，加之市场风险容易随时量化的特点，所以组合管理在市场交易方面获得广泛应用。至于银行组合，情况却有所不同，银行传统上只重视在交易层次上作信用分析，而忽视在组合层次上进行管理。但是，随着人们观念的转变，这种情况正在逐步改变。银行交易的组合管理现已成为风险管理最新的领域之一，组合管理的本质和作用正在发生深刻的变革。

四、风险的管理和控制

商业银行风险管理由定性风险评估向定量风险管理的转变，可控制很多不必要的风险。

风险管理具有很多潜在的优点，但它确实提出了一些理论上和实践上的课题。量化风险的能力是管理风险的基础，但掌握、克服不确定性并非易事，这使得风险管理的应用范围长期以来受到严重局限。随着各方面条件的成熟，含混的定性风险评估逐渐向清晰的定量风险管理过渡，这是银行风险管理的一次质的飞跃，意味着银行管理在理念、技术和实践上的变革。

要实现这种转变，就必须更准确地测量风险，以便更有效地化解风险。风险管理的优点必须充分显现，以证明这种转变的合理性。风险管理的潜在应用，以及它作为银行最高管理层的政策工具的重大作用将具有很大吸引力。银行必须要有来自外界的激励使风险管理的优点能够充分显现。这种外界激励包括金融监管机构的监管、存款人对银行的监督，以及银行股东对银行风险和收益的关注等。例如，资本充足率的规定强调以内部模型评价风险，为银行提供了有形的利益刺激。

第三节　物流企业代收代垫款业务风险

一、物流企业代收款风险管理

“代收货款”是物流业新发展起来的一项业务，它是指货主把货物通过货运公司运输到目的地，收货人接到货物的同时付款给货运公司，并由其带回交给发货方的一种物流衍生服务。

代收货款产生的原因：首先，代收货款是物流市场发展的产物。物流市场发展的初级阶段，由于运输量较小，进货人一般会携款跟车进货。随着交易范围的日益拓展，客户群的日益增多，货运代收货款量已上升到过去的几十倍、上百倍，很多时候需委托货运公司运送货物并代收货款。另外，提供增值服务也是现代物流的发展趋势。其次，交易双方的彼此不信任催生了代收货款。近些年，随着异地交易、网络交易的增加，供需双方很多时候根本不见面，仅凭电话或网络联系。

因此，买卖双方信任度不高，在买卖双方不见面的情况下，“一手交钱，一手交货”就成为他们推崇的交易规则。

对于物流公司而言，尽管代收货款可以起到扩大货源和赚取一定手续费（实际工作中往往是免费的）的作用，但也会面临增加管理成本和货款丢失的风险。例如，当雇用的司机或合作的货运站卷款潜逃时，物流公司则需要赔偿货主的货款损失。

由此可见，物流代收款业务中的不规范操作及由此带来的风险，已成为危及客户货款安全和影响货运公司信誉的难题之一，为此，必须从以下方面采取相应的措施，以防范此类风险的发生。

（一）货主

1. 在贸易条款方面，取消买方指定货运站条款，以便自己选择可靠的货运站，或者要求买方预先付款。

2. 在选择配货站或运输企业方面，应首选规模大、信誉好的企业，最好通过工商、税务等部门核查货运公司的营业执照、纳税凭证等。

3. 在配货或运输协议方面，应与配货站或运输企业签订书面配货协议，详细约定货物出现被骗情况的相关责任。这样，既可有效防范货主风险，也可督促配货站或运输企业认真履行自己的职责。

4. 车辆配备方面，最好选择安装了定位跟踪系统的车辆，随时掌握车辆动向，发生意外也可及时报警。

5. 必须对三证（身份证、驾驶证、行驶证）的真伪进行辨别验证，留下复印件，并要求司机提供两个以上联系电话（家庭电话、单位电话等）。

6. 在验收货物方面，耐心验重量、数量、外观包装，不放过任何一个环节。

7. 在代收货款方面，最好不要把货款交给承运人代收，通过银行账户划转现金最为保险。如果收货人要求承运人代收的话，必须通过电话联络确认，避免遭受额外损失。

（二）物流企业

1. 进行工商、税务登记，获得合法的身份。

2. 签订协议，明确自己的身份是中介人还是当事人，并约定双方的权利、义务与责任。

3. 对司机、车主、车辆进行严格审核。要建立详尽、规范的内部操作机制，从接受货物、联系车辆、审验证件等源头入手，建立一整套规范的操作流程。

（三）监管机构

政府及行业协会应该多沟通、多协调，协同解决所存在的问题。具体包括：

1. 政府有关部门应尽快出台相关政策、法规，搞好物流业务经营审批，取缔无证经营黑户，才能让货运市场走上规模化、规范化。

2. 公安部门建立公开的车辆信息平台，将货运车的驾照、车籍等信息公开发布，以便物流公司能全面、真实地查证并获取信息，以规范运输市场，促进现代物流业的规范与发展。

3. 目前，对于类似货运站卷款潜逃的情况，究竟是属于经济纠纷还是诈骗，在法律上也没有一个明确的界定，因此公安部门接到报警后，只能帮助追回货款，有时这也很困难。所以，尽快制定相应的法律法规，明确解决"代收货款"的性质、如何监管等问题，以及细化货运站卷款逃跑所涉及的法律条款也是一项迫切的工作。

（四）金融机构

银行应提供更好的货款收取形式，以改变当前代收货款模式。例如，在物流企业推行货运代理业务交易中运用电子支付的 POS 技术，实行网上货款交易。

其原理是：货物卖方向银联申请一个全省唯一的客户号，货运公司在接货地区的每个分部配一台移动 POS 机；货物买方在到货运公司取货前，在 POS 机上用银联卡把货款刷到银行，然后提货。几秒钟后，货物卖方就可以收到货款到账的手机短信，两天后可以到银行提现。如果有问题，货物卖方可以根据手机短信找到银联解决，这样货款就不再通过货运公司周转了。

二、物流企业垫付费用风险管理

随着第三方物流市场竞争日趋激烈，许多企业不得不采用赊销即发放信用，或延长信用期等措施去揽取客户，扩大市场占有率。伴随着物流营业额的迅猛扩大，企业的逾期应收账款也呈居高不下的态势，其潜在的财务风险即坏账风险越来越成为物流业经济运行中的一大顽症，对企业的可持续发展带来隐患。因此，事先制定有效的措施，确保应收账款持有成本最低，坏账风险降至最低就成为当务之急，这就是我们要探讨的物流企业垫付费用风险管理问题。

（一）垫付费用的合法性问题

受托人没有垫付费用的义务，当受托人决定垫付费用时，尤其是委托人没有对垫付费用作出明确授权时，代理人自行垫付的行为是否应当受到法律保护？

我国《合同法》第 398 条规定："委托人应当预付处理委托事务的费用。受托人为处理委托事务垫付的必要费用，委托人应当偿还该费用及其利息。"显然，货运代理为处理物流事务垫付的运费，委托人均有义务偿还并给付利息。

（二）物流企业垫付费用风险管理的实质是在收益与风险之间寻求平衡

我们知道，信用是社会经济发展的必然产物，它是建立在互信基础上，不用立即付款就可获取资金、服务的能力，但这种能力的实现过程中永远存在着一定程度的风险，这种风险主要体现在信用危机情形下的坏账风险。据专业机构统计分析，在发达市场经济中，企业间的平均坏账率约为 0.25%—0.5%，而在我国，该项比例高达 5% 以上，且拖欠账款数额有逐年上升的趋势。同时，应收账款作为企业的一项资金投放，是为扩大销售和盈利进行的投资，而投资肯定要发生成本（即应收账款持有成本），这就要在应收账款的信用政策所增加的盈利和这种政策的成本加风险之间作出权衡。

作为第三方物流服务的中间商，它以合同的形式，在物流渠道中独立出来为供方和需方提供全部或部分运输、船舶货运代理、仓储、加工、配送等综合物流服务。一方面它要及时向提供物流服务的船公司、车队、场站等实际操作商及时支付账款。另一方面它又要给应付账款的物流客户发放信用，即允许其延期支付，目前物流行业多采用物流公司为客户先垫付运费、杂费甚至税费等各项费用，物流劳务完成后，物流公司按双方约定的费用及实际操作中发生的费用，为客户开具发票。客户收到发票后，按发票金额向物流公司付款。为客户垫付的款项即成为第三方物流公司的应收账款，自垫付之日算起到收回客户账款这一段时间的信用期一般都要两三个月甚至更长。根据统计资料显示，综合性较强的第三方物流公司的应收账款余额占总资产的比例已达1/3，也就是说年销售额一亿元的公司，就要占用3000—4000万的流动资金，仅利息负担就可想而知，而且逾期一年以上的账款占有相当高的比重。该赊销必然导致第三方物流企业应收账款持有成本和坏账风险的增加，因为赊销拉长了第三方物流企业提供的劳务、垫付资金转化为现金的时间跨度，在应收账款被收回之前的持有期间内，随着时间的推移增加了企业的持有成本，表现在：(1) 使用赊销，即意味着资金被其他单位占用，企业就丧失了将该项资金投放于其他项目而获利的机会，这便是应收账款持有成本的机会成本，即该项资金占用的利息；(2) 企业对应收账款的全过程管理所耗费的开支，如客户信用调查、应收账款账簿记录费用、催账发生的差旅费、通讯费、诉讼费等是应收账款的管理成本；(3) 短缺成本，即企业少做或不做赊销交易而使原有客户转向竞争对手使得企业蒙受的损失。

应收账款的短缺成本同机会成本和管理成本一起组成了持有应收账款的总成本。其中，机会成本和管理成本与应收账款的余额呈正相关，即应收账款余额越大，其相应的机会成本和管理成本就越大。短缺成本与应收账款余额成反相关。因此，只有通过有效的应收账款的信用管理，将应收账款的上述三项成本之和降至最低，才能保证企业赊销收益的最大化。

(三) 改进物流企业垫付费用风险管理措施

目前，第三方物流企业的信用管理大多采用的是业务部门主管赊销和收账的方式，即“谁揽货谁收费”的模式，使得业务部门在业务过程中，集联络客户、报价还价、谈判签约、安排运输发货、催账收账、客户服务于一身，使得业务部门不能全身心地管理应收账款，也给滋生吃里扒外和贪污腐败现象提供了土壤。因此，第三方物流企业可结合以下几方面，改进应收账款信用管理。

1. 成立专职的信用管理部门

信用风险管理工作的专业性、技术性较强，须由特定的部门或组织来完成，传统的由财务部门担当信用管理的主要角色已不能适应企业信用管理的需要，因此企业应设置独立的信用管理部门，作为业务部门和财务部门的桥梁，解决业务促销和财务控制这一对矛盾，力促信用管理职能的实现。如有些单位设置的商务部，其基本职能之一包括为班轮、非班轮、货代等货主建立客户信用档案、管理客户信用、进行信用风险分析、科学制定客户的信用额度、执行应收账款监督等。

2. 用流程控制的方法全过程控制应收账款信用风险

信用管理体系的核心是客户评审制度。只有建立起完善的客户评审制度，有效考核客户的信用，才能真正地减少企业的呆坏账。因此，根据流程控制的原理，把信用风险分为签约前风险、签约风险和履约风险，对应收账款交易风险可能出现的各个环节加以全面控制，将风险控制和管理工作尽量前移。

（1）签约前风险控制重点是客户选择。慎重选择客户，只做有把握的生意，是物流企业可持续发展的前提。既要避免在不熟悉客户情况下的贸然签约，更要避免迫于竞争压力和开拓市场的迫切心情，与信用不良客户签约。具体工作包括客户初步筛选，排除交易价值不大、风险明显的客户，选择有潜力和风险确定的客户等。通过不断调整客户结构，放弃那些信用不好的客户或者比较小的客户，客户的总数虽然有所下降，但这些客户都是比较优质的客户，业务量还是持续增长的；尽管增长的幅度下降了，但由于这些客户信用好，付款及时，使得物流企业应收款回收周期缩短，资金占用减少，呆死账风险降低，公司的经营将更稳健，更具备持续发展的能力。

（2）签约风险的控制应侧重科学决策。建立明确的客户信用审批程序，由专门人员对客户信用进行科学分析，得出信用销售决策建议，交由主管部门或经理审批。

（3）履约风险控制则应侧重监控力度。据一个专题调查结果表明：有近40%的债权延迟实现的根源正是追款不力，而资金困难、货损争议等因素远远低于前者。因此，加强对客户应收账款的动态监控，及时提醒客户付款也是减少不良应收账款，降低坏账风险的重要举措。

3. 在内控制度建设中体现风险管理的要求

（1）在对外签约和使用资金两大环节突出授权批准控制。对外签约是各项业务活动的重要基础，它直接关系到该项业务的风险程度；同时定金预付也相当大，如某些大型工程物流业务的总包合同签约及定金预付，其金额往往上千万，业务本身涉及的方面广泛而复杂，其风险性显而易见，因此，上述两大环节必须实行严格的分级管理原则。其中，风险较大的签约或付款必须经过企业的经营管理决策层批准。

（2）在职务分离控制中突出信用部门的制约作用。目前，许多物流企业存在着某些业务处理的全过程，长时间由部分业务员包办的现象，即“一条龙”模式。这就使本来属于企业财富的客户和订单大量被个人所拥有，一旦这些业务人员恶性跳槽，不仅可能使企业的订单和客户流失，而且会严重影响由其经办但尚未了结的交易的正常进行，从而给企业带来巨大的信用风险。针对这一情况，物流企业应高度重视发挥信用管理部门在职务分离控制中的制约作用：客户资源由信用管理部门统一管理，建立统一的信用档案。未经信用管理部门的审查确认，业务部门不得对外签约。

4. 在内部经济责任考核中加大对信用风险责任考核的力度

（1）合理确定考核指标。在对业务部门或业务人员的考核中，除了利润及揽箱量、物流营业额等业务量指标外，应增加与信用管理相关的指标，如应收账款周转率、逾期应收账款控制比例等。

（2）在考核指标中引进资金成本概念。在考核业务部门或人员的利润等经济指标时，对逾期的应收账款占用，比照同期银行存款利率计息核减其考核利润等。

三、风险的管理和控制

代收货款对企业和消费者来说，原本是一件双赢互利、各取所需的好事，但近两年，代收货款却犹如一颗定时炸弹，给整个物流行业带来诸多不稳定因素。代收货款是很多货运公司推出的一项物流增值服务，但它好比一把双刃剑，在给消费者带来便利的同时，也给他们的利益造成了潜在的威胁。近几年，货运公司拖欠代收货款、“卷款蒸发”等事件时有发生。如果有第三方存管机制来加入控制管理，如政府相关部门（公安部门等）、金融监管机构（银行等），相信一定会降低风险乃至为零。

物流企业垫付费用风险管理是企业风险防范的重要内容之一，它关系到企业的资金周转，影响到企业的生死存亡。因此，第三方物流企业应把它作为一项长期的、制度化的工作来抓，加快企业垫付费用风险管理的建章立制和各项措施落实工作，力求将应收账款控制在合理水平上，把坏账风险降到最低。

第四节　物流质押监管业务风险

一、物流质押监管业务的概念与功能

（一）物流质押监管业务

质押监管业务是指出质企业以合法所有的货物作为质押物，向银行进行授信融资，在质押期间，物流企业接受银行的委托，按银行指令对质押物进行监管的业务模式。物流企业作为银行和出质企业之间的中间人，对质押物负有监管和保管责任。

（二）质押监管融资业务的特点和作用

1. 对出质人而言，融资是获取资金和服务扩大再生产的手段，可以解决贷款难问题，并充分利用金融和物流业的服务扩大规模，降低融资成本。

2. 对物流企业而言，质押监管融资是企业新功能，是在保管的基础上增加了监管功能。物流企业对客户和金融业负责，是独立公正的第三方，能够确保货物安全，理论上可以做到全程监管服务，承担货物损失的赔偿责任。

3. 对金融业而言，质押监管融资是一种金融产品，其主要特点是：有实际的

货物作为债权保证,有第三方中介物流企业对货物实施监管,并对货物的真实性、安全性承担责任;贷款安全系数提高,贷款规模扩大,有稳定的客户。

4. 对社会而言,质押监管融资有稳定和促进经济发展的保障作用;能减少银行坏账风险,放大金融服务的领域和功能,有利于社会诚信机制的建立,增加就业机会。

二、物流质押监管业务现行业务模式概述

目前,物流企业参与货物质押监管业务操作模式大致有这样几类:一是单纯监管;二是物流服务加监管;三是质保加监管;四是委托贷款加监管。

(一) 从金融机构的角度分类

从金融机构的角度可分为卖方信贷和买方信贷;银行承兑汇票业务和流动资金贷款业务。

(二) 从出质人的角度分类

从出质人的角度可分为存货质押、仓单质押两种。

(三) 按质权人(贷款人)对象分类

按质权人对象可分为小企业向大企业融资的仓单质押;企业向银行融资的仓单质押;企业向担保公司的反担保货物的仓单质押。

(四) 从监管方的角度分类

从监管方的角度可以分为静态质押监管、动态质押监管、库内监管、库外监管、全程监管等不同模式。

三、物流质押监管业务的主要风险及防范措施

(一) 价值安全的监管风险及防范措施

影响货物价值的因素主要有两个:一是市场价格的波动;二是货物品质的变化。前者是金融机构在评估质押时应考虑的因素,而后者则需要通过适当的保管维持货物的品质。金融机构由于缺乏照料货物的知识和能力,因此需要物流企业利用专业知识规范和约束实际控制人的操作,保证货物的价值安全。如根据货物的特性制定适当的保管方案并监督实施,当然这离不开物流专家提供的专业意见。

(二) 法律安全的监管风险及防范措施

根据我国担保法律的相关规定,质押货物始终处于合法质押状态的关键在于质押货物的合法性、公示性和质权人有效控制三个方面。风险主要是指当事人之间订立的各种合同有明显瑕疵,给当事人造成某些损失或给不法分子留下可乘之机。因此,在处理物流企业与货物实际控制人的关系上,为避免可能产生的争议和风险,应有专门的约定赋予物流企业在货物质押公示和有效控制方面

的权利,即货物实际控制人应遵从物流企业的指示进行操作。

（三）委托单位及雇员的诚信风险及防范措施

诚信风险是任何企业都难以规避的,企业员工监守自盗情况屡见不鲜,由于涉及的金额较大,风险更大。在物流能力不足的情况下,物流企业要将部分业务转委托给其他单位操作。无论是管理还是资信,委托单位都会与物流企业存在差距。为了规避委托单位诚信风险,一方面物流企业需要通过流程再造和系统再造规范委托单位业务操作,另一方面也要视委托单位具体情况输出监管,实现对关键环节的有力控制。对于物流企业的雇员,除了加强素质教育之外,更重要的是严格规范业务流程,避免某一个人员左右所有关键环节。

（四）质押货物的操作保管风险及防范措施

货物特性不同,其保管的要求也不相同。物流管理方面产生的风险,包括组织机构陈旧松散,管理体制和监督机制不健全,工作人员素质不高,管理层决策发生错误等等。为了以防万一,建议物流企业根据货物情况投保相应的责任保险以化解风险;除此之外,流程有效管控仍是物流企业不容忽视的问题。

（五）质押货物的技术风险及防范措施

质押货物的技术风险主要指物流企业因缺乏足够的技术支持而引起的风险。例如,价值评估系统不完善或评估技术不高,网络信息技术的落后造成信息不完整、业务不畅、操作失误等。建议物流企业建立高素质人才库,可以与各行各业顶尖高手联系,以规避这方面的不足。

（六）物流质押监管业务的分包商风险及防范措施

在质押监管业务中,物流企业可能委托另外一家或数家企业行使监管职权,即必须处理对第三方监管等的选择,其中一定要注意监管风险等问题,否则将承担相应的风险;还应分清涉及业务的三方责任,让监管方真正发挥监管作用、让金融机构明确监管责任。为此,金融机构、各物流企业、货物实际控制人应签订三方甚至多方协议,明确各自的责、权、义务等。

四、风险的管理与控制

物流质押监管业务作为一种新兴的业务模式,具有相当大的发展空间。这种模式实际上将资金流、信息流、货物流融为一体,为物流企业从传统业务进化到现代物流企业搭建了良好的发展平台。机遇总是与风险并存的,面对无限商机,物流企业需要清醒地认识到风险的存在。防范风险的过程,其实就是企业自身业务能力、竞争能力提升的过程。现将风险控制要点总结如下:业务模式适合就好;风险过大宁舍不要;落实监管适当投入;各方责任清晰明了;雇员诚信不容忽视;百年大计质量要高;选择货物规避风险;化解问题适度投保。

第五节 仓单业务风险

一、仓单的概念、性质、内容

(一) 仓单的概念

仓单(Warehouse Receipt)是保管人收到仓储物后给存货人开付的提取仓储物的凭证。仓单除作为已收取仓储物的凭证和提取仓储物的凭证外,还可以通过背书,转让仓单项下货物的所有权,或者用于出质。存货人在仓单上背书并经保管人签字或者盖章,转让仓单始生效力。存货人以仓单出质应当与质权人签订质押合同,在仓单上背书并经保管人签字或者盖章,将仓单交付质权人后,质押合同始生效力。

(二) 仓单的性质

1. 仓单为有价证券

《合同法》第 387 条规定:"仓单是提取仓储物的凭证。存货人或者仓单持有人在仓单上背书并经保管人签字或者盖章的,可以转让提取仓储物的权利。"可见,仓单表明存货人或者仓单持有人对仓储物的交付请求权,故为有价证券。

2. 仓单为要式证券

《合同法》第 386 条规定,仓单须经保管人签名或者盖章,且须具备一定的法定记载事项,故为要式证券。

3. 仓单为物权证券

仓单上所载仓储物的移转,必须自移转仓单始生所有权转移的效力,故仓单为物权证券。

4. 仓单为文义证券

所谓文义证券是指证券上权利义务的范围以证券的文字记载为准。仓单的记载事项决定当事人的权利义务,当事人须依仓单上的记载主张权利义务,故仓单为文义证券,不要因证券。

5. 仓单为自付证券

仓单是由保管人自己填发的,又由自己负担给付义务,故仓单为自付证券。

仓单证明存货人已经交付了仓储物和保管人已经收到了仓储物的事实,它作为物品证券,在保管期限届满时,存货人或者仓单持有人可凭仓单提取仓储物,也可以背书的形式转让仓单所代表的权利。

(三) 仓单的主要事项

根据《合同法》第 386 条的规定,仓单包括下列事项:

1. 存货人的名称或者姓名和住所。仓单是记名证券,因此应当记载存货人的名称或姓名和住所。

2. 仓储物的品种、数量、质量、包装、件数和标记。在仓单中,有关仓储物的事项必须记载,因为这些事项与当事人的权利义务直接相关。有关仓储物的事项包括仓储物的品种、数量、质量、包装、件数和标记等。这些事项应当记载准确、详细,以防止发生争议。

3. 仓储物的损耗标准。仓储物在储存过程中,由于自然因素和货物本身的自然性质可能发生损耗,如干燥、风化、挥发等,这就不可避免地会造成仓储物数量上的减少。对此,在仓单中应当明确规定仓储物的损耗标准,以免在返还仓储物时发生纠纷。

4. 储存场所。储存场所是存放仓储物的地方。仓单上应当明确载明储存场所,以便存货人或仓单持有人能够及时、准确地提取仓储物。同时,也便于确定债务的履行地点。

5. 储存期间。储存期间是保管人为存货人储存货物的起止时间。储存时间在仓储合同中十分重要,它不仅是保管人履行保管义务的起止时间,也是存货人或仓单持有人提取仓储物的时间界限。因此,仓单上应当明确储存期间。

6. 仓储费。仓储费是保管人为存货人提供仓储保管服务而获得的报酬。仓储合同是有偿合同,仓单上应当载明仓储费的有关事项,如数额、支付方式、支付地点、支付时间等。

7. 仓储物已经办理保险的,其保险金额、期间以及保险人的名称。如果存货人在交付仓储物时,已经就仓储物办理了财产保险,则应当将保险的有关情况告知保管人,由保管人在仓单上记载保险金额、保险期间以及保险公司的名称。

8. 填发人、填发地和填发时间。保管人在填发仓单时,应当将自己的名称或姓名以及填发仓单的地点和时间记载于仓单上,以便确定当事人的权利义务。

二、仓单的作用

仓单,作为仓储保管的凭证,其作用是显而易见的,主要表现在以下几个方面:

1. 仓单是保管人向存货人出具的货物收据。当存货人交付的仓储物经保管人验收后,保管人就向存货人填发仓单。仓单是保管人已经按照仓单所载状况收到货物的证据。

2. 仓单是仓储合同存在的证明。仓单是存货人与保管人双方订立的仓储合同存在的一种证明,只要签发仓单,就证明了合同的存在。

3. 仓单是货物所有权的凭证。谁占有仓单就等于占有仓单上所列货物,仓单持有人有权要求保管人返还货物,有权处理仓单所列的货物。仓单的转移,也就是仓储物所有权的转移。因此,保管人应该向持有仓单的人返还仓储物。也正由于仓单代表着其项下货物的所有权，所以，仓单作为一种有价证券，也可以按照《担保法》的规定设定权利质押担保。

4. 仓单是提取仓储物的凭证。仓单持有人向保管人提取仓储物时，应当出示仓单。保管人一经填发仓单，则持单人对于仓储物的受领，不仅应出示仓单，而且还应缴回仓单。仓单持有人为第三人，而该第三人不出示仓单的，除了能证明其提货身份外，保管人应当拒绝返还仓储物。

此外，仓单还是处理保管人与存货人或提单持有人之间关于仓储合同纠纷的依据。

三、仓单主要风险及防范措施

（一）仓单防伪

仓单作为有价证券的特性，决定了仓单的价值远非一张纸那样简单，一纸背后可能是万金之价。因此，防止仓单造假诈骗货物就成为保管人不得不认真考虑的问题。一方面，需要保管人在交付货物时认真核对提货仓单与留底样本是否一致。另一方面，也可以在制作仓单的过程中加入防伪概念。

（二）仓单的流通

仓单可以作为有价证券进行流通，即仓单持有人通过拥有仓单而拥有仓单项下货物的权利。通常仓单流通的形式有两种：一是转让仓单，即转让仓单项下仓储物的所有权；二是以仓单出质，质权人即享有提取仓单项下仓储物的权利。

不论是哪一种形式，仓单的流通都是有条件的。这里面需要注意的是仓单背书问题，在没有特殊约定的情况下，辨别仓单的背书是否真实、可靠，应当视为保管人在交付保管物时应当承担的责任。在实践中，保管人对于辨别背书真伪是有困难的。为此，需要在仓储合同和仓单中明确识别背书的责任，建议在仓储合同和仓单中加入以下条款：

存货人应预留仓单背书样本并及时通知保管人仓单转让情况。保管人应核对仓单背书与预留样本，在无法判定两者是否一致时，应取得存货人对背书的认可。保管人的上述核对义务只限于基于一般知识的基本审核。而从业务流程控制风险的角度来说，保管人还是应当征询存货人的意见并予以适当记录。

（三）费用的支付

仓储费用的种类很多，除了一般的储存费用，还有库内的操作费用。在存储超期后，可能还会出现额外费用支出。货物出现异常状况，更可能出现临时处理的各项费用等。如果仓单持有人与存货人不一致，对于特殊费用的结算会面临两个问题：首先是仓单持有人是否有义务支付费用的问题。其次是按照什么标准支付费用的问题，这些在法律上都没有明确的规定，这一切都给保管人维护自身权利带来了不确定性。因此，建议在仓单中增加费用结算条款：

仓单持有人有义务在提取仓储物前付清所有与仓储物相关的费用，费用种类包括但不限于仓储合同中约定的仓储费、操作费用、超期仓储费、紧急处理费用和其他费用。有关费用计算标准以保管人当期对外公布收费项目清单为准。仓单持有人不付清相关费用，保管人有权拒绝仓单持有人提取货物并向仓单持有人直接索赔，期间产生的费用由仓单持有人承担。

（四）仓储物存储的要求

保管人对于一般货物具有一定的保管常识，而对于特殊货物或者特殊用途的货物却缺乏全面的认知。为了避免不必要的争议、明确各方权利义务，建议增加如下条款：

> 保管人应按照存货人确认仓储物的存储标准保管仓储物，具体存储标准如下：……如存货人未提出具体要求，保管人将按照一般存储方式保管存储物，因一般存储方式不符合存储物实际保管要求而造成的损失，保管人不承担赔偿责任。一般存储方式标准如下：……

四、风险的管理与控制

仓储是物流业务中的重要一环，其中涉及的重要单据就是仓单。特别是随着动产质押业务的普遍开展，仓单作为一种物权凭证起到了越来越重要的作用。由于现代物流业对于仓储提出更高的要求，而传统仓储中对于仓单的认识因涉及各方的权利义务关系尚缺乏详细的规范，因而有可能导致纠纷的产生，进而影响到仓储业务的不断拓展。针对仓单条款中存在的问题，应结合业务实践发现问题并及时提出相应的解决方案。

相对于提单完善的法律和操作规程，有关仓单的规定显得落伍了许多。也许正是因为这种原因，致使提单在国际贸易中发挥了几乎无可替代的作用，而仓单在金融信贷领域和贸易领域却始终没有突破。这就要不断完善仓单的操作规程，特别是完善仓单的条款内容，对于推动以仓单为媒介的业务发展是非常重要的。希望多加关注仓单问题，使仓单能够真正发挥其在经济领域中应有的作用。

第十三章　物流信用风险管理

第一节　物流信用风险(违约风险)

一、物流信用与物流信用交易

随着新世纪新时代商业环境的变化,现代化物流成为企业新竞争力的源泉。而作为一个风险巨大竞争激烈的新兴服务行业,物流企业所面临的经营环境和对象更加复杂和多样。这些行业特征也决定了物流信用相对于传统的商业信用交易含义更加丰富。

传统的信用交易可归纳为产品信用交易和商品信用交易两类。产品信用交易指生产商与其他企业间产生的 B—B 信用赊销。在这一过程中,采取赊销的材料供应商、制造商、销售商通过识别买家信用来规避赊销风险。而代理商和销售商则获得赊销货物以节约更多的流动资金。商品信用交易指商业企业与消费者个人间产生的 B—C 信用销售行为。在这一过程中,银行为持卡消费的个人消费者提供资金支持,而商场等消费场所也可以为个人消费者提供赊销服务,通过这种方式提升顾客满意度和忠诚度,以获取长期利益。

物流行业作为新兴的服务行业,其信用交易也分为 B—B 信用赊销和 B—C 信用销售两种,但由于物流服务不是有形商品,因此,还是以物流 B—B 信用赊销为主导。

综上所述,物流信用交易可以定义为:物流企业在履行物流合同的过程中,允许物流需求者以信用为基础,以延后偿还或分期偿还的方式获取企业提供的物流服务、资金、担保或权利等信用资本的交易形式。

(一)物流信用交易的特点

随着信用经济时代的来临,信用交易的形式越来越普遍化,而由于物流行业的独特性和物流服务的无形性,物流信用交易既具有一般信用交易的特点,也具有与其他商品信用交易及产品信用交易不同的特点。总结起来,主要有如下几点特征:

1. 多样性

虽然物流信用交易很少出现物流企业与消费者个人间的 B—C 信用交易行为,大多数情况下都是物流企业间产生的 B—B 信用赊销,但从覆盖的范围来看,物流信用赊销几乎涵盖了物流企业提供服务过程中的所有方面。不仅来自于无形的物流服务，也来自于为顾客垫付的资金。先期的投资和租赁的物流设备，更涉及了物流过程中对第三方的信用担保。因此物流信用交易比起一般单一的商品信用交易和产品信用交易呈现出多样性。

2．经济性

由于物流市场竞争愈加激烈，物流业已从传统的卖方市场向买方市场转变，物流企业在客户未支付物流费用的前提下，为对方提供物流服务或垫付资金，这种赊销手段更易获得顾客的认同，也有利于迎合部分资金短缺的顾客的需求，帮助物流企业开拓潜在物流市场，扩大业务量。同时，物流企业对物流设施的租赁可以充分利用已闲置的物流设施和设备，加快回笼物流设备投入资金。显然，采用信用交易方式的物流企业一定比没有采用信用赊销方式的企业能获得更多的经济利益。

3．相对性

在物流信用交易的过程中，授信主体和受信主体是相对的而不是绝对的。在实际业务中，当物流企业不收取物流报酬，先行履行物流服务，并给予顾客一定的还款期限时，这种行为实际上就是物流企业基于客户信用给予对方资金支持的短期借贷行为。物流企业为授信主体，客户为受信主体。另外，由于物流行业是投资大、风险高的服务行业，物流企业在承包物流项目时，往往会与对方订立详尽的物流合同，对期限、服务范围、付款方式和付款时间等作出约定。但物流服务质量是无形的，很难测定，一旦发生人为的业务操作风险就可能在很大程度上引发和放大信用风险。例如，超期完工，服务质量不达标或未按期支付物流设备租金等等，从而导致物流企业在合同履行过程中的信用缺失。在这种情况下，物流服务需求企业成为授信主体，物流企业则作为受信方履行受信合同。

4．风险性

物流企业通过信用交易的方式扩大销售量，在竞争中获得优势。因此，物流企业为了迎合客户，在交易中一般不会要求客户作出相应的担保，只能依靠客户自身的偿还能力和信用情况。但由于物流信用赊销与传统意义上的即时交易区别较大，服务与付款之间存在着明显的时间断点。因此在物流信用交易过程中，物流企业不得不面临由赊销带来的信用风险和由此引发的一定程度的经营危险。例如，客户拖欠物流费用带来的收账风险可能导致物流企业现金流的紧张，甚至影响企业自身运转和融资，造成企业经营亏损。同时，在实际业务中，物流企业不但要承受坏账损失带来的风险，还要承受由于交易资金回笼过慢而被迫为多出的资金使用时间支付利息。若回笼过慢带来的利息支出远超于业务带来的收益，企业就会蒙受损失。如此恶性循环，一旦物流企业赊销完信用和资金，就再也无法维持运营。因此，物流经营者应合理地协调好物流信用交易中的经济性和风险性。

5. 传递性

物流服务的过程往往涉及运输、仓储、配送、订单处理、品质检验等环节。这些环节相互依赖、相互影响、环环相扣，其中任何一个环节信用状况的变化都有可能引发骨牌效应，波及下一个环节，甚至产生连锁反应，直接影响整个物流交易过程的运作。因此，风险因素会通过物流流程在各个环节传递和积累，并显著提高整个物流信用交易的风险水平。

（二）物流信用交易的分类

物流信用交易是指物流信用赊销，根据交易对象的不同，可分为以下几类：

1. 物流服务信用交易

物流服务信用交易即物流服务信用赊销，是指物流企业允许客户以分期付款或延后在规定日期内付款的形式付清物流费用，并且在未收回全部物流报酬的前提下，向客户提供仓储、运输等物流服务。根据客户付款形式，物流服务赊销一般可以分为以下几种情况：(1) 分期付费型物流服务信用交易。由于采取分期支付运费的形式，货主通常情况下需要在物流企业服务尚未开始或尚未结束之前支付部分运费，余款则在运输服务结束后支付。(2) 到付运费型物流服务信用交易。由于采取到付运费的形式，卖方不负责交付运费，通常情况下由物流企业在履行完物流服务后向买方收取运费。(3) 延后付费型物流服务信用交易。由于采取延期支付运费的形式，客户往往在物流企业提供物流服务后的一段相对较长的时间内付清运费。(4) 付费前签发运费预付提单型信用交易。在这类情形下，承运人在货主没有支付运费的情况下向其签发了运费预付提单，并继续完成物流服务。货主则按照协议内容中规定的付款日期向物流企业支付运费或以分期付款的形式按约定付清。

2. 物流资金信用交易

物流资金信用交易即物流资金信用赊销。这类信用赊销主要产生于运输、配送、仓储等物流环节中物流企业的资金垫付。因此，物流资金信用交易的实质就是物流企业给予客户的信贷支持，与银行信贷有相似之处。银行信贷是银行将自筹资金暂借予贷款人使用周转贷款或临时贷款，其按用途分为固定资产贷款和流动资金贷款。同样，物流资金的信用赊销按用途也分为固定设备和流动资费两种情形：(1) 在物流项目的运作过程中，许多物流合同都规定物流企业需要预先投入资金用以组建或改建仓库、信息系统、购置物流设备和设施等。这种预投资给国际物流企业间的信用交易带来一定风险。(2) 在物流实务中，基于对客户的信任和对客户需要的迎合，物流企业常常为客户垫付各种费用。例如，货运代理为货主垫付运杂费、进口关税、港务费等；船务代理为船方垫付港口使用费、船舶修理费、船员工资、燃油款等。

3. 物流权利信用交易

物流权利信用交易是指物流企业给予代理人、分包商或其他人以独家代理权、分包权、商标权等权利的行为。

委托代理,是指在物流实务中,物流企业通常委托代理人代办各项事宜。例如,航运企业通常委托船务代理进行揽货、安排货物进出口港、装卸货、结算运杂费、代签提单或提货单等。在委托关系中代理人在代理范围内以委托人名义履行代理业务过程中对第三人产生的责任应由委托人负责。因此,在委托代理下,委托人实际上是向代理提供了一种权利信用,代理人由此获得了以委托人名义开展业务并获取佣金等方面的权利。如果委托人授权代理人代付运费或代收运费,代理人可以由此占用相应运杂费。因此,在这种情况下,委托人给予代理人的不仅仅是权利信用还有资金信用,由此所带来的信用风险更大。业务分包,是指物流企业作为物流服务的组织者和总承包人,通常通过分包合同的形式将部分或全部业务交由某些物流供应商承办。与前述的委托代理类似,在此类业务中物流企业仍面临一定的风险。

4. 信用担保信用交易

由于商业环境的日趋复杂化和多元化,在物流服务过程中,物流企业不再局限于以自我利益最大化为目标,靠单纯地降低物流成本来提高运营绩效,而是把重心转移到提升顾客价值上来。为了追求与客户的长期合作和共同的最大利益,物流企业往往对客户在相关经济活动中的信用向第三方作出担保,如应客户的要求违规签发提单,无单放货等,或者基于对货主的信任船方在货主提供保函承诺赔偿由此带来损失的情况下签发清洁提单、倒签提单、预借提单、转换提单或进行无单放货。对善意的提单持有人而言,这些行为是一种严重的违规行为,船方由此可能会面临善意提单持有人的扣船或索赔的风险。这实际上是客户利用了物流企业的信用实现了自己的目的。

二、物流信用风险概念与特征

(一) 信用风险的概念

学术界至今对于信用风险仍无一个公认的定义,在这里基于对风险的理解,应当认为信用风险是风险的一种,并将“信用风险”定义为合同或协议的一方能否履行其在交易中的责任,承担其在交易中的义务的不确定性给信用交易的另一方带来的潜在损失。信用风险贯穿于商业行为的各个领域及环节之中,因此,它除了具有一般风险的客观性、普遍性等特征外,还具有自身的一些特点,主要包括以下几个方面:

1. 信用风险具有明显的投机风险的特征,也是信用交易中必然存在的。由于信用风险是伴随着信用赊销而产生的风险,因此投机风险是信用交易过程中必然存在的产物,只要采取信用交易方式,授信人必然要面临受信人的信用风险。

2. 信用风险具有货币性和集中性,信用风险的货币性是指信用风险的价值形态,具体表现形式是资金上的呆账(呆账是指已过偿付期限,经催讨尚不能收回,长期处于呆滞状态,有可能成为坏账的应收款项。呆账是未能及时进行清账的结果,又指因对方不还而收不回来的财物)。信用风险的集中性表现在以下两个方面:一是信用风险的利害关系影响着整个企业的资金运转,严重的信用风险甚至会导致整个企业的停顿和破产。二是信用风险集中于销售部门和财务部门,信用风险的控制需要由销售与财务两个部门共同完成。

3. 信用风险具有非系统性特点,相对于市场风险表现出的较强的系统性特点,信用风险的非系统性风险特征明显。尽管客户的还款能力也受到诸如金融危机等系统性因素的影响,但多数情况下还是取决于受信人的投资方向、经营管理能力、财务状况、还款意愿等非系统性因素。

(二) 物流信用风险的概念

物流信用风险是指在物流信用交易过程中,交易的一方依靠信用获取了资金、服务或权利的同时却没有履行承诺或责任的信用缺失行为,使另一方蒙受损失的潜在可能。它主要可以细分为狭义的物流信用风险和广义的物流信用风险。

1. 狭义的物流信用风险,是指在以信用关系为纽带的物流交易过程中,物流交易的一方不能履行给付承诺而给另一方造成损失的可能性,其最主要的表现是企业的客户到期不付款或到期没有能力付款所造成的经济风险。

2. 广义的物流信用风险,是指在以信用关系为纽带的物流交易过程中,物流交易的一方不能履行给付承诺而给另一方造成损失的可能性,以及物流交易一方无法履行责任而使另一方蒙受担保责任损失的可能性。

(三) 物流信用风险的特征

物流企业的信用风险除了具备上述信用风险的普遍特性外,还具有以下特点:

1. 物流服务产品质量难以控制

由于物流企业服务的特殊性,物流服务产品的质量常常难以控制。以海上运输为例,首先,航运企业所提供的服务是货物的位移,但是服务过程的质量好坏却需要从承运对象、承运时间、空间位移和承运船舶四个方面来描述。即由承运货物的种类、数量、始发时间和运行时间、方向、距离、装卸港口、载运船舶等指标来描述。换言之,运输产品实际上是这些指标的集合。顾客要求的指标不同,航运企业所提供的运输产品也将有所不同。从这个意义讲,与生产有限个产品的生产型企业相比,航运企业提供的产品更多、更复杂,由此所面临的信用风险也就更大、更复杂。其次,航运企业的生产场所分布在与海上运输相联系的广阔的空间里,其生产过程实际上一直暴露在外部环境之中。这种生产过程的空间性与开放性特点使得航运生产过程不仅随时有可能遭遇非人力所能抗衡的自然灾害,而且还会受到自身无法控制的诸如协作单位、各口岸联检机构等其他外在因素的影响,所有这些因素都极易造成运输事故。一旦发生货损货差或延迟交付事故,则极有可能导致客户拒绝支付运费或扣减运费。由此可见,航运企业产品难以控制的特点,极易诱发客户违约,从而加剧航运企业信用风险。

2. 物流服务交易中的赊销期加长

在工农业产品信用交易中,赊销期通常较短,一般在商品交付后若干天内即应付款。而物流服务交易中的赊销期较长,这在国际物流中表现得尤其突出。这是因为物流企业采取先销售后生产的方式,当采取到付运费交易时,物流业只有在完成物流生产后才有权收取运费。特别是随着物流市场上供给能力的不断增加,卖方市场转化为买方市场,物流企业为扩大市场份额,往往以优惠的条件吸引客户,而优惠的付款方式是一种普遍运用的策略。一般情况下,国际物流企业给客户的付款期为25—30天。但随着竞争激烈程度的加大,付款期逐渐延长至45—60天,甚至更长。在当今市场变化很快的情况下,给予客户赊销期较长,是造成信用风险的主要因素之一。

3. 物流信用风险涉及面广,应收账款数额越来越大

目前,许多物流企业已开始向以运输产业链为背景的综合物流企业转型,其中涉及运输、仓储、配送、货运代理、车辆维修、集装箱租赁、国际贸易、配件及油料销售等相关业务。因此,其应收账款的涉及面越来越广、数额也越来越大。随着物流市场竞争程度加深,物流企业的信用销售比例也不断上升,由此而产生的信用风险也越来越高。

4. 客户资信状况无法及时了解

物流企业的客户有相当数量是贸易公司,由于贸易公司的贸易额度一般较大,可能会被迫从事与自己资产状况不符的交易。同时,贸易公司受市场影响较大,因此在信用管理中一般认为专业贸易公司是高风险企业。而国际物流企业的主要客户大多数都是贸易公司,这是国际物流企业不可避免的风险,是国际物流企业信用风险管理中最大的风险因素。此外,由于存在地域、信息传递等因素使得大多数国际物流企业不能对国外公司的资信状况有较深入的了解,这也是造成信用风险的一个主要原因。

三、物流信用风险的类型

物流信用交易过程涉及资金、服务、投资、担保等诸多方面,从物流信用交易风险的内容来说,可以分为以下几类:

(一) 物流投资风险

物流企业根据用户需求为其规划、设计、运营个性化服务,这要求企业经常根据用户的情况投资建设某些专用物流设施或购买某些专用物流设备。同时,大多数物流企业由于自身服务能力的限制,往往需要寻找二级甚至是三级物流分包商,外购部分物流服务,此时必然增大物流服务提供商的信息搜集成本、外包运营过程中的监控成本以及更换物流服务商的转换成本。由于在合同期内用户企业可能在激烈的市场竞争中失败,导致产品销量大幅下降,甚至破产倒闭。那么,那些针对该用户投资的专用资产就可能大幅贬值。

(二) 物流信息风险

1. 信息给货主带来的风险

选择物流承包商一般要通过招标方式,通常是对价格、质量、资质、信誉的综合考虑。但在实际评价过程中,存在许多影响招标决策的不确定因素,如承包商比企业更了解自己真实的技术水平和能够提供的服务水平,但他们也有可能为了自己的利益向企业提供不充分或不符合实际情况的信息。信息不对称和信息不完全,易使委托人比代理人处于一个更不利的位置,从而不可避免地给委托人带来一定的信息风险。例如,大多数物流企业由于自身服务能力的限制,往往需要寻找二级甚至是三级物流分包商,外购部分物流服务。这就可能造成信息传递的延迟,信息传递的延迟就会增加货主企业物流外包的风险。同时,还可能存在公司战略机密泄露的危险。物流外包后,货主企业的很多信息势必要让物流企业知晓,如采购计划就涉及企业的生产经营计划、新产品开发等商业秘密。其中,有些信息还可能属于货主企业的核心秘密,如果这些信息外泄,被企业的竞争对手所知,企业将会陷入竞争的被动局面,会给货主企业带来相当大的风险。另外,货主企业的很多信息,如市场需求信息、销售预测信息、库存信息等都属于保密信息,物流企业的参与扩大了信息的传递范围,使信息更易外泄。

2. 信息给物流企业带来的风险

物流信用交易有助于物流企业在竞争中赢得优势、扩大销售量,但它不同于传统意义上的即时交易,服务与付款之间存在着明显的时间断点。而物流企业主要依靠买方信用,在客户具备偿还能力的情况下,一般不会要求客户作出相应的担保。物流企业掌握的信用信息数量和质量直接影响着他们对客户信用的识别能力,如果物流信用交易的双方获得的信用信息不对称,那么失信行为发生的概率便会大大增加,从而使授信企业面临更大的风险。

(三) 物流资金风险

1. 应收账款带来的风险

由于客户的付款迟于规定的时间,企业可能会产生比预期更高的机会成本和应收账款,甚至导致坏账损失。这些不合理的应收账款使企业营业周期延长,影响了企业资金循环，致使企业资金紧张，严重影响了企业的正常经营。

2. 代收账款带来的风险

由于货物买卖双方之间不直接进行货款结算，而是由物流公司在货物到达时向货物买方代为收取，然后经由物流公司返还给货主。这种方式虽简单、方便、节省人力和费用，但货主可能要面临物流公司卷走或挪用代收账款的风险。物流企业也可能会面临丢失货款的风险。

3. 垫付资金带来的风险

目前，物流企业垫付资金主要的形式就是垫付物款。例如，为发货人承运一批货物时，物流公司首先代提货人预付部分货款，当提货人取货时则交付物流公司全部货款。这种行为对一些资金相对紧张的委托人而言颇有吸引力，因此这已经成为物流代理人承揽业务的主要手段之一。但在吸引客户的背后却隐含着垫付物款无法回收的风险，这种风险主要表现在三个方面：一是垫付物款的合法性。可能出现垫付的物款经法院判定为不合法。二是客户的资信问题。被垫付物款所吸引的客户，大部分都存在资金紧张的问题，如果客户的经济状况恶化，代理人垫付的物款可能无从追回。三是诉讼成本问题。如果垫付费用数额不大，若委托人逾期拖欠，拒付全部或部分款项，代理人往往陷于被动。因为对金额不大的欠款纠纷采取公力救济如诉讼或仲裁方式会耗时耗力耗财，因此许多代理人面对这种情况往往束手无策，或因为考虑成本而放弃权益。

四、物流信用风险的成因分析

为了从根本上防范物流信用风险的产生，及时对各类物流信用风险进行预警，把授信方的损失降低至最小，应当对物流信用风险产生的原因进行深入的分析。综合起来，主要可归纳为以下三点：

（一）交易双方掌握的信用信息不对称

国外发达国家的资信评估相对成熟，如标准普尔公司、穆迪公司、美国的邓白氏公司等，能够快速搜集、整理交易企业和个人的信用信息及经济数据等资料，并能客观地分析受信人的偿还能力和偿还意愿，很大程度上改善了信用交易双方信用信息不对称的问题。但是在我国，信用评估机构资源有限、服务能力不足、专业性较差，很难有能力提供专业、高质量的信用信息。信用交易往往只能靠自身的承诺或宣传，但受信方有可能为了自己的利益提供不充分或不符合自己资质真实技术水平和服务水平的信息。信息不对称和信息不完全，容易使受信人处于一个更不利的位置，从而不可避免地带来一定的信息风险。

（二）信用交易机制不健全

物流信用交易风险的防范需要健全的制度和完善的信用机制作保障，如果没有健全的制度和完善的信用机制作基础，物流行业的信用缺失问题很难真正得到解决。我国目前缺乏行之有效的物流专项法律来约束物流信用交易中的失信行为,一旦发生违约,如不按时支付货款、随意更改合同条件等信用缺失问题很难有配套的法律对其进行严厉处罚,这就导致物流经营者中的守信者失去诚实守信的动力,行业不正之风会愈演愈烈。同时,政府的管理机制不完善,针对物流信用风险防范的部门职能划分不明确,尚未有明确的部门出台相关的行政规章来整顿不遵守信用的失信企业或个人。政府有关部门对进行信用交易的物流企业的资质、流动资金记录、注册资本、登记手续的监管也存在缺位,致使许多物流企业卷款潜逃案件,由于登记信息不足,无法追回资金。

(三)经济因素与市场环境的影响

物流信用交易是通过物流企业的流动资金和信用对客户实行优惠的赊销行为,这种行为并不是严格意义上的融资,但这种交易行为的发生必然伴随着获取利益与控制风险之间的权衡。无论是物流企业的现实利益、长远利益、预期利益还是风险防范都与国家的宏观经济状况、宏观经济波动、汇率波动状况、通货膨胀水平等经济因素密切相关。而经济因素波动带来的市场环境变化,更能直接影响物流信用风险的产生。例如,经济持续升温容易引起某类原材料供不应求,购买量陡然增加,货主对物流企业服务需求也会随之激增。在这种物流市场供不应求、物流服务稀缺的情况下,物流企业一般选择不采用信用赊销的方式,或者与货主商议共担信用风险。而经济不景气则容易导致商品库存量增加,物流市场供大于求,物流企业间竞争激烈。在这种情况下,物流企业迫于压力一般会提供信用赊销作为优惠条件,甚至延长付款时间或为客户提供更多信贷支持以刺激客户需求。此时,经济因素作用下的市场环境变化就造成了物流信用风险的产生。

第二节 物流客户信用评估

一、物流客户信用评估概述

物流客户信用评估是指定期采集客户信息,经过模型计算得到客户授信等级的过程。它是企业作出是否与客户交易以及交易方式、交易条件等决策的最重要的依据。

物流企业实施对客户信用评估具有以下几点好处:

1. 加强物流企业内部各部门之间的信息沟通和合作,共同解决企业面临的外部信用风险。

2. 帮助物流企业寻找和选择信誉良好、竞争力更强的客户,防范客户的信用风险。

3. 帮助物流企业估测客户发生呆坏账的可能性，提高企业的应收账款管理水平。

物流客户授信等级，是指物流企业对客户依据其信用和贡献状况而作出的授信先后顺序及满足程度的差异。物流客户授信等级体现物流企业在授信上对客户实行的竞争、维系、淘汰的价值取向。对物流客户授信等级的评判，除了考虑客户信用等级评判所依据的客户的经营管理、财务运行状况等因素外，还要重视客户对企业收入和盈利贡献度情况，从而实现营利性与安全性的有机统一。

二、物流客户信用评估方法

客户评级是国际物流企业对客户偿债能力和偿债意愿的度量和评价，反映了客户违约风险的大小。客户评级的主体是国际物流企业，评价目标是客户违约风险，评价结果是信用等级、违约概率（PD）和违约损失率。符合要求的客户评级必须具有两大功能：一是能够有效区分违约客户，即不同信用等级的客户违约风险随信用等级的下降而呈加速上升的趋势；二是能够准确量化客户违约风险，即能够估计各信用等级的违约概率，并将估计的违约概率与实际违约概率的误差控制在一定范围内。

由于每个企业注重的方面不同，所以选择的评价内容也就不同，因而评价的方法也有所不同。

对于客户信用评估，早期主要采用定性方法，但自 20 世纪 80 年代末以来，研究者们开始把统计学、运筹学方法以及现代金融理论引入到金融领域的信用风险度量之中，在传统的信用评级的基础上提出了一批新的信用风险模型。就物流实践领域而言，主要仍采用两种定性方法：

1. 5C 要素分析法

5C 要素分析法，是指通过分析影响信用的五个方面来判断客户的信用状况。客户的资信程度通常取决于五个方面——客户的品质（character）、偿还能力（capacity）、资本（capital）、抵押品（collateral）和环境（conditions）。企业通过对客户进行以上五个方面的定性分析，基本上可以判断其信用情况。[①]

2. 信用评分法

信用评分法是指对评价内容的指标进行考核，评定信用分数，按每一项目内容给定分数计分，最后得出总分，再按得到的总分确定客户的资信等级。信用评分法是一种传统的信用风险量化模型，利用可观察到的客户特征变量计算出一个数值（得分）来代表客户的信用风险，并将客户归类于不同的风险等级。对个人客户而言，可观察到的特征变量主要包括收入、资产、年龄、职业以及居住地

① 参见孙家庆编著：《物流风险管理》，东北财经大学出版社 2009 年版，第 185 页。

等;对法人客户而言,主要包括现金流量、财务比率等。

目前所使用的评估系统中,对企业信用分析的5C系统使用最为广泛。若采用5C要素分析法,则选取的评价指标如下:

1. 客户的信用品质

所谓信用品质是指对客户声誉的衡量,若客户为个人,则主要指其工作作风、生活方式和品德;若客户为公司,则指其负责人的品德、经营管理水平、资金运用状况、经营稳健性等。无论客户为个人还是公司,信用记录对其品德的判断都有重要意义。实际中主要是指客户履约或赖账的可能性,这主要通过了解客户以往的付款记录进行评价。

(1) 收账天数,即自开具销售发票,交付提货单日起,至收到银行进账单,货款实际到账日之间的天数。

(2) 过期付款次数,即不按照规定的付款条件付款的次数。

2. 客户的能力

关于客户的能力主要从两个方面进行分析:一方面是客户未来现金流量的变动趋势及波动性;另一方面是客户的管理水平。实际中主要通过以下方面进行判断:

(1) 购买力,即用户吸纳企业产品的能力,以赊销用户的吸纳量占企业总赊销量的百分比表示。

(2) 边际贡献率,即用户对企业提供的边际贡献率。

(3) 付款能力,即评价客户的偿债能力,包括流动比率和债权人保证比率。

(4) 客户吸纳企业产品的稳定性,用以反映"他的客户"对"他的销售"的依赖程度。计算客户每月购买量占平均购买量的比例,以该比例在80%—120%之间的次数为信用加分条件。

3. 资本

资本是指客户的财务杠杆状况及资本金情况。资本金是经济实力的重要标志,也是公司承担信用风险的最终资源。财务杠杆高就意味着资本金较少,债务负担和违约概率也较高。实际中主要是指客户的财政力度,反映客户的经济实力,是客户偿付债务的最终保证。评价指标采用的是"注册资金"。

4. 经济状况

经济状况是指客户的经济运行情况,包括获利能力、商业活动潜力等,这主要包括商业周期所处阶段、客户所在行业状况、利率水平等因素。商业周期是决定信用风险水平的重要因素,尤其是在周期敏感性的产业;客户处于行业周期的不同阶段以及行业的竞争激烈程度,对客户的偿债能力也具有重大影响;利率水平也是影响信用风险水平的重要环境因素。其主要指标有:

（1）销售利润率；

（2）客户发展潜力；

（3）经济性质，以是否“国有”作为信用加分条件。

5. 抵押品或担保

抵押品或担保是指能够作为信用担保的抵押财产，如票据等，或者具有法律效力的第三方担保合同，如信函等。客户应提供一定的、合适的抵押品以减少或避免国际物流企业可能遭受的损失。[①]

第三节　物流信用风险管理体系构建

一、物流信用风险管理概念、目的、内容

（一）物流信用风险管理概念

物流信用风险管理，也称物流信用管理，有狭义和广义之分。狭义的物流信用风险管理，是指物流企业对其授信活动和授信决策而进行的管理活动。具体来说，就是指物流企业在信用交易过程中，通过制定信用管理政策，指导和协调内部相关部门的业务活动，对客户的信用信息进行收集分析，对其存在的信用风险进行评估，进而确定授信额度、期限，选择适当的债权保障和风险转移方式进行应收账款管理和逾期应收账款处理等一系列管理活动。

实际上，对于物流企业而言，既要从授信的角度制定信用政策，防范客户可能带来的信用风险，又要从受信的角度制定相关管理制度，防范企业因自身信用缺失可能造成的经营风险。因此，广义的物流信用风险管理是指物流企业为获得他人提供的信用或授予他人信用而进行的管理活动。

本节所提到的物流信用风险管理主要是狭义上的物流信用风险管理。

（二）物流信用风险管理目的

物流企业信用风险管理的目的是在力求达到企业收入最大化的同时，将信用风险降至最低，从而促进物流企业发展。

（三）物流信用风险管理内容

从一般意义上看，企业信用管理的职能可以细分为：客户信息管理、客户风险评估与赊销额度监管、应收账款管理、账款催收与债权处理。具体可能包含以下内容：（1）组建信用管理机构，落实部门责任制；（2）制定企业信用管理政策；（3）对客户进行信用调查；（4）对客户进行信用风险评估，确定授信额度和期限；（5）负责信用交易合同的签订和履约，控制和转移信用风险；（6）应收账款

① 参见郭延安、张旭升主编：《风险管理》，清华大学出版社2010年版，第206页。

的监控和管理;(7) 逾期应收账款的追收、处理。

二、物流信用风险管理体系构建的目标和原则

(一) 物流信用风险管理体系的目标

物流信用风险管理体系的构建直接决定了物流企业整体运营策略和流程、客户关系管理、物流服务环节的设置等诸多方面。因此,全面的物流企业信用风险评价管理监督体系对物流企业的长远发展会起到至关重要的作用。物流信用风险防范体系构建的目标是设计出一套系统、科学、完善的物流信用管理体系,以便达到企业销售最大化的同时,争取将物流信用风险降至最低。

在实际操作执行中,物流信用风险防范体系根据具体情况细化为以下目标:

1. 根据得到的物流信用风险信息快速地进行风险识别,准确地考核物流信用交易中受信方的信用等级,甄别出信用质量好的优质客户,淘汰信用资质不良、交易价值小的受信企业和个人,减少坏账损失和违约行为的发生。

2. 根据该体系识别出的已有风险,进行动态控制和监督,并采用相应的物流信用政策,以制约物流服务中不道德的失信行为。

3. 跟踪检查信用风险管理过程中的执行状况,监控过程覆盖到物流交易应收账款的回收及发生呆账坏账的情况处理。

(二) 物流信用风险管理体系构建的原则

由于我国大多数物流企业信用风险管理组织结构权限模糊、不固定,物流信用风险管理的程序很难得到实际应用,相应的信用政策也无法实施。可以说,在物流行业尚不完善的环境下,建设一套独立、有效的风险防控体系尤为困难。

物流信用风险管理体系的设计中应遵循如下原则:

1. 实用性

信用风险防范体系必须充分满足物流企业的利益需求。物流企业提供信用交易的目的就是最大限度地获取利益,赢得市场竞争。这一体系的建设应该兼顾规避物流信用风险与物流企业追求利益最大化的需求。只有设计深入到企业实际需求,并且流程易于操作,物流企业才会真正在物流交易中运用该风险管理体系。

2. 可靠性

风险防范体系的建立涉及物流企业的各个部门运行及交易范围等重要问题,一旦发生人为错误,导致受信人信用的错误识别,或者对应收账款的不当催缴,都会严重影响物流需求者与企业之间的关系,给物流企业带来经济损失。应采用应急问题处理系统或者追款前的善意提醒方案来提高物流信用风险防范体系的可靠性,规避因突发危险引起的信用风险。

3．灵活性

由于物流服务产品具有无形性的特点，在防范体系的设计中要充分考虑到对风险进行识别与控制的能力的灵活性。对客户进行筛选和跟踪时，不应仅仅依靠物流需求者以往的财务数据，而是应该兼顾到资金周转困难的物流客户的未来的偿还能力，创造价值潜力和长期发展空间。注重体系设计的灵活性有助于创造客户的后续价值，形成更加持续、稳定的顾客关系。

4．全面性

信用评价指标体系应该尽可能全方面、多方位地反映和度量物流金融业务的信用风险水平。既要考虑中小企业自身和行业因素，还要考虑第三方物流企业和物流金融运营状况因素，这样才能达到全面评价的要求。评价指标既不能过多也不能过少，指标过多可能造成指标间相关性过高，带来不必要的重复计算，指标过少则不能全面反映被评价对象的信用风险水平。

5．独立性

在构建物流信用风险管理体系时，应当确保该体系的独立性，明确信用风险管理组织的权限和信用风险管理体系的适用，使之尽可能少地受到其他因素的干扰，从而较为准确地对物流企业的信用风险进行评估和防范。

三、物流信用风险管理体系结构设计

（一）物流信用风险管理体系结构概述

物流信用风险管理体系构建的目标决定了该体系的结构流程将物流销售过程与应收账款回收过程统筹结合，客户信用评估与信用政策设计协调统一，物流合同签订与物流资金的跟踪环环控制等多方面特性。综合这些特性，根据风险防范要求在各个阶段采用对应的结构进行跟踪控制，是确保物流企业能够健康、高效发展的关键。

1．订单期

在物流业务发生前，物流信用风险防范体系的主要工作任务是针对客户价值和风险信息的搜集进行统一的评估和预测，从而发现并筛选出真正具有潜力的、信用好的客户，并针对风险识别衡量出的不同客户给予不用的信用政策。因此，在物流销售前期，物流信用风险防范体系主要有风险信息评估、风险管理策略和合同风险监控三个环节。

2．发送期

在物流企业履行物流合同进行服务的过程中，物流信用风险防范体系的主要任务是对合同履行情况的监控以及对形成的应收账款的跟踪管理，以确保应收账款的及时回收。因此，在物流交易过程中，物流信用风险防范体系主要内容是赊销服务跟踪。

3. 收款期

在对债务人进行催收应收账款的过程中,应该改变传统组织职能在收账问题上销售与财务职责设计不合理的模式,加快应收账款的回收速度。同时,维护良好的客户关系。因此,在收账过程中,物流信用防范体系主要包括账期信用管理。

（二）物流信用风险信息评估结构设计

在信用风险信息评估阶段,主要包括下面几项步骤:

1. 根据电话或传真等记录申请订购的客户姓名、申请内容等搜集申请订购的客户在近几年的财务数据,以往信用记录以及公司内部的客户信用库等信息。

2. 根据搜集的客户信用信息设定风险评价指标。由于企业注重的内容不同,所以选择的风险评价指标也有所不同。但由于数据缺少等问题,通常采用客户信用品质、资本、抵押品、偿还能力等作为评价指标。

3. 根据选取的评价指标及客户自身的信用信息中的数据和资料进行计算,判断是否存在信用风险。若存在风险,则近一步作出信用等级评定,作出淘汰或维系客户的价值取向。

4. 根据信用风险的评估结果建立信用风险评估报告。

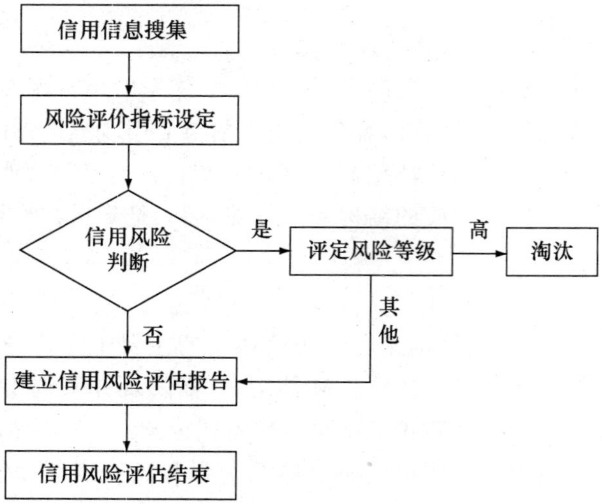

图 13-1

（三）物流信用风险管理策略结构设计

在制定风险管理策略阶段,主要包括下面几项步骤:

1. 每个企业由于自身经济状况、竞争者实力、行业环境等因素的不同,可接受风险的水平也不同。因此，在制定风险管理策略之前，首先要根据企业的营销目标、行业环境和自身能力判断该企业可接受风险的水平。

2. 根据上面对企业可接受风险水平的判定，制定客户信用标准，确定企业授予客户信用时的最低要求及信用条件等。

3. 根据上面设定的客户信用标准，结合企业历史经验，制定风险管理政策。

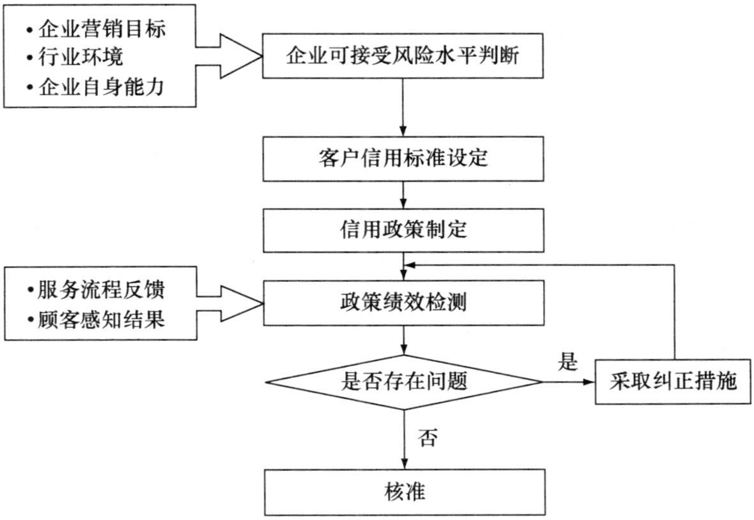

图 13-2

（四）物流合同风险监控结构设计

在合同风险监控阶段，主要包括下面几项步骤：

1. 接收申请物流服务的客户电话或传真，详细记录客户的要求及订购内容。

2. 根据客户要求，列出客户名、货名、数量、规格、始发地/目的地、运距、价格、时间要求、运送方式等。

3. 根据上述建立的风险评估报告判断是否拒绝交易。

4. 若风险评估报告合格，则形成订单。

5. 根据上述制定的常用风险管理政策确定基本合同条款。

6. 可以在基本合同条款的基础上，与客户进行协商、修改常规的信用额度、信用期限等具体合同条款。

7. 完成合同。

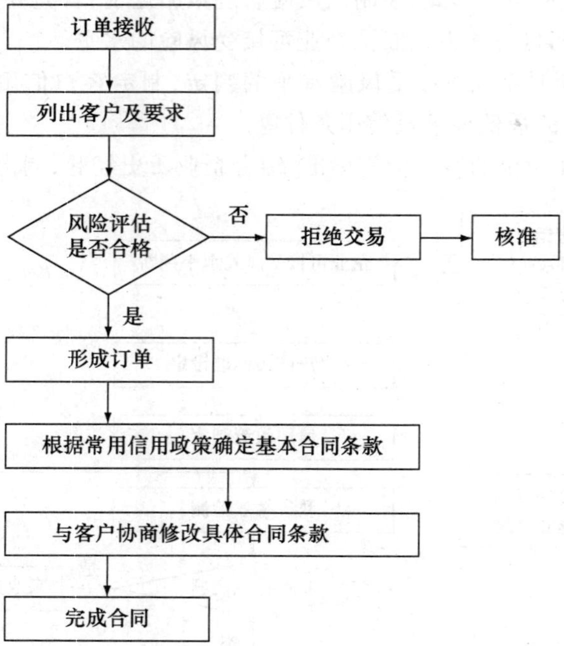

图 13-3

（五）物流赊销服务跟踪结构设计

在赊销服务跟踪阶段，主要包括下面几项步骤：

1. 确定客户付款证明。
2. 提示销售催促并通知备案。
3. 预付提示通知。
4. 监控发货时间。
5. 核准销售订单，开发货单。
6. 再次检查信用风险。
7. 如有信用风险则暂停发货；反之，完成出库单。

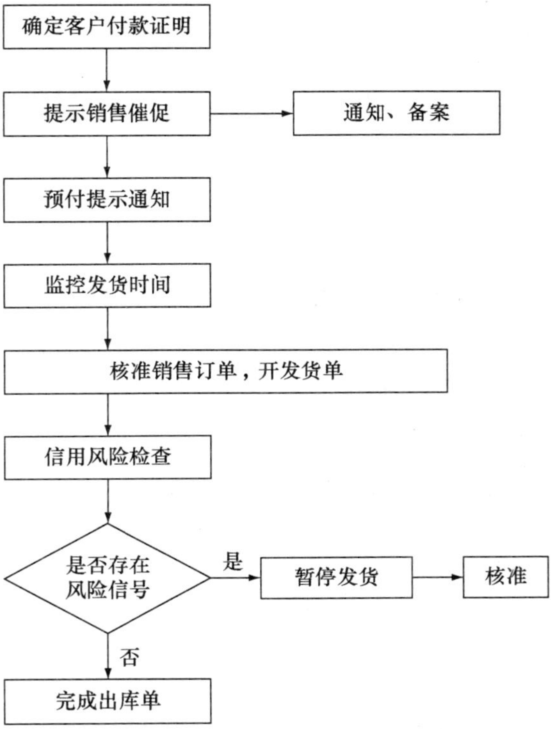

图 13-4

（六）物流账期信用管理结构设计[①]

在账期信用管理阶段，主要包括下面几项步骤：

1. 分析客户的欠款记录。

2. 实施动态跟踪并监控销售收款。

3. 在到货前，打电话给客户确认对服务质量有无异议。

4. 若信用期过半则给客户发付款确认书。

5. 若信用期届满，则给客户发付款通知书。

6. 若刚刚超期，给客户打电话确认欠款并适当催收。

7. 若客户提出延期申请则进行延期申请审核，并对客户的信用风险作出分析，判断是否允许。

8. 若客户未提出延期申请则进行实地走访，执行追账方案，考虑是否寻求法律途径。

---

① 参见〔加〕唐纳德·沃特斯：《供应链风险管理：物流的脆弱性和弹性》，何明珂等译，中国物资出版社 2010 年版。

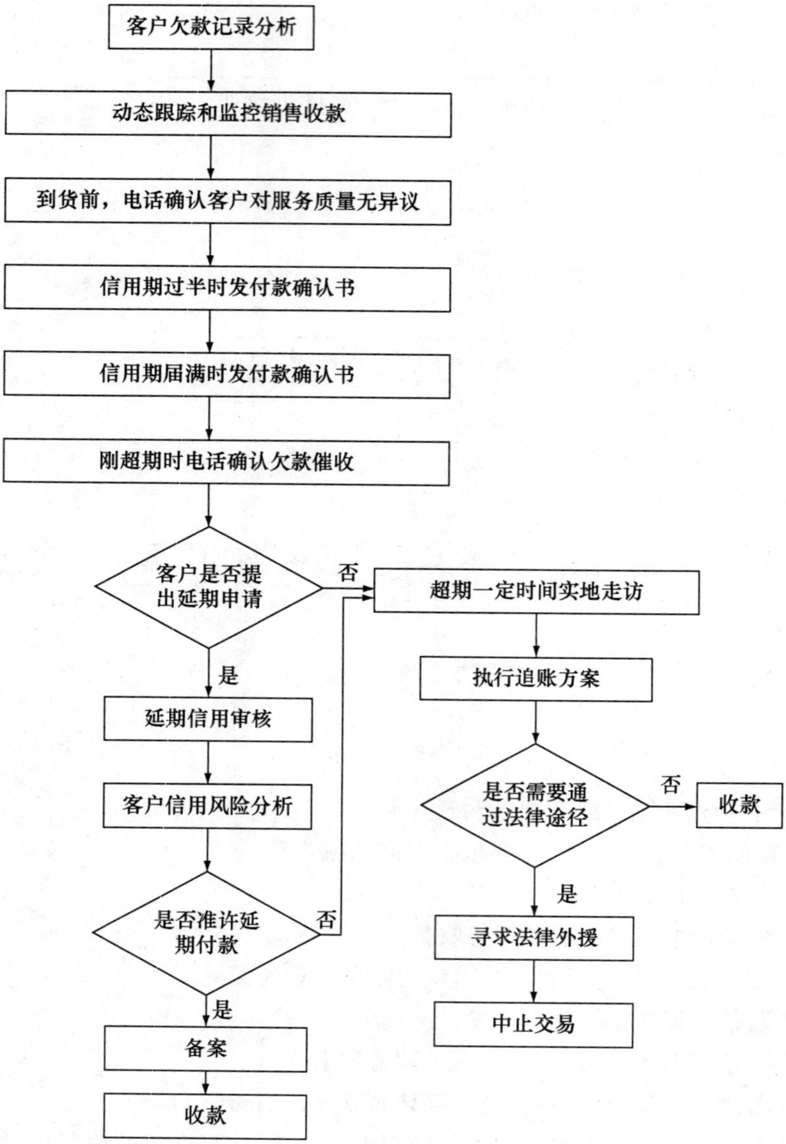
客户欠款记录分析
动态跟踪和监控销售收款
到货前，电话确认客户对服务质量无异议
信用期过半时发付款确认书
信用期届满时发付款确认书
刚超期时电话确认欠款催收
客户是否提出延期申请
否
超期一定时间实地走访
是
延期信用审核
执行追账方案
客户信用风险分析
是否需要通过法律途径
否
收款
是
是否准许延期付款
否
寻求法律外援
是
备案
中止交易
收款

图 13-5

第四节　物流信用风险管理策略实施

根据上文对于信用风险体系的结构设计可知，风险管理策略的实施主要包括企业可接受风险水平的判断、客户信用标准设定、信用政策的制定等步骤。内容涉及企业信用管理的目标定位、组织结构、合同订立原则、职能部门工作流程等众多方面。因此，建立一套科学、合理、有效的信用标准和信用政策对企业信用风险管理的每个步骤都至关重要。

一、企业可接受风险水平判断

物流企业在制定信用政策的具体条款之前，首先应对自身愿意并且能够承受多大风险进行判断，以此来决定给予顾客付款额度和期限的优惠程度。影响物流企业可接受风险水平的要素主要有以下几方面：

（一）企业营销目标

企业的营销目标决定了物流企业在物流市场的定位，也决定了企业竞争战略是扩张、防守还是退缩。这些都将直接影响到物流企业可接受风险的水平。例如，该物流企业为退缩型，则会尽量减少给予顾客的赊销业务。

（二）行业环境

物流市场的供求状况、竞争对手赊销能力、经济环境等都会给物流企业自身的赊销风险承受能力带来影响。例如，当物流市场供大于求时，物流企业为了吸引买家、赢得竞争，会增加赊销交易量，提高企业可接受的信用风险水平。但当物流行业转变为卖方市场时，物流服务稀缺，企业则不会采用赊销交易。

（三）企业自身能力

对于物流企业来说，它能够承受的信用风险水平主要取决于它的经济能力和剩余生产能力。如果一个物流企业的财务状况良好且拥有较多的剩余生产能力，则它愿意在风险系数之内尽量提供赊销。但如果企业的财务状况差或者剩余生产能力较少，企业则会降低信用额度，企业可接受的风险水平也会随之降低。

（四）客户因素

客户订单的大小，风险评估等级，客户的抵押担保等因素都会影响到企业对其信用水平接受能力的定位。例如，企业风险信息评估出的风险较大的客户，物流企业则给予他较少的信用赊销。对于不存在坏账记录的客户可以享受到较多的信用赊销。

二、客户信用标准设定

为了使物流信用政策的制定能够建立在统一的信用标准的基础上，信用政策需要设定出物流企业给予顾客信用优惠，要求顾客支付货款期限和数额的最低标准，通过这些条件加强信用管理政策的应用协调和组织工作。

（一）信用标准的评定指标

1．信用期限

信用期限，也称赊销期限，是指企业允许符合信用标准的客户赊销账款的最长期限，即延期收款期限。企业的产品销售量与信用期限之间存在着一定的依存关系：信用期过短，对顾客的吸引力下降，相应的销售额下降。信用期过长，会增加销售额，同时也会增加相应的费用，这是一种此消彼长的关系。因此，企业在确定信用期限时，必须权衡延长信用期限的收益和费用，确定出恰当的信用期限。

2．信用额度

信用额度，也称信用限额，是企业根据客户的偿还能力给予客户的最大赊销限额。即授予某客户在一定范围内可以赊购的权利，超过此权利，超过此范围，必须用现金购货。它实际上也是企业愿意为某一客户所承担的最大风险额。

（二）信用标准的设定方法

1．历史经验法

历史经验法即参照历史经验确定信用额度，如果在以前的业务中给予客户某一信用额度，客户能及时结清，而客户的财务状况没有大的变动，则可以采用原来的信用额度为基础，进行适当调整再作重新确定。

2．利润法

利润法就是以利润作为计算的依据。通过预测客户在信用期限内的赊销量，以及公司的销售利润率，可以算出客户对公司的利润贡献，客户所享受的信用额度不能超过他所贡献的利润。这种方法一般在发放长期信用时使用。另外，有的公司在每笔交易中，以利润率作为依据，要求客户在支付现金时，不得低于某个百分点，并以此确保自己的利益。

3．递增法

递增法是指首次授信额度和期限都较低，当客户的账户经验增多了，确定客户有能力支付更大的金额后再增加授信额度和期限。如果中途客户的支付能力产生变化，则要适当地降低其授信额度和期限。

三、信用政策制定

通过对企业可接受风险水平的分析，物流企业可根据信用标准制定信用政策以防范信用风险。但由于企业处于不同生命周期,不同的因素对各个企业制定的信用政策的影响程度有所不同。因此,可以将信用政策进行细化,综合各类阶段和因素,归纳如下表所示:

表 13-1　产品生命周期各阶段信用政策特点

		投入期	成长期	成熟期	衰退期
基本特征	销售额	低	迅速上升	达到顶峰	下降
	成本	单位成本高	单位成本一般	单位成本低	单位成本低
	利润额	无	上升	高	下降
	顾客	敢为先者	早期使用者	中期大众	滞后使用者
	竞争者	少	渐多	稳中有降	减少
营销目标		建立知名度、提高使用率	市场占有率最大化	保持市场占有率,力争利润最大化	压缩开支、榨取品牌价值和市场影响利益
信用政策特点	信用标准	较宽松	严格	较为严格	最严格
	赊销比例	高于通常标准	按通常标准	逐渐紧缩	严格控制
	现金折扣	一般不使用	加大力度	最低限度或不使用	几乎不使用
	现金折扣期	一般不使用	加大力度	最低限度或不使用	几乎不使用
	信用期限	高于通常标准	按通常标准	逐渐紧缩	严格控制
	收账措施	相对宽松	逐渐严格	严格管理	日常工作核心

第十四章　物流法律风险管理

第一节　物流法律关系

一、物流法律关系分析

（一）物流法律关系概念

物流法律关系是指物流法律规范在调整物流活动过程中所形成的权利义务关系。物流法调整的对象,就是物流法律规范所作用的社会关系,即由物流活动产生以及与物流活动有关的社会关系。国际物流法律关系是指平等主体在国际物流活动中所形成的物流法律关系,主要体现在平等主体之间所签订的物流合同关系,以及物流服务合同主要服务的货物买卖合同关系。

（二）物流法律关系的构成要素

国际物流法律关系的构成要素为:主体、客体和内容。

1. 国际物流法律关系的主体

（1）货主企业,包括生产企业和流通企业。他们构成了国际货物买卖合同中的出卖人和买受人,与处于类似地位的其他组织、自然人一样,均为物流法律关系的主体。

（2）物流企业,按照《国家标准物流术语》的定义,是指从事物流活动的经济组织。从法律概念上讲,物流企业是指专门从事与商品流通有关的各种经营活动,依法自主经营,自负盈亏,具有法人资格的营利性经营单位。在国际物流法律关系中,物流企业扮演着国际物流经营人的角色。

2. 国际物流法律关系的客体

在国际物流活动中,存在不同的具体的权利义务关系,在多数情况下,物流法律关系主要表现为一种债的法律关系,即权利主体请求义务主体为或不为一定的物流行为,其客体主要是指各种给付行为。客体包括买卖合同关系中双方的给付(货物或价款)行为;运输合同关系中承运人安全及时地送达标的物的行为和请求对方支付运费的行为等。

3. 国际物流法律关系的内容

国际物流法律关系的内容,是指国际物流法律关系主体在国际物流活动中所享有的权利和承担的义务。具体来说,包括买卖合同中双方与物流相关的权利和义务,以及出卖人或买受人与物流企业所签订的物流服务合同中双方的权利和义务。

（三）国际物流经营人法律地位

在国际物流活动中，国际物流经营人的法律地位与责任相应地取决于其所扮演的角色和在业务活动中的身份。一方面，作为委托方的客户通常全权委托国际物流经营人为他们联系办理所有的物流业务，包括受货主委托选择承运人、运输方式和路线，争取优惠运价，代货主办理进出口货物的托运、报关、报验、监装、监卸、装拆箱、仓储、提供咨询服务等。另一方面，作为受托方的国际物流经营人对于委托方所委托的相关事项，一部分是利用自身所具备的诸如仓库、运输工具等便利条件，直接完成相关受托事务，在此过程中不与第三人发生任何法律关系；另一部分则需要通过与第三人发生法律关系来完成受托事务，有些时候是以委托方的名义与第三人订立合同得以完成，有些时候则是以自己的名义与第三人订立合同得以完成，而且这两种不同的方式可能于业务活动中交替为国际物流经营人所运用。基于不同的履行方式所产生的不同法律后果与责任，有必要对此分别进行讨论。

基于实际需要，货主企业与第三方物流经营人之间的关系既可能是委托代理关系，也可能是当事人关系，或者是两者兼而有之。相应地第三方物流经营人在物流法律关系的延续过程中可能会存在如下三种身份，基于不同身份可能履行不同的作业义务。

1．纯代理人身份

在该种情况下，第三方物流经营人与物流服务需求企业之间构成代理与被代理的关系。第三方物流经营人与物流服务需求企业之间通过物流合同约定，在完成物流作业的过程中，第三方物流经营人作为物流服务需求企业的代理人与物流作业实际履行企业订立物流作业合同，物流作业合同中的当事人是物流服务需求企业与物流作业实际履行企业，第三方物流经营人不与物流作业实际履行企业发生权利义务关系，只因原物流合同对物流服务需求企业承担代理人的责任。

2．纯当事人身份

在该种情况下，第三方物流经营人与物流服务需求企业之间构成物流合同双方当事人关系。第三方物流经营人与物流服务需求企业之间订立物流主合同，约定第三方物流经营人可以采用自己履行或分包作业的方式来完成全部物流作业，而第三方物流经营人又与物流作业实际履行企业订立全部或部分物流分合同，由物流作业实际履行企业完成部分或者全部物流作业。此时，物流服务需求企业与第三方物流经营人之间依物流主合同确定权利义务关系。第三方物流经营人与物流作业实际履行企业之间则依物流分合同确定权利义务关系，物流作业实际履行企业与物流服务需求企业之间则不直接产生权利义务关系。假设在一个物流作业过程中，第三方物流公司与承运人订立了货物运输合同，在承运人责任期间货物发生损毁，此时先由第三方物流公司依据物流主合同对货主进行赔偿，然后再依物流分合同对直接负有责任的承运人追偿。

3. 混合身份（代理人＋当事人）

在该种情况下，第三方物流经营人代理人与合同当事人两者身份兼而有之。第三方物流经营人与物流服务需求企业在物流合同约定部分物流作业由第三方物流经营人来完成，部分作业由第三方物流经营人代理物流服务需求企业与第三人，即实际履行企业订立物流合同来完成。在第三方物流经营人作业过程期间，其与物流服务需求企业之间存在合同权利义务关系，在第三方物流经营人只是作为代理人与实际履行企业订立物流合同以完成物流部分作业期间，其与物流服务需求方之间为委托代理关系，与物流作业实际履行企业之间为代理人与第三人之间的法律关系。[①]

在现代物流服务中，第三方物流经营人通常是以当事人身份与货主签订一揽子协议，而以代理人身份出现的情况并不多见。

二、物流企业法律风险概念与特征

法律风险，除了具有风险的一般内涵外，还特别指由法律调整，在针对一定利益的法律关系主体之间，引起其权利和义务产生、变更或消灭的法律行为所带来法律后果的不确定性。

国际物流中的法律风险，即在国际物流法律关系主体之间，受法律调整的，引起其权利和义务产生、变更或消灭的法律行为所带来法律后果的不确定性。换言之，在国际物流法律关系中存在的经济利益面临损失的可能性，根据不同情况，不同主体须各自承担相应的法律责任，这就是其中的法律风险。本章主要从国际物流企业的视角分析其在国际物流法律关系中所面临的风险和需承担的责任。

一般而言，物流企业法律风险，是指物流企业从产生，存续到终结的过程中，由各种违法或者合法的作为或者不作为所导致的，与其所期望达到的目的相违背的不利法律后果的可能性。

一般企业的法律风险主要包括如下几点：

1. 合法行为也可能存在法律风险。物流企业法律风险不仅仅表现为违法风险，也包括由于物流企业不懂法律，疏于法律审查等原因，在主观上不知道可以采取法律手段保护自己的权利，或者对自己已经或者将要遭受的损失未进行法律救济所带来的经济损失的风险。例如，企业本具有合同法上的代位权或无

---

① 参见孙家庆编著：《物流风险管理》，东北财经大学出版社2009年版，第121页。

效民事合同的撤销权而未予行使,或合同中订立了明显不利于己方的条款等。

2. 法律上的不作为可能导致法律风险的发生。企业法律风险产生的因素,既包括作为也包括不作为。

3. 法律风险具有法律后果的不确定性。必然发生或必然不发生的任何不利法律后果均不属于法律风险的范畴。

4. 法律风险中所谓不利的法律后果包括但不仅限于企业支付的罚款、罚金、赔偿金和企业权益的损害等。

与自然风险、商业风险相比,企业的法律风险具有如下特征:

1. 法律风险发生原因的相对确定性。由于自然风险、商业风险所产生的原因分别是以不可抗力和市场因素为其特征,具有不可控性。而法律风险产生的原因主要是由于企业存在违反法律的行为或者是针对己方的合法权益没有及时采取法律手段进行救济所导致的,具有相对的确定性。法律风险的相对确定性主要表现在两个方面:一是法律风险的发生具有相对的确定性。企业违反了法律法规或者侵犯了他人的合法权利,只要国家机关或被侵权人追究其法律责任,该企业就必须承担法律责任。二是法律风险给企业带来的经济损失是相对确定的。法律明文规定了行政处罚和承担民事责任的幅度和方式。企业可以根据法律的相关规定在一定范围内确定其应受处罚和应承担责任的方式和数额,因而,法律风险给当事人带来的损失是可以事先在一定范围内确定的,所以说,法律风险从损害结果上也具有相对的确定性。当然,所谓的确定性是相对而言的,如当事人事先确定法律风险所带来损失的数额与法院最终判决所确定的数额很可能存在一定的偏差,但只要这种偏差是在一定范围之内,还是应当认为符合法律风险相对确定性的特征。

2. 法律风险的可防可控性。自然风险和商业风险虽然也可以通过风险管理,降低风险发生的几率。但是由于自然风险和商业风险产生的原因是不可抗力和市场因素,因此不可能从根本上避免风险的发生。而法律风险则可以通过企业建立较为完善的法律风险防控机制,在懂法、守法的基础上从事各种生产经营活动,运用法律在争端中维护己方合法权益等手段,从根源上加以防范和控制,从而基本上杜绝法律风险的发生。

3. 法律风险后果的可预见性。自然风险的发生具有突发性,往往使企业措手不及。而法律风险的发生则可以通过法律明文规定予以预见。法律通过授权或禁止的方式规定了一定的行为模式及违反该行为模式的法律后果。因此,企业根据法律规定可以判断企业的行为是否违法,会导致何种不利后果。

4. 部分法律风险的不可保险性。企业在经营中,完全可以通过保险的方式分散企业的自然风险,然而,具有违法性质的法律风险是不能通过保险加以分散的。

三、物流法律风险成因分析(外部、内部因素)

作为市场主体的物流企业,在经济活动中必然蕴涵着相应的法律风险。如果企业能够采取科学的防范措施,建立有效的法律风险防范机制,就会减少法律纠纷的发生,避免或挽回经济损失,促进企业健康发展,否则,企业法律风险可能会给企业造成损失,甚至导致企业走向衰落、破产。因此,如何科学地防范企业法律风险,使企业在法律风险最低的前提下实现企业利益的最大化,成为企业经济活动中必须要解决的问题。

下面主要从外部因素和内部因素两个方面分析物流法律风险的成因:

企业外部法律风险因素和企业内部法律风险因素的存在,导致企业在经济活动中存在着企业外部法律风险和企业内部法律风险。企业外部法律风险因素主要包括法律法规的不断出台和修订、市场竞争对手的行为、其他非企业自身的因素等。企业内部法律风险因素主要包括企业员工违反法律法规的规定或不履行合同约定的义务、企业管理制度不完善或执行不到位等。

(一) 外部因素

企业外部存在的法律风险因素,是形成企业外部法律风险的原因,主要包括以下几点:

1. 法律法规的不断出台和修订是形成企业外部法律风险的重要原因。由于我国处于社会主义初级阶段,各种法律法规不尽完善。随着经济社会的不断发展,规范经济活动的法律法规处于经常变化完善当中。因法律法规的不断出台和修订,使企业原来合法或不违法的经济活动,有可能违反了新的法律法规,给企业带来法律风险。尽管企业总想了解最新的法律法规,并尽快使自己的经济活动不违反新的法律法规的规定,但由于企业的经济活动总是按照一定的惯性进行,有可能导致企业的经济活动违反了法律法规的规定,从而给企业带来法律风险。

2. 市场竞争对手的行为是形成企业外部法律风险的另一重要原因。在市场经济条件下,每个企业为了生存与发展,使自己在激烈的竞争中处于有利地位,总是千方百计地采取各种手段,包括利用竞争对手对法律法规的无知或法律意识的淡薄来打压竞争对手。例如,由于有些企业的商标保护意识比较淡薄,没有及时注册自己的商标,而被对手抢注,使自己遭受不该有的利益损失。目前,许多企业置身国际竞争之中,竞争对手更加强大,竞争手段更加难以防范,经济活动所涉及的法律越来越复杂,企业法律风险越来越大。

3. 其他非企业自身的因素使企业存在外部法律风险。导致企业承担法律责任的其他非企业方面的因素主要包括意外事件、不可抗力、外部侵权等。尽管企业尽力去规避法律风险,但仍有许多法律风险无法规避,如作为不可抗力的自然灾害,行政部门、其他单位主体及企业外部人员对企业合法权益的侵害等,都可能使企业产生法律风险。

（二）内部因素

企业内部存在的法律风险因素,是形成企业内部法律风险的原因,主要包括如下几点:

1. 企业员工特别是企业高级管理人员和业务人员违反法律法规的规定或合同的约定,是企业存在内部法律风险的重要原因之一。企业的经济活动是靠企业员工来进行的。由于一些员工不懂法或法律意识淡薄,甚至有的员工为了个人的私利而不惜牺牲企业的利益,在经济活动中违反了法律法规的规定或合同的约定,导致企业产生法律风险。尤其是有些企业管理者习惯“家长式”管理,不懂法或法律意识淡薄,一旦决策失误,违反了法律法规的规定,必然会使企业承担更大的法律风险。

2. 企业管理制度不完善或执行不到位,是企业存在内部法律风险的另一重要原因。企业的经济活动需要管理制度来加以规范,而管理制度是由人制定的,由于人的认识能力有限,管理制度也就不可能完美无缺,或多或少地会存在着缺陷和漏洞,使企业内藏法律风险。尽管企业制定了管理制度,用以指引、规范、约束企业各部门、各员工的行为,但是有些部门或员工违反管理制度的规定或者执行管理制度不到位,也会导致企业产生法律风险。例如,合同文本疏漏、相关业务环节缺乏完善的制度规范和严谨细致的法律监察等,都是引发法律风险的因素。

事实上,企业存在的内外部法律风险因素很多,而且往往几个因素共同作用,使企业法律风险更加难以防范,因此,物流企业必须采取科学的防范措施,才能避免或减少企业法律风险的产生。

四、物流法律风险的类型

根据物流法律风险所涉及的法律事务不同,主要可将其分为如下类型:

（一）合同法律风险

合同法律风险是指在合同订立、生效、履行、变更、终止以及违约责任的确定过程中,造成合同当事人一方或者双方利益损害或者损失的可能性。合同风险是物流企业经营过程中最主要的风险之一。作为市场经济中各类企业从事商事活动时所采取的最为常见的基本法律形式,合同的运用贯穿于企业经营的整个过程中。企业只要从事商事活动,就必然要产生合同,这使得合同在订立、履行中的法律风险广泛存在。作为当事人的企业以牺牲法律保障而追求合同最大利益,进而导致企业遭受重大损失的例子比比皆是,而合同本身在避免交易行为不确定性的同时,也可能由于合同约定的缺陷为当事人埋下法律风险。

（二）知识产权法律风险

知识产权法律风险是指在商标权、专利权、著作权等权利的取得和行使过程中的不确定因素可能给企业带来负面影响的可能性。知识产权法律风险体现在没有通过法定程序获取知识产权的风险，没有有效开发与实施知识产权的风险，企业雇员的不当行为带来知识产权被侵害的风险，知识产权被强占的风险等等。如果从企业自身找原因的话，企业法律风险防范意识和知识产权法律知识欠缺可能是最重要的因素之一。另外，由于知识产权具有严格的地域性特征，不同国家的知识产权保护是以各个国家的法律规定为基础的，在不同的司法体制下可以获得知识产权保护的水平具有差异性，这更增加了风险的不确定性。

（三）人力资源管理法律风险

人力资源法律风险是指在企业人力资源管理过程的各个环节中，由于员工或企业自身违反人力资源管理的相关法律法规约定而给企业造成的劳动纠纷或经济损失等不良影响。我国法律对于员工的招聘、面试、录取、使用、签订劳动合同、员工待遇问题直至员工离职这一系列流程的各个环节，都有相关的劳动法律法规予以约束，任何不遵守相关法律法规的行为都有可能给企业带来不良影响，包括员工的费用负担，养老、医疗、工伤、失业、生育等保险的缴纳，对员工欠缺保密约束导致的企业客户资源、商业密集、技术机密等的泄露，企业违反劳动保障制度导致的劳务纠纷，违法用工行为导致的行政处罚，高层管理人员的道德风险等等。这些法律风险不仅会对企业造成经济上的损失还有可能对企业的声誉造成不良的影响，有时候甚至会对企业造成致命的损害。

（四）企业并购法律风险

企业并购是一个复杂的资产运作过程，它涉及的不仅仅是并购双方两个企业自身的利益，还涉及债权人、投资者和国家的利益（如税收）。这使得并购过程本身不但涉及许多具体的操作技术问题，同时还会涉及诸多的法律问题。

企业并购中可能涉及的法律问题包括以下方面：

1. 由于历史原因所导致的企业的财产所有权不明确的问题。

2. 国有企业的经营者或者受国有资产管理机构的委托对国有企业进行经营管理的经营者将所管理的企业资产进行抵押或租赁产生的问题。

3. 企业法定代表人在任职期间发生的法律责任的追究问题。

4. 企业职工权益保障问题。

5. 其他法律问题。

企业在并购前，并购活动实施中以及企业整合过程中对于法律问题的忽视都有可能严重影响并购企业的正常经营活动，并且导致整个并购活动的失败。

（五）公司治理法律风险

企业的股权结构是否合理，法人治理结构是否完备，监督控制机制是否健全，高管人员之间的权力如何制衡等问题如果在企业运营过程中不能得到完善的解决，将很有可能导致负面法律后果的发生。虽然仅从法律风险本身而言，上市公司所面临的多数法律风险与普通企业无异，但是，无论是现行法律制度还是市场运行机制，都对上市公司治理提出了更高的要求。公司治理问题处理不当很可能会使企业内部出现争端和掣肘，更有可能直接影响到企业的健康发展。而良好的公司治理不仅可以避免负面风险，还能促进提高公司市价总值机会的增长，为企业的股东获取更高收益产生正面影响。

（六）企业税收法律风险

税收法律风险是指企业的涉税行为因为未能正确有效遵守税收法规而导致企业未来利益的可能损失或者不利的法律后果。税收法律风险具体表现为企业涉税行为影响纳税准确性的不确定因素，结果导致企业多交了税或者少交了税，或者因为涉税行为而承担了相应的法律责任。近些年来，企业涉财涉税案件大量涌现，企业在财务税收方面的法律风险日益增大。在我国目前的财税政策环境下，很难分清楚合理避税与偷税漏税之间的界限，如果处理不当，企业很可能要蒙受不必要的经济损失，甚至要承担相应的刑事责任。

（七）其他法律风险

物流企业在其生产经营过程中还可能因为自身的不规范行为以及外界因素的影响，造成其他法律风险。

五、物流法律风险管理概念与内容

（一）物流法律风险管理的概念

物流法律风险管理主要是从物流企业风险规避的视角而言的，所谓物流风险管理，主要是指从法律角度管理企业战略制定和经营活动中面临的风险。具体而言，是指在物流企业内部建立一种管理法律风险的基础能力（包括流程、技术、组织、文化等），从而以识别、衡量、评估、处理、监控、沟通等方式来从各个环节规避企业生产经营过程中的法律风险，使该风险与企业目标和风险偏好协调一致。

随着经济的发展，物流企业在瞬息万变、日趋激烈的市场竞争中遇到的风险也越来越多。对于企业面临的各种风险而言，法律风险是其中最重要、最基本的风险之一。从宏观上看，现代市场经济是由法治支撑和约束的经济，法律是规范企业一切经营活动的最低行为准则和具有后果承担性的行为约束准则。从微观上看，企业发生各种风险的后果表现形式很多都是法律责任。因此，企业在日常的运营过程中一定要建立相应的法律风险管理流程，运用法律风险管理方法规范企业的经营活动，通过建立各项支持性管理制度，确保企业的经营活动在风险可控的条件下实施。

（二）物流法律风险管理的特征

为了实现上述物流法律风险管理的目标，企业必须构建完善的法律风险管理体系。

所谓法律风险管理体系是指为了合理、有效地管理企业面临的法律风险而建立的由一系列制度、流程等组成的有机管理体系的整体。物流企业法律风险管理体系，主要可以分为法律风险识别、法律风险控制和法律风险评估等不同模块，其最基本的特征是识别的系统性、分析的定量性、控制的体系性和运行的持续性。

识别的系统性，是指对企业法律风险的识别必须是结构化的、全面识别的。从法律性质上看，应涵盖了违法、违约、侵权、行为不当、怠于行使权利等不同性质；从人员分布上看，应涉及包括高管在内的所有工作人员；从机构和流程上看，应贯穿于所有的部门和岗位。

分析的定量性，是指对所有识别出来的法律风险，应进行量化测评，将具有不同法律性质，分散在不同领域、不同部门的法律风险，统一用可能性、损失度和风险期望值来衡量，从而使各种风险之间具有可比性，能够从管理的角度区分出轻重缓急。

控制的体系性，是指企业法律风险管理和控制的部门不再集中于企业法律事务部门，而是分散到所有的业务和管理部门，从而将法律风险的控制和管理变成企业所有部门和人员职责的一部分，把过去似乎不可能明确的各个岗位、各个环节的法律风险管理控制的责任和工作内容明确下来。

运行的持续性，是指企业法律风险管理体系是一个闭环的、动态的运行结构，它需要根据内外部环境的变化和运行的周期，进行不断的调整和优化，保证企业法律风险管理体系始终适应企业生产经营的需要。

物流法律风险最大的特点在于它既不同于企业面临的其他风险，具备独有的法律特征，又不是与其他风险截然分开的，彼此之间具有紧密的联系。从物流企业整体运营的角度看，企业法律风险和经营风险等其他风险是交叉互动的，其他风险的特点必然会影响法律风险的大小，法律风险的控制效果又在很大程度上影响着其他风险的大小。法律风险在许多情况下与其他风险是同时存在的，法律风险防范占据着十分重要的地位，有效地控制企业法律风险可以在很大程度上避免和降低经营风险。

（三）物流法律风险管理的原则

基于物流企业经营活动的特点，以及法律实务工作人员工作效果评价的最优化考量，综合考虑，物流法律风险管理的原则主要可概括为以下方面：

1. 谨慎性原则

谨慎性原则，是指法律实务工作人员在对物流企业从事法律风险管理的过程中,应首先尽可能谨慎地、全面细致地收集企业所处法律环境的信息,分析企业经营行为所涉及的法律规范,对企业的行为及相关主体的行为有较为全面的了解和判断。在系统性解决企业的法律困境时,要对面对的问题提出谨慎的解决方案,要有全局观念。从法律风险的识别到最终的法律风险解决,都要有系统化和全局化的意识,提供最优化的解决方案,不能就问题解决问题,把问题孤立开来。同时,应做到区分风险与收益、现实与长远的关系。

2. 主动性原则

主动性原则,是指法律实务工作人员对于物流企业的各种行为应当积极、主动地从法律风险管理的角度去收集信息,建立日常跟踪机制,制定相应的应对方案,而不是做企业的"消防队",只负责事后补救,为了处理孤立的法律问题而被动应对。在管理企业法律风险的过程中,最重要的是建立成型的管理机制,并且不断地改进。法律风险会随着国家的立法状况和企业的生产经营管理情况的变化而发生变化,因此这种体系的建设也是一项长期性的工作。伴随着企业的整个生命周期,法律风险管理应该是动态的运行结构,根据内外部环境的变化,法律实务工作人员也要不断调整和优化企业法律风险管理措施。

3. 合法性原则

合法性原则,是指法律实务工作人员提出的所有方案和建议都应当建立在法律规范要求的基础上,通过把具体法律的条文分解,转化为企业的具体管理制度和流程,保证企业的运营建立在符合法律相关规定与要求之上。

4. 标准性原则

标准性原则,是指法律实务工作人员应将物流企业的各项行为分类归纳,从法律的角度帮助企业建立不同的操作程序,理顺授权手续,进行统一的制度设计,根据法律风险的状况,决定应对法律风险的承担、控制、转移和规避等不同的选择方式。这种决定主要建立在成本和费用的比较上,也要建立在合法经营的风险控制下。由于法律的规范性,对于企业来说,来自于法律方面的风险可谓方方面面,为了能够更好地管理好企业法律风险,对于法律风险的管理必须落实到企业的每个具体活动中。因此,将具体的法律规范与企业的具体行为对应起来,建立标准化的管理规范和工作流程,帮助企业的具体工作人员规范运作就十分重要了,这也避免了企业较高的法律培训成本和难以控制的实施效果。

5. 实际性原则

实际性原则,是指物流法律风险管理要与物流企业实际经营情况紧密结合,具有本行业、本企业的鲜明特点。不同的行业、不同的企业除基本制度、基本流程以外,应当有差异性地选择不同的制度流程设计和风险防范方式。物流企业也应当遵循行业和企业的实际情况,作出适当的选择。

(四) 物流法律风险管理的内容

物流法律风险防范体系由制度、流程、表单、文本组成,这四种体例形式有机结合,形成一个相互联系的有机整体,从而防范物流法律风险的产生并使得物流法律风险的损失达到最小化。

物流法律风险防范体系主要包括以下七个部分:

1. 企业治理风险防范体系

该体系包括企业股东结构、股权设置和出资是否存在潜在的法律风险,企业股东会、董事会和监事会的设置和运作是否合法,企业资本运作的往来规范性文件是否合法,企业的各类分支机构的设立和授权是否合法,企业的运营流程中各类授权和审计制度是否合法,企业内控制度的建设如何,以及相应的各项制度和合同是否能够得以落实。

2. 企业合同风险防范体系

该体系包括合同的订立、生效、履行、变更、转让、终止及违约责任承担的防范机制、企业内部的合同管理制度和合同审批权限及制度。

3. 企业并购及投融资风险防范体系

该体系包括企业兼并、收购以及各类权益性和成本性投融资行为,这涉及企业法、竞争法、税收法、知识产权法等法律法规,且操作复杂,对社会影响较大,潜在的法律风险较高。

4. 企业知识产权保护体系

该体系包括企业的商标、专利、著作权、高新技术、专有技术、商业秘密和软件权利等一系列事关企业核心竞争力保护的制度建设和申请、保护等方案。

5. 企业人力资源法律保障体系

该体系包括企业的劳动用工、社会保障、期权设置、奖励计划、福利待遇等一系列制度的设计和持续改进以及相应的纠纷应对预案,通过这些措施防止企业陷入到繁杂的劳动人事纠纷中。

6. 企业财务和税收风险防范体系

该体系包括企业的财务管理制度、资金使用制度、各类抵押行为、借款和委托贷款行为、涉税行为、购买保险等的合法性审查和尽职调查等。

7. 企业环评和产品质量风险防范体系

该体系包括企业环境治理、环保措施、环保风险、环保交易、产品质量审批和检验、产品质量保险、产品生产全流程控制等的合法性审计制度等。①

---

① 参见郭延安、张旭升主编:《风险管理》,清华大学出版社 2010 年版,第 206 页。

第二节　物流合同风险管理

一、物流合同概念及其特征

（一）物流合同的概念

物流合同可分为狭义的物流合同和广义的物流合同。

1. 狭义的物流合同，是指第三方物流经营人与其他企业约定，由第三方物流经营人为后者进行物流系统的设计和/或负责后者整个物流系统的管理与运营，承担系统运营责任，而由后者向第三方物流经营人支付物流服务费的合同。

2. 广义的物流合同，是指第三方物流经营人与其他企业约定，由第三方物流经营人为后者提供全部或者部分的物流服务，而由后者向第三方物流经营人支付报酬的合同。

在实务中，通常将狭义的物流合同称为物流主合同，或综合物流合同，而把第三方物流经营人与其他物流作业分包商所签订的合同称为物流分包合同，是指第三方物流经营人为完成物流主合同而与第三方，即物流活动的实际履行人订立的，以完成主合同中约定的部分作业为目的的合同。物流分包合同主要存在以下几种形式：运输合同、仓储保管合同、港口作业合同和加工承揽合同。物流分包合同的双方当事人为第三方物流经营人与实际履行人，不包括物流过程中的货物利益方。

物流合同中包含运输合同、包装合同、信息服务合同、装卸合同等，是若干个不同性质的合同的综合。例如，某客户要求物流企业负责提供某种型号的设备，物流企业就可能要先去采购，然后再送给客户。这时，物流企业与客户的合同中既有采购性的买卖合同，也有运输性的运输合同，甚至也可能存在具有包装内容的包装合同。再如，物流企业为大型超市搞配送，这里也涉及其他的合同关系，远不是一个运输合同所能涵盖的。第三方物流在世界范围内尚属于新兴产业，物流行业正处于发展阶段，各物流公司的业务范围不同，其对外签订物流合同有其相同的一面，也有其各自的特色。第三方物流服务合同，不仅限于是传统意义上的劳务合同或者运输合同，而是以物流企业向他人提供物流服务为利益指向的合同。

由此可见，广义上的物流合同，除包括狭义物流合同外，还包括简单的货物运输合同、仓储合同，也包括由单纯货物运输合同和仓储合同等简单叠加在一起的混合合同。

考虑到物流分包合同已有专门的法律规定，因此，以下所称的物流合同，如不作特殊说明，均指狭义的物流合同，即物流主合同。

（二）物流合同的特征

物流合同既具有符合合同法基本原理的普遍特点，也具有适应国际物流活动的独有特点，其特征如下：

1. 物流合同是双务有偿合同

根据当事人的权利和义务，可以将合同分为双务合同与单务合同。双方当事人互付对等给付义务的合同为双务合同，当事人一方负给付义务，另一方只享有权利的合同为单务合同。由此可见，第三方物流合同应为双务合同。在第三方物流合同中，物流服务的供需双方互负给付义务：一方提供物流服务，另一方给付报酬和费用。同时，物流服务需求方还必须表明需要处理的标的物的真实有效性、合法性及安全性。因为第三方物流运营人处理标的物的时候为减少成本，通常会采取整合包装或拆零包装，这就要求客户真实说明货物的性质，提供相关资料和合法凭证。而第三方物流运营人则负有把标的物适时、安全、准确地送达目的地的义务，因此，第三方物流合同为双务合同。

按照合同法理论，根据当事人是否因给付而取得利益，将合同分为有偿合同与无偿合同。享有合同权利而必须付出对价的合同为有偿合同，反之，则为无偿合同。第三方物流合同应为有偿合同。这是基于第三方物流当事人之间的权利义务存在对价关系而言的。有偿合同是商品（包括服务）交换最典型的法律形式，第三方物流服务供需双方都是独立的法人，都是有限理性的利益最大化的追求者，都希望通过物流服务获取更高的利润。不管物流供需双方采取何种形式确定第三方物流服务的成本费用，双方都存在一定的对价关系，因此，不论是物流主合同还是从合同，都为有偿合同。

2. 物流合同是诺成合同

实践性合同是以实际交付标的物才可以成立的合同。对于实践性合同，一方当事人不交付标的物的，另一方当事人不能根据合同的规定要求其支付。诺成性合同是指当事人意思表示一致即可成立的合同。诺成性合同要经过要约和承诺两个阶段，当事人意思表示真实，达成一致，合同就宣告成立并生效，如果一方不履行自己承诺的义务，没有法定的免责事由，就要承担违约责任。

对诺成性合同的含义，我国理论界的基本观点一致，即“双方当事人的意思表示一致即可成立的合同”。第三方物流合同包括大量的货运内容，在我国的司法实践中，货运合同已经脱离了传统民法实践合同的范围，而成为诺成性合同。第一，第三方物流合同已经不仅是货运合同和其他合同的简单相加，而是货运、仓储、配送、通关等多个环节的紧密结合，是内容复杂的独立合同。第二，第三方物流合同成为一种诺成性合同，这是由物流合同的性质所决定的。在物流标的物交付之前，物流服务的需求方和物流服务的企业可能已经为履行合同进行了准备，支出了成本。前者负责签订货物转卖合同，制订生产计划等，后者负责腾空仓位，安排车辆，并且还可能由于自身规模能力原因拒绝了其他客户。如果以交付标的物为合同成立的要件，不利于保护双方当事人的利益。这样对物流服务的需求方和物流服务的企业双方来说都是极不公平的，可能严重影响双方企业的生产经营活动。如果该合同是实践性合同，那就意味着客户只要实际交付标的物就可以任意改变其先前许诺，不受事先承诺之约束，这样第三方物流运营人面临的风险便大大增加。所以，只要经过客户要约和第三方物流运营人的承诺，第三方物流合同即宣告成立，这样，不仅有利于维护第三方物流运营人的利益，而且有利于保障物流供需双方交易的安全。因此，在物流合同中，只要经过物流服务的需求方要约和物流服务的企业承诺，合同即宣告成立。

3. 物流合同是提供劳务的合同

物流合同的标的不是物，而是行为，是物流服务提供者向物流服务需求者提供物流服务的行为。所以，在物流服务提供者为物流服务需求者提供服务的整个过程中，货物的所有权并不转移到物流服务提供者手中，物流服务提供者没有处分货物的权利，必须按物流服务需求者的指示将货物交付给指定的人。但是，广义的物流合同并非全是提供劳务的合同，配送合同就是一种商、物结合的非常紧密的合同，其中，销售配送合同的标的既包括物，也包括行为，配送人既将标的物的所有权转移给了用户，同时也为用户提供了配送服务。

4. 物流合同的一方是特定主体

物流合同中的物流服务提供者必须是投资建立的第三方物流经营人，即专为提供物流服务收取报酬而经营的法人或其他组织。第三方物流经营人的专业性，决定了以此为基础的第三方物流合同的主体特定性，在第三方物流合同中处理标的物的一方必须是第三方物流企业。之所以第三方物流企业为特定主体，是因为在当今物流模式下，第三方物流企业具有极强的专业性和规模化，第三方物流是专门为提供物流服务收取报酬而经营的法人。因此，第三方物流企业是一个特定的、统筹管理的企业。与以往的物流运营部门比较，第三方物流企业的特定性主要体现在专业和规模上，而与以往的单一的运输、仓储企业则不具备可比性。

5. 法律关系复杂

物流合同法律关系的复杂性具体体现在以下五个方面：一是时间长。物流过程是一个长期的、合作的过程，一项物流外包安排，基本上都希望持续三年五年甚至是十年，因此，合同必须对此加以体现，对物流环节出现纰漏时或由于一方的过错导致物流中断时，物流合同需要约定解决办法、费用以及责任的承担。二是内容复杂。现代物流不只是简单的代理、运输、仓储、保管、报关等合同的签订，它所出售的是一个方案，是按一定流程管理的设计方案，该流程要解决企业的各种疑难问题，达到简化程序、降低成本、提高管理水平、提高企业经济效益和市场竞争能力的效果,合同涉及的环节多、时间长、要求复杂。三是物流外包涉及两个实体达成商业合作伙伴关系,而不是一次性交易行为。如此密切的关系,就代表有更多出错的可能,这就构成其法律关系复杂性的本质。四是法律关系的这种复杂性多半是由双方紧密的日常接触和彼此机密资料的取得所引起的。此外,供应商提供的服务虽不属于购买者的核心业务,会购买者的商业活动产生巨大的影响。五是尽管物流供需双方达成了某种"合伙人"关系,但物流供需双方仍属不同的实体,他们拥有不同的环境压力、不同的策略、不同的商业导向和不同的工作人员,一旦事情出错,他们每一方都会优先考虑自己的利益,而牺牲这个"合伙关系"。

6. 物流合同具有两条相互对立的原则

物流服务使用者希望必要时能够立即终止合同,而物流服务提供者希望投资能够得到分摊与回收,这两种情况是相互对立的。第三方物流提供者的服务承诺,常常要付出很高的代价,如雇用长期劳动力,进行设备租赁等,这对其财务平衡会产生很大的影响,因此,物流服务提供者一般坚持要求签订长期合同,从而规避风险。相反地,要求外协物流过程的公司,需要确保在第三方物流提供者不能提供它所期望的服务标准时合同可以被终止,以便选择别的第三方物流提供者。所以,每项物流合同的订立,都具有以下两条相对立的原则:一是物流服务提供者的投资摊提与回收;二是客户选择是否中断物流服务关系。

7. 物流合同是无名合同

根据法律是否规定一定名称和相应的规范,可将合同分为有名合同和无名合同。有名合同,又称典型合同,是法律规定了一定名称和调整规范的合同,如上述运输合同、仓储合同、买卖合同、委托合同等,在我国《合同法》中均有明确规定。无名合同则是指法律未确定特定名称和特定规范的合同。从上面的分析不难看出,在我国目前的法律规定中,物流合同不属于任何一种有名合同。也就是说,物流合同是一种无名合同。

8. 物流合同一般为格式合同

合同格式条款,是指当事人为了重复使用而预先拟定,并在订立合同时不与对方协商的条款。以格式条款订立的合同一般称为格式合同。格式合同具有以下特点:(1) 格式合同的预先制定性和单方决定性。格式合同的有关条款全部或部分由当事人一方预先确定,这一点是不同于一般合同的,一般合同是由双方当事人共同协商拟订的。(2) 格式合同具有稳定性和重复性。格式合同条款一经拟订,在相当长的时期内具有稳定性。这种稳定性表现在:一方面合同条款不能随意修改,欲与之缔结合同的当事人只有完全同意才能成为缔结的一方当事人,不能就合同条款讨价还价,另一方面格式合同多是由提供商品或服务的一方印制成书面的固定的形式以便使用和给当事人了解。重复性是指格式合同的反复使用性。(3) 格式合同的要约具有广泛性、持续性、细节性。广泛性是指合同要约总是向不特定的多数人发出的,而非针对某一特定对象。持续性是指要约总在较长时间内发生效力,在合同制定者改变其经营策略以前该要约都可以作为承诺的对象。细节性是指该要约一般包括了合同的全部条款。(4) 格式合同内容具有客观性和科学性。格式合同的订立一般是专门部门或具有专门知识的人员或行业机构制定的,能够正确反映所涉及行业的客观规律与特殊要求,并经过较长时间反复运用与实践后总结出的,具有客观性和科学性。(5) 格式合同双方地位上存在着不公平性。使用人利用在经济或其他方面的绝对优势地位,使其可以将预定的格式条款强加于对方,从而排除双方协商的可能性,表现在法律和事实上的垄断。当事人的这种垄断常常被称为“契约环境的不公正”。基于格式合同的上述特点,《合同法》对提供格式合同条款的一方当事人作了诸多限制,从而保护对方当事人的合法权益。

目前,多数物流服务提供者有自己的物流格式合同,这些合同应该遵守《合同法》的相关规定。首先,提供格式条款的一方应当按照公平的原则确定当事人之间的权利义务,并采取合理的方式提请对方注意免除或者限制其责任的条款,按照对方的要求,对该条款予以说明。其次,对于格式条款应严格按照《合同法》第 52 条规定的合同无效的五种情况和第 53 条规定的免责无效的两种情况处理,或者免除提供格式合同条款一方当事人主要义务,加重对方责任,排除对方当事人主要权利的条款无效。最后,对格式条款的理解发生争议的,应当作出不利于提供格式条款一方的解释。格式条款和非格式条款不一致的,应当采用非格式条款。

至于在订立合同时采用何种形式,可以由物流双方当事人协商确定。物流双方当事人对于关系复杂并且重要的合同,一般应采用书面形式。书面形式有据可查,发生纠纷时便于分清责任。鉴于物流合同的复杂性和特殊性,这类合同应当以书面形式订立。

二、物流合同的内容及当事人

(一) 物流合同的内容

目前,物流合同的内容并无统一的规定,实践中的物流合同一般包含的条款有:

1. 服务范围

物流经营人提供的物流服务涉及如下内容:承接物流系统开发、物流策略制定、物流信息管理系统开发与信息管理、数据交换网络功能开发与维护、物流单证设计和物流业务管理、物流运输服务(包括承运人选择、货运代理、进出口报关等)。对外谈判和签订合同时,一定要对服务范围给予明确的界定,包括如何为客户提供长期的物流服务、服务的具体内容、服务到何种程度及服务的期限等。服务范围应详细描述有关货物的物理特征,包括所有装卸、搬运和运输的需要,运输方式,信息流和物流过程中的每一个细节。

2. 合作方式和期限

物流经营人以哪种运营模式向物流需求者提供服务,是仅提供运输、仓储等单一或者少数物流功能的组合服务项目,还是提供实物运输、仓储、配送、分销、流通加工、采购、咨询和信息及其他增值作业等服务;或者是物流需求者与物流服务提供者建立长期物流合同形成一体化供应链物流方案,根据集成方案将所有物流运作以及管理业务全部交给物流服务提供者,这些内容都应在合同中得到反映。

3. 服务所应达到的指标

物流服务具有很强的技术性,当事人要么在物流合同中详细规定服务技术指标,要么另外签署服务水准协议书。服务水准协议书不仅能提供衡量服务的标准,它也是服务提供商和客户间一种有力的管理沟通工具,协助两者达成共同利益。服务水准协议书通常作为合同的一部分,合并在合约内。

服务水准协议书通常包括绩效评价指标、评价次数、评价日期和需要提交的报告以及对不良绩效的制裁等。

4. 费用结算与支付

物流合同必须详细规定收费模式、发票格式、开立地点、开立频率、每季或每月开截止日、处理有效发票的方式、审核发票的期间、付款时间、付款方式以及有关发票和付款发生争议时的处理流程等。

目前,比较通用的模式有:固定价格收费、成本补偿收费以及利润共享或几种形式的混合等。

5. 奖金或罚款

某些物流合同规定有奖金条款,如果提前或者以高于客户要求的服务标准完成物流项目,客户将付给物流经营人奖金。另一方面,有些物流合同会涉及罚款条款,如果项目到期没有完成或者物流经营人的绩效不良,客户就将减少付给物流经营人的最终款额。在实践中,除了严重违约并造成巨大损失的非常事件可以约定终止合约之外,对于其他轻微失常的事件,合同多采用记点扣分的方式。

6. 义务限制

这是为了保护物流经营人的利益而设立的条款。物流经营人在物流合同中轻易不要承担严格责任制条款,而要争取过失责任制条款,否则可能会发生收取很少的费用而承担无限的责任,甚至赔偿整个货价的现象。

7. 对物流经营人财务能力的监控

这是为了保护客户(物流需求者)利益而增加的条款。物流合同本身并不能保证物流经营人不发生财务问题,然而,如果合同中规定了监控和分析物流经营人财务状况的一些流程,至少能增加将潜在问题辨别出来的机会,以便客户能采取必要的措施,将不良影响降至最低。

8. 合同变更

在合同履行过程中,基于需要增加或者剔除原先的服务范围,价格调整或者澄清原先规定不清晰的内容等原因,双方或者一方可能期待合同能够随时间变动。而对于期限较长,没有具体外包标准等合同,更需要持续不断的协议和变动。因此,合同中有必要对未来变更合约的内容和流程作出相应的规定。

9. 合同终止

当事人可以在合同中约定何种情况下解除合同以及双方违约责任的承担。此外,合同还应对由此引发和完成合同终止所需的程序,以及物流经营人的退出手续等予以规定。

10. 报告和审核

虽然物流业务外包,但客户仍需对自有的商业活动负责,并负有持续追踪财产的义务。因此,物流合同一般会要求物流经营人向客户提供一定范围内相关事项的定期报告,以及客户拥有对物流经营人的记录进行审核的权利。例如,物流动态报告及成本超支或者进度计划延迟的通知等。

(二) 物流合同的当事人

学者们普遍认为,物流合同是指物流服务需求方与第三方物流商之间订立的,约定由物流商为物流服务需求方完成一定的服务行为,物流服务需求方支付相应报酬的合同。准确地说,物流合同是由主合同和从合同两部分构成的,前者是第三方物流商与接受服务方之间订立的;后者则是在第三方物流商与实际履约方之间订立的。物流合同涉及了三方当事人的法律关系:一是物流服务需求企业,包括工业企业和批发零售企业,在物流法律关系中一般作为主合同中的服务购买方;二是第三方物流商,同时作为物流主合同与物流从合同的履行方与订立方;三是物流作业的实际履行企业,包括运输企业、港口经营企业、仓储企业、加工企业、咨询企业、商检机构、信息服务企业等,如果第三方物流商需要与其订立主合同,则他们之间便产生主合同之下的权利义务关系,如果订立的是从合同,则只能依据从合同确定权利义务关系。

第三方物流民商事法律关系,是在提供第三方物流服务的过程中,平等主体间以签订民商事合同的方式进行物流活动所形成的相互间的权利和义务关系。第三方物流是由独立于供应方和需求方以外的第三方提供物流服务的业务模式,物流服务的提供方和需求方通过签订第三方物流合同确立相互间的民商事法律关系。物流服务需求方、物流服务经营方和物流服务履行方构成了物流活动的总体框架。由于三方面主体在合同中所处的地位和作用不同，使其具有相应的不同的权利义务要求，主要归纳如下：

1. 物流服务的需求方

物流服务的需求方也称货主企业，一般作为物流合同的主要一方，享有法律及物流合同规定的权利，履行相应的义务，是第三方物流合同中主要的一方，主要包括各种工业企业、制造业和批发零售业等。需要指出的是，我们这里所谈到的物流服务需求方包括两个层次的含义，即物流服务的需求方代表着第三方物流模式的起点和终点，是物流活动开始和结束的根本原因，由于这一特征，使得物流需求方具有天然的优势地位。

2. 物流服务的经营方

物流服务的经营方也称作第三方物流企业，是第三方物流合同的主导因素。在第三方物流法律关系中，物流运营人的法律地位举足轻重，是探讨第三方物流各主体间权利、义务关系的关键因素。实践中，根据现行的法律规范，在不同的运作模式下，第三方物流运营人可能兼有多种法律身份，处于不同的法律地位，享有不同的权利，履行不同的义务，承担不同的责任。在规范第三方物流的专门法律出台以前，我们只能以物流合同约定这唯一的途径来判断第三方物流运营人的法律地位。作为第三方物流服务提供方的运营人与传统的企业内部物流事务部门不同，必须具备独立的法人资格，能够独立承担民商事法律责任。法人是构成第三方物流民商事合同法律关系主体的必要的也是唯一的形式。我国《民法通则》第 36 条规定："法人是具有民事权利能力和民事行为能力，依法独立享有民事权利和承担民事义务的组织。"物流企业必须具有主体资格，和其他企业一样，物流企业也必须具有法律所规定的主体资格。物流主体可以是从事物流活动的组织和个人，是具有法律人格的物流活动的承担者。物流企业自身的主体资格和权益是由法律来确定和保障的。首先，作为物流主体，必须符合法律对主体资格的要求，必须具有独立的法律人格，具有完全的意识能力、行为能力和责任能力，能够为自己的行为结果承担责任；其次，物流主体必须具备一定的注册资本和经营条件，经过合法注册才能从事相应的经济活动；最后，物流企业享有法律规定的权益，物流主体的法律地位完全平等，各自有自己的财产权，对自己的财产负有完全责任。物流运作过程是一个长期的、合作的过程，涉及运输、储存、装卸、搬运、包装、流通加工、配送、信息处理以及为以上各个环节提供装备和配套服务的诸多领域，其本身就是一个庞大的系统，第三方物流企业的身份因从合同的种类繁多、性质迥异而变化，可以作为承运人、港站经营人、批发商等等。

因此，对于第三方物流合同中的物流经营方而言，不能简单地将其定性为传统意义上的委托人、代理人或者行纪人，而应当确立物流经营方独立的特殊的商主体地位。第三方物流经营人具有独立的法律地位，其法律特点包括：(1) 是独立性即依法注册成立，享有权利承担义务的法人；(2) 是特殊性即非传统货运代理人身份，是非传统承运人身份；(3) 是混合性即集承运人、代理人、加工承揽于一身的混合身份。

3．物流服务的实际履行方

货主企业和第三方物流企业是第三方物流法律关系中的重要主体，但一般还包括物流合同的其他实际履行方，包括运输企业、港口作业企业、仓储企业、加工企业等。在先进的第三方物流运作模式下，第三方物流经营企业虽然直接参与合同的订立，提供合同约定的服务内容，但往往不直接参与具体的服务，而是依靠其掌握的庞大的资源、通过一系列的整合统一为需求方提供服务。因此，物流服务的实际履行方是第三方物流法律关系中不可缺少的组成部分。由于直接与合同标的息息相关，物流服务的实际履行方也直接决定着合同的实施和责任的归咎。

三、物流合同风险防范与应对

第三方物流服务合同很多时候是一种总的、综合性的物流服务合同，第三方物流企业要承担货主企业整个物流系统的运营和管理，这其中必然会存在着很多风险。例如，货主企业对物流系统的满意度、物流系统运营的状况以及具体的物流作业的安全进行，都将构成第三方物流企业的经营风险，若处理不好这些问题，就可能使双方之间产生纠纷，使第三方物流企业自己蒙受损失或者面临某些法律风险。为了能够有效地防范这些经营中的法律风险，第三方物流企业应注意以下几个方面：

第一，要按照相关法律法规的规定和物流标准来进行物流作业。

目前在我国，虽然没有一部类似于《物流法》这样的专门适用于物流领域的法律，但是已经有一些其他的法律法规适用于物流以及第三方物流领域，且这些法律法规分布于多个法律效力层级。例如，《民法通则》作为民事领域的基本法律广泛适用于第三方物流领域；《保险法》也同样规范着第三方物流领域的保险问题；《公司法》对于第三方物流企业的设立、变更等起到了规范作用；《合同法》则规范一般的物流合同；而《公路运输法》《铁路运输法》《海商法》《民用航空法》等法律也对第三方物流领域的某一方面作出规定。除了这些法律之外，在第三方物流领域还存在《汽车货物运输规则》《集装箱货物运输规则》《水路货物运输规则》《民用航空货物国内运输规则》《民用航空货物国际运输规则》《港口货物作业规则》等法规约束相关主体的行为。另外，虽然目前我国物流行业的标准还不完善，但是有一些技术性的物流标准已经出台并且更多的物流标准也正在立项、审查。例如，我国目前在物流通用基础标准、集装箱标准等方面已有某些相关的物流标准，如属于通用基础标准的《物流单元的编码与符号标记》。在第三方物流领域，这些法律法规以及物流标准处于不同的效力层次。法律处于最高的效力等次，一般普遍适用于第三方物流领域或者对第三方物流领域中某个方面作出了较为原则性的规定。法律之外的其他法规等效力层次要低一些，一般是对第三方物流领域的某个方面作较为具体的规定。物流标准一般较为具体地规定了物流行业的一些技术标准或者物流设施设备的标准，它们不属于法律法规，而是国家标准或者行业标准。所以，对第三方物流企业来说，在签订物流合同、履行物流合同的过程中就要符合这些法律法规的相关规定。而在进行具体的物流操作过程中，一些具体的技术规范、操作规范等在法律法规中并没有规定，但是在某些物流标准中有相应规定的，第三方物流企业就要根据这些物流标准进行相关的操作和设施设备的管理，这样才能确保自己操作过程的正确性和设施设备的适用性，从而更好地履行物流合同。

第二，要严格根据物流合同的约定来进行物流作业，当合同中没有相关约定时要与货主企业进行及时的协商、沟通。

在第三方物流企业履行合同的过程中，不仅有法律法规及物流标准等起到规范作用，自然也要遵守双方在合同中约定的各个事项。因此，第三方物流企业要与货主企业进行充分的沟通。企业在与货主企业签订物流服务合同的过程中以及之后提供物流服务的过程中，要充分了解货主企业的物流需求，将物流服务范围、服务方式（如运输、仓储等具体的物流作业是自营还是外包等）、考核物流服务的量化指标等详细的内容都在合同之中进行约定。例如，考核物流服务的指标之所以要进行合理的量化，是因为在有些情况下，第三方物流企业为货主企业设计物流系统或者提供物流服务时，是采取先提供服务后收取费用的方式，只有对考核物流服务的指标进行量化，才能合理地考核第三方物流企业提供的物流服务是否符合双方在合同中的约定，才能够避免双方发生不必要的纠纷。例如，在运输货物时，就应该将运输的一般时间限制和在一些特殊情况下的时间限制分别在合同中予以明确和细化，这样既可以使双方的权利义务更加明确，也可以使第三方物流企业在为货主企业开发物流系统以及之后的维护运营中的风险和成本大大降低。这样，也便于更好地解决货物运输和仓储等作业中发生损坏或其他损失而产生的纠纷。进一步来说，倘若在物流作业过程中真的发生了货损，第三方物流企业也要及时地与货主企业进行沟通、协商，并尽快解决问题，这样才可以有效地保护双方的权益，避免产生纠纷。除此之外，第三方物流企业还要与货主企业协商双方各自责任的承担以及争议的解决方式和途径，将这些也写进合同条款。所以，第三方物流企业与对方在合同中的约定也不能违反法律的强制性规定。同时，第三方物流企业还有必要对货主企业的日常经营状况进行实地考察,站在货主企业的角度来考虑其物流需求,以便于将这些内容考虑到物流系统的设计之中。第三方物流企业有必要对货主企业日常的货物出入库进行详细的了解,掌握货主企业日常的货物流动情况。例如,有时一些货主企业的出入库管理不十分规范,没有严格的登记制度,或者使用的票据不规范,那么,作为第三方物流企业就更应该亲自考察货主企业的产品出入库情况,为进行仓储管理打好基础,避免日后出现差错引起纠纷。

第三,第三方物流企业要对分包商进行妥善的管理。

为货主企业提供服务的第三方物流企业会根据合同的约定,基于成本和效率等因素的考虑将某些物流作业进行外包,并且货主企业也会基于自己得到的物流服务的效率等因素的考虑将这种物流作业再次外包。那么,在这种情况下分包商的选择和管理就显得十分重要。

首先,第三方物流企业要注意相关合同条款的协调一致。对于物流业务的再次外包,可能第三方物流企业与货主企业在初次的综合性物流服务合同中就有相应的约定,如双方事先就约定货主企业允许其进行这样的业务外包。但是,双方也可能在初次的综合性物流服务合同中没有约定这方面的内容,待日后单独订立了这样的合同,此时就需要使初次订立的综合性第三方物流服务合同的相关内容与后来订立的合同或者分合同的相关内容协调一致,这样既有利于明确双方在再次外包物流业务过程中的权利义务,也利于物流合同的顺利履行和物流服务的提供。

其次,第三方物流企业要注意分包商的具体选择。不管是第三方物流企业自行选择分包商还是和货主企业协商选择,都要选择信誉度较高和实力较强的企业,而且要首先考虑经常合作的分包商。如果可能的话,第三方物流企业对于经常需要再次外包的物流作业也可以与某些分包商建立长期的合作关系,这样既可以提高效率也可以节约成本。

最后,第三方物流企业要注意分包商的日后管理。在将物流作业分包出去之后,第三方物流企业要对分包商进行有效的管理,既要对其硬件设施是否处于正常运作的状态进行查验,也要对分包商日常的工作进行监控。对分包商的选择和管理的重要目的之一就是在履行合同的同时,确保物流货物的安全。因为第三方物流企业和货主企业才是物流服务合同真正的当事人,对于在分包过程中造成的货损或者没能满足货主企业的物流需求,第三方物流企业都要承担责任,因此对于分包商有效的管理是很重要的。

总之,第三方物流企业应该适当地履行物流合同,并对处于自己管理之下的货物进行妥善的保管,避免发生货物的损失。如果第三方物流企业不严格按照合同的约定来履行合同,或者不积极与货主企业协商解决问题,势必容易产生承担违约责任的法律风险。

第三节 企业并购法律风险

一、企业并购概念与企业并购法律风险概念及其分类

（一）企业并购概念

企业并购是一个复杂的资产运作过程，它涉及的不仅仅是并购双方两个企业自身的利益，还涉及债权人、投资者以及国家的利益（如税收），这使得并购过程本身不但涉及许多具体的操作技术，更会涉及诸多的法律问题。物流企业并购是指物流企业在该资产运作过程中的相关行为。

（二）企业并购法律风险概念

企业并购的法律风险，是指企业在实施并购行为时因为法律环境变化或违反法律而遭受损失的可能性。

（三）物流企业并购法律风险分类

1. 由于信息不对称而引发的法律风险

所谓信息不对称，是指交易双方的一方拥有相关的信息而另一方没有，或一方比另一方拥有更多的相关信息，从而对信息劣势者的决策造成不利影响。由信息不对称而引发的法律风险，是指企业在并购过程中对收购方的了解与目标公司的股东和管理层相比，可能存在严重的不对称，给并购带来法律责任上的不确定因素。信息不对称是并购中最常见和影响最大的法律风险之一，被并购企业基于自身利益的追求，会向并购方隐瞒对自身不利的信息，甚至杜撰有利的信息。

现实中，比较多的是被收购方隐瞒一些影响交易谈判和价格的不利信息。从并购方的方面看，作为多种生产要素，多种关系交织构成的综合系统的企业极具复杂性，信息的不对称使得并购方很难在相对短的时间内作到深入了解被并购对象的盈利状况、资产质量（如有形资产的可用性、无形资产的真实性、债权的有效性）、产品质量、市场前景、劳动关系等。这就导致在实施并购后，企业极易陷入利益陷阱，引发企业的法律风险。

2. 由于法律不对称而引发的风险

不同国家的法律制度和法律体系由于国情文化背景不同，相关的法律规定不同，从而使当事人权利义务不对称。跨国并购受不同国家的法律制度的约束与调整，因此，这种法律的不对称，极易导致并购中存在法律隐患。

同样，国内也存在法律不对称的风险，我国企业并购法律规范，散见于不同时期公布的法律文件中，有关并购的法律法规不健全，政策措施尚不规范，甚至还有漏洞与冲突之处。相关法律法规主要针对一时之需，没有长远规划。突出

表现为法律层次较低、缺乏稳定性、规范之间规定不一致相互冲突等方面。

改革开放以来，我国的企业并购有了很大发展，但是有关企业并购的法律和政策仍不配套，致使有些地方出现了在程序和合法性上都有问题的隐形并购，甚至还有许多欺诈和违法犯罪行为发生。例如，有些地方政府以制定、发布地方性法规的形式，使某些主体拥有某些特定的并购权利。国内法律体系不健全容易导致企业的法律风险和法律纠纷，从而影响国内并购市场的发展。从物流企业的角度出发，上文所述国内和国外的法律不对称给物流企业的并购活动带来风险。

3．由于融资和支付引发的风险

每一项并购活动的背后几乎都需要巨额的资金支持，企业很难完全利用自有资金来完成并购过程。由于企业在并购过程中往往需要注入大量资金，企业在筹资过程中所采取的筹资方式会导致自身的财务结构发生变化，从而会引起财务和经营风险的发生。这主要体现在企业的资金在时间和数量上是否可以保证需要、融资方式是否适合并购动机、现金支付是否会影响企业正常经营等方面。

影响并购企业的融资风险主要有两大因素：一是融资能力。即企业如何利用企业内、外部的资金渠道按时足额地筹集到资金，这是关系到企业并购活动能否成功的关键所在。二是融资结构。这主要包括企业资本中债务资本与股权资本结构。企业融资结构是否合理是影响融资风险的一个主要因素。企业通常可采用自有资金、借款、发行债券、发行股票等融资渠道。如果债务融资的资金需要量与期限结构没有根据并购资金需要量与资本结构的现状来安排，就会因并购后利息负担过重而影响正常的企业经营活动，使企业陷入财务困境，从而也导致企业财务法律风险的发生。

4．产权不明，主体不适格导致的风险

企业产权明晰化是企业并购顺利实现的基本前提。由于对被并购企业的产权没有进行界定或界定不合理，或者未向有关部门办理相关法定手续，导致产权不明，则并购后容易产生并购方与被并购企业产权相关人的产权确认纠纷，极易造成股东之间、新老股东之间对资产价值和应承担的义务发生争议。我国国有企业的所有权，形式上属于全民所有，实际上则属于主管部门所有，企业只是作为经营者，使得国有企业的产权是模糊的。集体企业的产权，由于历史的原因，也带有准全民的性质。虽然企业改革要求建立产权清晰的现代企业制度，但在具体的实施过程中，有的企业行政隶属关系几次变更，有的合并、分立，由全民变集体，或者由集体变民营等等，这些并购主体的不规范性，都直接影响企业并购的过程，容易引发风险和争议。

5. 由并购协议、程序带来的风险

实践中,企业并购协议和程序违反法律规定的情况并不少见。并购协议必须按照法律规定的实质要件(如关于特殊行业准入的限制和禁止性规定、信息披露等规定)和程序规定(如并购国有企业中的挂牌交易程序报告、公告、股份转让和过户登记手续、有关机关的审批程序等)签订和履行,否则不仅可能导致协议无效,而且可能产生并购争端,甚至引发诉讼。并购方式安排的风险主要是指对并购企业人力资源及资产债务整合中存在的风险,这些问题如果解决不当极有可能导致并购方与目标方的纠纷,甚至导致并购后企业无法正常运转。

6. 行政风险

企业并购一般来说应是纯粹的市场行为,是企业根据其对市场的判断主动作出的决定。然而在我国,企业并购的政府主导仍然存在,许多并购都是政府与企业共同努力的结果,出现并购主体双元化的现象。在西方市场经济发达国家,企业并购始终是企业行为,政府一般不介入,更不发布指令,而是作为并购活动的裁判进行行政协调。而在我国,政府出于发展地方经济的动机,经常通过优惠政策等手段强制或鼓励并购。政府主导型的并购频繁发生,带有强烈的行政色彩。这种违反企业意愿的强行并购,限制了企业并购市场的规模,影响了企业并购的效果以及资源的有效流动,阻碍了市场优胜劣汰作用的发挥,往往给并购企业带来整合上的隐患和风险。

7. 由目标公司反并购引起的风险

在对一个企业进行并购时,企业可能出现的反应要么是同意被并购,要么是反对被并购,非此即彼。如果企业同意被并购,这种并购称为善意并购,反之则叫做恶意并购或敌意并购,这里的恶意并购并不带有贬义成分,而是一种纯商业行为。由于有些并购并不是两厢情愿的,目标公司在面临恶意并购时,为了争夺公司控制权,被并购企业则可能会不惜一切代价设置障碍来进行反并购。例如,国外常用的措施主要包括:(1) 诉讼。目标企业可请求法院禁止并购进行,给自己采取有效措施进一步抵御被并购提供机会和争取时间。(2) 肉搏战。即目标企业趁进攻企业全力并购本企业之际,大量收购对方股票,造成相互收购,以击退进攻企业对本企业的并购。(3) 白衣骑士。即选择与本企业关系好的企业,让他们来进行并购。(4) 弃宝护身。当获知进攻企业并购本企业是为了某一重要信息或资源,而自己又无力与之抗衡时,主动让出这种资源,以避免对方并购。(5) 焦土战术。即采取各种方式现行将目标企业抛空,降低目标企业的价值,使其失去对进攻企业的吸引力。(6) 金色降落伞。当目标企业发现将被并购时,对本企业管理人员支付高额补偿,从而增加并购方需支付的价格。(7) 送服毒药丸。目标企业将大量发行高利率短期债券,从而迫使对方不得不考虑并购后所承担的沉重包袱,用以减弱甚至消灭其并购意图。目标企业通过这些反并购手段,无论是严重的自残行为,还是过分关注管理层利益,或者是与法律规定相冲突,都在相当程度上损害了目标企业自身的利益。当然,其系列反并购的活动会极大地增加并购的难度和风险,严重影响并购企业计划的实施。从并购公司方面看,既增大了并购活动的成本和支出,又需要花费相当的时间和人力进行应对,以致得不偿失,或者与目标企业两败俱伤,并可能引发更多的法律风险和危机。

二、物流企业并购风险评估与识别

在市场经济中,风险无处不在,物流企业并购尤其是一项高风险的投资活动,能否正确识别物流企业并购风险直接影响并购的结果。根据企业所搜集到的并购信息,通过适当并购风险识别技术的运用,大规模开展并购风险识别活动,进而找出企业并购的种种风险,并判断这些并购风险的影响,以期实现风险识别的目的。为了实现并购收益与并购风险的均衡,应正确认识以下两点:

首先,风险与收益是对称的。风险与收益是投资决策中的两个重要的决定因素,任何投资决策的确立都离不开对风险与收益的权衡。风险是指达不到预期收益的可能性。没有预期收益,也就不存在偏离预期收益的可能性,风险也就不存在。这一原理对物流企业并购的风险分析仍然适用,即企业并购带来的高收益一般伴随着高风险,而低风险只能带来低收益。所以并购风险与并购收益之间也具有同样的内在关系,没有并购风险,就没有较大价值的机会。因此,企业在并购决策时,要仔细权衡风险与收益之间的关系之后再决定是否选择并购。

其次,并购风险是可以防范的。并购风险防范,是指在并购方案实施前中后期,通过采取一定防范措施消除并购过程中的风险及减低风险的影响程度。只有正确认识并购风险,正确认识并购风险的客观存在性、可认知性及可防范性,同时借鉴以前企业应对风险的成功经验,才能通过采取相应的风险防范策略和措施来管理并购中存在的风险,实现预期并购绩效。

三、物流企业并购风险防范与应对

企业并购是复杂的系统工程,作为一种市场法律行为,在客观上存在着包括上述并购法律风险在内的诸多风险隐患,在科学认识这些风险的基础上,积极构建并购法律风险的防范机制,是保证企业并购顺利实现和并购企业健康发展的关键。可见,物流企业并购法律风险防范的重要性体现无疑。从物流企业自身的角度出发,就并购法律风险机制的建设,结合国内外企业并购的经验和做法,主要应当采取如下防范与应对措施:

(一)慎重选择目标公司

公司并购要想降低法律风险,首先在于选择合适的并购对象。在并购实施之前，并购企业应该做好深入细致的调查，衡量目标公司价值，做好并购项目可行性研究。一般要对目标公司所处的行业，目标企业业务与并购企业业务的关系，目标公司真实的财务状况和经营业绩、人力资源等方面进行充分调查、研究和评估，为并购决策提供可靠依据。在自身资源方面，企业应该考虑自身特点和实际，即希望成为什么公司，通过并购实现什么样的并购战略和企业是否有能力来实现并购目标。目标公司的确立要与企业发展的现实、规划和战略相适应，与企业的可持续发展相结合。如果目标公司涉及的相关法律问题众多、发展前景不乐观，势必会给企业发展带来问题和风险。应当选择合适的并购对象，应尽可能采用协议并购形式：要约收购一般属于敌意并购，容易导致股价异常波动，且国家对此限制较多，法律风险相对较大；协议收购一般属于善意并购，并购交易对股价影响较小，法律风险相对也较小。另一方面，通过双方协商沟通，还可以达到信息交流、相互理解的目的，降低并购交易的其他风险。

（二）对并购目标进行法律调查

并购涉及的法律情况是多方面的，要根据每一并购行为的具体情况来确定调查项目和提纲，并根据各案的实际情况来确定调查手段。法律调查是企业决策的依据，要严谨慎重，务求全面准确。

从实施调查的内容看，主要包括：(1) 目标企业的法律地位及股权或产权状况；(2) 目标企业的资产状况；(3) 目标企业的债权债务；(4) 目标企业的诉讼、仲裁及政府处罚状况（现实的和潜在的）；(5) 目标企业的劳动人事制度；(6) 被并购企业负责人的责任问题等。另外，要特别关注并购目标的主体资质问题。并购是市场经济主体之间的产权交易，这一产权交易的主体是否具有合法资质是至关重要的，若交易主体存在资质上的法律缺陷，轻则影响并购的顺利进行，重则可能造成并购方的重大损失，甚至造成并购失败。

（三）确定符合实际的并购方案

在近几年我国企业的并购中，无论是境外企业与境内企业之间或是国内企业之间的并购，最常见的情况有以下几种：(1) 对破产企业的收购与兼并。包括整体收购（同时承担原企业的债权、债务）、部分收购（只购买原企业的全部或部分资产或承担部分债权、债务）或联合收购（由多家企业对破产企业进行收购）。(2) 以控股为目的的收购与兼并。多数是采用以现金分期购买股份或股份置换的方式，获得企业控股权。另外还有通过股票市场收购上市公司股票，以达到控制上市公司股权及经营权的目的。(3) 以实现资源合理配置、资产优化组合为目的的收购与兼并。可以是资产互换方式、股份互换方式或以现金购买股份或资产、以资产兑换股份等多种形式同时进行。从宏观上讲，企业策划并购方案时可以参考以下几种形式：第一，购买式并购；第二，承债式并购；第三，吸收股份式并购；第四，控股式并购。这些并购方式各有其特点，企业应根据并购的目的和实际,灵活进行选择和确定。

(四)严密安排并购协议条款

为了规范并购行为,国家已制定并将继续制定一系列调整并购行为的法律法规,其中既有规范具体并购行为的,也有规范并购策略的,既有促进并购行为的,也有限制某些并购行为、策略的。并购协议是并购交易的法律表现,严密的并购协议条款是主动防范各类已知和未知法律风险的重要保障。一般而言,在并购协议中采用通用条款和特殊条款来保护并购交易安全。从内容上看,股权(产权)转让的主要条款包括:定义条款、股权(产权)转让、声明与保证、股权(产权)转让的价格、转让程序(主要是双方对企业管理权的交接手续)、转让后企业的股权(产权)结构、企业债权债务的处理(主要规定在合同所确定的基准日前后企业所发生的债权债务的分割与责任的承担)、保密、双方的权利与义务、职工的安置、违约责任、不可抗力、合同的终止、法律适用和争议的解决、通知和送达等。另外,涉及并购国有企业协议的必须审批,并履行相应的法律程序。

(五)合理安排融资方式

避免并购的融资风险主要是指按时足额地筹集到资金,以保证并购的顺利进行,如何利用企业内部和外部的资金渠道,在短期内筹集到所需的资金是关系并购活动能否成功的关键,必须遵循资本成本和风险最小化原则。

首先,测算好企业可利用自有资金的数量和时间。其次,推算企业偿债的能力和负债融资的风险临界规模,这对于合理负债融资和避免财务风险具有重要作用。最后,确定并购的股权融资规模,要使并购融资结构中的自有资本、债务资本和权益资本保持适当的比例。

融资渠道解决的是资金来源问题,融资方式解决的是通过什么方式取得资金的问题,二者之间有着密切的联系。同一融资渠道的资金往往可以采用不同的方式取得,一定的融资方式既可能只适用于某一特定的融资渠道,也可能适用于不同的融资渠道。企业在进行融资决策时,应认真分析各种融资渠道和融资方式的特点及适用性,寻求两者的最佳对应。并购对资金的需要决定了必须综合考虑各种融资渠道。如果企业进行并购只是暂时持有,就需要投入相当数量的短期资金才能达到目的,此时可以选择资本成本相对较低的短期借款方式,但还本付息的负担较重,企业若届时安排不当,较易陷入财务危机。如果买方是为了长期持有目标企业,就要根据目标企业的资本结构及其持续经营的资金需要,来确定收购资金的具体筹集方式。

(六)聘请高水平中介机构提供服务

并购是一项专业化要求很高的行为,并购方由于信息、人员、专业知识等方面的局限,很难独自完成并购,需要聘请法律顾问、财务顾问、评估师等专业机构人员,他们在并购中对法律风险的防范起着重要作用。企业在并购策划实施中,必须有律师等专业人员的协助和服务,是国际上通行的做法,也是市场经济的要求。

企业在聘请专业机构时,一般应选择业内影响较大、专业素质较好、具有丰富并购经验的专业机构。同时,应确保该机构与目标公司没有任何能够实质影响并购交易的联系和利益冲突。实践证明有律师与无律师在并购策划、谈判、实施中所处的实际地位、主动性及对全局的把握、判断、对具体事项的取舍及价格等方面有明显的差异。会计师、律师事务所等机构对公司并购的成功,也具有不可替代的作用。例如,律师在并购中的服务,能够防范法律风险,包括对并购活动的法律策划、审查目标公司相关资料、起草并修改并购合同、出具法律意见书、协调沟通并购各方关系等。企业应尊重包括律师在内的专业机构人员的并购意见,其主要原因在于并购行为的法律性、专业性和复杂性,是企业并购顺利实现的内在性、客观性的要求。

参考文献

1. 王传见编著:《国际货代物流实务英语手册》(第2版),华东理工大学出版社2011年版。

2. 周哲、申雅君编著:《国际物流》,清华大学出版社2007年版。

3. 柴庆春主编:《国际物流管理》,北京大学出版社2011年版。

4. 孙秋菊编著:《国际物流》,上海交通大学出版社2009年版。

5. 杨霞芳主编:《国际物流管理》,同济大学出版社2004年版。

6. 许谨良主编:《风险管理》(第四版),中国金融出版社2011年版。

7. 王周伟主编:《风险管理》,机械工业出版社2012年版。

8. 顾孟迪、雷鹏编著:《风险管理》(第2版),清华大学出版社2009年版。

9. 刘新立:《风险管理》,北京大学出版2006年版。

10. 张余华主编:《现代物流管理》,清华大学出版社2010年版。

11. 袁中英、李建蓉、万玻主编:《现代物流》,西南交通大学出版社2008年版。

12. 鲁晓春、林正章主编:《物流管理案例与实训》,北京交通大学出版2005年版。

13. 吴理门编著:《物流案例与分析》,天津大学出版社2011年版。

14. 陈雅萍、朱国俊、刘娜、汪泓编著:《第三方物流》,清华大学出版社2008年版。

15. 逯宇铎、苏振东、李秉强编著:《国际物流学》,北京大学出版社2007年版。

16. 王任祥主编:《国际物流》,浙江大学出版社2009年版。

17. 许晓东、龙桂先主编:《国际物流与货代通关》,经济管理出版社2006年版。

18. 林正章主编:《国际物流》,机械工业出版社2006年版。

19. 刘小卉编著:《国际物流学》,上海财经大学出版社2008年版。

20. 蒋长兵、王姗姗编著:《国际物流学教程》,中国物资出版社2008年版。

21. 丁立言、张铎主编:《国际物流学》,清华大学出版社2000年版。

22. 蒋元涛主编:《国际物流学》,重庆大学出版社2008年版。

23. 苏振东、苏杭主编:《国际物流管理》,大连理工大学出版社2010年版。

24. 骆念蓓编著:《国际物流管理》,北京大学出版社2008年版。

25. 徐勇谋、杨海民、郭湖斌编著:《国际物流管理》,化学工业出版社2004年版。

26. 刘钧:《风险管理概论》(第二版),清华大学出版社2008年版。

27. 孙家庆编著:《物流风险管理》(第2版),东北财经大学出版社2012年版。

28. 郭延安、张旭升主编:《风险管理》,清华大学出版社2010年版。

29. 王周伟、崔百胜、杨宝华、王绮:《风险管理》,上海财经大学出版社2008年版。

30. 石文庆、周其亮、钱进:《物流业务招投标实战指南》,人民邮电出版社2009年版。

31. 孙家庆:《国际物流操作风险防范:技巧·案例分析》,中国海关出版社2009年版。

32. 段亚敏、李华中:《现代物流的法律风险与对策》,载《中国商贸》2012年第11期。

33. 高慧云、关键:《从“达娃”并购案看物流企业并购法律风险》,载《中国市场》2007 年第 41 期。

34. 毕功兵、王慧玲编著:《国际物流》,中国物资出版社 2006 年版。

35. 王学锋、郑丙贵、张芬编著:《国际物流风险与保险》,上海交通大学出版社 2006 年版。

36. 王学锋编著:《国际物流运输》,化学工业出版社 2004 年版。

37. 王晓东编著:《国际运输与物流》,高等教育出版社 2006 年版。

38. 王晓东、赵忠秀编著:《国际物流与商务》,清华大学出版社 2008 年版。

39. 王赫男、毕晓芬主编:《国际物流》,电子工业出版社 2009 年版。

40. 王昭凤主编:《国际物流组织与管理》,电子工业出版社 2007 年版。

42. 王学锋主编:《国际物流》,高等教育出版社 2009 年版。

43. 白世贞、沈欣主编:《国际物流学》,科学出版社 2010 年版。

44. 王俭延、唐川编著:《第三方物流运营实务》,中国物资出版社 2009 年版。

45. 林慧丹主编:《第三方物流》,上海财经大学出版社 2005 年版。

46. 刘胜春、李严锋主编:《第三方物流》,东北财经大学出版社 2006 年版。

47. 骆温平、谷中华编著:《第三方物流》,复旦大学出版社 2006 年版。

48. 牛鱼龙主编:《第三方物流:模式与运作》,海天出版社 2003 年版。

49. 林慧丹主编:《第三方物流》,上海财经大学出版社 2005 年版。

50. 杜文、任民主编:《第三方物流》,机械工业出版社 2004 年版。

51. 毛光烈:《第四方物流理论与实践》,科学出版社 2010 年版。

52. 张旭辉、杨勇攀主编:《第三方物流》,北京大学出版社 2010 年版。

53. 陈雅萍、朱国俊、刘娜编著:《第三方物流》,清华大学出版社 2008 年版。

54. 〔美〕COSO 制定发布:《企业风险管理——整合框架》,方红星、王宏译,东北财经大学出版社 2005 年版。

55. 〔加〕唐纳德·沃特斯:《供应链风险管理:物流的脆弱性和弹性》,何明珂等译,中国物资出版社 2010 年版。